The Urbana Free Library
To renew: call 217-367-4057
or go to urbanafreelibrary.org
and select My Account
DISCARDED BY THE
URBANA FREE LIBRARY

PROGRAMA TUS
Proyectos
CON SCRATCH™ 3.0

DK

PROGRAMA TUS *Proyectos*

CON SCRATCH™ 3.0

JON WOODCOCK
PRÓLOGO DE CAROL VORDERMAN

DK REINO UNIDO

Edición sénior Ben Morgan
Edición de proyecto Ben Ffrancon Davies
Edición de arte sénior Jacqui Swan
Asesoría editorial Craig Steele
Dirección de diseño de cubierta Sophia MTT
Edición de cubierta Emma Dawson
Diseño de cubierta Surabhi Wadhwa
Preproducción Gillian Reid
Producción Meskerem Berhane y Mary Slater
Coordinación editorial Lisa Gillespie
Coordinación de arte Owen Peyton Jones
Coordinación de publicaciones Andrew Macintyre
Subdirección de publicaciones Liz Wheeler
Dirección de arte Karen Self
Dirección de diseño Phil Ormerod
Dirección de publicaciones Jonathan Metcalf

Publicado originalmente en Gran Bretaña
en 2016 por Dorling Kindersley Limited
80 Strand, London, WC2R 0RL

Parte de Penguin Random House

Título original: *Computer Coding Projects for Kids*
Primera edición 2020

Servicios editoriales: deleatur, s.l.
Traducción: Joan Andreano Weyland

ISBN: 978-1-4654-9798-7

Impreso en China

UN MUNDO DE IDEAS
www.dkespañol.com

CAROL VORDERMAN Máster en humanidades y licenciada en ingeniería por la Universidad de Cambridge, y miembro de la Orden del Imperio Británico, Carol es una de las presentadoras de televisión más prestigiosas de Gran Bretaña, famosa por sus conocimientos de matemáticas. Ha presentado o copresentado varios programas de televisión sobre ciencia y tecnología, como *Tomorrow's World* (de la BBC), *How 2* (ITV) o *Countdown* (Channel 4). Su pasión es la difusión de la ciencia y la tecnología, y tiene un gran interés en la computación.

JON WOODCOCK Máster en humanidades y licenciado en física por la Universidad de Oxford, y doctorado en astrofísica computacional por la Universidad de Londres, Jon comenzó a programar a los ocho años de edad, y ha programado todo tipo de ordenadores, desde los microcontroladores de un solo chip hasta las supercomputadoras más grandes del mundo. Entre sus muchos proyectos hay simulaciones espaciales gigantes, investigaciones en empresas de alta tecnología y robots inteligentes fabricados a partir de desechos. A Jon le apasiona enseñar ciencia y tecnología: imparte conferencias sobre el espacio y dirige clubs de programación en colegios. Ha colaborado en muchos libros sobre ciencia y tecnología, y es el autor de *Introducción a la programación informática* y *Programa tus juegos con Scratch 3.0*, publicados por DK.

CRAIG STEELE Es especialista en la enseñanza de la computación que ayuda a la gente a desarrollar habilidades digitales en un entorno divertido y creativo. Es uno de los fundadores de CoderDojo, en Escocia, que organiza clubs de computación gratuitos para gente joven. Craig ha dirigido talleres en la Raspberry Pi Foundation, el Glasgow Science Centre, la Glasgow School of Art, la BAFTA y el proyecto micro:bit de la BBC. Su primer ordenador fue un ZX Spectrum.

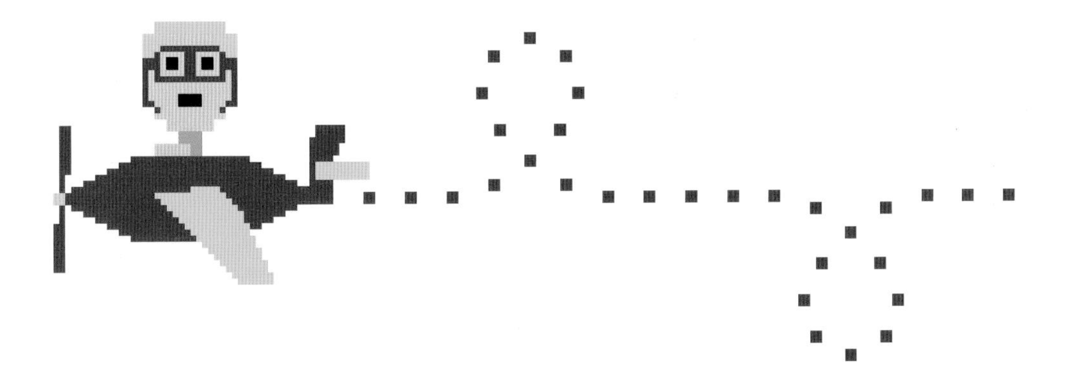

Contenidos

5 SIMULACIONES

6 MÚSICA Y SONIDO

7 ROMPECABEZAS

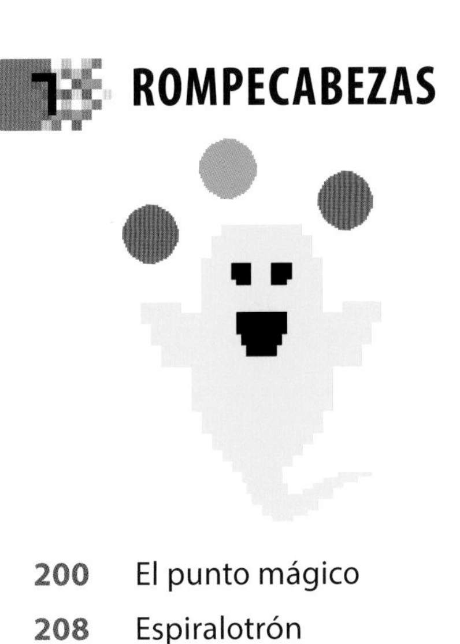

8 ¿Y AHORA QUÉ?

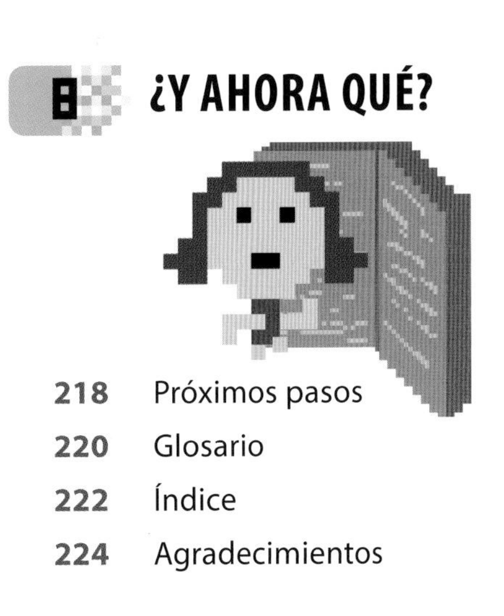

Para más información:
www.dk.com/computercoding

Prólogo

En los últimos años ha crecido el interés por la programación. En todo el mundo, las escuelas la añaden a sus temarios, se crean clubes de programación para principiantes, y los adultos regresan a las universidades para aprender habilidades que hoy en día son vitales en sus trabajos. Además, por todas partes, millones de personas aprenden en casa a programar solo por diversión.

Por suerte, nunca ha habido mejor momento para aprender. En el pasado, los programadores tenían que escribir línea tras línea, con comandos extraños y símbolos matemáticos. Un punto mal puesto podía arruinarlo todo. Hoy en día puedes construir programas sorprendentemente potentes en pocos minutos usando lenguajes de bloques como Scratch®, que usamos en este libro.

Conforme programar se vuelve más fácil, cada vez más gente descubre el potencial creativo de los ordenadores, y ahí es donde interviene este libro. *Programa tus proyectos con Scratch 3.0* busca usar la programación con fines creativos: para crear arte, componer música, crear animaciones y efectos especiales... Con un poco de imaginación, tú también puedes obtener resultados espectaculares, desde fuegos artificiales multicolores a obras maestras caleidoscópicas que giran y se mueven al compás de la música.

Si eres principiante en esto de programar, no te preocupes: los dos primeros capítulos te enseñarán lo más básico y todo lo que necesites para usar Scratch. Los últimos capítulos te ayudarán a perfeccionar tus habilidades y te enseñarán a crear obras de arte interactivas, simulaciones, ilusiones ópticas alucinantes y algunos juegos increíbles.

Aprender algo nuevo puede parecer difícil a veces, pero creo que uno aprende más rápido cuando se divierte. Este libro se basa en esa idea, de modo que lo hemos hecho tan divertido como ha sido posible. Esperamos que disfrutes tanto con los proyectos del libro como nosotros hemos disfrutado escribiéndolos.

Carol Vorderman

CAROL VORDERMAN

¿Qué es programar?

Ordenadores creativos

Los ordenadores están por todas partes y se usan de todo tipo de maneras creativas. Pero para divertirte de verdad has de tomar las riendas de tu ordenador y aprender a programarlo. Programar te abre un mundo de posibilidades.

Piensa como un ordenador

Programar significa sencillamente decirle a un ordenador qué hacer. Para escribir un programa has de pensar como un ordenador, lo que implica descomponer una tarea en una serie de pasos sencillos. Así funciona.

▷ **Una receta sencilla**

Imagina que quieres que un amigo haga un pastel, pero no tiene ni idea de cocinar. No puedes darle una orden general, como «haz un pastel», porque no sabrá por dónde empezar. En lugar de ello, tendrás que escribir una receta con pasos sencillos, como «casca un huevo», «añade azúcar», etcétera. En muchos sentidos, programar un ordenador es como escribir una receta.

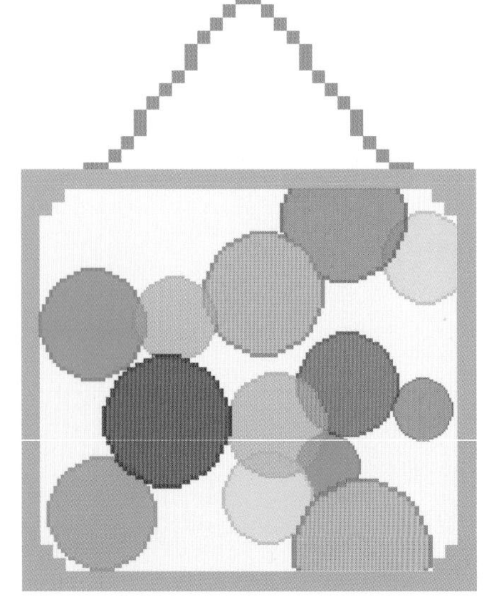

◁ **Paso a paso**

Imagina que quieres programar un ordenador para crear un cuadro como el que se ve aquí, con círculos de colores superpuestos entre sí de modo aleatorio. Has de convertir el trabajo de pintar el cuadro en una especie de receta, con pasos que el ordenador pueda seguir. Puede parecer algo así:

Receta

Ingredientes

1. Diez círculos de tamaños diversos
2. Siete colores

Instrucciones

1. Limpia la pantalla para poner un fondo de color blanco.
2. Repite diez veces lo siguiente:
   a) Escoge un lugar al azar en la pantalla.
   b) Escoge un círculo al azar.
   c) Escoge un color al azar.
   d) Dibuja una copia traslúcida del círculo en ese lugar, con ese color.

▷ **Lenguaje de programación**
Aunque tú entiendas la receta para el cuadro o el pastel, el ordenador no puede. Has de traducir las instrucciones a un lenguaje especial que el ordenador comprenda: un lenguaje de programación. El que usamos en este libro se llama Scratch.

Mundos de imaginación

No hay un solo campo creativo en el mundo que no haya estado en contacto con ordenadores. En este libro crearás muchos grandes proyectos que impulsarán tu imaginación y te harán pensar y programar de un modo creativo.

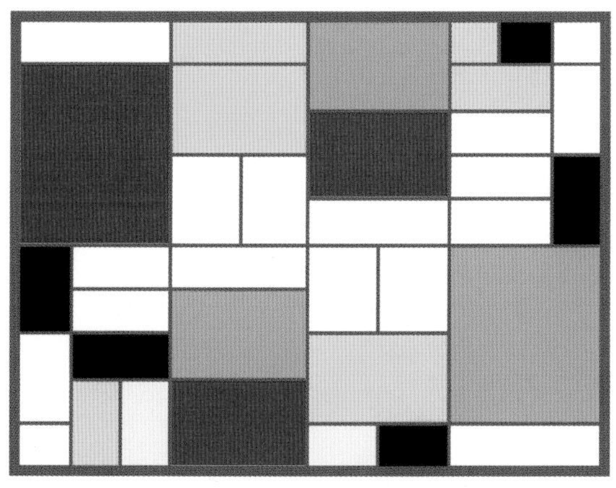

Se puede programar un ordenador para que cree originales obras artísticas.

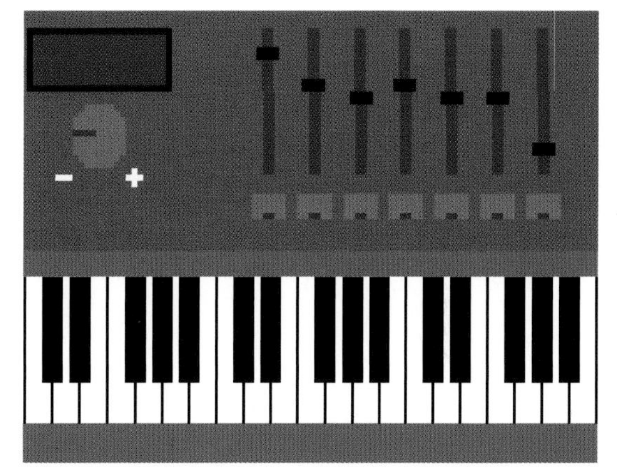

Los programas de sonido mezclan música y efectos sonoros en todas las combinaciones imaginables.

Construir juegos es tan divertido como jugarlos, especialmente cuando tú creas las reglas.

Los efectos especiales y los escenarios más espectaculares de las películas se crean con programas de gráficos.

Lenguajes de programación

Para decir a un ordenador qué debe hacer, hay que hablar el lenguaje correcto: un lenguaje de programación. Hay muchos entre los que escoger; desde los más fáciles, para principiantes (como el de este libro), hasta los más complejos, que se tarda años en dominar. Un programa es un conjunto de instrucciones escritas en cualquier lenguaje de programación.

Lenguajes populares

Hay más de 500 lenguajes de programación, pero la mayoría de programas están escritos en unos pocos. Los lenguajes más populares emplean palabras en inglés, pero las líneas de código son muy diferentes de las oraciones en inglés. Así se consigue que un ordenador te diga «¡Hola!» en pantalla en algunos de los lenguajes de hoy en día.

▷ C

El lenguaje de programación C se suele usar para programas que se ejecutan directamente en el *hardware* del ordenador, como el sistema operativo Windows. C es ideal para crear *software* que se ejecute rápidamente, y se ha usado hasta en sondas espaciales.

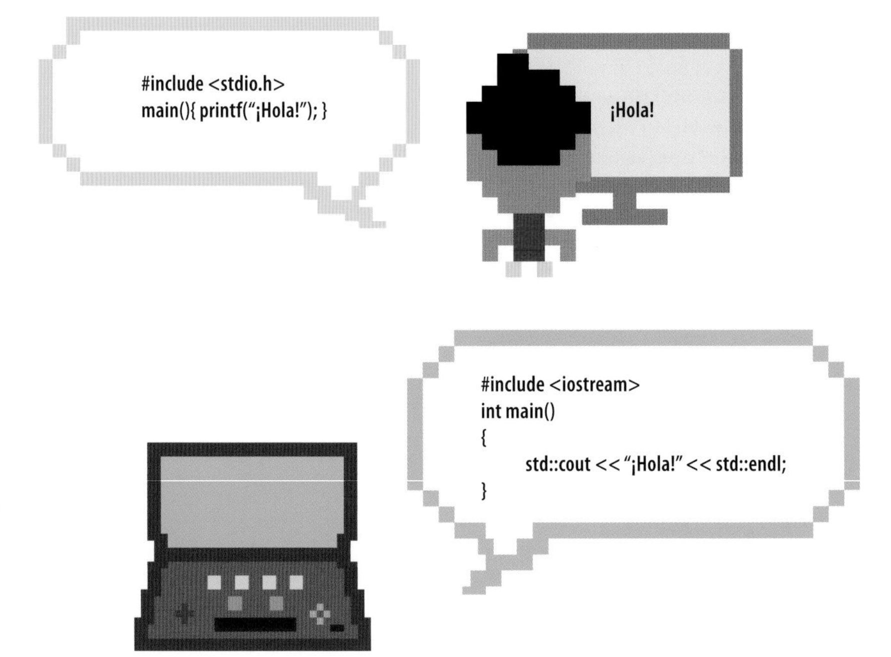

▷ C++

Este complejo lenguaje se usa para construir grandes programas comerciales como procesadores de texto, navegadores web y sistemas operativos. Se basa en C, pero con características extra que lo hacen idóneo para grandes proyectos.

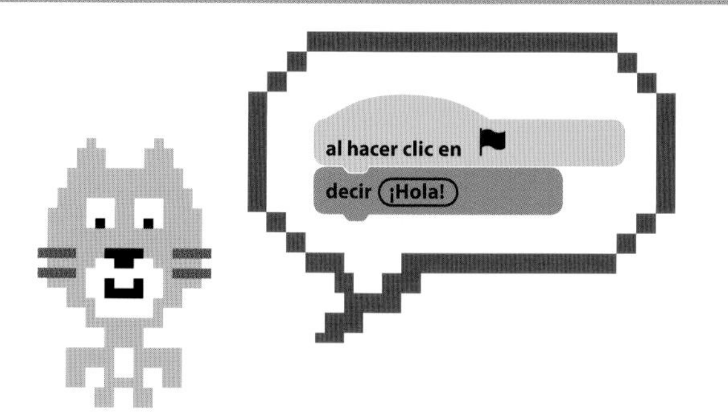

△ **Scratch**
Los principiantes comienzan con lenguajes sencillos, como Scratch. En lugar de teclear código, construyes programas con bloques de programación.

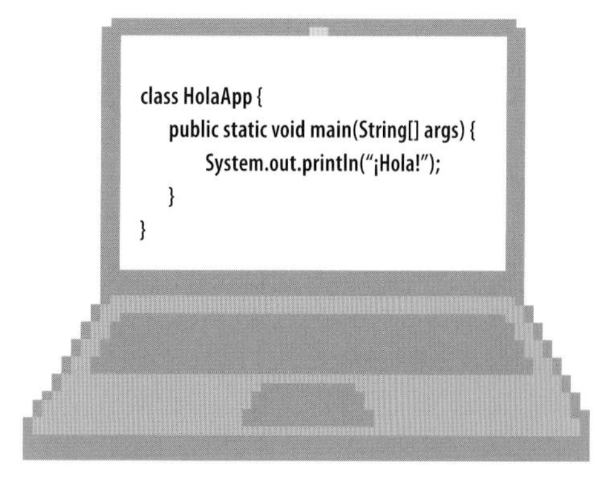

△ **Java**
Java funciona en todo tipo de dispositivos, desde teléfonos móviles y ordenadores portátiles hasta consolas y superordenadores. Minecraft está escrito en Java.

△ **Python**
Python es un lenguaje versátil y muy popular. Las líneas de código son más cortas y sencillas que en otros lenguajes, por lo que es más fácil de aprender. Es un lenguaje ideal para aprender tras Scratch.

△ **JavaScript**
Los programadores usan JavaScript para características interactivas que funcionen en páginas web, como anuncios y juegos.

JERGA

Palabras de programación

Algoritmo Conjunto de instrucciones para ejecutar una tarea. Los programas informáticos se basan en algoritmos.

Bug Fallo de programación. Se los llama *bugs* («bichos») porque los primeros ordenadores tenían problemas cuando quedaban insectos atrapados en sus circuitos.

Código Instrucciones para el ordenador en lenguaje de programación. Escribir código es programar.

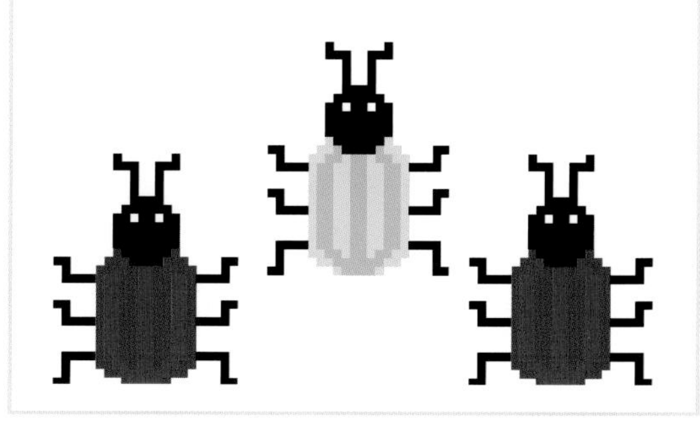

Cómo funciona Scratch

Este libro te enseña a construir proyectos chulos con el lenguaje de programación Scratch. Los programas se crean arrastrando los bloques de instrucciones ya creados para controlar personajes llamados objetos, o *sprites*.

Objetos

También se les llama *sprites* a los objetos que se ven en pantalla. Scratch viene con una enorme selección de objetos (como elefantes, bananas o globos) pero también puedes dibujar los tuyos. Los objetos pueden realizar todo tipo de acciones, como moverse, cambiar de color o dar vueltas.

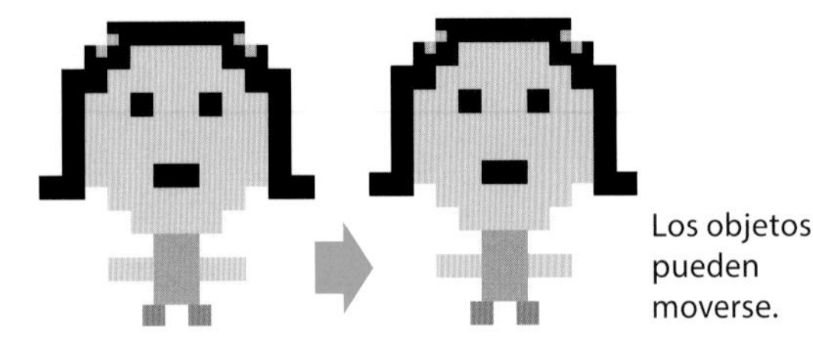

Los objetos pueden moverse.

Los objetos pueden tocar sonidos y música.

Los objetos pueden mostrar mensajes en pantalla.

Bloques de código

Los bloques de instrucciones de colores dicen a los objetos qué hacer. Cada objeto obtiene sus órdenes de pilas ordenadas llamadas bloques de programación. Los bloques de programación se ejecutan de arriba abajo. Aquí puedes ver un código sencillo para este objeto de un vampiro.

▽ **Crear bloques de programación**

Los bloques de código se arrastran y ensamblan con el ratón. Se unen como piezas de un rompecabezas. Vienen en familias de colores para que sea más fácil encontrar el adecuado. Por ejemplo, todos los bloques morados cambian la apariencia de un objeto.

```
al hacer clic en 🏴
cambiar disfraz a (vampiro ▾)
esperar (1) segundos
cambiar disfraz a (capa abierta ▾)
esperar (1) segundos
cambiar disfraz a (murciélago ▾)
```

Un proyecto típico de Scratch

Los proyectos de Scratch están compuestos por objetos, bloques de programación y sonidos, que funcionan juntos para crear acción en la pantalla. El área en el que ves la acción se llama escenario. Puedes añadir al escenario una imagen del entorno, llamada «fondo».

▷ ¡Verde significa «adelante»!

Iniciar o «ejecutar» un programa da vida al código que acabas de construir. En Scratch, clicar en la bandera verde ejecuta los bloques de programación del proyecto. El botón rojo detiene la ejecución para que puedas seguir programando.

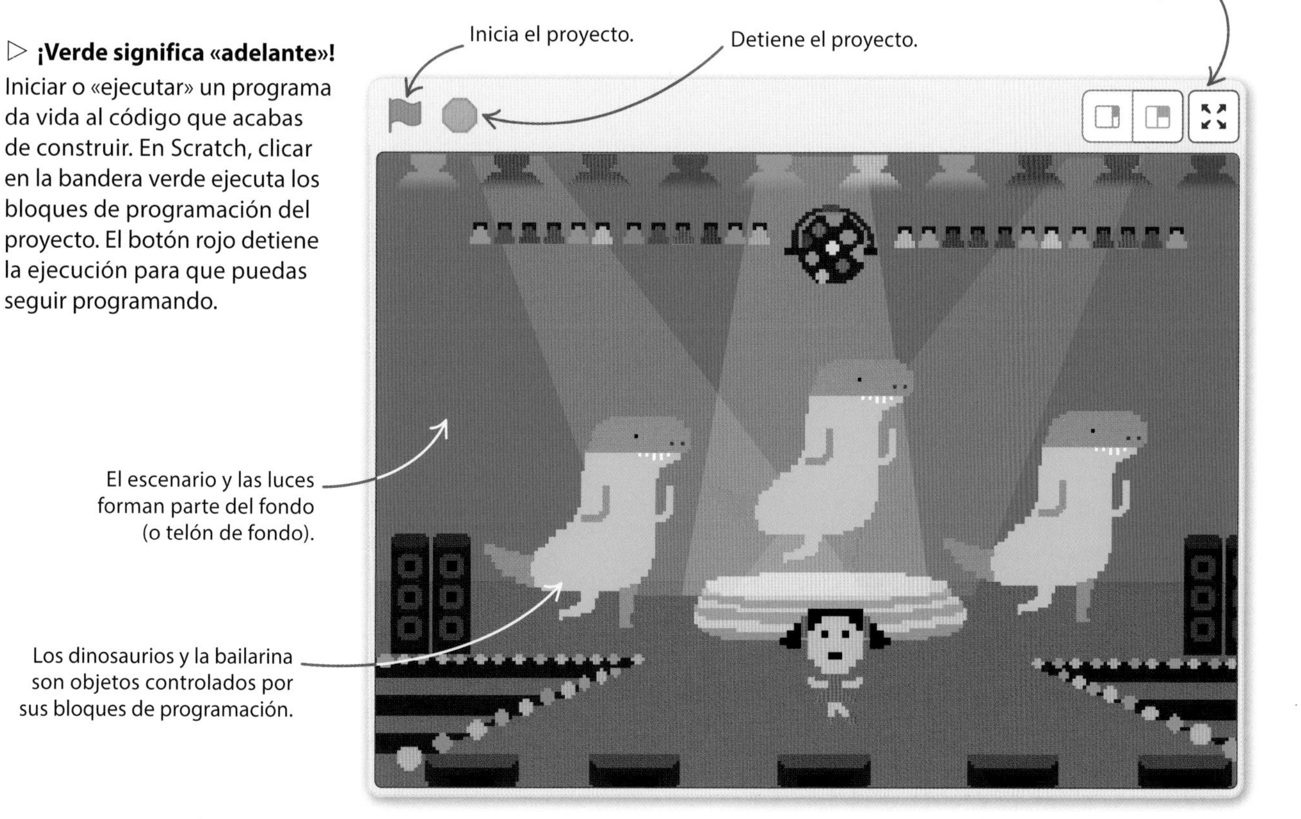

▽ Los bloques de programación funcionan en conjunto

Los proyectos suelen contener varios objetos, con varios bloques de programación. Un bloque de programación solo contiene una parte de la acción. Este código hace que un objeto persiga el puntero del ratón por el escenario.

```
al hacer clic en [bandera]
por siempre
    apuntar hacia (puntero del ratón ▾)
    mover (15) pasos
↺
```

El bloque «por siempre» hace que los bloques que contiene se repitan.

CONSEJO DE EXPERTO

Leer Scratch

Scratch está diseñado para ser fácil de entender. La acción realizada por cada bloque está escrita en él, de modo que suele ser fácil entender qué hace el código con solo leerlo.

```
ir a (puntero del ratón ▾)
```

¿Puedes imaginar qué ordena a los objetos este bloque?

Conseguir Scratch 3.0

Para construir los proyectos de este libro y crear los tuyos necesitarás acceso a Scratch 3.0 desde tu ordenador. Solo sigue estas sencillas instrucciones.

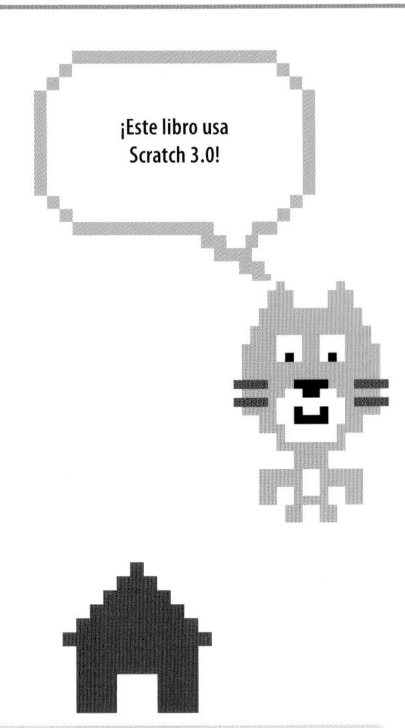

Scratch *online* y *offline*

Si tu ordenador está siempre conectado a Internet es mejor que trabajes con Scratch *online*. Si no, tendrás que bajarte e instalar la versión *offline*.

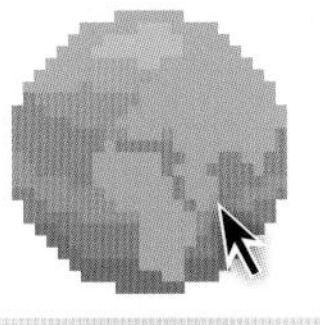

ONLINE

Visita la página web de Scratch en **http://scratch.mit.edu**, clica en «Únete a Scratch» y crea una cuenta con nombre de usuario y contraseña. Necesitarás una cuenta de correo electrónico.

Scratch *online* se ejecuta en tu navegador; ve a la página web de Scratch y clica en «Crear», en la parte superior de la pantalla. La interfaz de Scratch se abrirá.

No te preocupes por guardar tu trabajo: la versión *online* de Scratch graba proyectos de modo automático.

Scratch *online* funciona en ordenadores bajo Windows, macOS y Linux. Esta versión también funciona en tabletas.

OFFLINE

Visita la página web de Scratch, en **http://scratch.mit.edu/download** y sigue las instrucciones para descargar e instalar Scratch en tu ordenador.

Aparecerá el icono de Scratch en tu escritorio, como cualquier otro programa. Haz doble clic en el icono del gato de Scratch para comenzar.

Tendrás que guardar tu proyecto clicando en el menú «Archivo» y seleccionando «Guardar en tu ordenador». Scratch te preguntará dónde guardar tu obra: consulta con el dueño del ordenador.

Scratch *offline* funciona con Windows y macOS.

Versiones de Scratch

Los proyectos de este libro requieren Scratch 3.0, y no funcionarán bien en versiones más antiguas. Si ya tienes Scratch instalado pero no recuerdas qué versión, examina las imágenes que te enseñamos abajo.

▽ **Scratch 2.0**
En la versión anterior de Scratch, el escenario aparece a la izquierda. Necesitarás instalar Scratch 3.0.

◁ **Scratch 3.0**
En la última versión de Scratch, lanzada en 2019, el escenario está a la derecha y hay más bloques y características que en las versiones anteriores. Entre los cambios clave están la adición de nuevos objetos (o *sprites*), un mejor editor de sonido y la sección «Añadir extensión», en la que hallarás más bloques de programación.

CONSEJO DE EXPERTO

Punteros

Scratch necesita un trabajo de puntero de precisión, más fácil de llevar a cabo con un ratón que con el panel táctil. En este libro, a menudo se te pedirá que hagas clic sobre algo con el botón derecho del ratón. Si tu ratón solo tiene un botón, pulsa a la vez la tecla control del teclado.

La interfaz de Scratch

Este es el control de misión de Scratch. Las herramientas para crear bloques de código están a la izquierda; el escenario, a la derecha, te muestra qué ocurre al ejecutar tu proyecto. ¡Explora sin miedo!

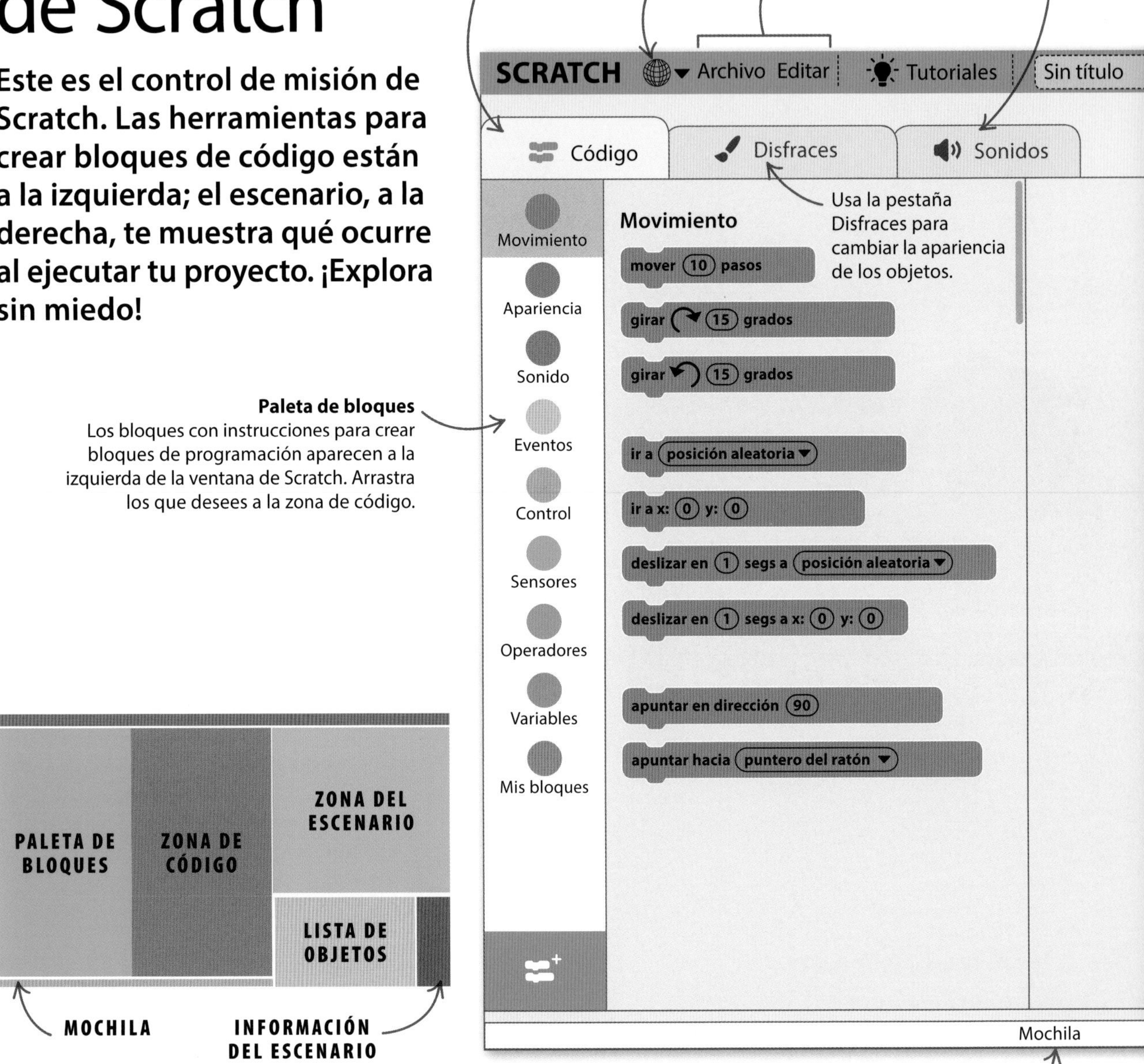

△ **Nombra las partes**
Al usar este libro necesitarás saber dónde está todo en la ventana Scratch. Aquí te mostramos los nombres de las diferentes áreas. Las pestañas sobre la paleta de bloques abren otras áreas de Scratch para editar sonidos y disfraces de objetos.

Mochila
Almacena bloques de código, objetos, disfraces y sonidos útiles en la mochila, para poder usarlos en otros proyectos.

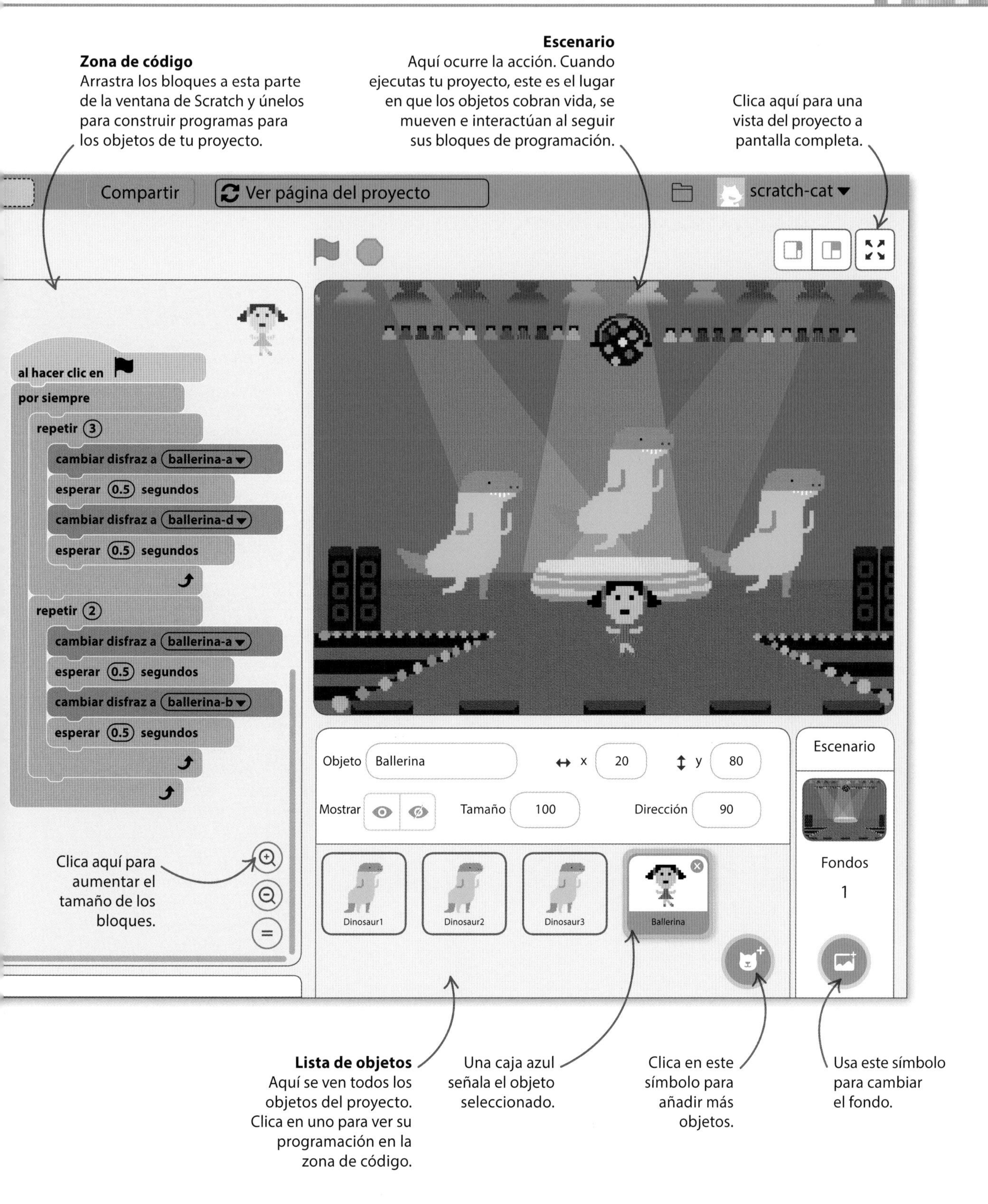
Zona de código
Arrastra los bloques a esta parte de la ventana de Scratch y únelos para construir programas para los objetos de tu proyecto.
Escenario
Aquí ocurre la acción. Cuando ejecutas tu proyecto, este es el lugar en que los objetos cobran vida, se mueven e interactúan al seguir sus bloques de programación.
Clica aquí para una vista del proyecto a pantalla completa.
Compartir
Ver página del proyecto
scratch-cat
al hacer clic en
por siempre
repetir 3
cambiar disfraz a ballerina-a
esperar 0.5 segundos
cambiar disfraz a ballerina-d
esperar 0.5 segundos
repetir 2
cambiar disfraz a ballerina-a
esperar 0.5 segundos
cambiar disfraz a ballerina-b
esperar 0.5 segundos
Objeto
Ballerina
x
20
y
80
Mostrar
Tamaño
100
Dirección
90
Escenario
Fondos
1
Dinosaur1
Dinosaur2
Dinosaur3
Ballerina
Clica aquí para aumentar el tamaño de los bloques.
Lista de objetos
Aquí se ven todos los objetos del proyecto. Clica en uno para ver su programación en la zona de código.
Una caja azul señala el objeto seleccionado.
Clica en este símbolo para añadir más objetos.
Usa este símbolo para cambiar el fondo.

Tipos de proyectos

Este libro posee una amplia gama de divertidos proyectos. No te preocupes si no has usado Scratch antes o si no eres un experto: el siguiente capítulo se llama «Comenzar», y está para ayudarte. Aquí tienes una práctica guía a los proyectos del libro.

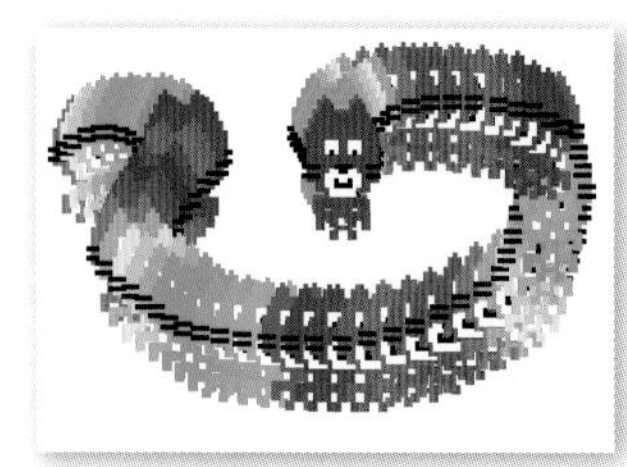

Arte gatuno (p. 26)

El Dinobaile (p. 34)

Carrera de animales (p. 48)

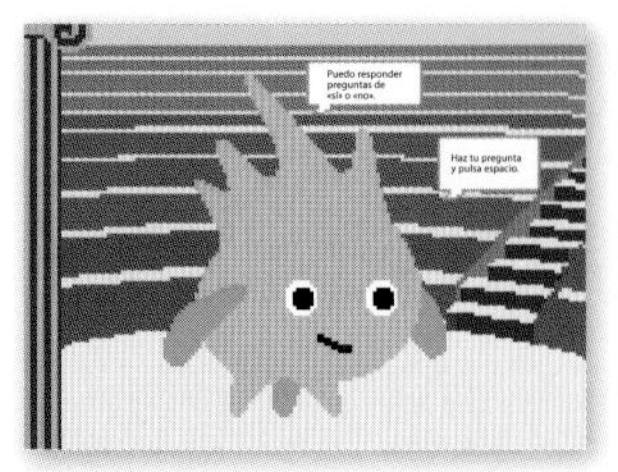

Pregúntale a Gobo (p. 60)

△ **Comenzar**

Sigue estos fáciles proyectos para aprender a usar Scratch. Cada uno te presenta nuevas e importantes ideas, de modo que, si eres principiante, no te pases ninguno por alto. Hacia el final del capítulo habrás dominado los fundamentos de Scratch.

Caras divertidas (p. 70)

Tarjeta de felicitación (p. 82)

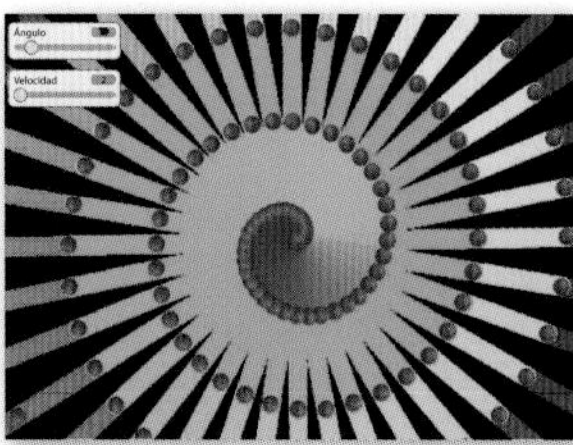

Espiralizador (p. 94)

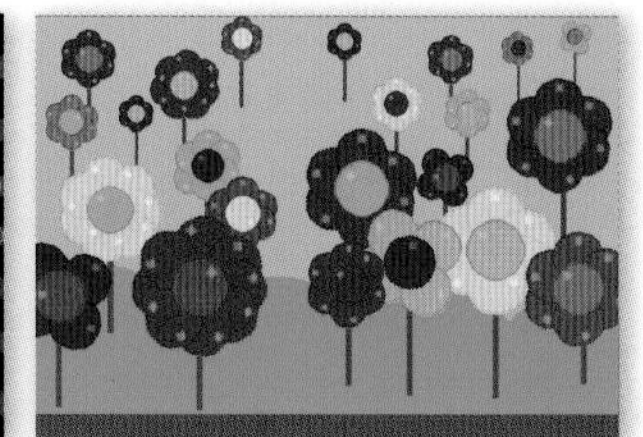

Flores fantásticas (p. 106)

◁ **Arte**

A los artistas les encanta hallar nuevas formas de crear, y los ordenadores les ofrecen herramientas que ni Leonardo da Vinci podría haber imaginado. Crea una tarjeta de felicitación, haz girar espectaculares espirales y cubre tu mundo de flores.

▷ **Juegos**

Diseñar juegos es uno de los modos más creativos de programar. Los creadores de juegos buscan siempre modos nuevos e imaginativos de desafiar a los jugadores y contar historias. Los proyectos de este capítulo te hacen dirigir un objeto por un intrincado laberinto y limpiar manchas virtuales de la pantalla de un ordenador.

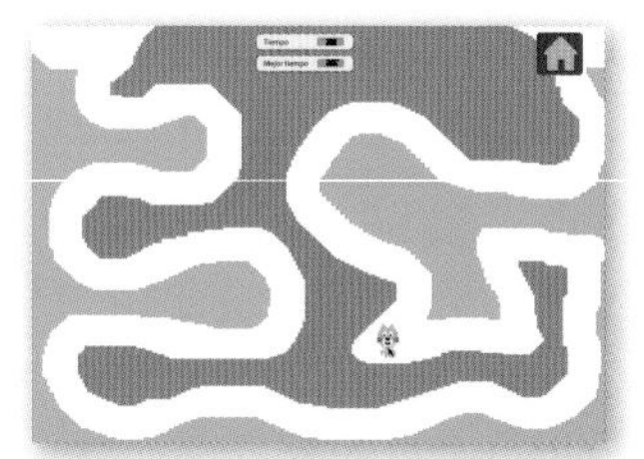

Túnel de la perdición (p. 122)

Limpiacristales (p. 134)

Nieve virtual (p. 144)

Fuegos artificiales (p. 154)

Árboles fractales (p. 162)

Simulador de copos de nieve (p. 172)

△ Simulaciones
Si das al ordenador la información correcta, puede imitar (simular) el funcionamiento de las cosas en el mundo real. Este capítulo te enseña cómo simular una nevada, unos brillantes fuegos artificiales, el crecimiento de los árboles y la forma de los copos de nieve.

Objetos y sonidos (p. 182)

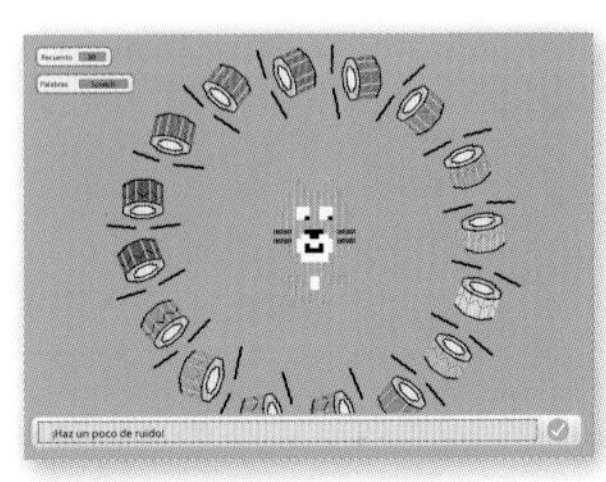
Tambortástico (p. 190)

◁ Música y sonido
Aunque los primeros ordenadores no podían emitir más que sencillos «bips», los actuales pueden reproducir todos los instrumentos de una orquesta. Prueba estas dos delicias para tus oídos. La primera reproduce efectos sonoros con animaciones, y la segunda pone una batería de tambores en tus manos.

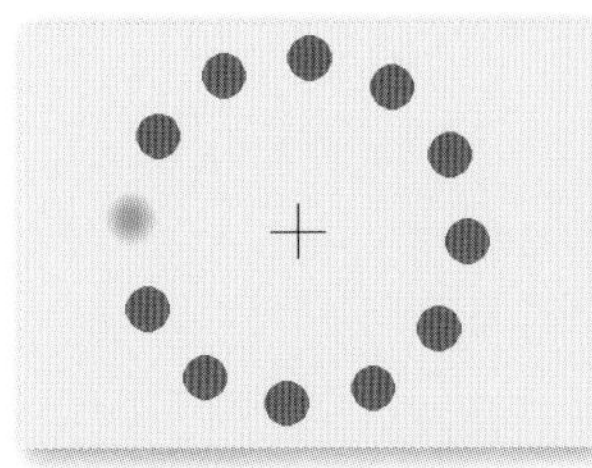
El punto mágico (p. 200)

Espiralotrón (p. 208)

◁ Rompecabezas
Animar imágenes de maneras determinadas puede engañar al ojo y hacerle ver asombrosos patrones e ilusiones. Prueba estos proyectos tan alucinantes como animados.

CONSEJO DE EXPERTO

Proyectos perfectos

Hemos desmenuzado todos los proyectos de este libro en sencillos pasos: lee cada paso detenidamente y podrás realizarlos todos. A medida que avanzas, los proyectos se hacen cada vez más complicados. Si un proyecto no hace lo que debería, retrocede unos pasos y comprueba cuidadosamente las instrucciones. Si aún tienes problemas, pide a un adulto que te ayude. Cuando un proyecto ya te funcione, no tengas miedo de cambiar el código y probar tus propias ideas.

Comenzar

Arte gatuno

Empieza a sentirte seguro en Scratch creando dibujos extremadamente sencillos con el objeto del gato, la mascota de Scratch. Este proyecto lo convierte en una especie de pincel multicolor. Puedes usar el mismo truco para pintar con cualquier objeto.

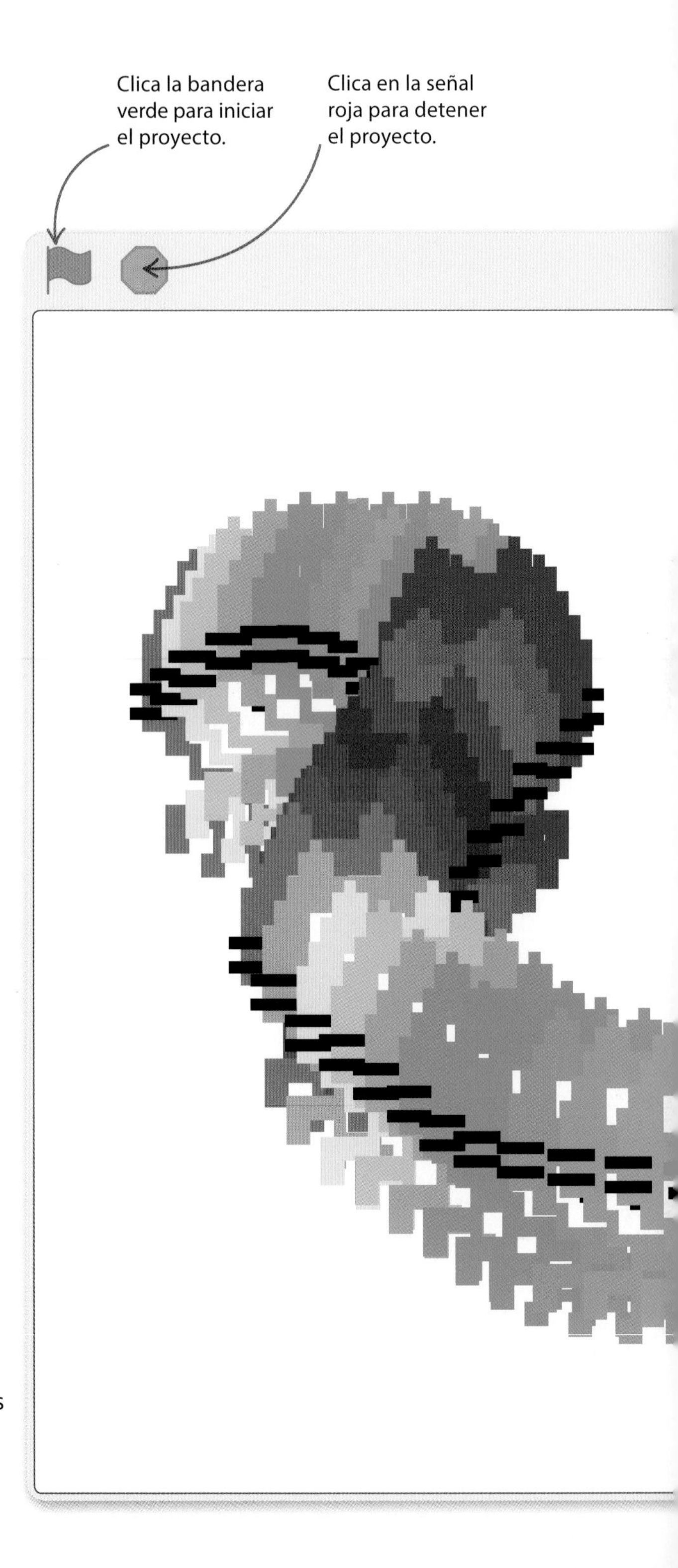

Cómo funciona

Este sencillo proyecto te permite usar el ratón del ordenador para pintar arte gatuno multicolor. Allá donde arrastres el ratón, dejarás detrás un rastro de gatos. Más tarde verás cómo añadir otros efectos.

△ **Sigue al ratón**
Primero ensamblarás un poco de código para que el puntero (el ratón) mueva al gato por todo el escenario.

△ **Cambiar de color**
Luego añadirás bloques al código para que el gato cambie de color.

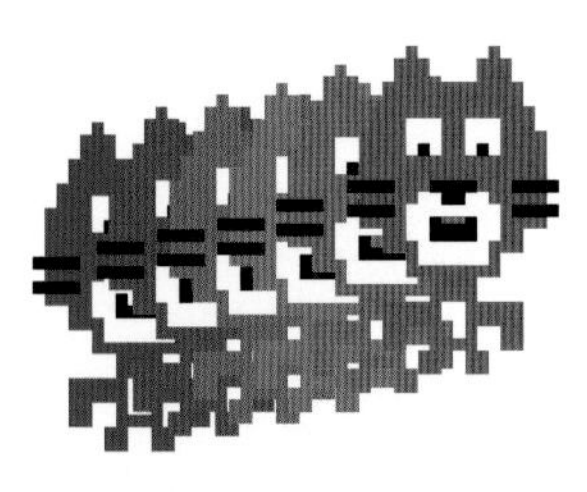

△ **Crear copias**
Luego usarás el bloque «sellar» para crear una huella de copias que aparezca en el escenario.

△ **¡Salvaje!**
Hay muchos efectos alocados que puedes probar con el gato una vez comienzas a experimentar.

El gato se adhiere al puntero y va cambiando de color.

Clica aquí para que el proyecto ocupe toda tu pantalla.

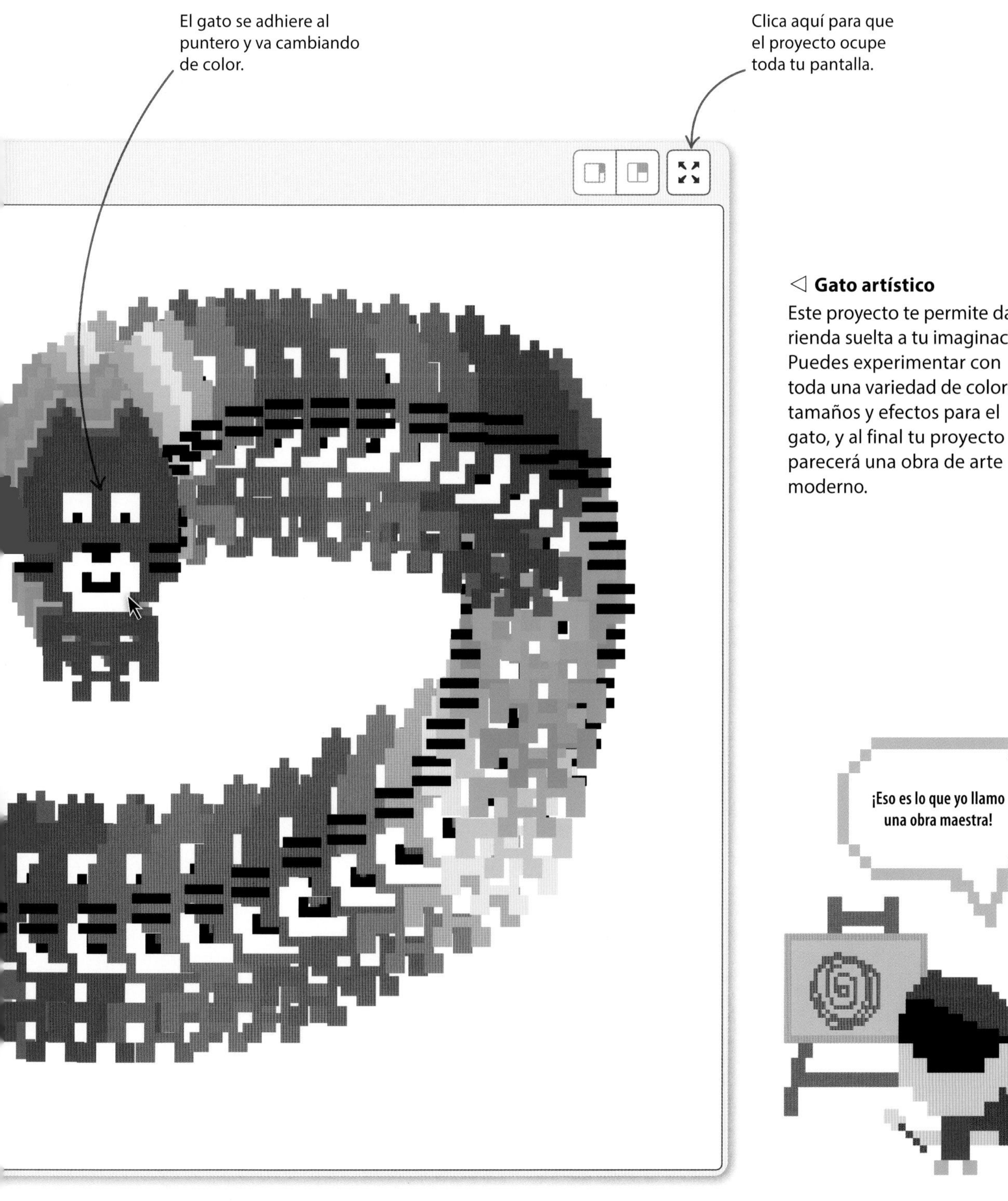

◁ **Gato artístico**
Este proyecto te permite dar rienda suelta a tu imaginación. Puedes experimentar con toda una variedad de colores, tamaños y efectos para el gato, y al final tu proyecto parecerá una obra de arte moderno.

Controlar el ratón

El primer paso es que el objeto del gato siga al puntero del ratón. Tendrás que crear un conjunto de instrucciones (llamado código) para que el objeto del gato haga esto.

Sígueme.

1 Comienza un nuevo proyecto de Scratch. Si usas la versión *online*, ve a la página web de Scratch y clica en «Crear», en la parte superior. Si usas Scratch *offline*, clica en el icono de Scratch de tu escritorio. Deberías ver un proyecto nuevo, listo para que comiences a ensamblar código.

El objeto del gato es el único ítem en el escenario en un proyecto nuevo.

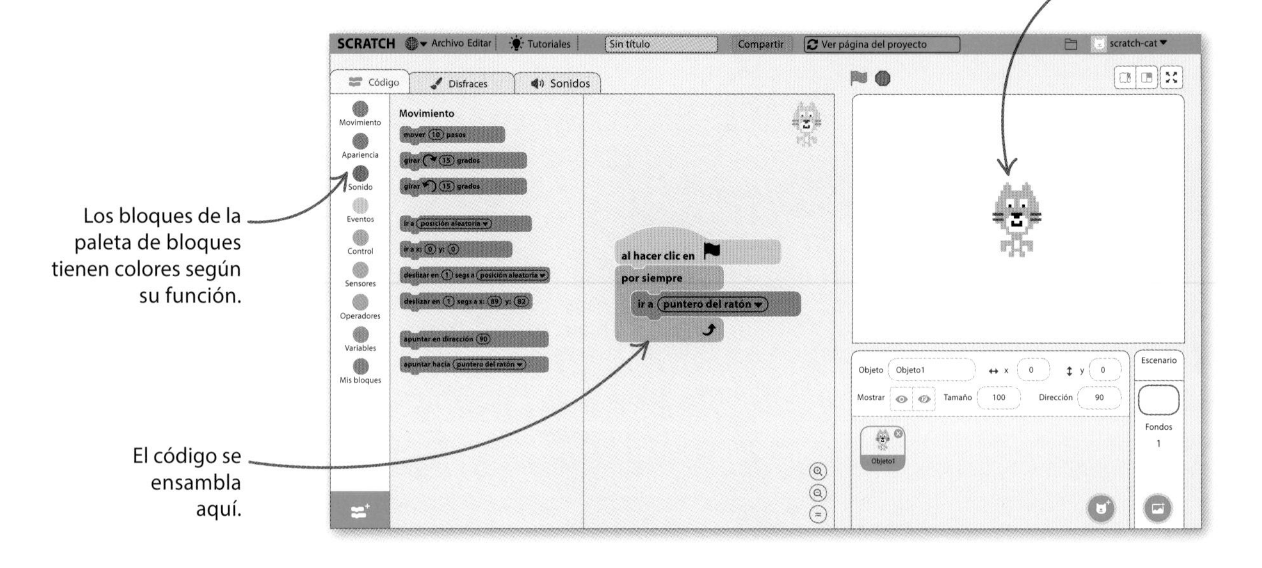

Los bloques de la paleta de bloques tienen colores según su función.

El código se ensambla aquí.

2 Para construir el código, solo arrastra los bloques de colores de la izquierda (la paleta de bloques) al espacio gris vacío que hay en medio (la zona de código). Los bloques son de diferentes colores en función de lo que hacen. Puedes cambiar entre conjuntos de bloques clicando en las categorías de la izquierda de la paleta.

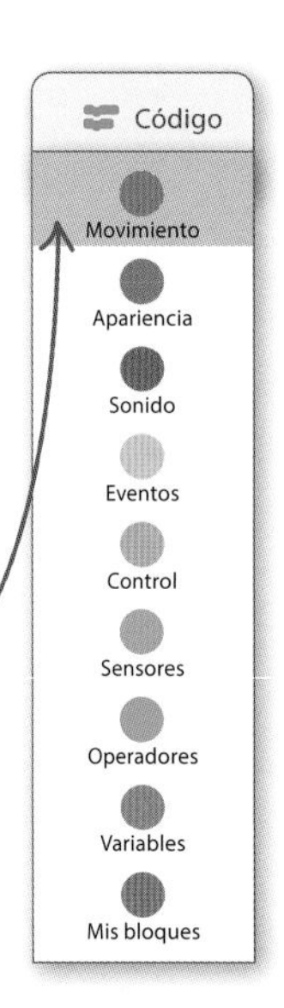

Al comenzar un nuevo proyecto, Movimiento está seleccionado por defecto. Al clicar en cada categoría se muestra un conjunto diferente de bloques de programación del mismo color.

JERGA

Ejecutar programas

«Ejecutar un programa» es, para un programador, «iniciar» un programa. Un programa que está haciendo algo está «ejecutándose». En Scratch, llamamos también «proyectos» a los programas, y clicar en la bandera verde los ejecuta.

3 Selecciona el bloque «ir a [posición aleatoria]» y arrástralo a la zona de código, a la derecha. Se quedará donde lo pongas. Clica en el menú desplegable y selecciona «puntero del ratón».

ir a (puntero del ratón ▾)

4 Ahora clica en Control, en la paleta de bloques. Los bloques a la derecha de la paleta pasarán a ser de color naranja.

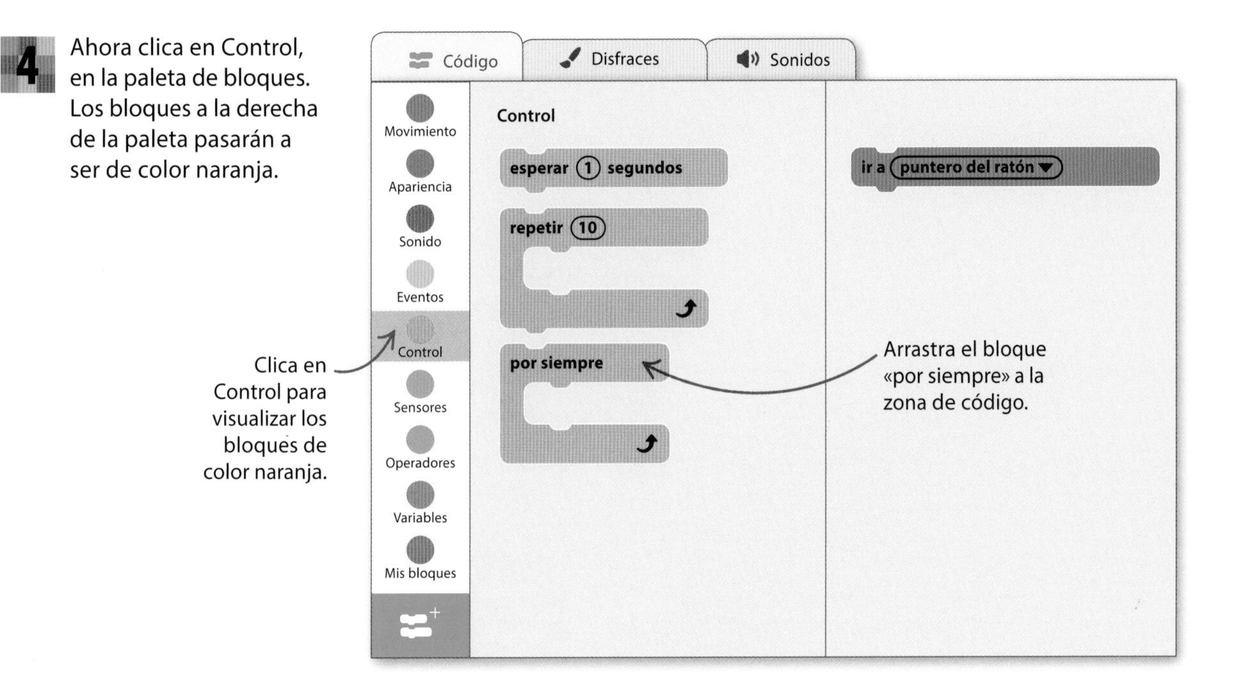

5 Con el ratón, arrastra el bloque «por siempre» y envuelve el bloque «ir a [puntero del ratón]». El bloque debería encajar cuando lo sueltes cerca del bloque azul. El bloque «por siempre» hace que los bloques que contiene se ejecuten una y otra vez.

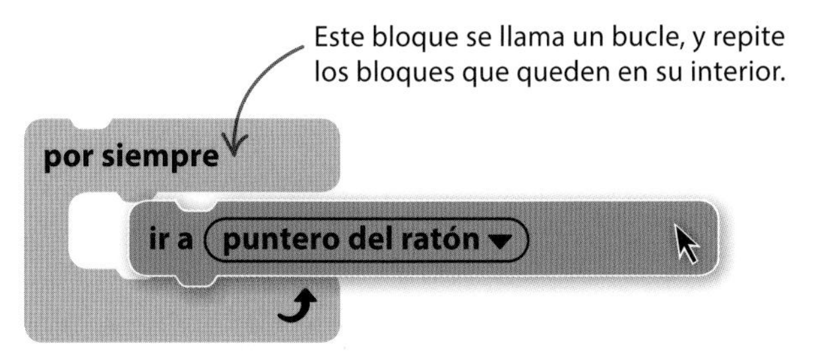

6 Para completar tu primer bloque de programación, selecciona Eventos en la paleta de bloques y arrastra un bloque «al hacer clic en» a la parte superior de la pila. Este bloque ejecuta el código cuando alguien clica en la bandera verde, en el escenario.

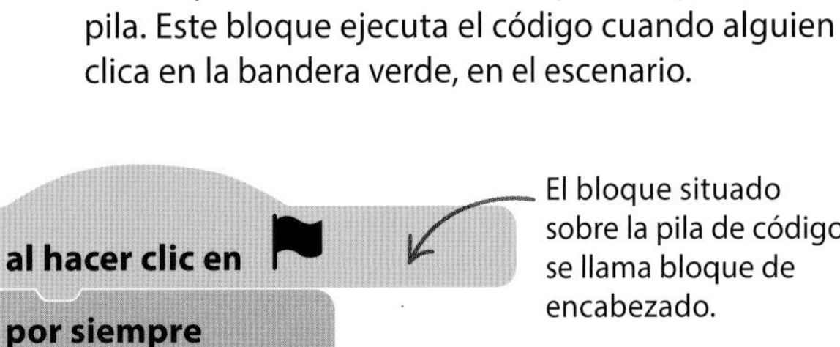

7 Haz clic en la bandera verde, sobre el escenario. El gato irá allá donde vaya el puntero del ratón. Puedes detener la persecución con el botón rojo. ¡Felicidades por tu primer trabajo programando en Scratch!

Inicia, o ejecuta, el código

Detiene la ejecución del código

Gatos multicolores

Scratch está lleno de modos de crear arte. En este caso, el código más sencillo enviará tu gato a la galería de arte.

8 Clica en Apariencia, en la paleta de bloques, y selecciona el bloque «sumar al efecto [color] [25]». Arrástralo al bucle del código para que se vea así.

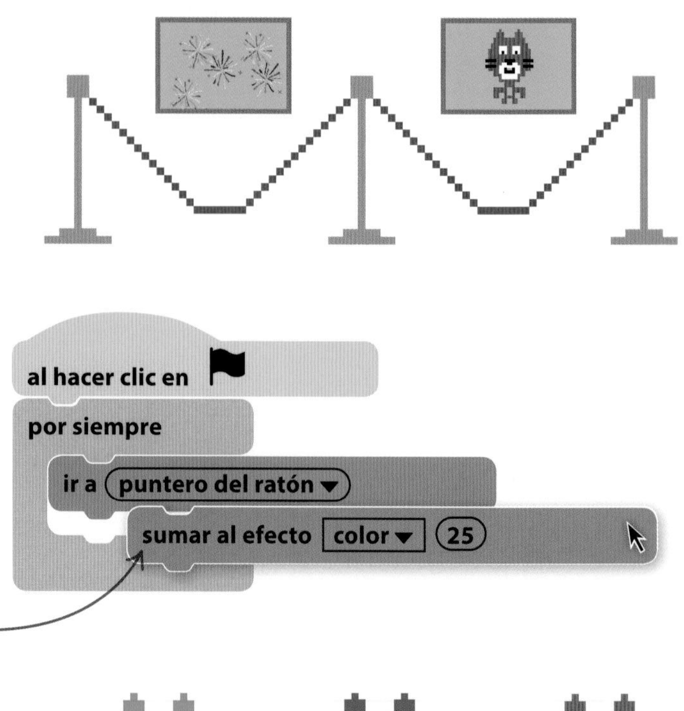

9 Haz clic en la bandera verde y ejecuta la nueva versión del proyecto. Ahora el gato va cambiando de color cada cierto tiempo. El bucle va repitiendo el bloque «sumar al efecto color», y cada vez que lo hace el objeto cambia un poco de color.

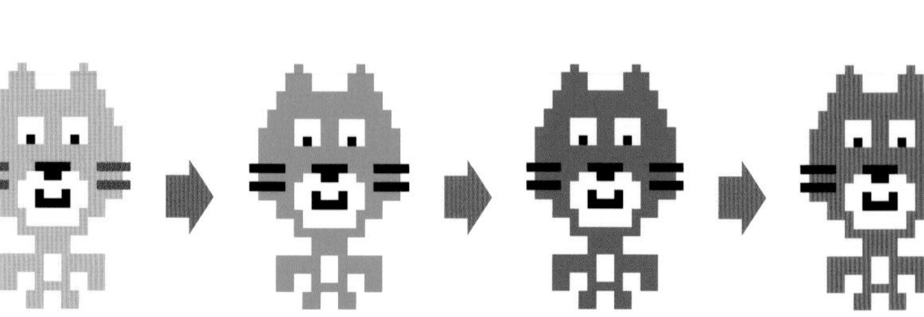

10 Llega el momento de crear arte. Debes añadir una extensión. Clica en el botón «Añadir extensión», abajo a la izquierda, y escoge la extensión Lápiz. Si clicas en Lápiz, en la paleta de bloques, verás una selección de bloques verdes. Arrastra un bloque «sellar» hacia el bucle, de modo que tu código tenga este aspecto:

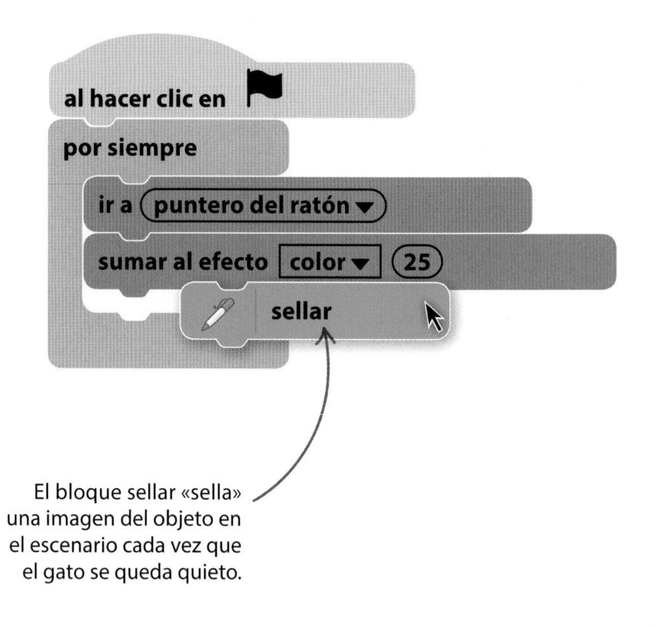

Ejecuta el proyecto haciendo clic en la bandera verde. El gato dejará una estela de gatos multicolores tras él. ¡Qué gato tan artístico!

El bloque sellar es el que deja la estela de gatos.

12 Verás que el escenario pronto se llena de gatos, pero no te preocupes: puedes añadir código para limpiarlo con un botón. Escoge Lápiz en la paleta de bloques y busca el bloque «borrar todo». Arrástralo a la zona de código pero separado del primer código. Clica en Eventos y añade un bloque amarillo «al presionar tecla espacio». Ejecuta el proyecto y mira qué pasa cuando presionas la barra espaciadora.

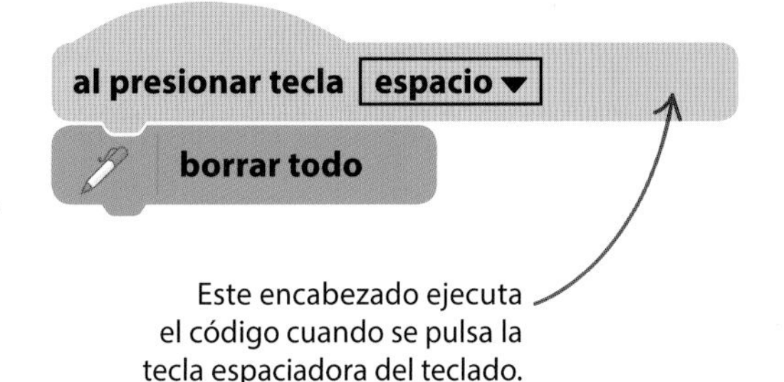

Este encabezado ejecuta el código cuando se pulsa la tecla espaciadora del teclado.

CONSEJO DE EXPERTO

Pantalla completa

Para ver mejor los proyectos, haz clic en el botón de pantalla completa, sobre el escenario, para ocultar el código y mostrar tan solo los resultados. Hay un botón similar para volver a encoger el escenario y revelar nuevamente el código.

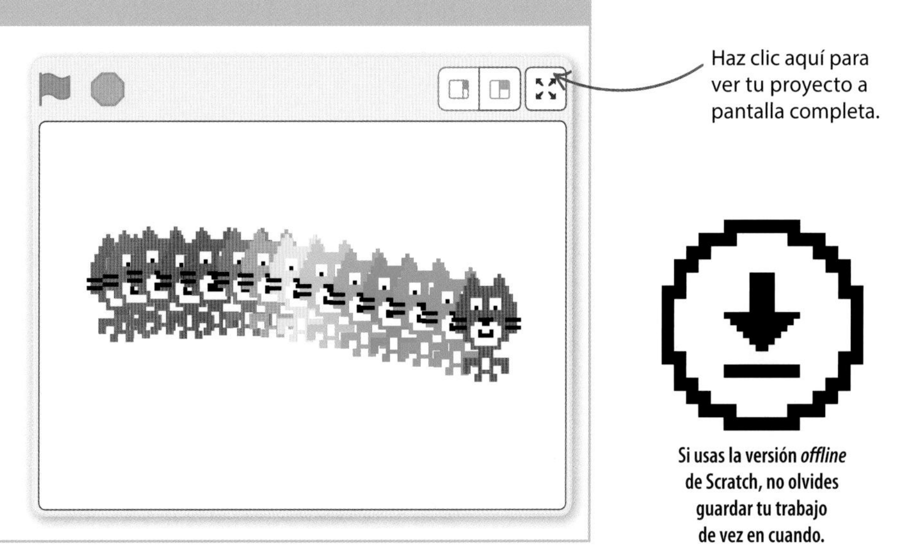

Haz clic aquí para ver tu proyecto a pantalla completa.

Si usas la versión *offline* de Scratch, no olvides guardar tu trabajo de vez en cuando.

Trucos y mejoras

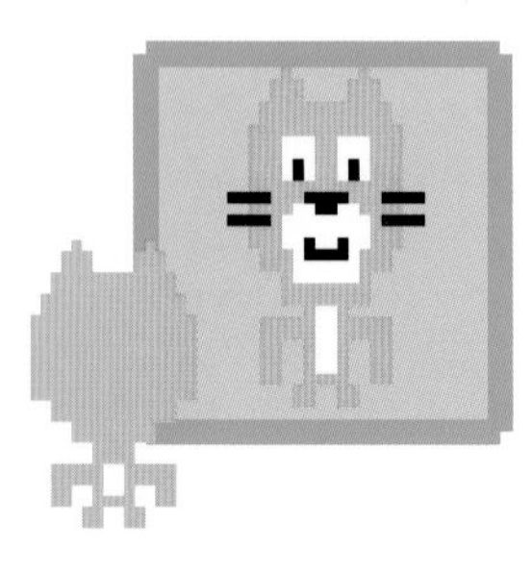

Hay muchas maneras de cambiar el aspecto del gato, y puedes emplearlas para crear sorprendentes efectos visuales. Abajo tienes algunos consejos, pero siéntete libre de experimentar.

▽ Cambia el tamaño

Añade estos dos bloques de código al gato para agrandarlo o encogerlo al presionar las flechas arriba y abajo.

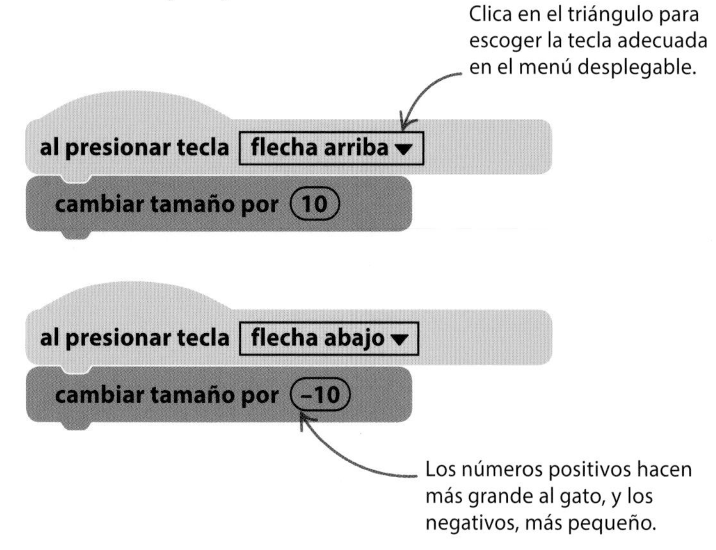

PRUEBA ESTO

Gato loco

Agranda el gato hasta llenar el escenario. Presiona la barra espaciadora para borrar todos los demás gatos, deja tranquilo el ratón y pulsa tan solo la flecha abajo. ¡Aparecerá una sucesión de gatos cada vez más pequeños, unos dentro de otros, como un túnel gatuno multicolor!

▽ Cambios suaves

No temas experimentar con los números y parámetros de los comandos de Scratch. No es obligatorio cambiar el color del gato por 25 cada vez. Cuanto más bajo sea el número, más lentamente cambiará de color, como en un arcoíris.

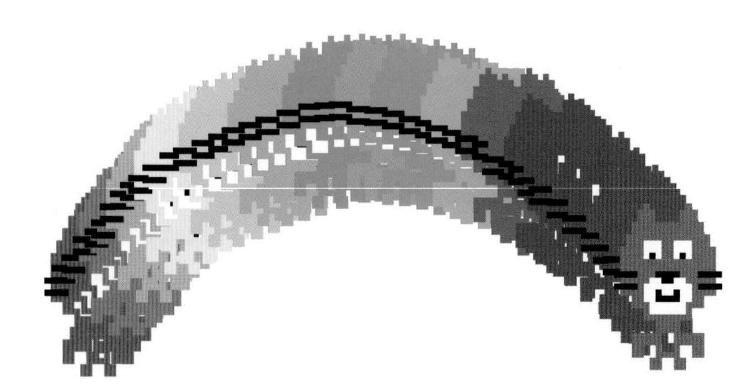

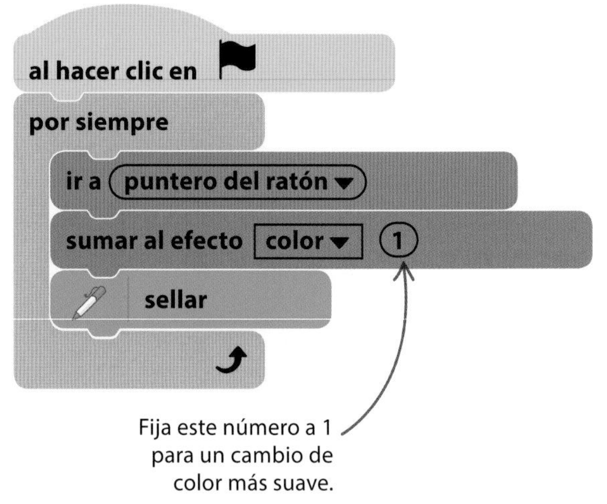

▽ Efectos especiales

Hay montones de efectos que probar además de los sencillos cambios de color. Añade otro bloque «sumar al efecto» en el código principal. Clica en el menú desplegable y prueba otros efectos para ver qué hacen.

▽ Limpiar

Los efectos pueden desordenar rápidamente todo. Añade un bloque «quitar efectos gráficos» al código. Se ejecuta al presionar la barra espaciadora para limpiar el escenario.

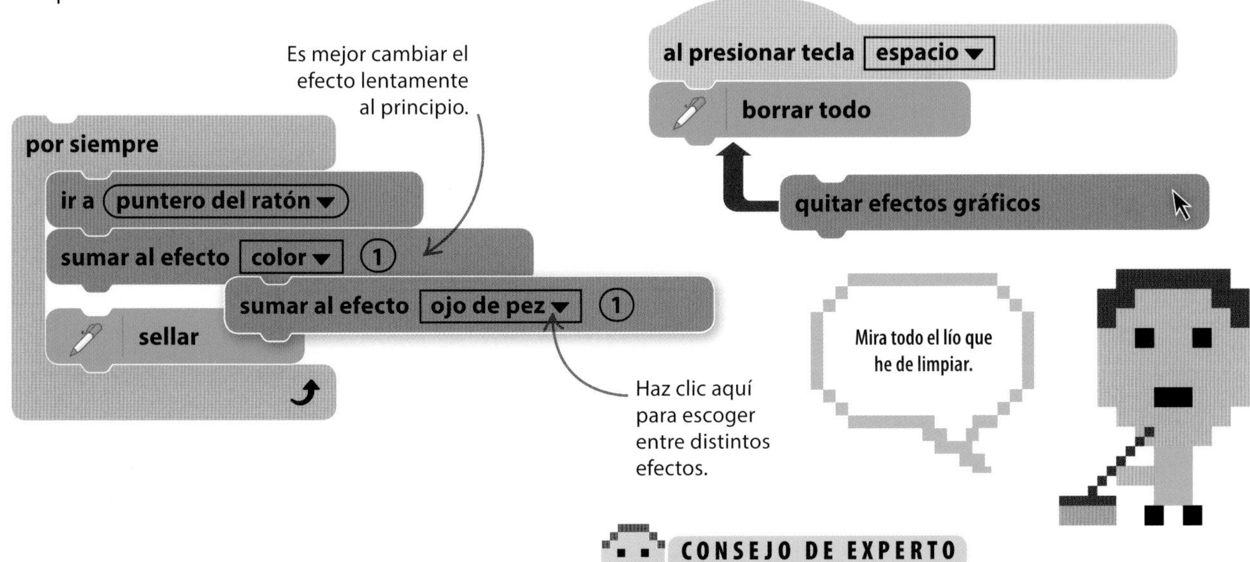

▽ En la punta de tus dedos

Para tener más control sobre los efectos mientras pintas con el gato, puedes disparar bloques de programación con las teclas que prefieras. Podrías crear todo un teclado lleno de cambios en el gato, incluido este efecto desvanecer.

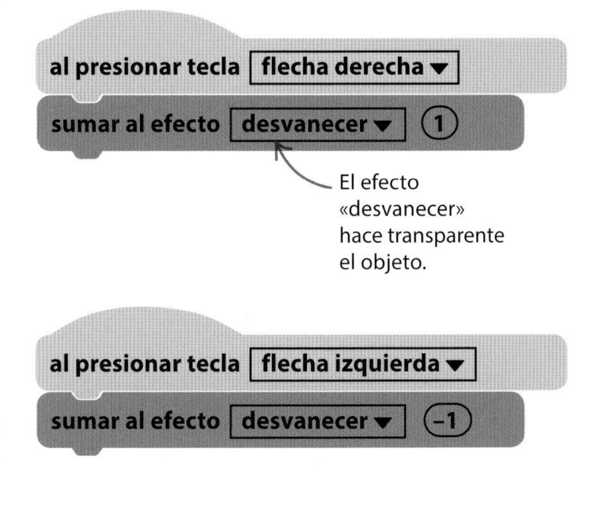

CONSEJO DE EXPERTO

Bucles

Casi todos los programas poseen bucles. Son muy útiles, pues permiten a un programa retroceder y repetir un conjunto de instrucciones, lo que simplifica y acorta el código. El bloque «por siempre» crea un bucle que se ejecuta eternamente, pero otros tipos de bucles pueden repetir una acción un número de veces. En posteriores proyectos encontrarás todo tipo de bucles.

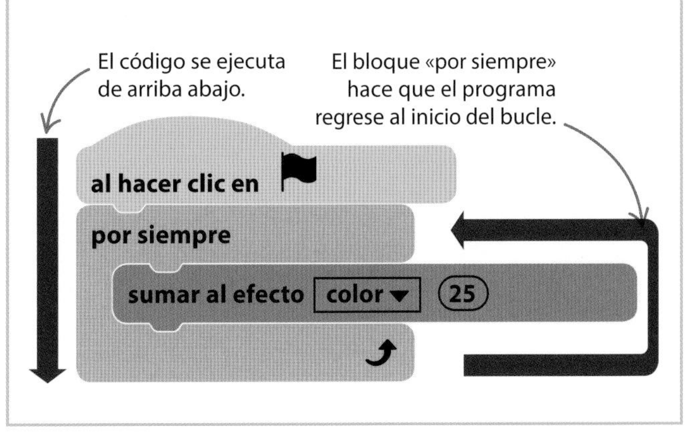

El Dinobaile

¡Saca brillo a tus zapatos de baile y ven a la fiesta del dinosaurio! ¿A quién invitarás? Hay música, un espectáculo de luces y baile a discreción. Las coreografías son como los programas de ordenador: solo has de seguir los pasos en orden.

Haz clic en la bandera verde para comenzar el proyecto.

Haz clic en la señal de stop para detener el proyecto.

Cómo funciona

Cada objeto posee uno o más bloques de código para sus bailes. Algunos tan solo se mueven de un lado a otro y otros se deslizan por la pista de baile o hacen movimientos más variados. Puedes añadir tantos bailarines como desees.

◁ **Dinosaurio**
Tras crear un dinosaurio danzarín, puedes duplicar el objeto para crear un grupo de dinosaurios que bailen al mismo ritmo.

El fondo «Spotlight» ofrece un buen ambiente para la fiesta.

◁ **Bailarina**
Para darle un toque de clase, la bailarina realizará una rutina de baile más complicada.

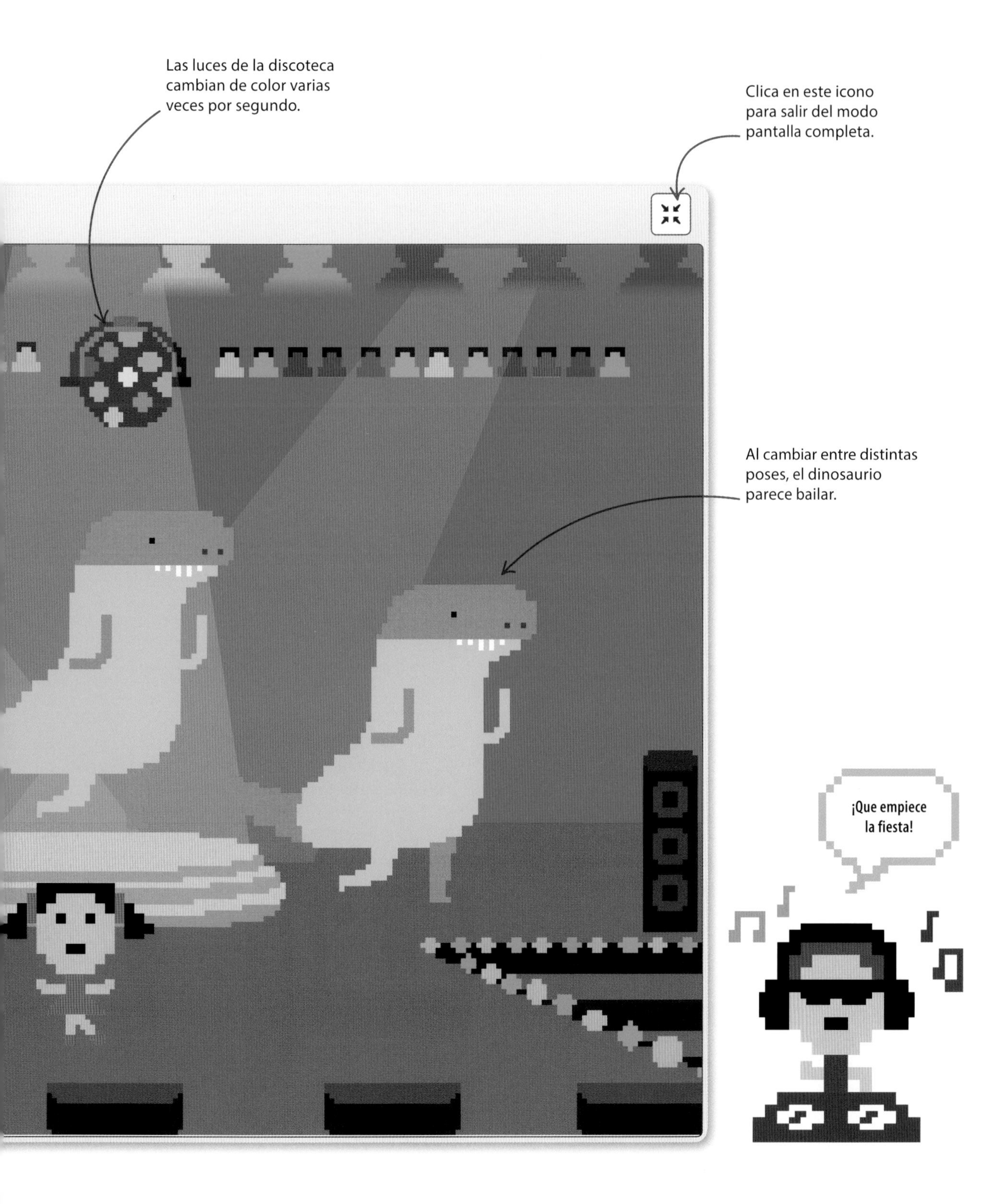
Las luces de la discoteca cambian de color varias veces por segundo.
Clica en este icono para salir del modo pantalla completa.
Al cambiar entre distintas poses, el dinosaurio parece bailar.
¡Que empiece la fiesta!

Dinosaurio bailarín

Scratch posee muchos objetos para tus proyectos en su biblioteca. Muchos de estos objetos tienen varios «disfraces», que muestran al objeto en una pose distinta. Si haces que un objeto cambie rápidamente de disfraces, parece que se mueva.

1 Comienza un nuevo proyecto. Desde la página web principal, haz clic en «Crear», en la parte superior. Si ya hay abierto un proyecto de Scratch, clica en el menú «Archivo», sobre el escenario, y selecciona «Nuevo».

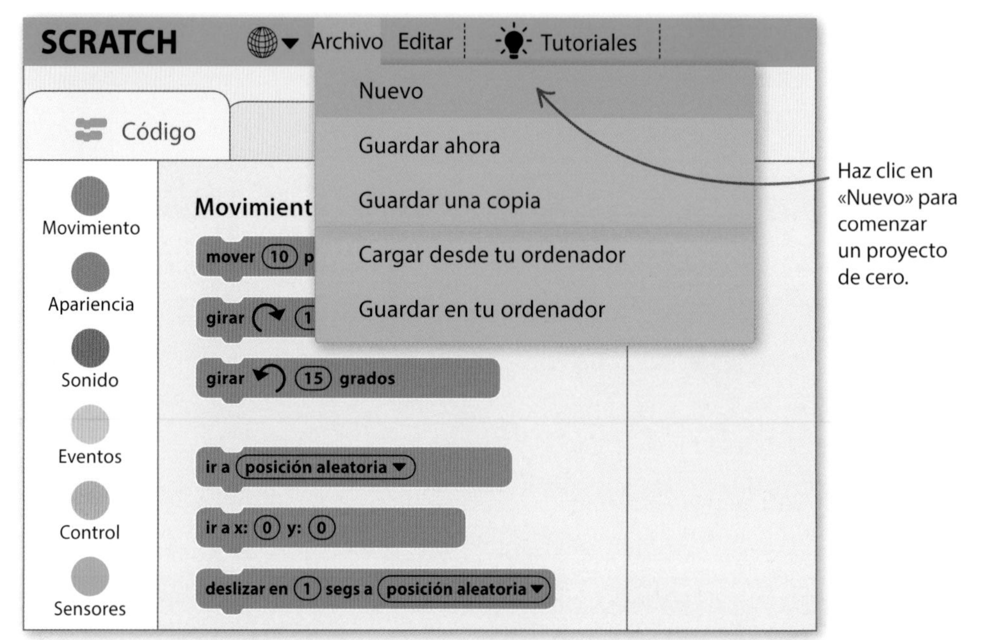

Haz clic en «Nuevo» para comenzar un proyecto de cero.

2 Los nuevos proyectos siempre comienzan con el objeto del gato. Pero esta vez no lo necesitas. Para borrarlo, haz clic con el botón derecho del ratón sobre el gato en la lista de objetos (o control + mayúsculas + clic, en ratones de un solo botón) y selecciona «borrar». El gato desaparecerá.

3 Para cargar un nuevo objeto, haz clic en el pequeño símbolo de objetos (🐱) de la lista de objetos, bajo el escenario. Se abrirá una ventana con una amplia selección de objetos. Escoge Dinosaur4. Ahora aparecerá en el escenario y en la lista de objetos.

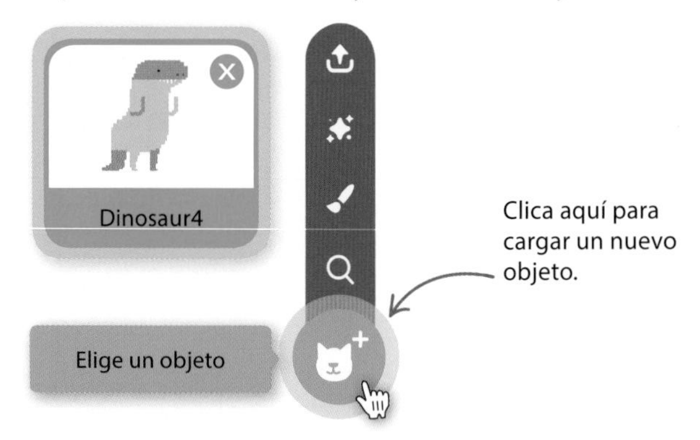

Clica aquí para cargar un nuevo objeto.

4 Crea este sencillo código para Dinosaur4. Mira bien y verás que el código se ejecuta al presionar la barra espaciadora, no cuando se clica la bandera verde.

5 Mira el dinosaurio en el escenario y presiona la barra espaciadora. Cada vez que la presiones, el dinosaurio cambiará de postura. Sigue siendo el objeto Dinosaur4, pero su apariencia cambia. Estas posturas se llaman «disfraces», y se pueden usar para hacer que un objeto parezca hacer cosas.

6 Haz clic en la pestaña Disfraces, sobre la paleta de bloques, para ver todos los disfraces del dinosaurio. Presiona la barra espaciadora para disparar el bloque «siguiente disfraz» y verás cómo cambian los disfraces de los dinosaurios en la lista de objetos y en el escenario.

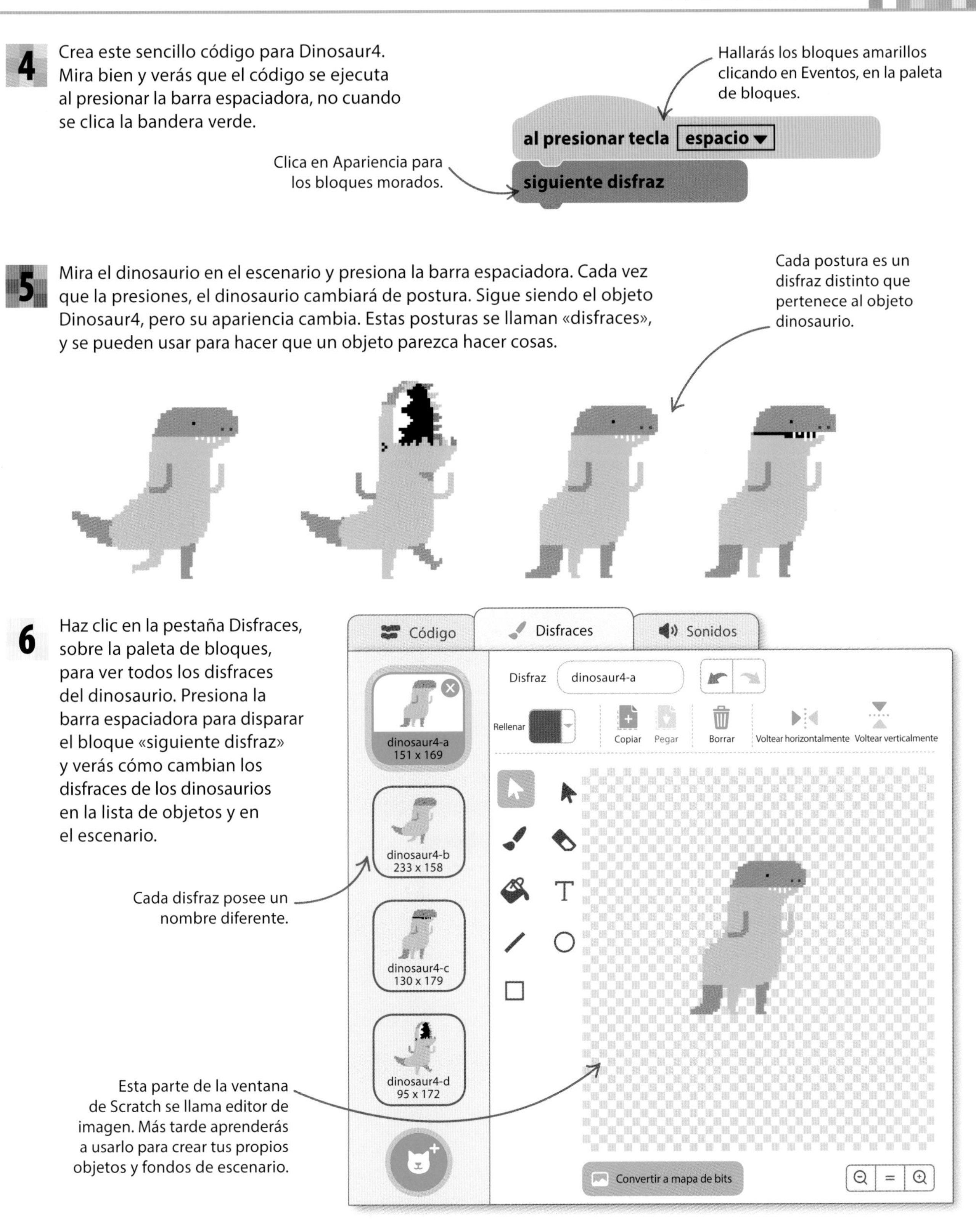

Pasos de baile

Mediante bucles puedes hacer que el dinosaurio cambie una y otra vez de disfraces y parezca moverse. Cambiar rápidamente de disfraces da la sensación de movimiento: se llama animación.

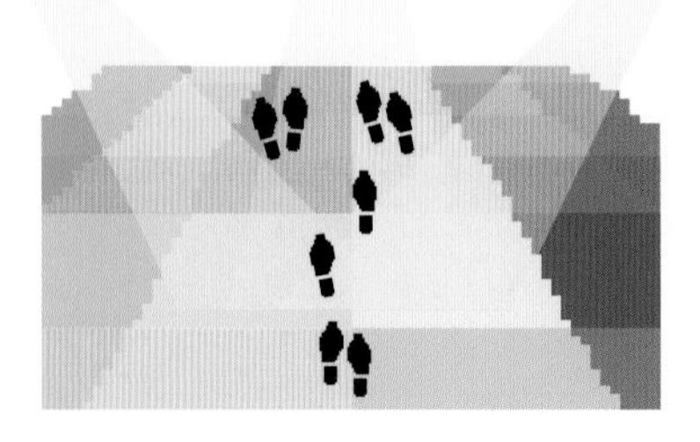

7 Clica en la pestaña Código, en la parte superior de la ventana Scratch, para volver a los bloques de código del dinosaurio, y añade este código. Antes de probarlo, léelo e intenta imaginar qué hará.

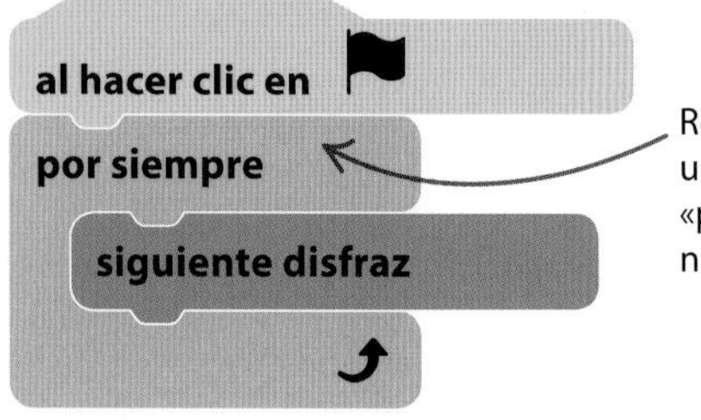

Recuerda: los bloques tienen un código de colores. El bucle «por siempre» está en la sección naranja, Control.

8 Haz clic en la bandera verde y ejecuta el código. Verás al dinosaurio moverse como loco al pasar en bucle por todos sus disfraces a gran velocidad. Para que el baile sea más tranquilo, en el próximo paso limitaremos los disfraces a dos.

dinosaur4-c

dinosaur4-d

9 Quita el bloque «siguiente disfraz» del bucle y sustitúyelo por estos bloques. El nuevo código intercambia dos disfraces y ralentiza todo con unos bloques «esperar». Ejecuta otra vez el proyecto haciendo clic en la bandera verde: ahora el dinosaurio debería bailar de un modo más sensato.

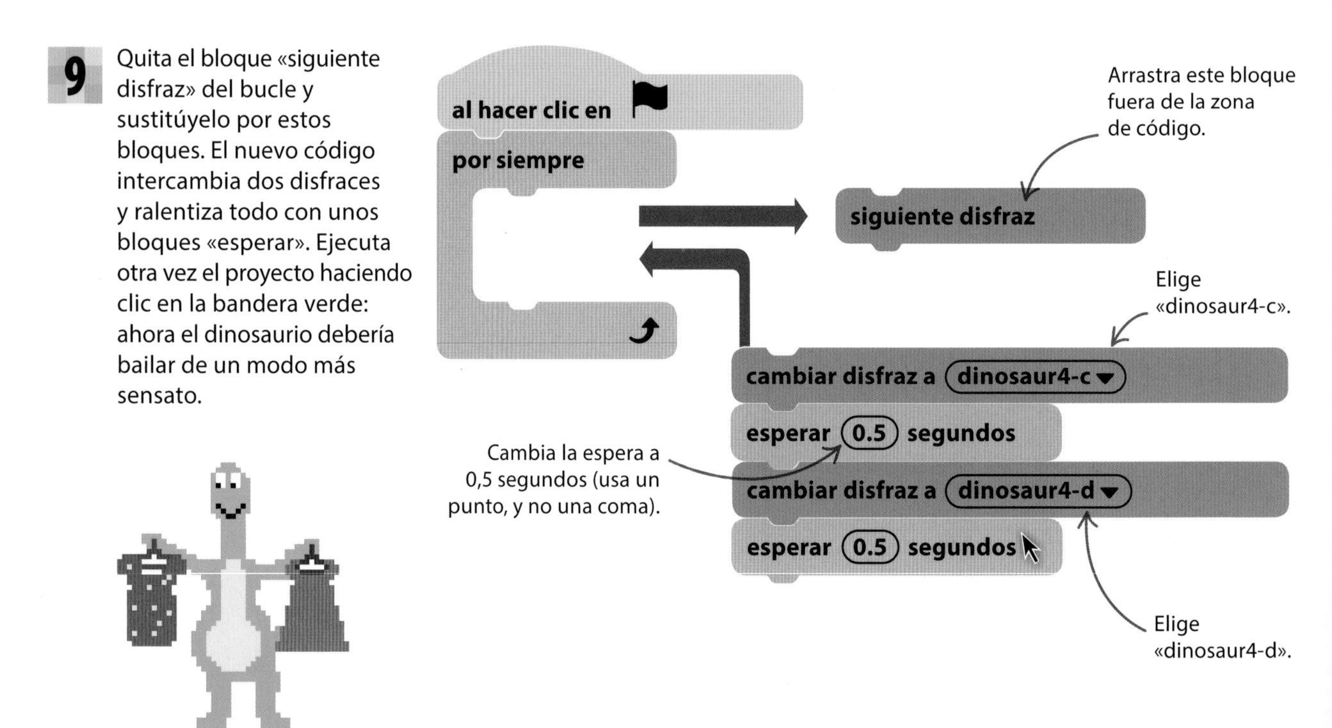

10 Para añadir más dinosaurios bailarines a la fiesta puedes copiar el primer dinosaurio. Haz clic con el botón derecho sobre él en la lista de objetos y escoge «duplicar» en el menú desplegable. Aparecerá un nuevo dinosaurio.

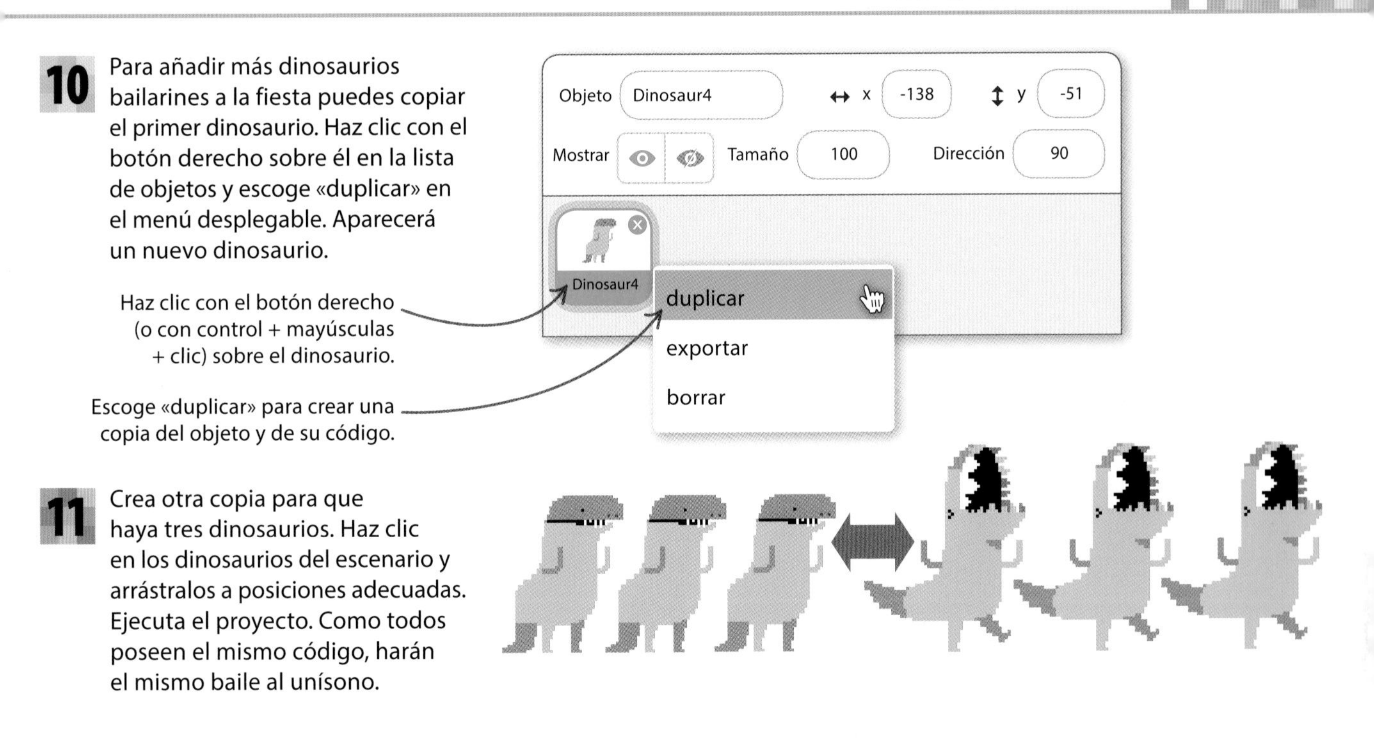

Haz clic con el botón derecho (o con control + mayúsculas + clic) sobre el dinosaurio.

Escoge «duplicar» para crear una copia del objeto y de su código.

11 Crea otra copia para que haya tres dinosaurios. Haz clic en los dinosaurios del escenario y arrástralos a posiciones adecuadas. Ejecuta el proyecto. Como todos poseen el mismo código, harán el mismo baile al unísono.

Preparar el escenario

Los dinosaurios están bailando, pero la habitación es un poco aburrida. Sigue estos pasos para añadir decorados y música. Tendrás que hacer algunos cambios en el escenario. Aunque no es un objeto, puede tener su propio código.

12 Cambiemos de escenario. La imagen del escenario se llama «fondo» y puedes cargar otras. Mira abajo a la derecha en la pantalla y haz clic en el símbolo «Elige un fondo» (🖼) a la derecha de la lista de objetos.

Haz clic en este símbolo para añadir un fondo.

13 Busca «Spotlight» en la biblioteca de fondos y selecciónalo. Ahora este telón aparecerá tras los bailarines.

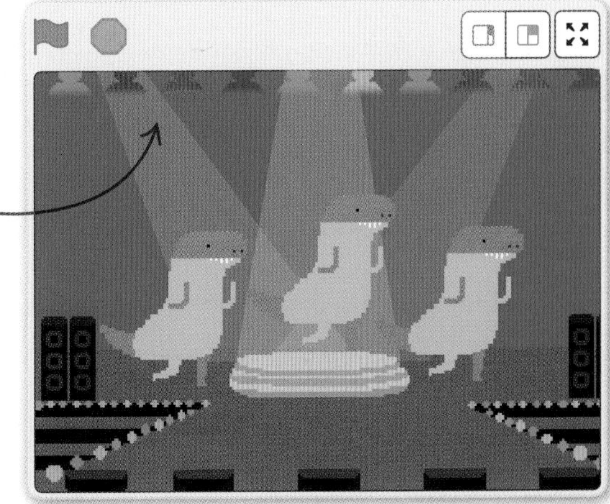

El fondo «Spotlight» da ambiente a la fiesta.

14 Ahora haz clic en la pestaña de Código, en la parte superior de la pantalla, y añade código al escenario: cada objeto puede tener su propio código, y el escenario también.

Haz clic aquí para mostrar la zona de código.

Código | Fondos | Sonidos

Movimiento
Apariencia
Sonido
Eventos
Control
Sensores

Control

esperar (1) segundos

repetir (10)

por siempre

15 Añade este código para que las luces de la discoteca centelleen. Clica en la bandera verde y ejecuta el proyecto: debería parecer una auténtica discoteca. Experimenta con el tiempo del bloque «esperar» para que las luces centelleen más rápido o más lento, según desees.

```
al hacer clic en [bandera]
por siempre
    sumar al efecto [color ▼] (25)
    esperar (0.1) segundos
```

Este bloque solo cambia los colores del fondo. No afecta a los demás objetos.

Ajusta este número para cambiar la velocidad de destello de las luces.

16 Hora de añadir música. Clica en la pestaña Sonidos, junto a la de Fondos, en la parte superior. Luego clica en el símbolo del altavoz (🔊) para abrir la Biblioteca de sonidos. Selecciona «Dance Around» y se cargará en la lista de sonidos del escenario.

Haz clic aquí para escoger un sonido de la biblioteca.

Elige un sonido

17 Clica en la pestaña Código y añade estos bloques para ejecutar la música en bucle. Haz clic en la bandera verde y vuelve a ejecutar el proyecto. La música debería sonar. ¡Ahora sí tienes una fiesta!

No olvides clicar en el símbolo de pantalla completa, sobre el escenario, para verlo mejor.

```
al hacer clic en [bandera]
por siempre
    tocar sonido (Dance Around ▼) hasta que termine
```

¡Esta música se repite continuamente!

Este bloque toca la canción entera, y luego vuelve a empezar.

¡Mueve el esqueleto!

Los dinosaurios se mueven bien, pero no bailan mucho por la pista. Puedes arreglar esto con unos cuantos bloques de programación más que empleen el bloque «mover» de Scratch.

Primero clica en Dinosaur2, en la lista de objetos, para mostrar su programa en la zona de código.

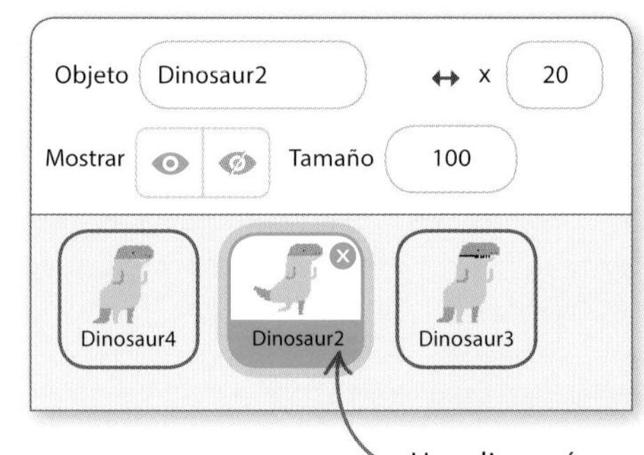

Haz clic aquí para ver el código de Dinosaur2.

Añade este código extra. Para usar bloques color azul oscuro, busca Movimiento en la paleta de bloques. ¿Qué crees que hará el nuevo código?

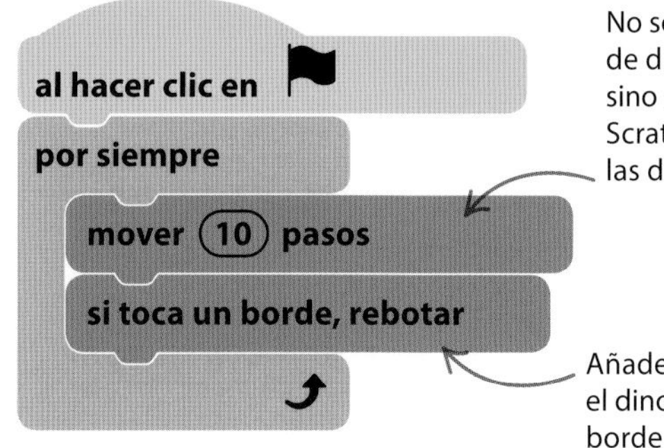

No son de pasos de dinosaurio, sino del modo de Scratch de medir las distancias.

Añade este bloque para que el dinosaurio gire al llegar al borde del escenario.

20 Haz clic en la bandera verde y verás que ambos bloques de programación de Dinosaur2 se ejecutan a la vez. El objeto se moverá por todo el escenario y girará para regresar. Pero ¡verás que baila cabeza abajo!

21 Para evitar que la sangre del dinosaurio vaya a su pequeño cerebro, añade un bloque «fijar estilo de rotación a». Ahora puedes elegir si quieres que el dinosaurio baile sobre su cabeza o no.

```
al hacer clic en [bandera]
fijar estilo de rotación a [izquierda-derecha ▾]
por siempre
    mover (10) pasos
    si toca un borde, rebotar
```

Selecciona «izquierda-derecha» en el menú desplegable para que el dinosaurio se mantenga de pie.

Control de teclado

¿Alguna vez has soñado con controlar tu propio dinosaurio? El próximo bloque de programación te permitirá dirigir con el teclado los movimientos de Dinosaur3: podrás hacerlo cruzar el escenario con las teclas derecha e izquierda.

22 En la lista de objetos, haz clic sobre Dinosaur3 para editar su código.

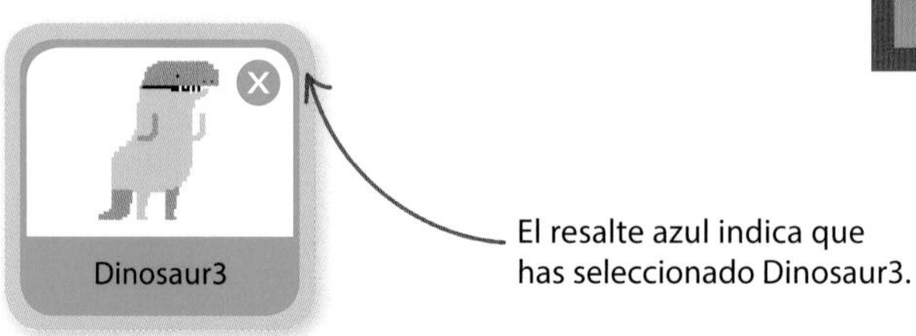

23 Añade este programa a la zona de código. Es bastante complicado, así que asegúrate de poner todo en el lugar correcto. El bloque «si entonces» está en los bloques de Control (naranja). Es un bloque especial, que escoge si ejecutar o no los bloques que contiene haciendo una pregunta. Asegúrate de que los bloques «si entonces» están dentro del bucle «por siempre» y no uno dentro del otro.

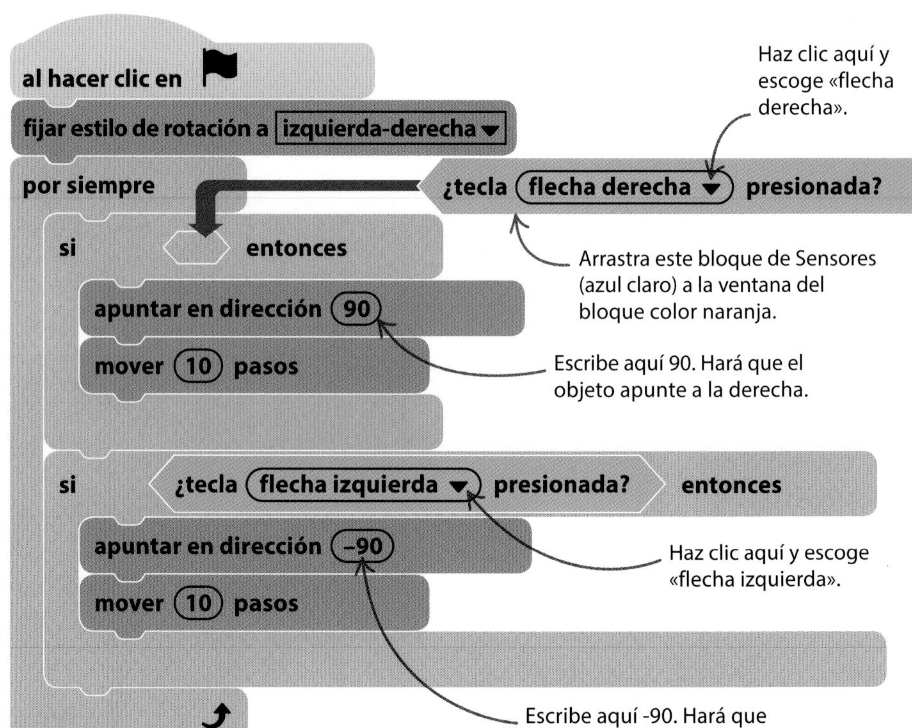

24 Antes de ejecutar el código, léelo bien para comprender cómo funciona. Si presionas la flecha derecha, se ejecutan los bloques que hacen que el objeto apunte a la derecha y se mueva. Si presionas la flecha izquierda, se ejecutan los bloques que hacen que el objeto apunte a la izquierda y se mueva. Si no se presiona ninguna tecla, no se ejecuta nada y el dinosaurio se queda quieto.

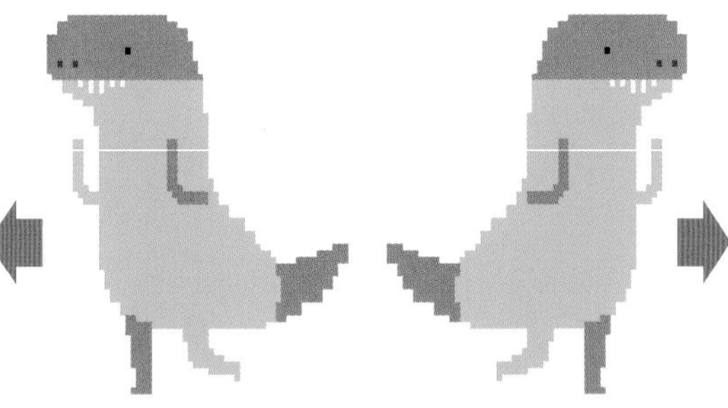

CONSEJO DE EXPERTO

Tomar decisiones

Tomas decisiones todo el tiempo. Si tienes hambre, decides comer; si no, no lo haces. Los programas informáticos también toman decisiones entre distintas opciones. Un modo de que lo hagan es con un comando «si entonces», que existe en muchos lenguajes de programación. En Scratch, el bloque «si entonces» incluye una frase o pregunta, y solo ejecuta el código que queda dentro del bloque si la frase es cierta (o la respuesta es sí).

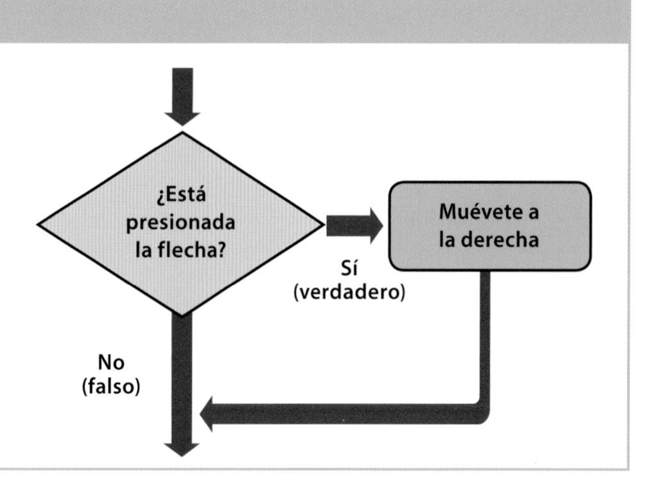

Añade una bailarina

Los dinosaurios están bailando, pero sin amigos no es una fiesta tan buena. Una bailarina va a unirse a la fiesta con una coreografía. Su código te enseñará cómo crear coreografías más complicadas.

25 Haz clic en el símbolo «Elige un objeto» (🐱), y carga Ballerina («Bailarina»). Con tu ratón, arrastra el objeto a un punto adecuado en el escenario. Para dar a la bailarina su código, asegúrate de que está seleccionada en la lista de objetos: estará resaltada en azul.

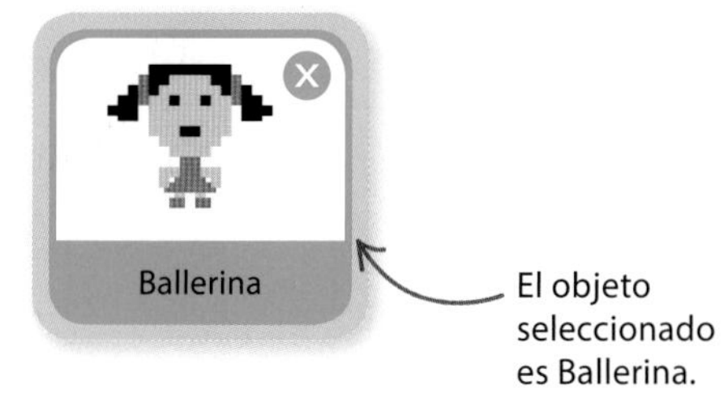

El objeto seleccionado es Ballerina.

26 Puedes ver todos los disfraces de un objeto haciendo clic en la pestaña Disfraces al seleccionar el objeto. La bailarina tiene cuatro, y alternarlos dará la sensación de que baila una bella danza.

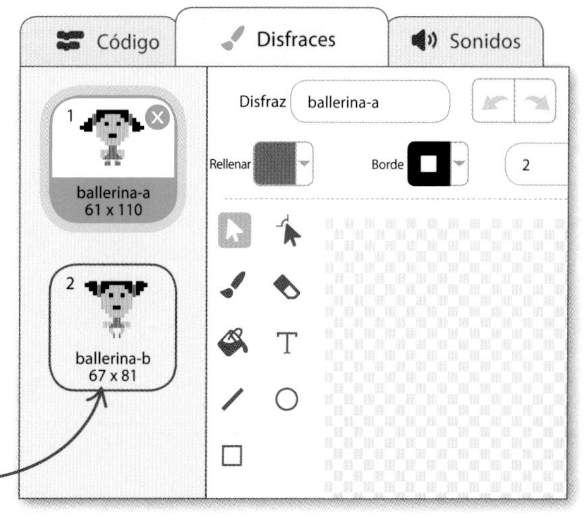

Cada disfraz tiene un nombre único.

27 Mediante los nombres de los distintos disfraces, puedes diseñar una coreografía para la bailarina, como la que ves aquí. Cada paso se convertirá en un bloque de comandos del código.

Disfraz ballerina-a; luego, ballerina-d; y se repite tres veces.

28 Monta este código para el primer baile de la bailarina. No hay bucles «por siempre»: en su lugar, el código ejecuta un bucle «repetir» un número prefijado de veces antes de pasar al siguiente bloque. Ejecuta el proyecto para verla realizar su coreografía.

```
al hacer clic en [bandera]
repetir (3)
    cambiar disfraz a (ballerina-a ▾)
    esperar (0.5) segundos
    cambiar disfraz a (ballerina-d ▾)
    esperar (0.5) segundos
```

El bucle repite tres veces los bloques que contiene.

Para fijar el tiempo de demora, haz clic en la ventana y teclea 0.5 (con punto).

JERGA

Algoritmos

Un algoritmo es una serie de instrucciones sencillas, paso a paso, que en conjunto ejecutan una tarea concreta. En este proyecto hemos convertido la coreografía de la bailarina (un algoritmo) en un programa. Todos los programas informáticos tienen, en su corazón, un algoritmo. Programar es traducir los pasos del algoritmo a un lenguaje de programación que el ordenador comprenda.

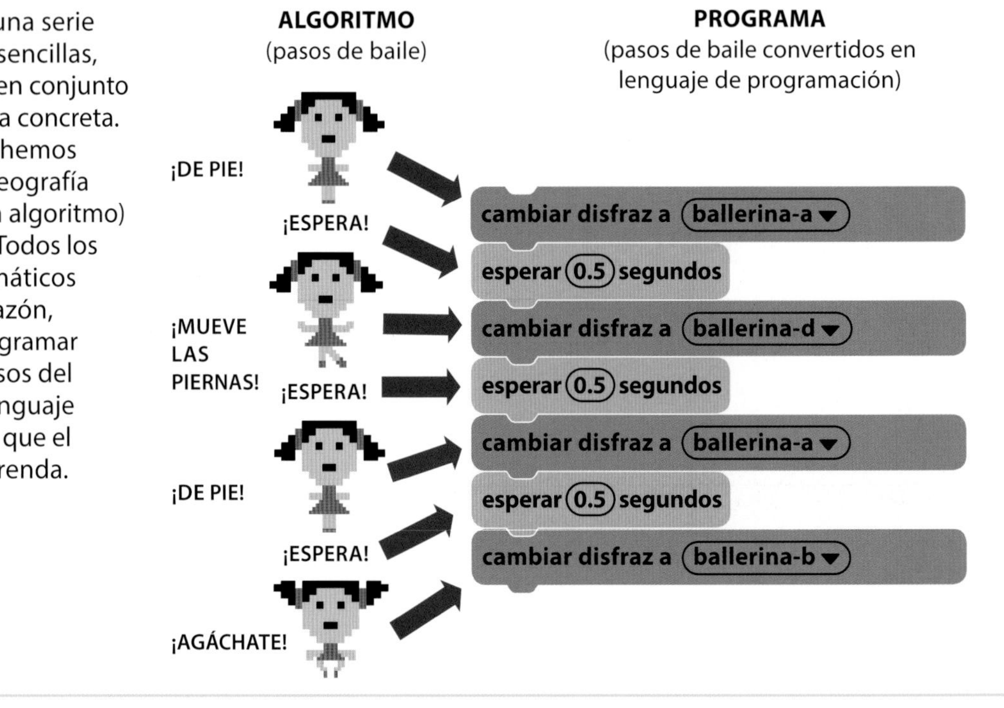

29 Vamos a por la segunda parte de la coreografía de la bailarina. Tras flexionar tres veces sus piernas, se agachará dos veces.

30 Añade los bloques que ves abajo al código de la bailarina, tras el primer bloque «repetir».

31 Haz clic en la bandera verde y verás a la bailarina ejecutando toda su coreografía. Pero solo la hará una vez. Para que prosiga, envolvemos todo el cuerpo principal del código en un bucle «por siempre». ¡Bucles dentro de bucles!

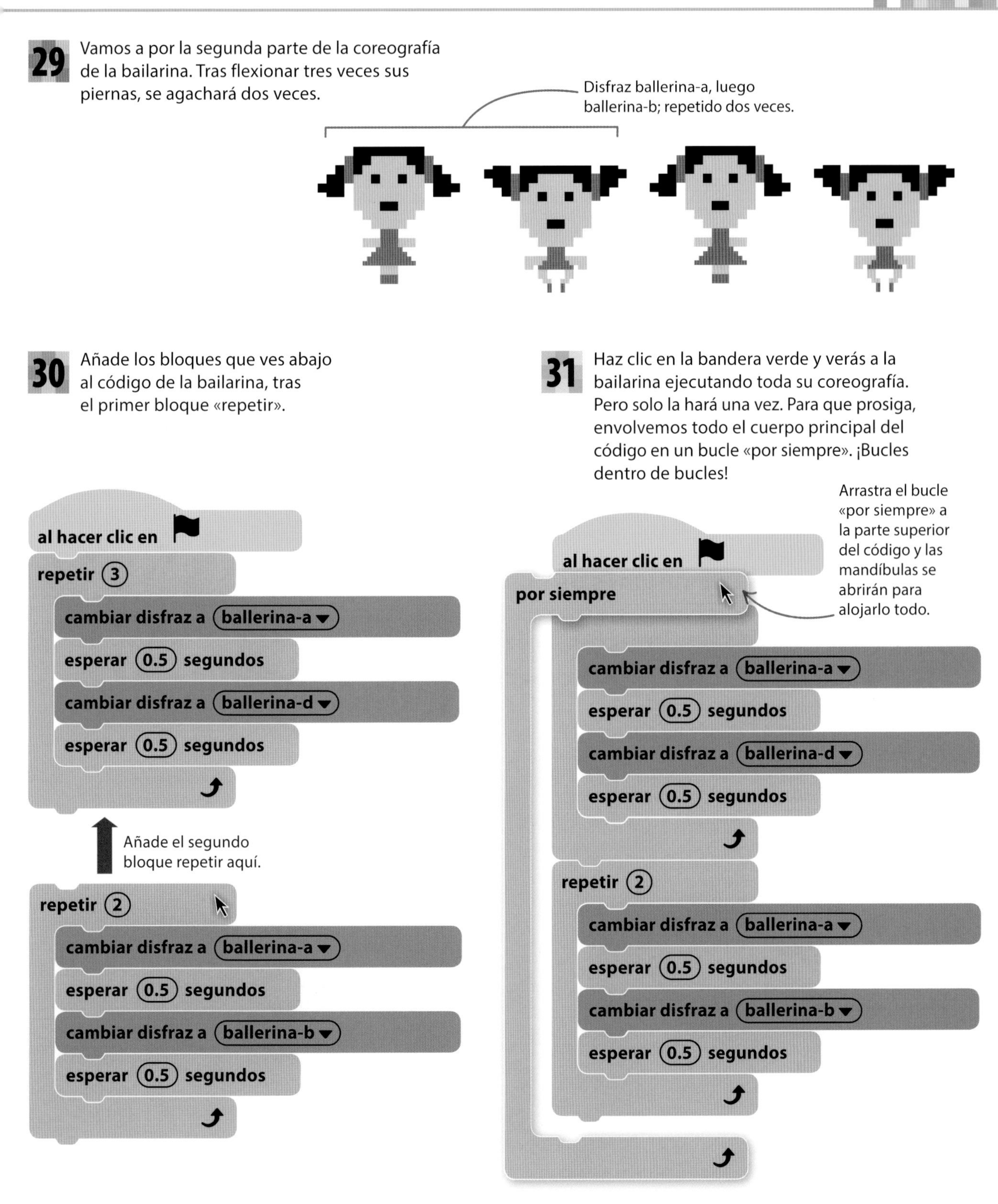

CONSEJO DE EXPERTO

Bucles «repetir» y bucles «por siempre»

Mira la parte inferior de los dos bucles que has usado hasta ahora. ¿Cuál puede unirse a bloques? El bloque «repetir» tiene un pequeño bulto en su parte inferior, pero el bloque «por siempre» no lo tiene. No hay bulto en un bloque «por siempre» porque se repite eternamente, de modo que no tiene sentido añadir bloques tras él. Sin embargo, un bloque «repetir» se ejecuta un número fijo de veces, y luego el código prosigue.

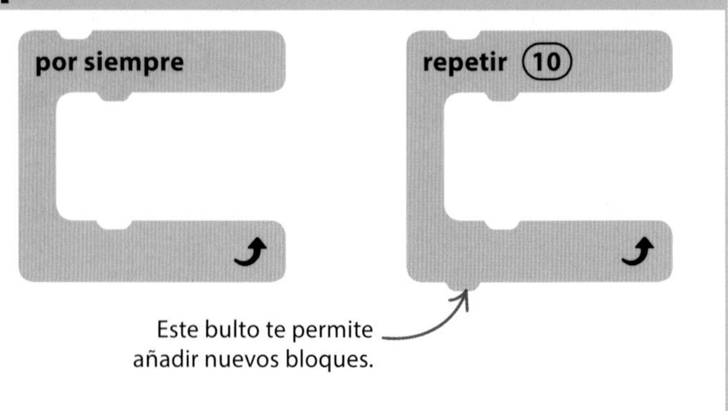

Trucos y mejoras

Puedes añadir tantos bailarines como desees a este proyecto. Hay montones de objetos en Scratch con varios disfraces, e incluso se puede hacer bailar a los objetos con solo un disfraz haciéndolos girar de izquierda a derecha o saltando en el aire.

▽ **Date la vuelta**

Puedes hacer que cualquier personaje mire al otro lado con un bloque «girar 180 grados». Añádelo antes del final del bloque «por siempre» para que la danza de tu objeto cambie de dirección cada vez.

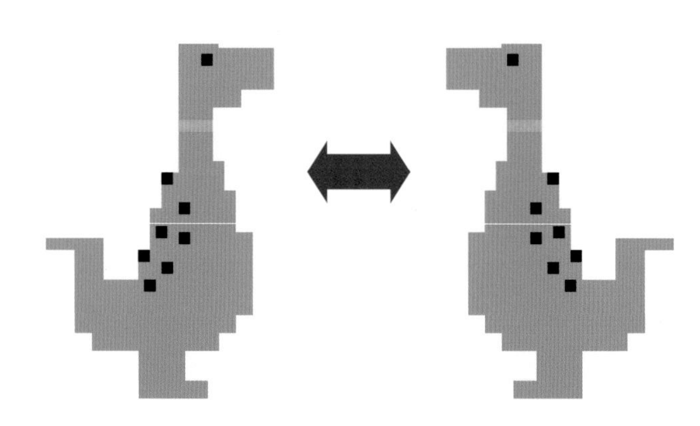

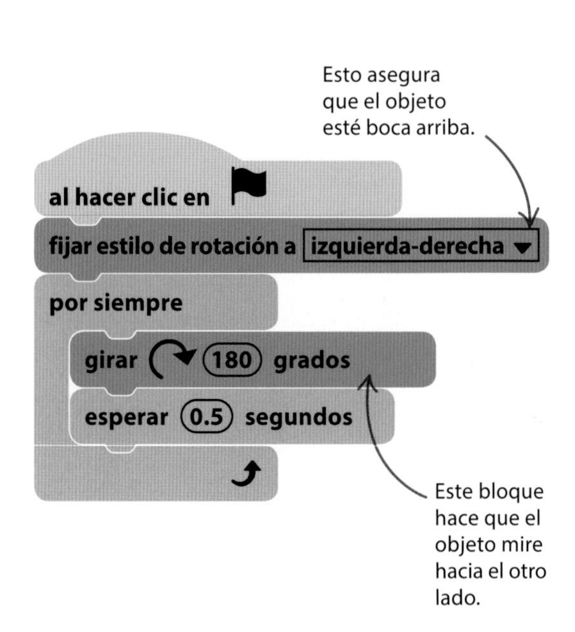

▷ ¡A bailar!

Busca otros objetos bailarines en la biblioteca. Tienen montones de disfraces con diferentes posturas. Comienza por código sencillo, como este, que muestra todos los disfraces por orden. Luego escoge los disfraces que mejor combinen e intercámbialos. Añade bucles que extiendan el baile o bloques sensores que te permitan controlar desde el teclado.

```
al hacer clic en 🏴
fijar tamaño al (50) %
por siempre
    siguiente disfraz
    esperar (0.2) segundos
↻
```

▽ ¡También puede saltar!

Añade una nueva bailarina y hazla saltar con este código. El cambio de disfraz hace que parezca que la bailarina salta. Experimenta con el ritmo para que la danza se adapte a la música.

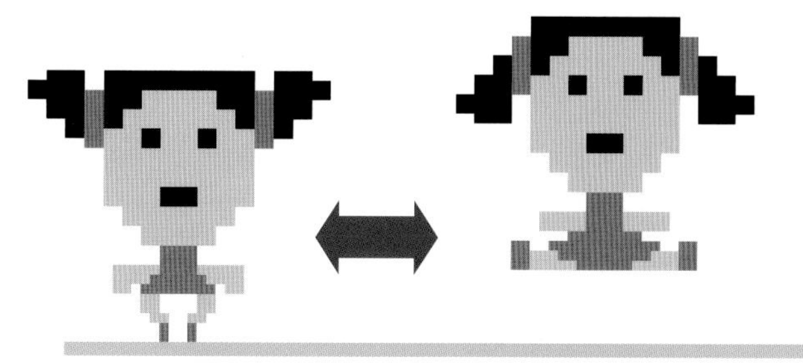

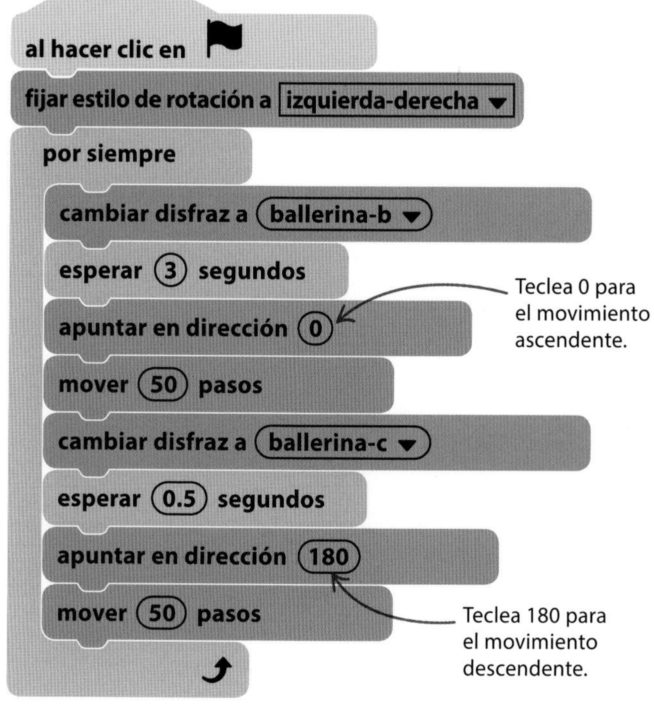

PRUEBA ESTO

¡Grita!

Añade este corto código a todos tus objetos. Cuando presiones la tecla «x», todos los objetos gritarán «¡Fiesta!».

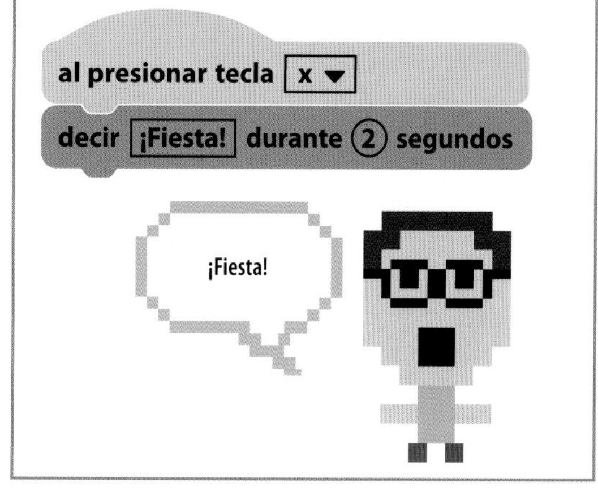

Carrera de animales

¿Te has preguntado quién es más rápido, si un perro o un murciélago? Ahora podrás averiguarlo en este juego de dedos ágiles y animales veloces.

Haz clic en la bandera verde para comenzar el proyecto.

¡Ya!

La cruz y la flecha marcan la línea de salida.

Cómo funciona

El objetivo de este juego para dos es correr por la pantalla y llegar a los globos antes que el otro jugador. Lo único que se necesita para ganar es ser rápido con los dedos. Cuanto más rápido presiones las teclas «z» o «m», más rápido correrá tu objeto de izquierda a derecha.

◁ **Enviar mensajes**
Este proyecto te muestra cómo usar los mensajes de Scratch para que un objeto pase información a otros, como cuando el objeto gato dice al perro y al murciélago que comiencen a correr.

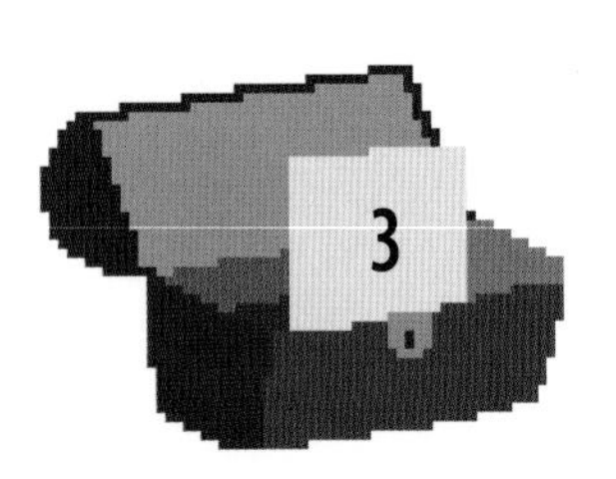

Cuenta

◁ **Variables**
El código del gato almacena información en lo que los programadores llaman «variable». En este proyecto usarás una variable para almacenar los números de la cuenta del gato al inicio de la carrera.

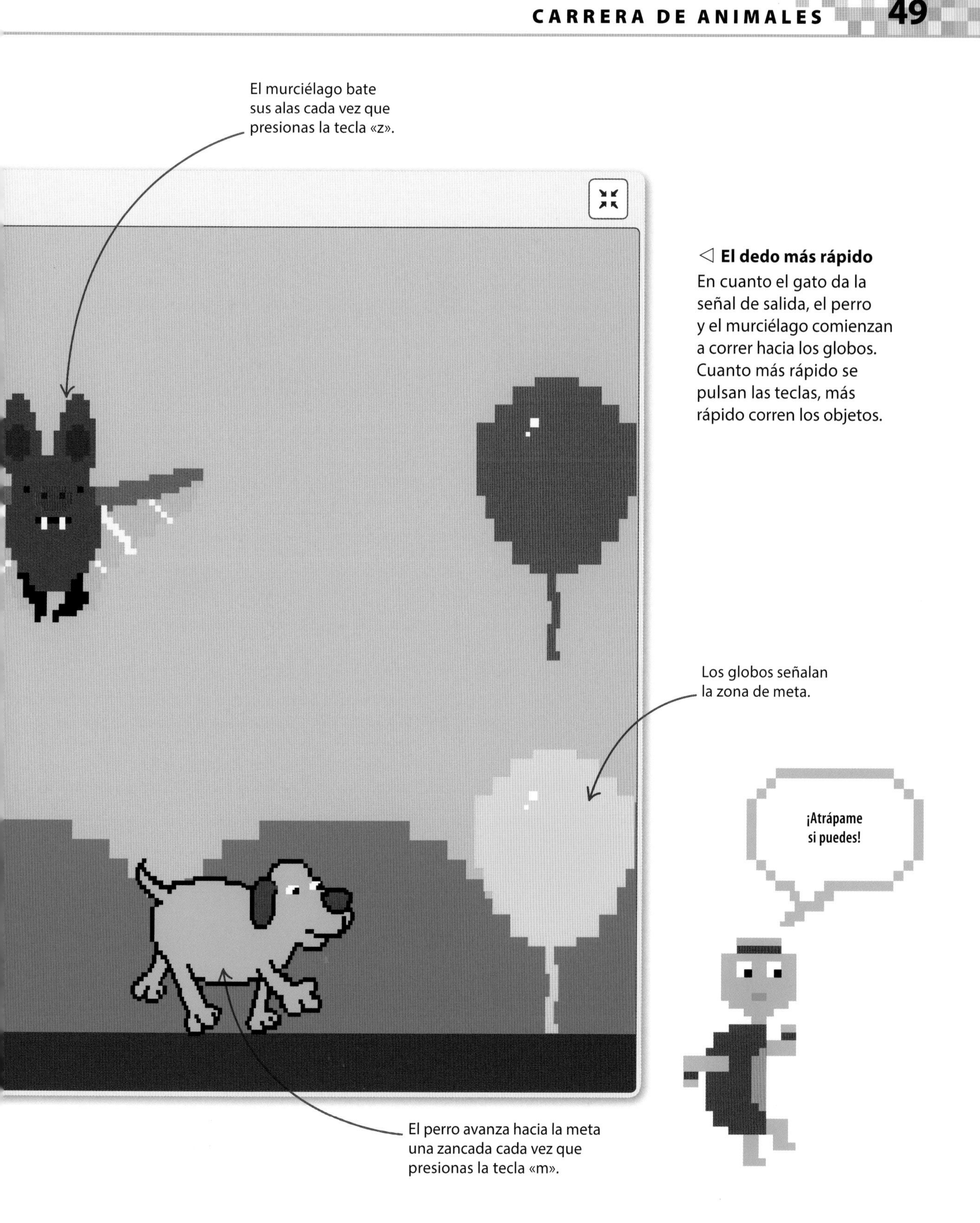

◁ **El dedo más rápido**
En cuanto el gato da la señal de salida, el perro y el murciélago comienzan a correr hacia los globos. Cuanto más rápido se pulsan las teclas, más rápido corren los objetos.

Bigotes a cuadros

El gato da inicio a la carrera diciendo «1… 2… 3… ¡Ya!», así que tendrás que enseñarle a contar. Los programas emplean variables para almacenar información que puede cambiar, como el nombre de un jugador o su puntuación. El gato usará una variable llamada «Cuenta» para saber por qué número va.

1 Comienza un nuevo proyecto. Para crear una variable, selecciona el bloque Variables (naranja) en la paleta de bloques, y clica en el botón «Crear una variable».

Código
Disfraces
Sonidos
Movimiento
Apariencia
Sonido
Eventos
Control
Sensores
Operadores
Variables
Mis bloques
Variables
Crear una variable
mi variable
dar a mi variable el valor 0
sumar a mi variable 1
mostrar variable mi variable
esconder variable mi variable
Crear una lista
Mis bloques
Crear un bloque

Haz clic aquí.

2 Aparecerá una pequeña ventana que te pedirá que nombres la nueva variable. Teclea «Cuenta», sin tocar ni hacer nada más, y clica en el botón «Aceptar».

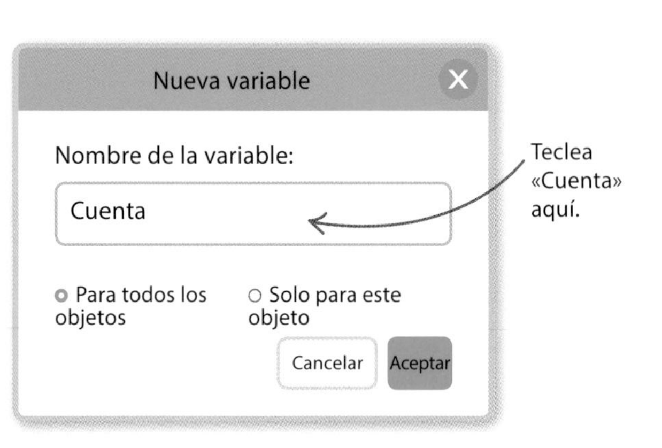

3 Ahora verás un bloque de color naranja para la nueva variable «Cuenta» en la paleta. Desmarca la casilla del bloque de la variable para que no se vea en el escenario.

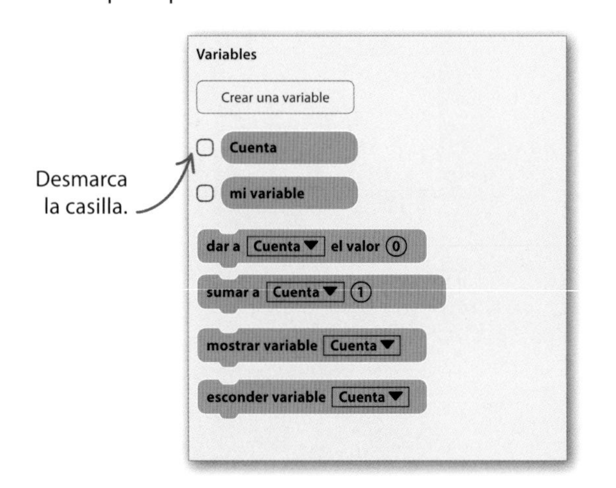

4 Escribe este código para el gato. El código comienza fijando el valor de «Cuenta» a 0. Luego, en un bucle, añade 1 al valor de «Cuenta» y hace que el gato diga el nuevo valor durante 1 segundo. El bucle se ejecuta tres veces y luego el gato dice «¡Ya!» para comenzar la carrera.

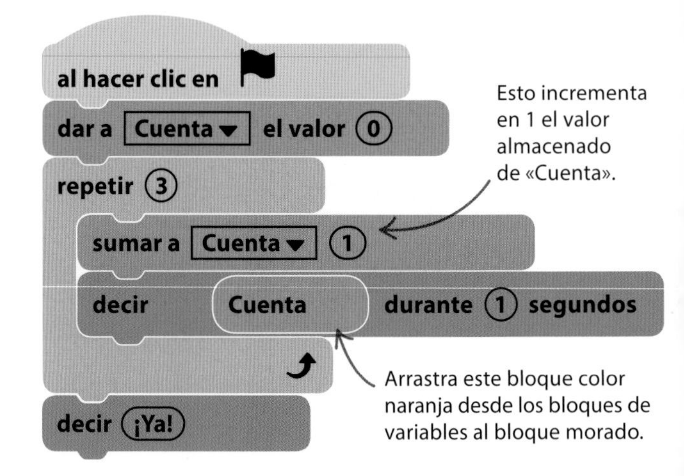

5 Clica la bandera verde para ejecutar el código. El bloque «Cuenta» (naranja, en la ventana del bloque «decir») hace que el gato diga el nuevo valor de la variable. Puedes alterar hasta qué número cuenta cambiando el número de la ventana del bucle «repetir».

JERGA

Variables

Piensa en una variable como en una caja para almacenar información, con una etiqueta para que recuerdes qué hay dentro. Cuando crees una variable, dale un nombre sensato, como «Máxima puntuación» o «Nombre de jugador». Puedes poner todo tipo de datos en las variables, como números y palabras, y pueden cambiar mientras el programa se ejecuta.

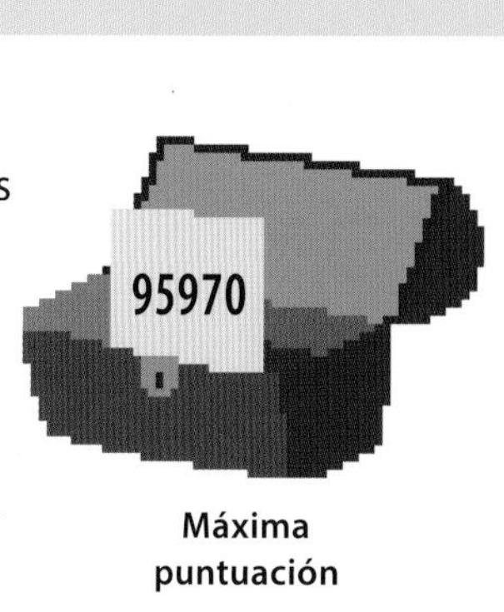

Máxima puntuación

Preparar a los corredores

El gato está listo para dar la salida. Lo siguiente es decorar el escenario para la carrera y añadir los objetos del murciélago y el perro, junto a los objetos que marcan el inicio y el final de la carrera.

6 Añade el fondo. Haz clic en el símbolo «Elige un fondo» (), a la derecha de la lista de objetos, y añade el «Blue Sky».

7 Ahora toca añadir los objetos de los corredores, comenzando por el perro. Haz clic en el símbolo «Elige un objeto» () en la lista de objetos. Busca Dog2 en la biblioteca y añádelo.

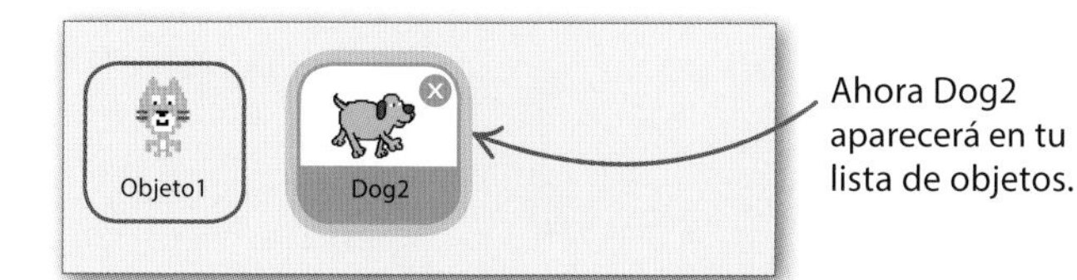

8 Selecciona Dog2 en la lista de objetos. Clica la pestaña Disfraces, en la parte superior de la ventana de Scratch, y verás que tiene tres disfraces. Los dos primeros mostrarán al perro corriendo, pero no necesitamos el tercero: bórralo.

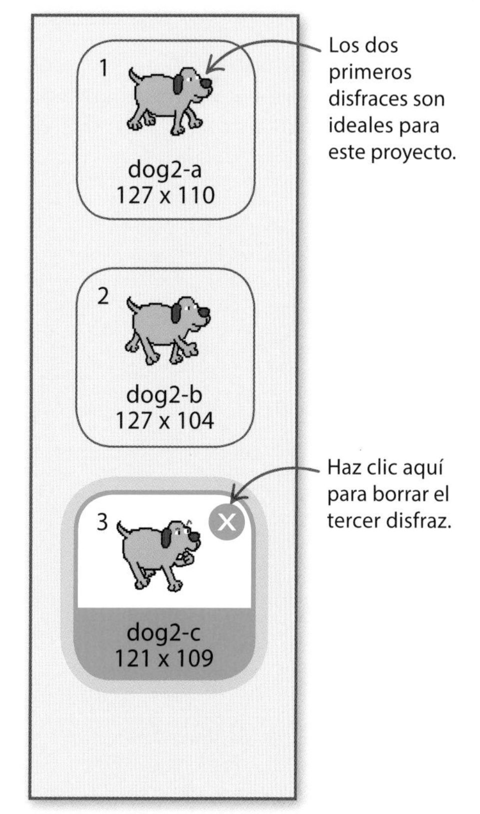

9 Para decir al perro dónde arrancar, añade un nuevo objeto: Button5, una cruz de color negro. Arrástrala a la esquina inferior izquierda del escenario.

La cruz negra dice al perro dónde comenzar la carrera.

10 Todos los objetos deben tener un nombre lógico. Esto hace el código más comprensible. Para renombrar Button5, haz clic en el objeto y renómbralo «Inicio Perro».

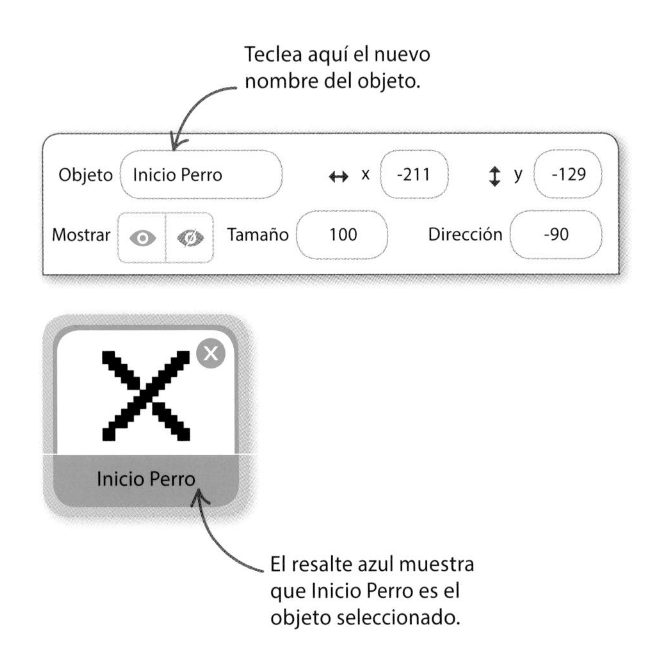

Teclea aquí el nuevo nombre del objeto.

El resalte azul muestra que Inicio Perro es el objeto seleccionado.

11 Selecciona Dog2 otra vez. Clica la pestaña Código, en la parte superior de Scratch, y añade este código para que el perro comience en el lugar correcto. Ejecuta el proyecto para verlo en acción.

Escoge «Inicio Perro» en el menú desplegable.

Este bloque hace que el perro aparezca sobrepuesto a la cruz y no tras ella.

12 Añade un nuevo objeto para la meta del perro. Escoge Balloon1 («Globo1»), y renómbralo «Meta Perro». Para cambiar su color, haz clic en la pestaña Disfraces y escoge el disfraz amarillo. En el escenario, arrastra el objeto hasta la meta del perro.

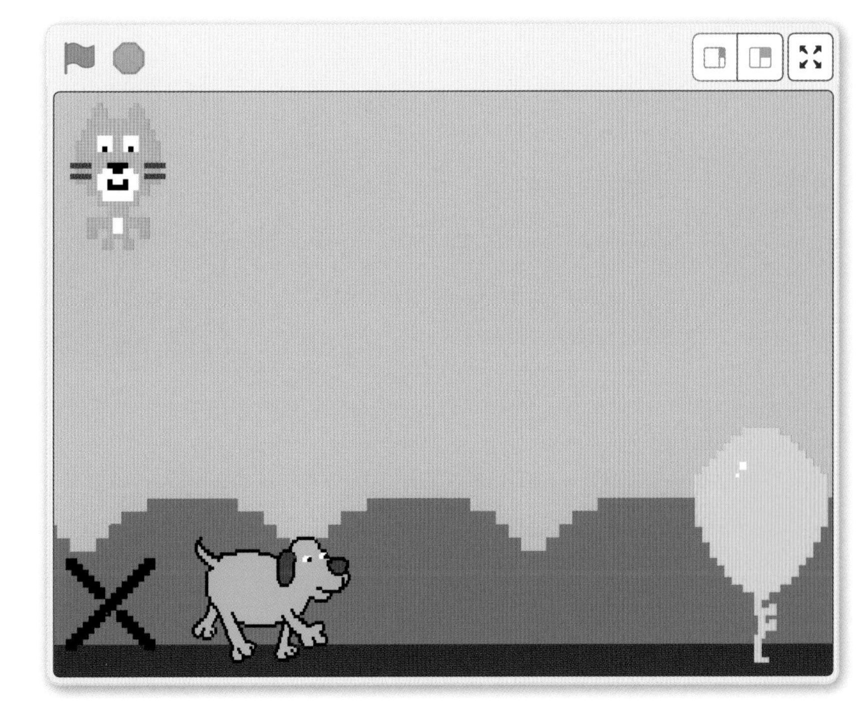

13 El perro necesita competir contra alguien. Haz clic en el símbolo de la lista de objetos y añade Bat «Murciélago» al proyecto. Haz clic en la pestaña Disfraces y verás dos disfraces ideales para el aleteo.

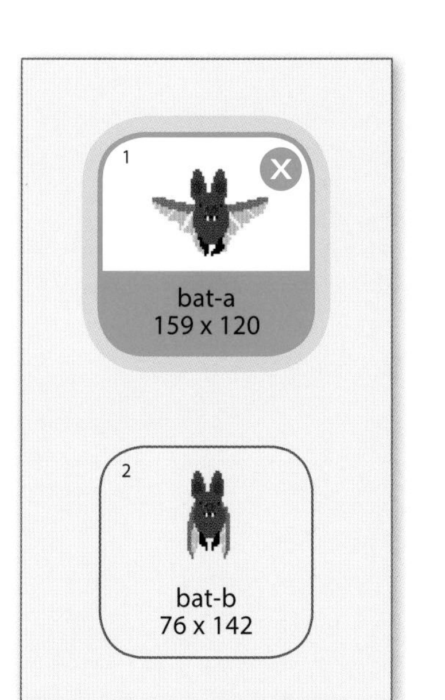

14 Añade el objeto Arrow1, renómbralo «Inicio Murciélago» y arrástralo hasta que quede encima de la cruz. Añade otro globo, renómbralo «Meta Murciélago», y colócalo en la línea de meta, a la derecha.

El murciélago ha de tocar el globo para acabar la carrera.

15 Selecciona el objeto del murciélago de la lista de objetos y dale este código. Ejecuta y mira cómo los competidores se alinean en la salida.

```
al hacer clic en [bandera]
ir a (Inicio Murciélago ▼)
ir a capa [delantera ▼]
```

La carrera

Tanto el murciélago como el perro necesitan código para poder correr. El gato disparará estos códigos enviándoles el mensaje «¡Ya!», al inicio de la carrera. Ambos participantes recibirán el mensaje exactamente al mismo tiempo.

16 Selecciona el objeto del gato en la lista de objetos, y añade un bloque «enviar mensaje» a su código. Este bloque emite un mensaje a todos los demás objetos.

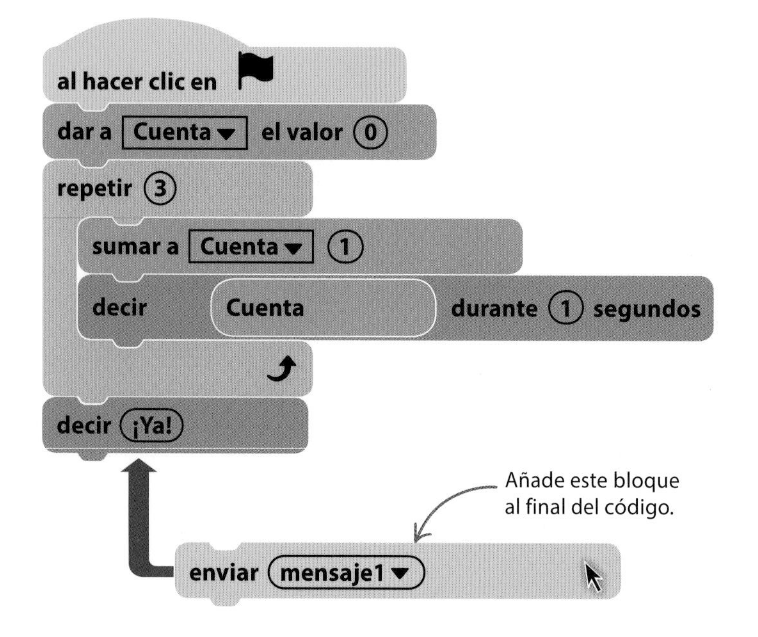

17 Haz clic en el triángulo del bloque «enviar [mensaje1]» y escoge «Nuevo mensaje» del menú desplegable. Teclea «Comenzar carrera» como nombre del mensaje, y haz clic en «Aceptar».

18 Ahora el gato envía el mensaje «Comenzar carrera» al inicio. Todos los corredores necesitan código para reaccionar, de modo que selecciona primero el perro y añádele este código. Mira cómo los dos bloques «esperar hasta que», juntos, hacen que el jugador presione y libere la tecla «m», una y otra vez, para mover el objeto; mantener el dedo en la tecla «m» no funcionará.

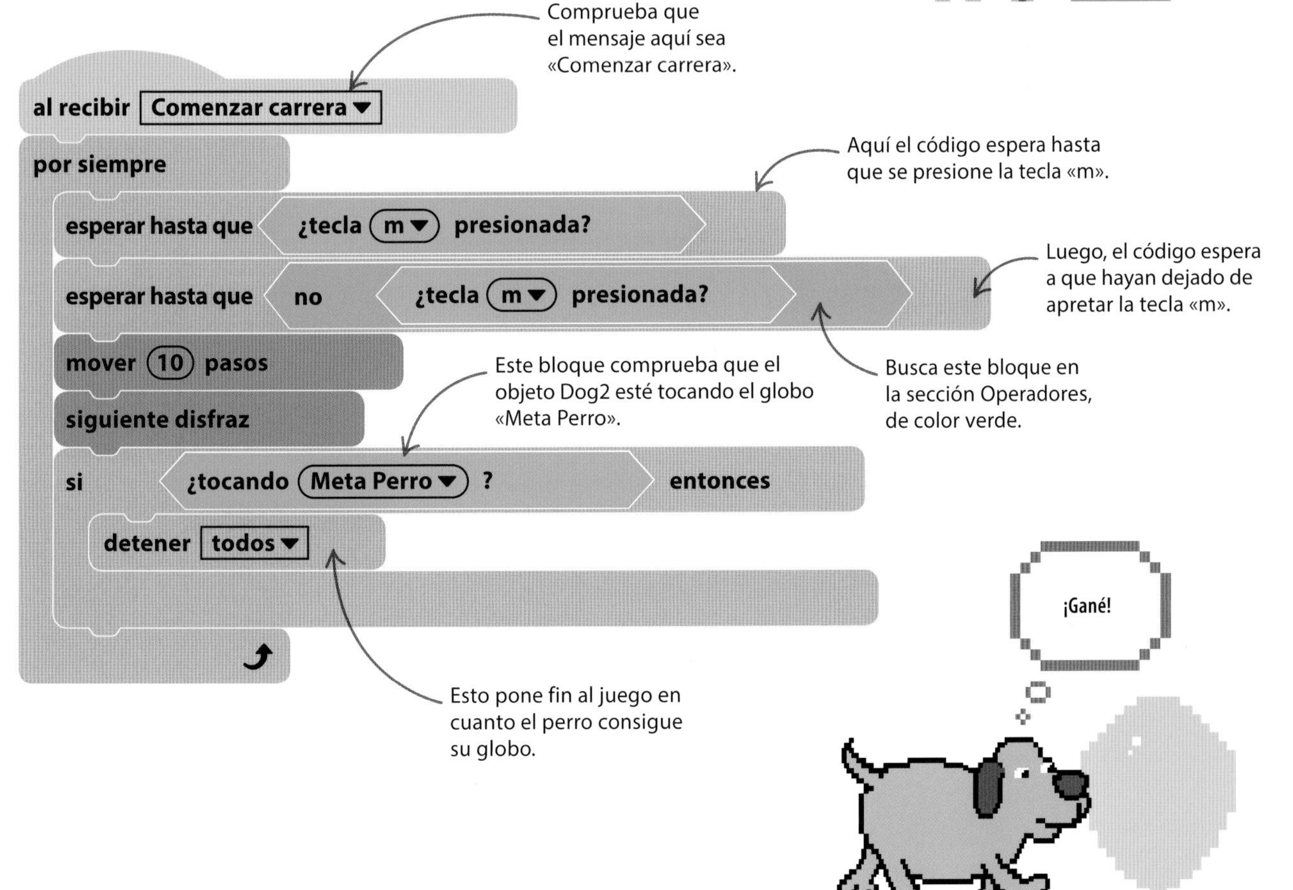

JERGA

Operador booleano: NO

El bloque «no» invierte la respuesta a la pregunta del bloque que posee dentro. Es muy útil para poner a prueba algo que *no* está sucediendo. Hay tres bloques de Operadores (color verde) que pueden cambiar las respuestas a preguntas sí/no (o frases verdaderas/falsas): «no», «o» e «y». Los programadores llaman a estos operadores «booleanos», y en este libro los usarás todos.

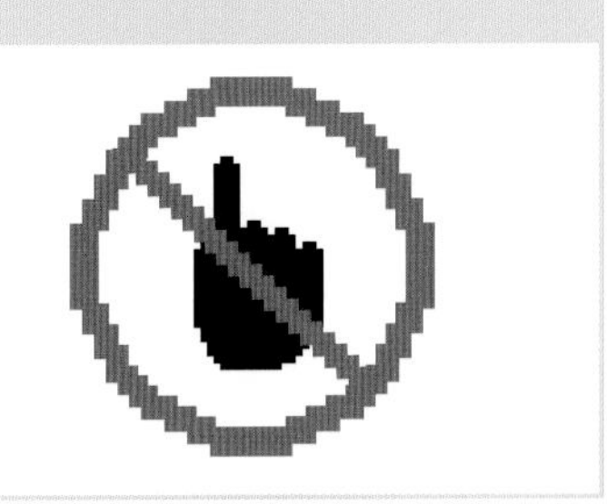

19 Ejecuta el proyecto. Deberías comprobar que una vez el gato diga «¡Ya!» el perro avanza un paso con cada vez que presionas y sueltas la tecla «m». Al llegar al globo, el perro debería dejar de responder. Si algo no funciona, compara cuidadosamente tu código con la versión del libro.

20 Ahora añade este código similar al murciélago. Las diferencias son que la tecla seleccionada es la «z» y que el murciélago ha de tocar su propio objeto de meta.

```
al recibir [Comenzar carrera ▼]
por siempre
    esperar hasta que <¿tecla (z ▼) presionada?>
    esperar hasta que <no <¿tecla (z ▼) presionada?>>
    mover (10) pasos
    siguiente disfraz
    si <¿tocando (Meta Murciélago ▼) ?> entonces
        detener [todos ▼]
```

Mira las diferencias con el código del perro.

El murciélago deja de volar cuando toca el objeto del globo.

21 Prueba la carrera de objetos. Verás que un objeto gana con más facilidad porque un ala o un hocico sobresale. Puedes mover un poco los objetos de inicio y de meta para igualar las cosas un poco.

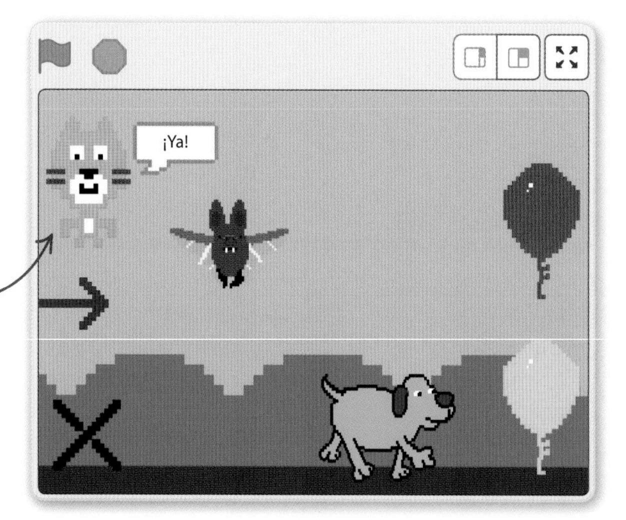

Arrastra el gato a la esquina, para no molestar a los corredores.

Trucos y mejoras

El juego de la carrera es muy sencillo, pero puedes añadirle otras funciones para hacerlo más interesante. He aquí algunas sugerencias para que comiences. Guarda una copia de tu proyecto antes de empezar a cambiar cosas: así no tendrás miedo de experimentar.

▷ **Sonidos**

Añade un efecto de sonido para marcar el inicio de la carrera con un bloque «iniciar sonido» en el código del gato. Tiene por defecto el sonido «Meow» (un miau), pero puedes cargar otros sonidos de la biblioteca haciendo clic en la pestaña Sonidos y luego en el símbolo del altavoz (🔈). También puedes cambiarle el nombre y llamarlo «Miau».

```
decir ¡Ya!
enviar Comenzar carrera ▾
iniciar sonido Miau ▾
```

Haz clic en el menú desplegable para ver los sonidos cargados en el objeto.

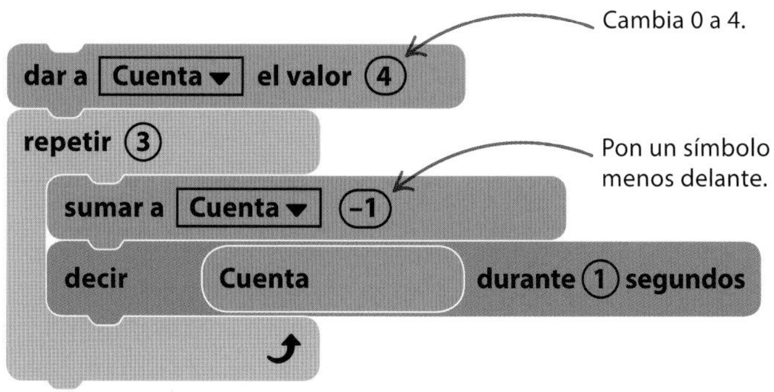

◁ **Cuenta atrás**

Intenta cambiar la parte central del código del gato para que quede así. ¿Imaginas qué pasará ahora?

◁ **Nuevos competidores**

¿Y si añadimos más animales? Busca en la biblioteca objetos con disfraces que puedas animar, como el loro (Parrot) o la mariposa (Butterfly1). Añade objetos de inicio y meta para los nuevos corredores, y adapta el código de la carrera para nuevas teclas. Si tienes que ajustar el tamaño de un objeto, usa un bloque «fijar tamaño».

▽ Controles difíciles

Puedes dificultar el juego haciendo que los jugadores presionen dos teclas, una tras la otra, en lugar de una sola. Solo debes cambiar el código para que se deba presionar y soltar una segunda tecla tras la primera. Te mostramos cómo cambiar el código del perro. Haz los mismos cambios con el murciélago, pero usa «x» para la segunda tecla, en lugar de «n».

¡MÁS RÁPIDO, MÁS RÁPIDO!, ¡SIGUE RECTO!

```
al recibir [Comenzar carrera ▼]
por siempre
    esperar hasta que ¿tecla (m ▼) presionada?
    esperar hasta que no ¿tecla (m ▼) presionada?
    mover (10) pasos
    siguiente disfraz
    si ¿tocando (Meta Perro ▼) ? entonces
        detener [todos ▼]
```

Fíjate que estos bloques tienen seleccionada la «n», no la «m».

```
esperar hasta que ¿tecla (n ▼) presionada?
esperar hasta que no ¿tecla (n ▼) presionada?
mover (10) pasos
siguiente disfraz
```

Para el código del murciélago selecciona «x».

Posiciones de la carrera

Puede que no resulte fácil saber quién ha ganado si la llegada es reñida. Para evitarlo, puedes hacer que los animales muestren su posición de llegada al acabar el juego.

1 Escoge Variables en la paleta de bloques, y haz clic en el botón «Crear una variable». Llámala «Posición».

Nueva variable
Nombre de la variable:
Posición
Para todos los objetos
Solo para este objeto
Cancelar
Aceptar

2 Añade un bloque «dar a [Posición] el valor [0]» a la parte inferior del código del gato, y cambia el valor a 1.

```
decir (¡Ya!)
enviar (Comenzar carrera ▼)
dar a [Posición ▼] el valor (1)
```

Cambia el número a 1.

3 Cambia el final del código del perro tal y como ves abajo. Tendrás que añadir dos bloques nuevos y escoger una nueva opción en el menú del bloque «detener». Haz lo mismo con el murciélago.

```
al recibir [Comenzar carrera ▼]
por siempre
    esperar hasta que <¿tecla (m ▼) presionada?>
    esperar hasta que <no <¿tecla (m ▼) presionada?>>
    mover (10) pasos
    siguiente disfraz
    si <¿tocando (Meta Perro ▼) ?> entonces
        pensar (Posición)
        sumar a [Posición ▼] (1)
        detener [este programa ▼]
```

Añade estos dos bloques.

Escoge «este programa» en el menú desplegable.

4 Ejecútalo. El código del gato fija «Posición» en 1. El primer objeto en llegar a la meta ejecuta el bloque «pensar Posición», que muestra un bocadillo con el número 1. Luego, su código suma 1 al valor de «Posición», que lo convierte en 2. Cuando el segundo objeto acaba y piensa «Posición», muestra 2.

2

1

Pregúntale a Gobo

¿Tienes que tomar una decisión difícil? ¿Quieres predecir el futuro? Deja que Gobo te ayude en este proyecto de adivinación. Aprenderás de números aleatorios, de variables y de cómo toman decisiones los programas informáticos.

La bandera verde da inicio al proyecto.

El botón rojo detiene el proyecto.

Cómo funciona

Gobo te invita a que le hagas una pregunta, y luego responde «sí» o «no». Puedes preguntarle cualquier cosa, desde «¿voy a ser millonario?» hasta «¿debería jugar a videojuegos en lugar de hacer los deberes?». Gobo se detiene para que parezca que está pensando, pero en realidad sus respuestas son puro azar.

◁ **Gobo**
El amistoso Gobo es el único objeto de este proyecto. Tiene tres disfraces que podrás usar más tarde para darle vida.

◁ **Arriésgate**
Así como los dados generan números al azar, Scratch puede generar números aleatorios para que el programa reaccione de modo impredecible.

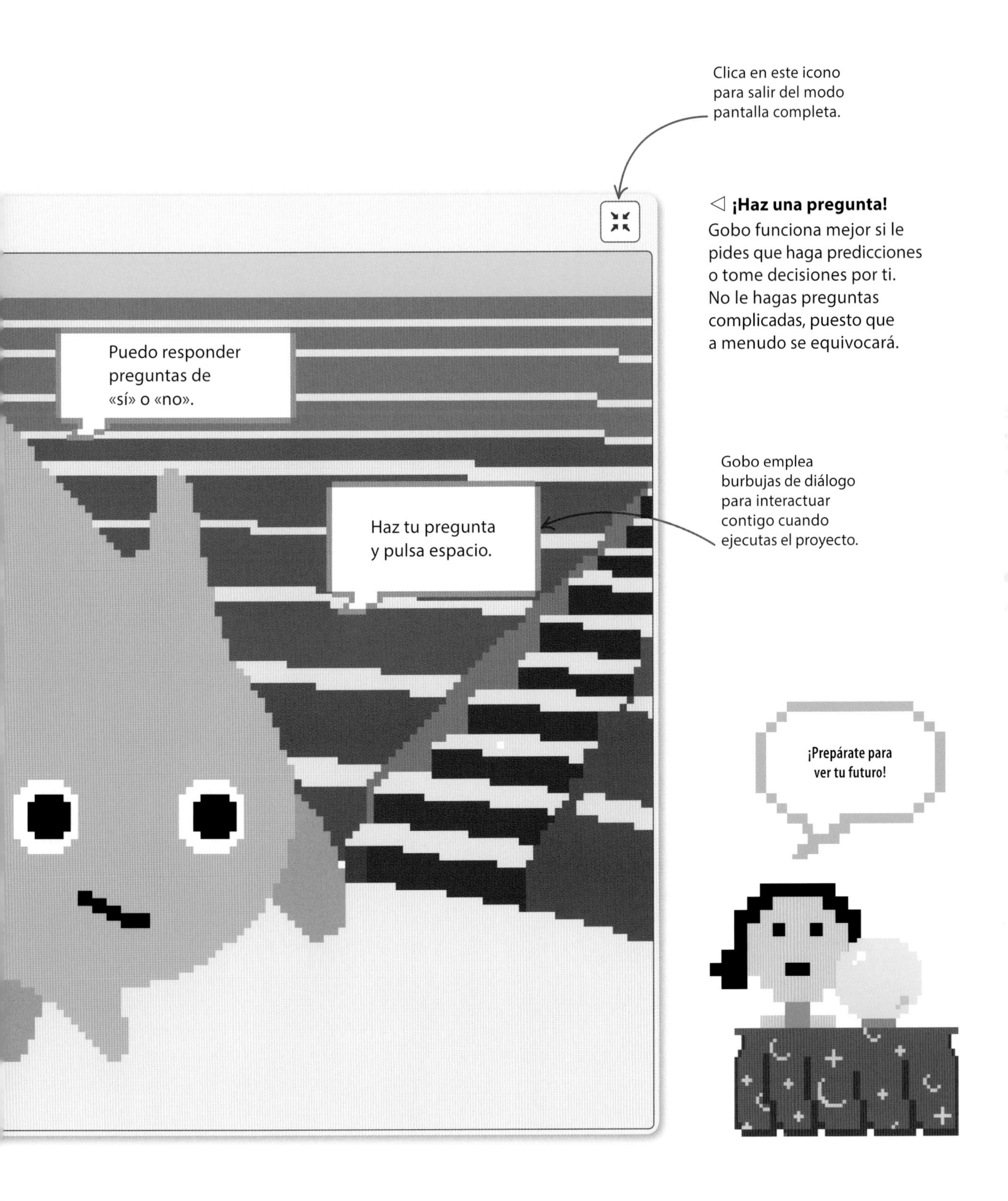

Clica en este icono para salir del modo pantalla completa.

◁ **¡Haz una pregunta!** Gobo funciona mejor si le pides que haga predicciones o tome decisiones por ti. No le hagas preguntas complicadas, puesto que a menudo se equivocará.

Gobo emplea burbujas de diálogo para interactuar contigo cuando ejecutas el proyecto.

Preparar el escenario

Comenzar un proyecto implica escoger objetos y fondos. Sigue estos pasos para añadir el objeto de Gobo al proyecto y para cargar un fondo a fin de crear un buen escenario para sus respuestas.

1 Comienza un nuevo proyecto. Elimina el objeto del gato clicando el botón de borrar, en la esquina superior derecha de su icono en la lista de objetos.

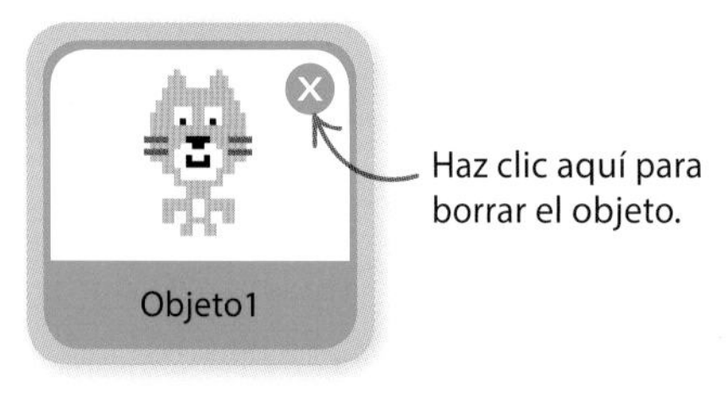

2 Para cargar el objeto de Gobo, haz clic en el símbolo en la lista de objetos y busca a Gobo. Haz clic en su icono. Ahora aparecerá en la lista de objetos.

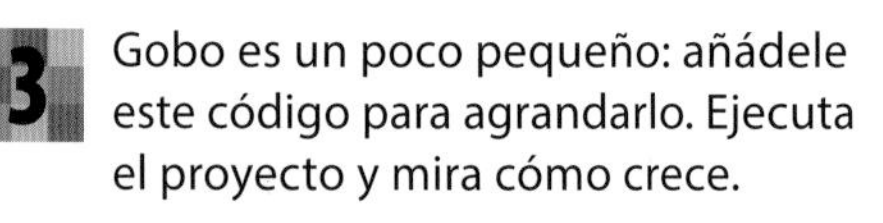

3 Gobo es un poco pequeño: añádele este código para agrandarlo. Ejecuta el proyecto y mira cómo crece.

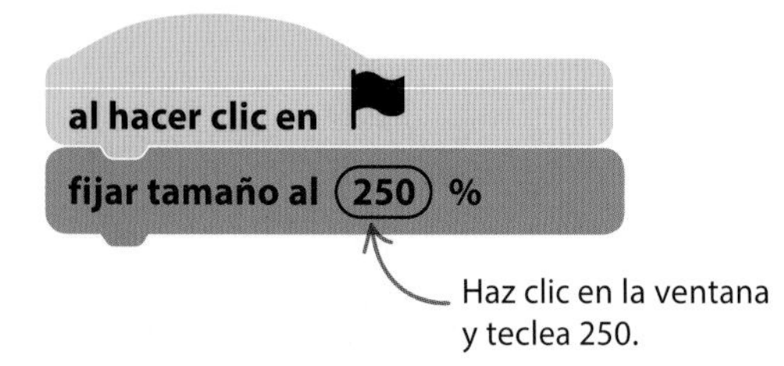

4 Gobo debería dar sus respuestas en un entorno serio. Clica en el símbolo de «Elige un fondo» (), en la esquina inferior derecha de la ventana de Scratch, y carga el fondo «Greek Theater». Arrastra a Gobo al centro con tu ratón.

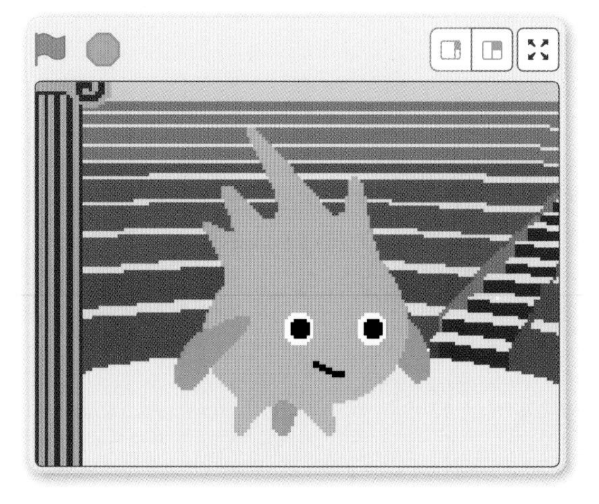

5 Añade estos bloques al código de Gobo para que hable cuando se inicie el proyecto. Ejecuta y verás que Gobo se detiene hasta que presionas la barra espaciadora. Todavía no va a responder.

```
al hacer clic en 🏴
fijar tamaño al (250) %
decir (Pregunta y te responderé Sí o No.) durante (3) segundos
decir (Haz tu pregunta y presiona la barra espaciadora.)
esperar hasta que <¿tecla (espacio ▾) presionada?>
decir (¡Un momento! Ya veo tu respuesta...) durante (3) segundos
esperar (1) segundos
```

Este bloque «decir» no tiene límite temporal; permanece hasta el siguiente bloque «decir».

Es tan solo un truco... ¡En realidad el ordenador no está escuchando!

Elecciones al azar

Los ordenadores suelen ser predecibles. Con el mismo programa y las mismas premisas, suelen dar las mismas respuestas, pero eso no es lo que buscas en este proyecto. El código de Gobo liará las cosas con números aleatorios.

6 Tienes que añadir algunos bloques más para crear la respuesta de Gobo. Responderá de una de dos maneras posibles, que enumeraremos 1 y 2.

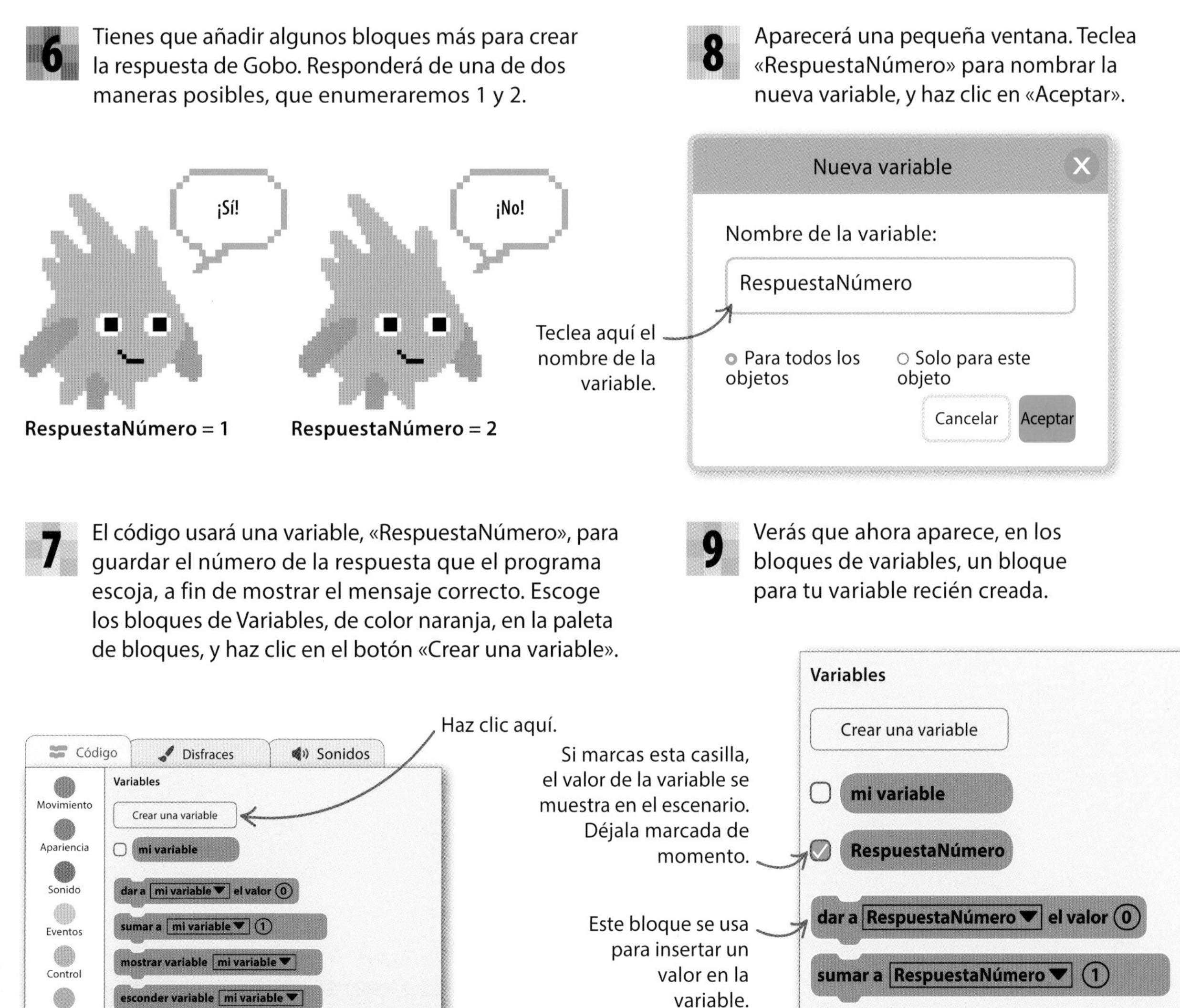

7 El código usará una variable, «RespuestaNúmero», para guardar el número de la respuesta que el programa escoja, a fin de mostrar el mensaje correcto. Escoge los bloques de Variables, de color naranja, en la paleta de bloques, y haz clic en el botón «Crear una variable».

8 Aparecerá una pequeña ventana. Teclea «RespuestaNúmero» para nombrar la nueva variable, y haz clic en «Aceptar».

9 Verás que ahora aparece, en los bloques de variables, un bloque para tu variable recién creada.

CONSEJO DE EXPERTO

Números aleatorios

Un número aleatorio es el que no puedes predecir antes de que aparezca. Tirar un dado genera un número aleatorio: puede salir cualquier número del 1 al 6. Hasta que no aparece, no sabes qué número saldrá. En Scratch puedes conseguir un número aleatorio mediante el empleo del bloque «número aleatorio». Arrástralo a la zona de código y experimenta con él.

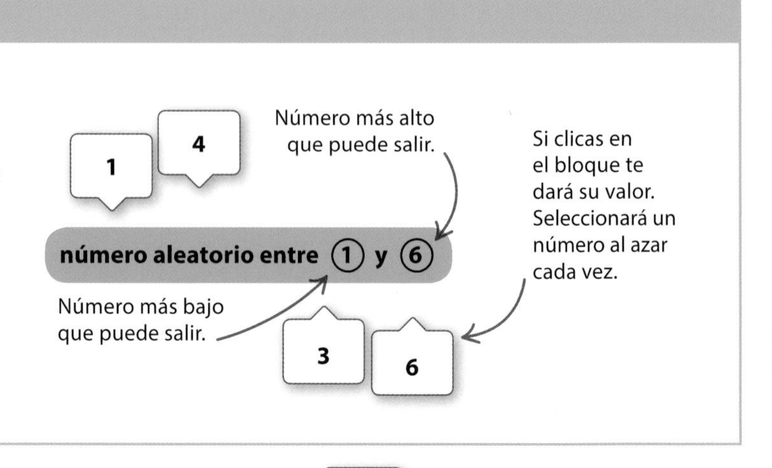

10 La variable guardará el número de la respuesta de Gobo, pero el programa necesita escoger este número al azar. Añade un bloque «dar a [mi variable] el valor» al código de Gobo. Abre el menú desplegable del bloque y escoge «RespuestaNúmero». Arrastra un bloque «número aleatorio», desde Operadores (verde). Cambia el segundo número a 2. El bloque verde escoge al azar entre 1 y 2, como si tirara una moneda a cara o cruz.

1

2

dar a RespuestaNúmero ▾ el valor ( )

número aleatorio entre (1) y (2)

Cambia el segundo número a 2.

11 Crea este bloque para añadir al código. Hará que Gobo diga «¡Sí!» si el valor de la variable «RespuestaNúmero» es 1. El bloque «decir» solo se ejecuta si el valor es uno; si no, el programa lo pasa por alto.

si RespuestaNúmero = (1) entonces
decir (¡Sí!)

Conecta este bloque a la parte inferior del código de Gobo.

12 Ejecuta un par de veces el proyecto. La mitad de las veces, Gobo dirá «¡Sí!»; la otra mitad de las veces no dirá nada. Si miras la parte superior del escenario, verás que la variable «RespuestaNúmero» dice 1 cuando sale un «¡Sí!», y 2 cuando no tienes respuesta. Añade este bloque para que Gobo diga «¡No!» cuando la variable es 2.

si RespuestaNúmero = (2) entonces
decir (¡No!)

Conecta este bloque a la parte inferior del código de Gobo.

13 Ahora el código debería ser así. Ejecuta el proyecto unas cuantas veces y comprueba que Gobo ofrece síes y noes aleatorios. Si no, comprueba cuidadosamente el código.

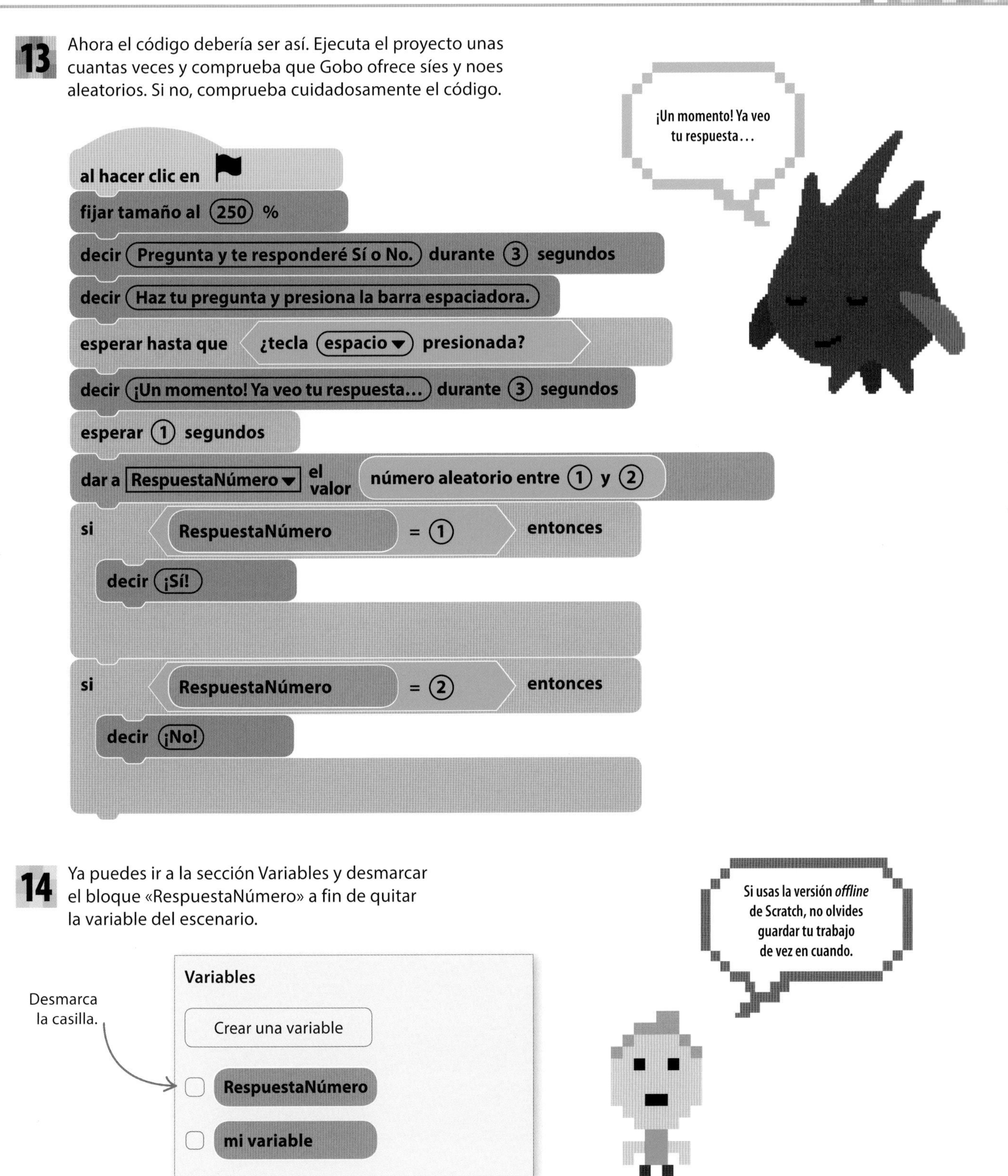

14 Ya puedes ir a la sección Variables y desmarcar el bloque «RespuestaNúmero» a fin de quitar la variable del escenario.

15 Ahora usa el proyecto para responder a preguntas importantes y predecir tu futuro.

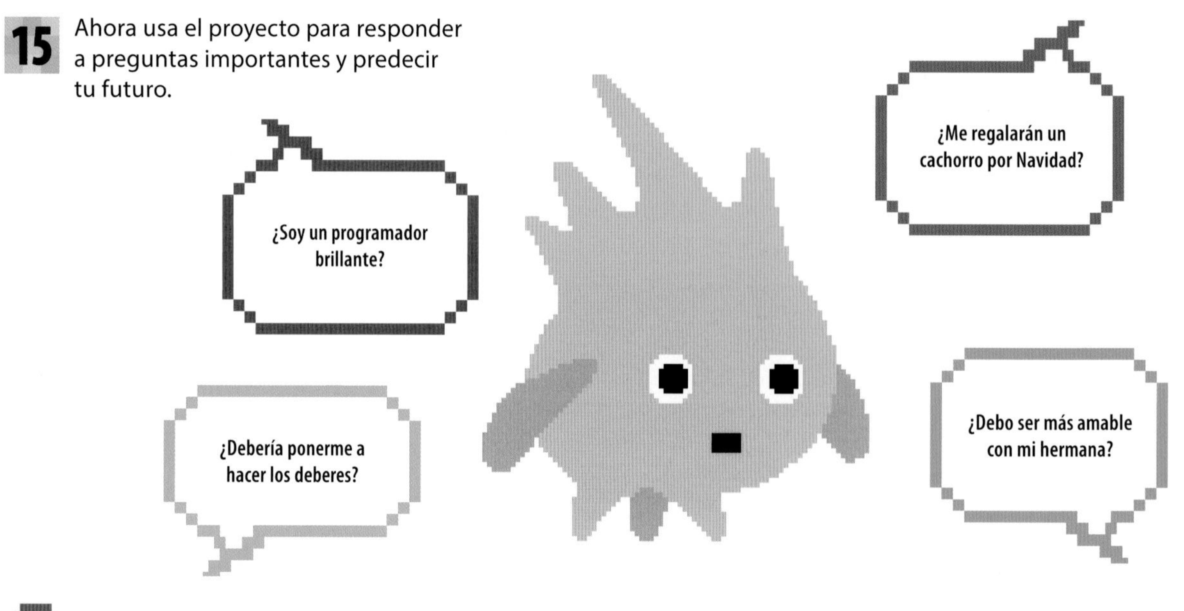

CONSEJO DE EXPERTO

Más decisiones

Ya sabes cómo usar los bloques «si entonces», que contienen preguntas para decidir si se ejecutan o no secciones de código. En este proyecto usas bloques de operadores (color verde) dentro de bloques «si entonces» para comprobar el valor de una variable. Los bloques de color azul claro tienen respuestas «sí» y «no», pero, cuando usas los bloques verdes, debes preguntar si lo que dicen es verdadero o falso.

Hay tres bloques verdes que puedes emplear para comparar números, cada uno con una tarea y símbolo diferentes: = (igual a), > (mayor que) y < (menor que). Los programadores llaman «condiciones booleanas» a las decisiones verdadero-falso de los bloques «si entonces», en honor al matemático inglés George Boole (1815–1864).

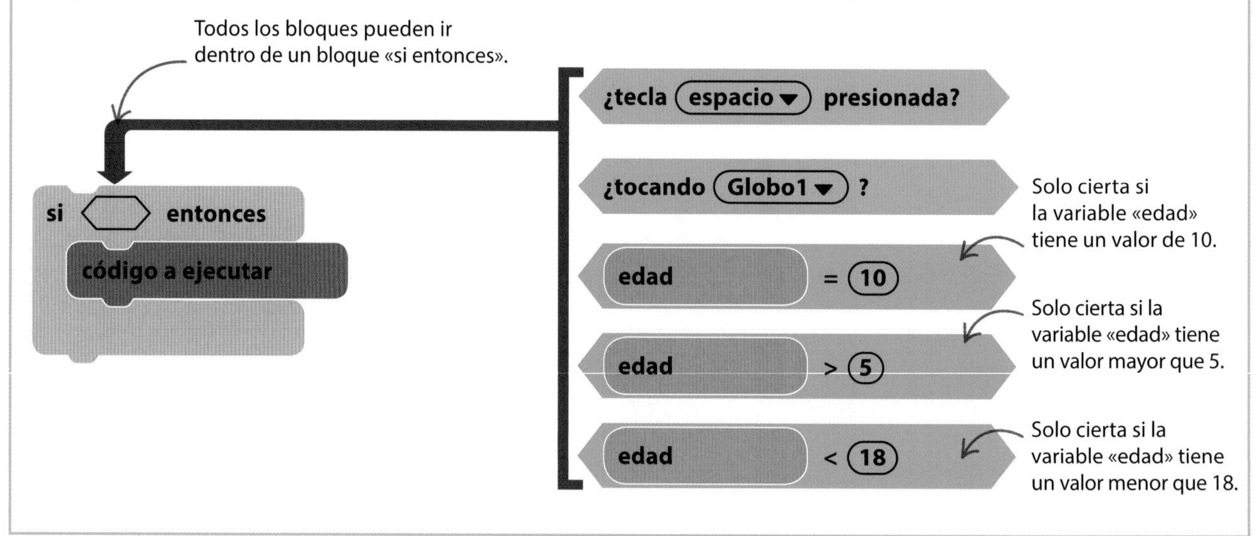

Trucos y mejoras

Además de responder a preguntas de sí o no, con los números aleatorios puedes hacer muchas más cosas. Explora estas posibilidades.

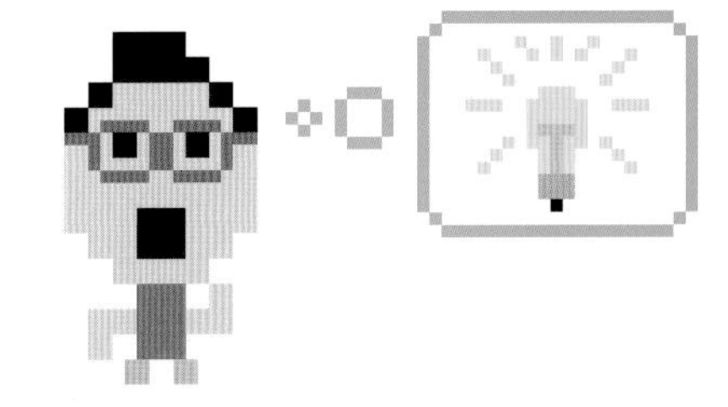

▽ Pídeme otro

Para que Gobo responda a más preguntas, coloca el código original dentro de un bloque «por siempre» como te mostramos aquí, con unos bloques extra para que Gobo pida al usuario una nueva pregunta.

```
fijar tamaño al (250) %
decir (Pregunta y te responderé Sí o No.) durante (3) segundos
decir (Haz tu pregunta y presiona la barra espaciadora.)
esperar hasta que <¿tecla (espacio ▾) presionada?>
decir (¡Un momento! Ya veo tu respuesta...) durante (3) segundos
esperar (1) segundos
dar a [RespuestaNúmero ▾] el valor (número aleatorio entre (1) y (2))
si <(RespuestaNúmero) = (1)> entonces
    decir (¡Sí!)
si <(RespuestaNúmero) = (2)> entonces
    decir (¡No!)
```

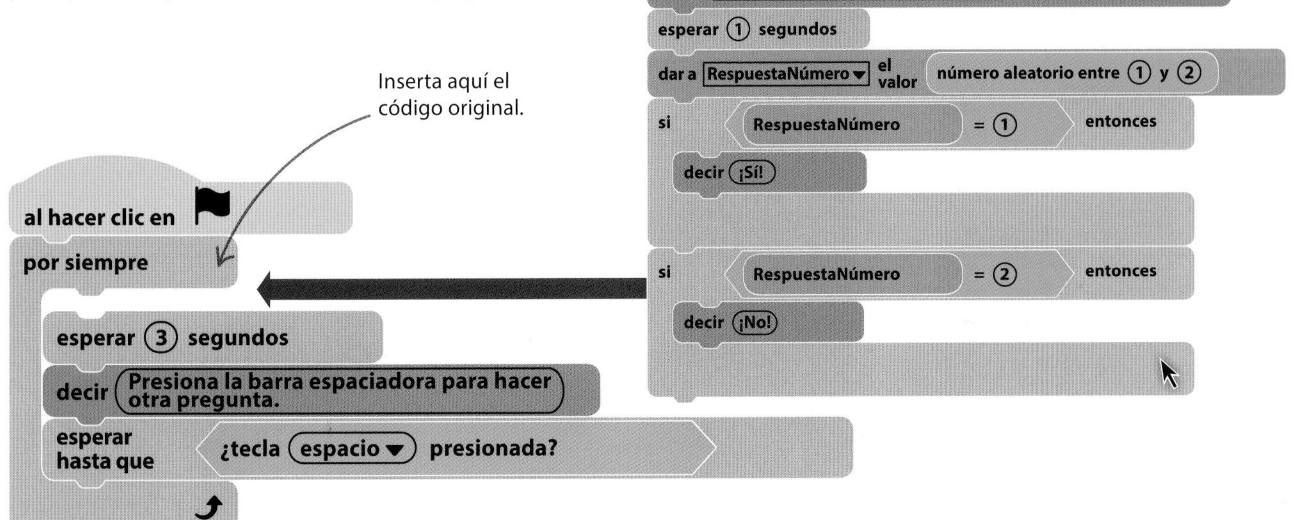

▷ Efectos especiales

Puedes hacer las respuestas de Gobo más divertidas. Y, ya que estás, ¿qué tal si Gobo cambiara de disfraz o de color con cada respuesta? Podrías añadir sonidos a sus respuestas, o pasos de baile, o un giro.

```
si <(RespuestaNúmero) = (2)> entonces
    decir (¿Cómo te ATREVES a preguntar eso?)
    cambiar disfraz a (gobo-c ▾)
    sumar al efecto [color ▾] (50)
    iniciar sonido (Scream1 ▾)
```

▽ Más respuestas

Para que sea más divertido puedes aumentar el número de respuestas. Sencillamente necesitarás aumentar el número máximo del bloque «número aleatorio» y añadir bloques «si entonces» con nuevos bloques «decir». Este ejemplo consta de seis posibles respuestas, pero puedes añadir tantas como desees.

Cambia el 2 por un 6. Ha de encajar con el número de respuestas que aparecerán alguna vez.

```
dar a RespuestaNúmero ▾ el valor número aleatorio entre 1 y 6
si RespuestaNúmero = 1 entonces
    decir ¡Sí!
si RespuestaNúmero = 2 entonces
    decir ¡No!
si RespuestaNúmero = 3 entonces
    decir Quizás...
si RespuestaNúmero = 4 entonces
    decir ¡Totalmente!
si RespuestaNúmero = 5 entonces
    decir ¡Nunca!
si RespuestaNúmero = 6 entonces
    decir ¡El martes!
```

¡Sí!

¡No!

Añade cuatro bloques «si entonces» más. Estas son solo sugerencias: escoge tus propias respuestas.

¡Totalmente!

¡Nunca!

Para que Gobo parezca más misterioso, puedes incluir respuestas extrañas como esta.

▽ El caballo que cuenta

No tienes por qué limitarte a responder sí o no. Contesta de modo aleatorio a preguntas como «¿qué edad tengo?» o «¿cuál es mi nivel de inteligencia?». Comienza un nuevo proyecto, carga el objeto del caballo (Horse) y añade el código que ves abajo para que dé las respuestas golpeando el suelo con sus cascos. Puedes añadir sonidos de caballos de la biblioteca de sonidos.

¡No olvides clicar el símbolo de pantalla completa (⛶), encima del escenario!

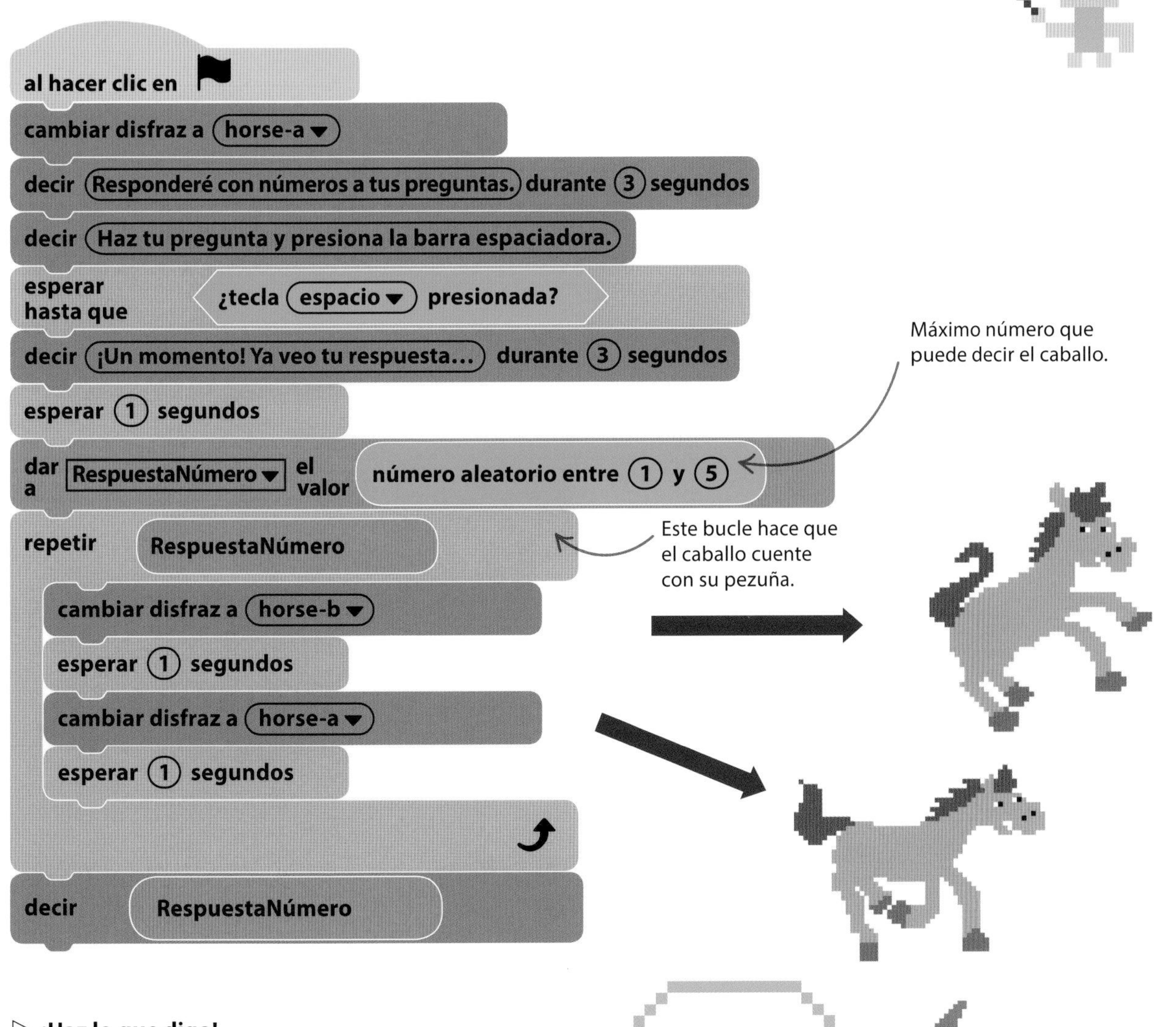

▷ ¡Haz lo que digo!

En lugar de responder preguntas, Gobo podría dar órdenes aleatorias, como «sube y baja las escaleras corriendo», «salta dos veces» o «canta una canción famosa». Altera el texto en los bloques «decir» para que dé órdenes. También puedes cambiar su apariencia y darle un aspecto gruñón, acorde con ese nuevo espíritu.

Caras divertidas

Puedes divertirte dibujando tus propios objetos con Scratch: no tienes por qué conformarte con los de la biblioteca. Crear tus propios objetos dará a tus proyectos un aspecto único. En este proyecto puedes hacer locuras, creando rasgos faciales y accesorios para la cara que crees.

Cómo funciona

Este proyecto comienza con una cara en blanco rodeada por toda una gama de ojos, narices y otros objetos que puedes arrastrar para crear expresiones alocadas. Clica la bandera verde para deshacerlo todo y volver a comenzar.

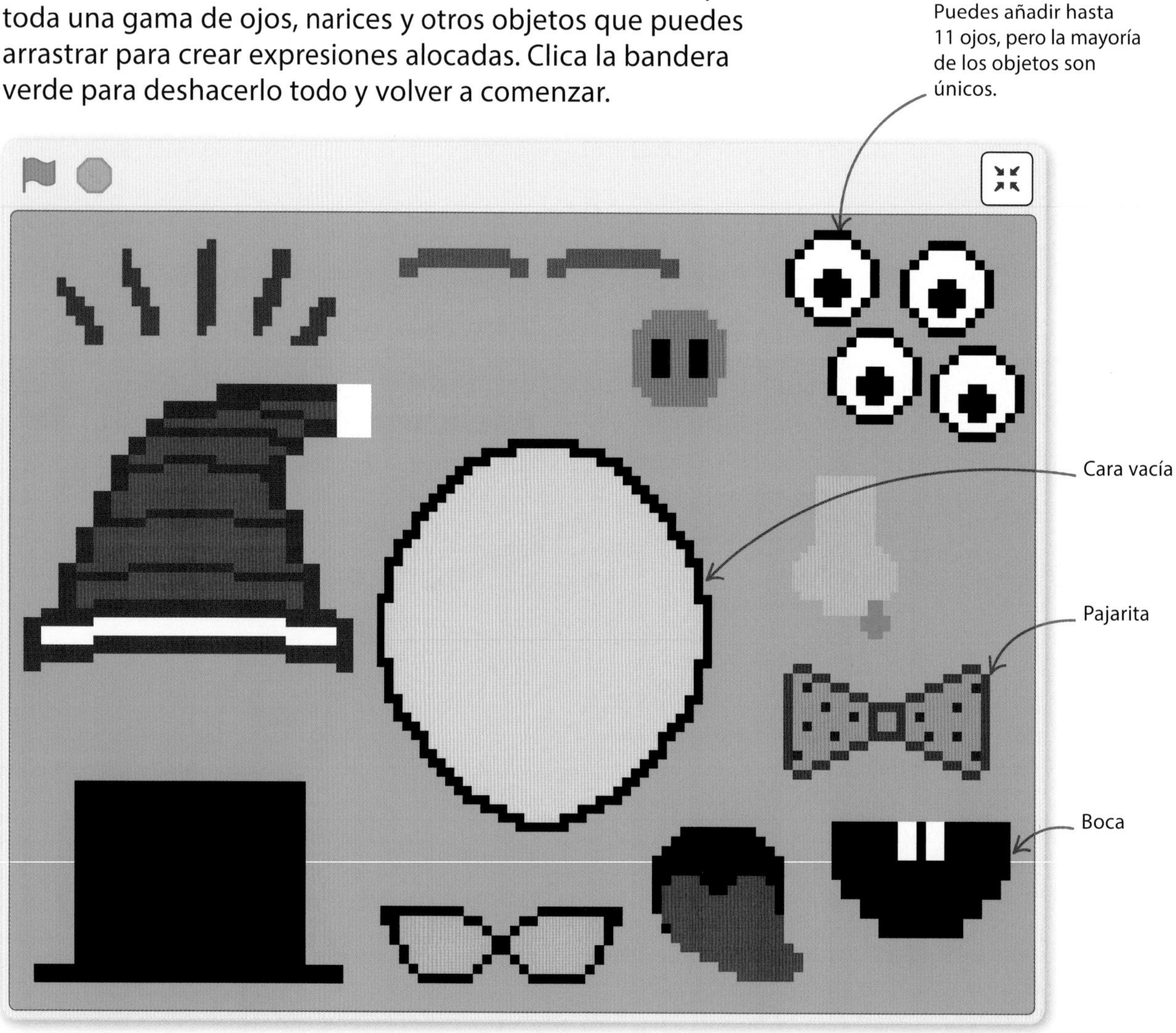

Puedes añadir hasta 11 ojos, pero la mayoría de los objetos son únicos.

Cara vacía

Pajarita

Boca

△ **¡Divertido, más divertido, lo más divertido!**
Este proyecto te permite usar al máximo tu creatividad e imaginación. No tienes por qué crear caras humanas. ¡Puedes crear alienígenas, monstruos o lo que desees!

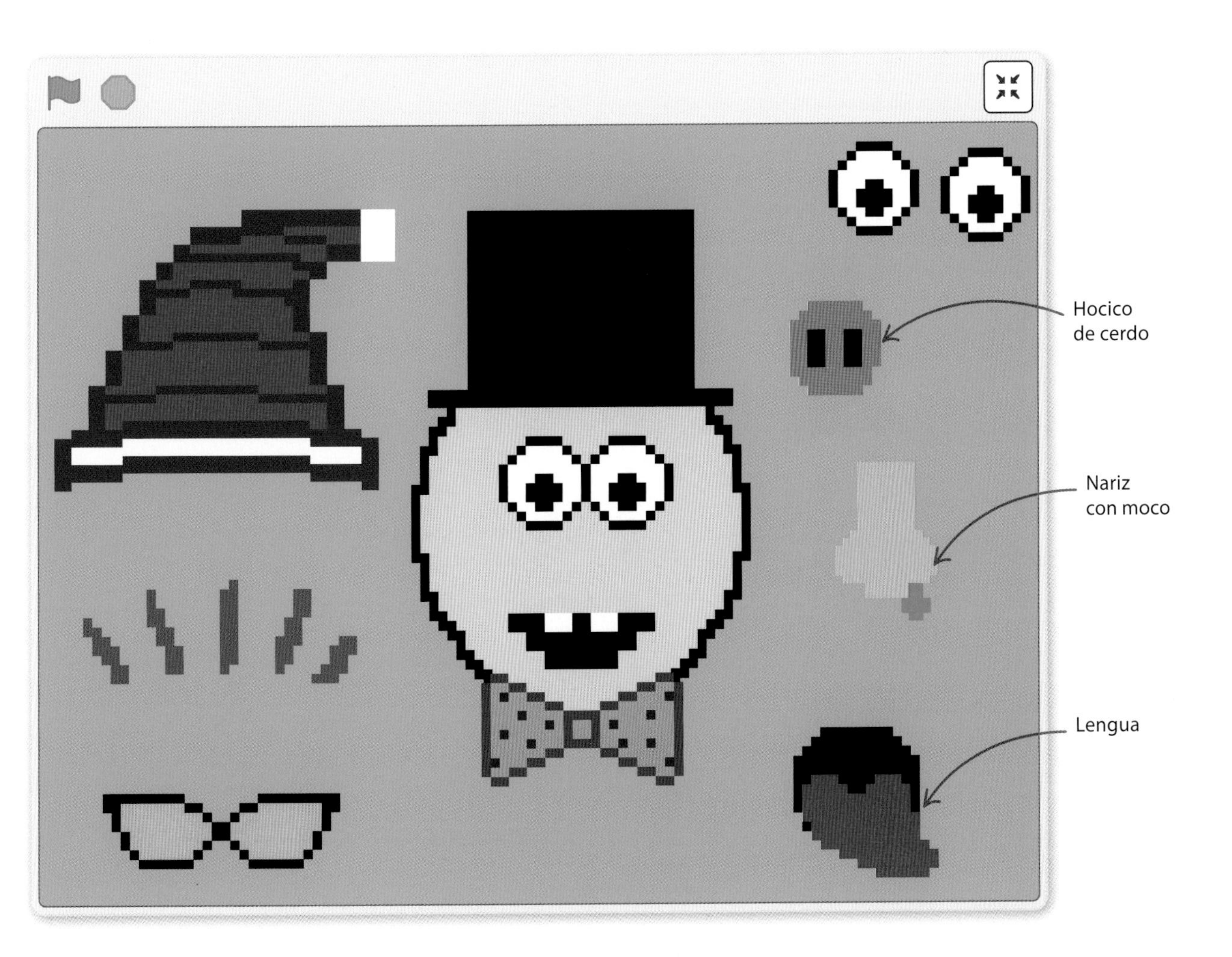

A pintar

Desempolva tu bata de pintor: es hora de pintar un poco. Scratch incluye un gran editor de imagen, así que tienes todas las herramientas que necesitas para crear una pequeña obra maestra para cada parte del cuerpo y para cada prenda.

1 Comienza un nuevo proyecto y quita el objeto del gato, clicando con el botón derecho sobre él en la lista de objetos y seleccionando «borrar». Crearás tus propios objetos: haz clic en el símbolo de pintar (🖌) en el menú de objetos para crear el primero.

2 Se abrirá el editor de imagen de Scratch. Úsalo para dibujar tus propios objetos. Asegúrate de que «Convertir a mapa de bits» está seleccionado abajo a la izquierda.

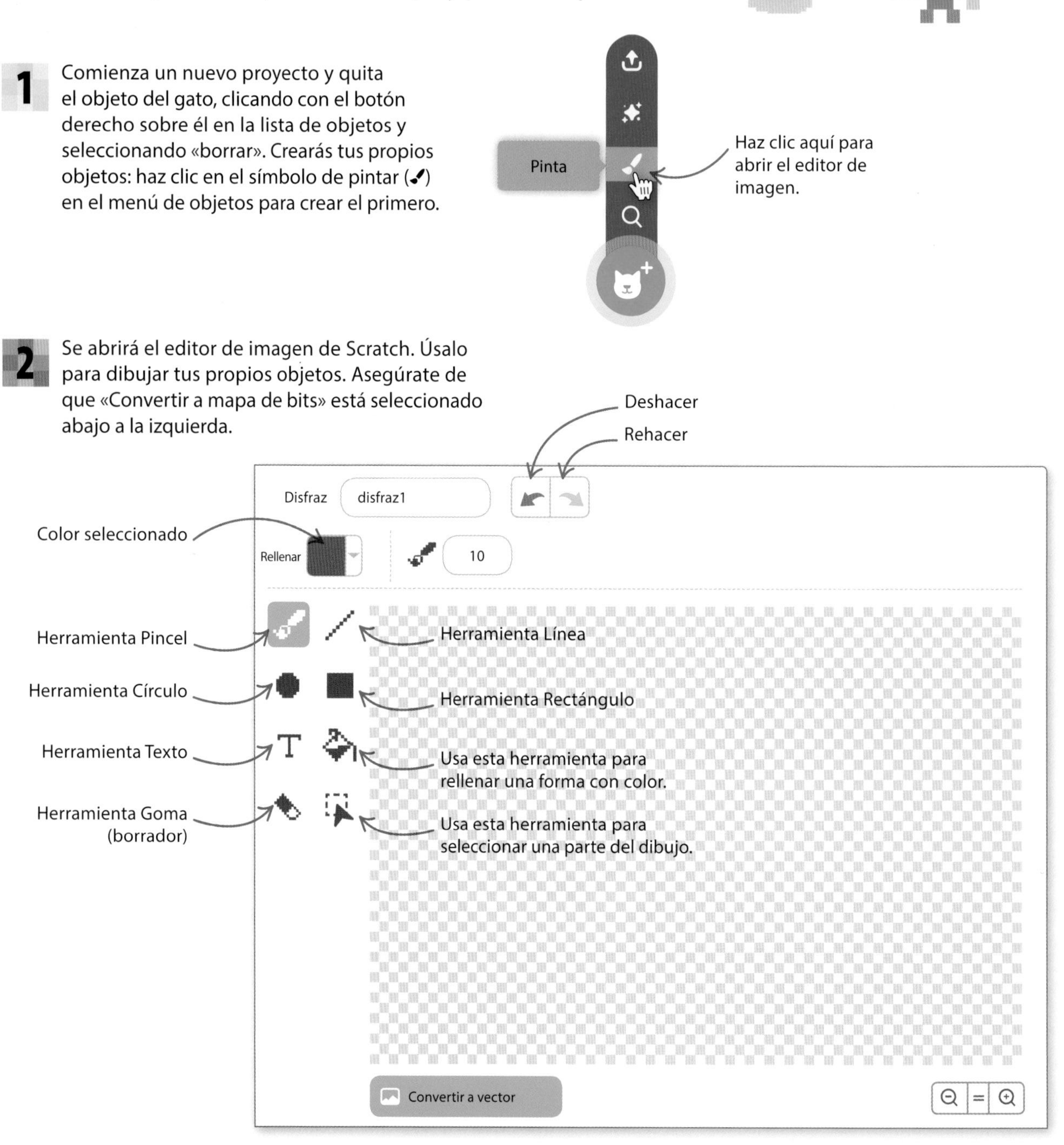

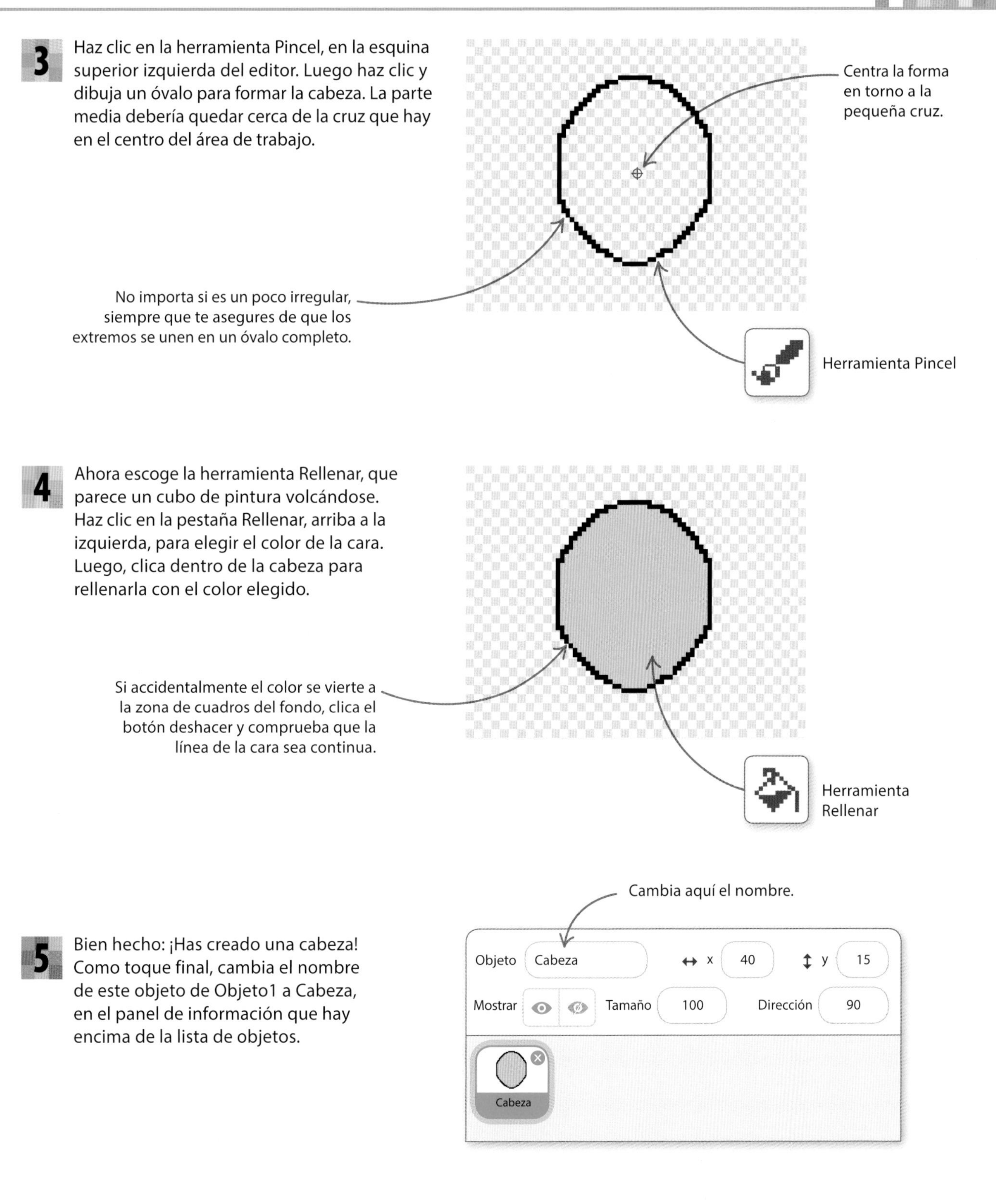

3 Haz clic en la herramienta Pincel, en la esquina superior izquierda del editor. Luego haz clic y dibuja un óvalo para formar la cabeza. La parte media debería quedar cerca de la cruz que hay en el centro del área de trabajo.

4 Ahora escoge la herramienta Rellenar, que parece un cubo de pintura volcándose. Haz clic en la pestaña Rellenar, arriba a la izquierda, para elegir el color de la cara. Luego, clica dentro de la cabeza para rellenarla con el color elegido.

5 Bien hecho: ¡Has creado una cabeza! Como toque final, cambia el nombre de este objeto de Objeto1 a Cabeza, en el panel de información que hay encima de la lista de objetos.

6 Cuando se ejecute el proyecto, la cabeza deberá estar en el centro del escenario. El proyecto pondrá los objetos en la pantalla, al principio, bien ordenados. Para hacer esto con la cabeza, haz clic en la pestaña Código y arrastra estos bloques a la zona de código.

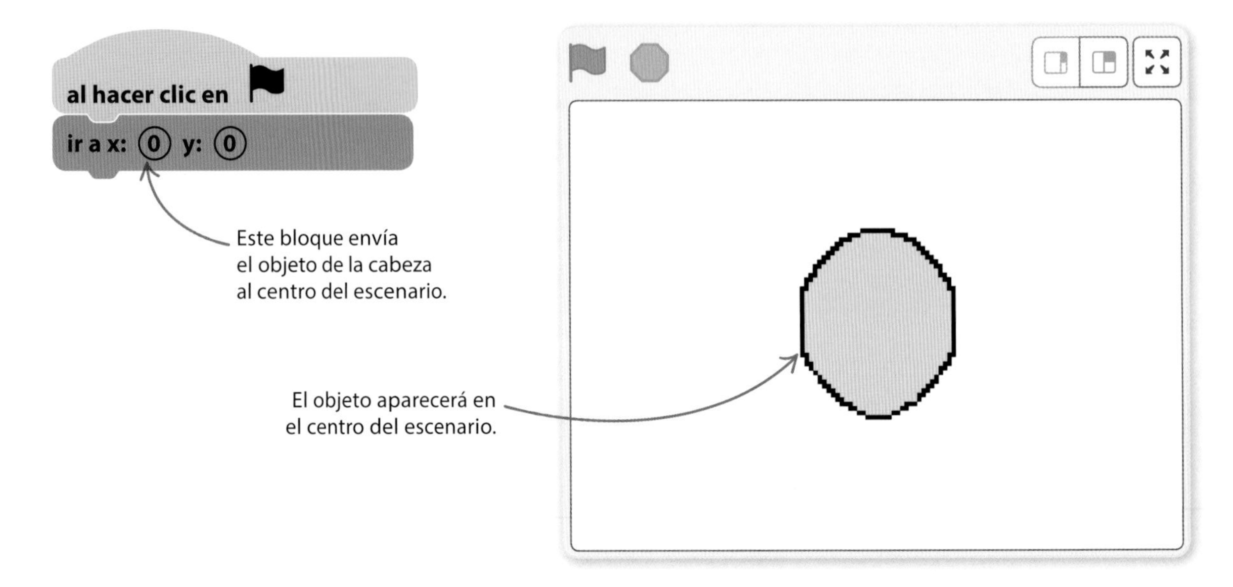

Este bloque envía el objeto de la cabeza al centro del escenario.

El objeto aparecerá en el centro del escenario.

CONSEJO DE EXPERTO

Coordenadas

Para localizar cualquier punto del escenario puedes emplear dos números llamados coordenadas. La coordenada x, la primera que se escribe, te dice dónde está el punto horizontalmente. La coordenada y, que se menciona en segundo lugar, te dice dónde se encuentra el punto verticalmente. Las coordenadas x van de –240 a 240. Las coordenadas y, de –180 a 180. Las coordenadas de un punto se escriben así (x, y). Por ejemplo, a la derecha, el centro de la pajarita tiene las coordenadas (215, 90).

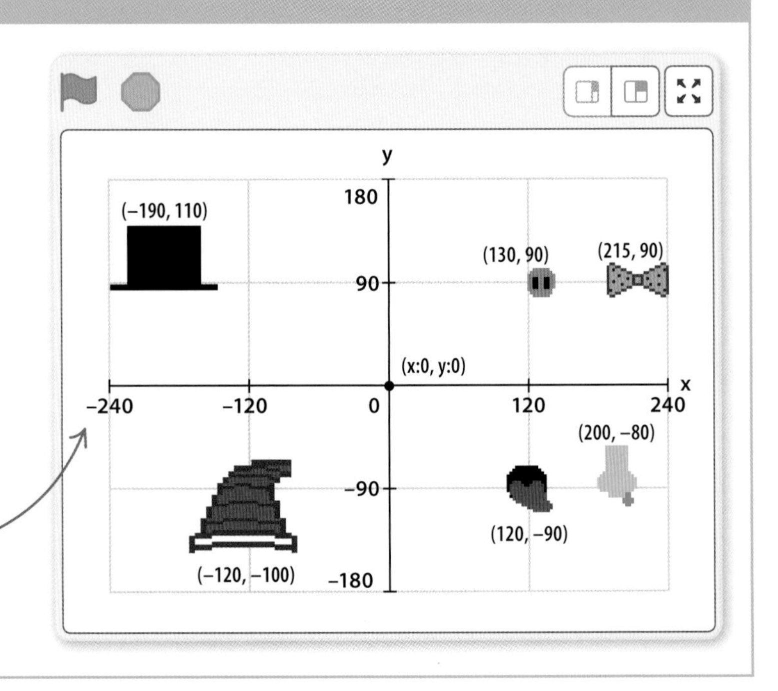

Todo punto del escenario posee un par único de coordenadas que puedes usar para localizar con precisión un objeto.

Hora de crear un montón de objetos

Cuanto más diferentes sean los ojos, narices, bocas, orejas y accesorios de tu proyecto, más caras podrás crear, de modo que invierte un poco de tiempo en crear tantas como puedas. Es muy divertido. En la biblioteca de disfraces de Scratch también hay objetos útiles, como sombreros y gafas de sol. Puedes saltarte los pasos de dibujo para esos.

7 Sigue los pasos 7 a 11 para crear tus objetos. Haz clic en el símbolo «Pinta» (✔) en el menú de objetos para crear el nuevo objeto. Usa el editor de imagen para dibujarlo, con los consejos que te damos en esta página.

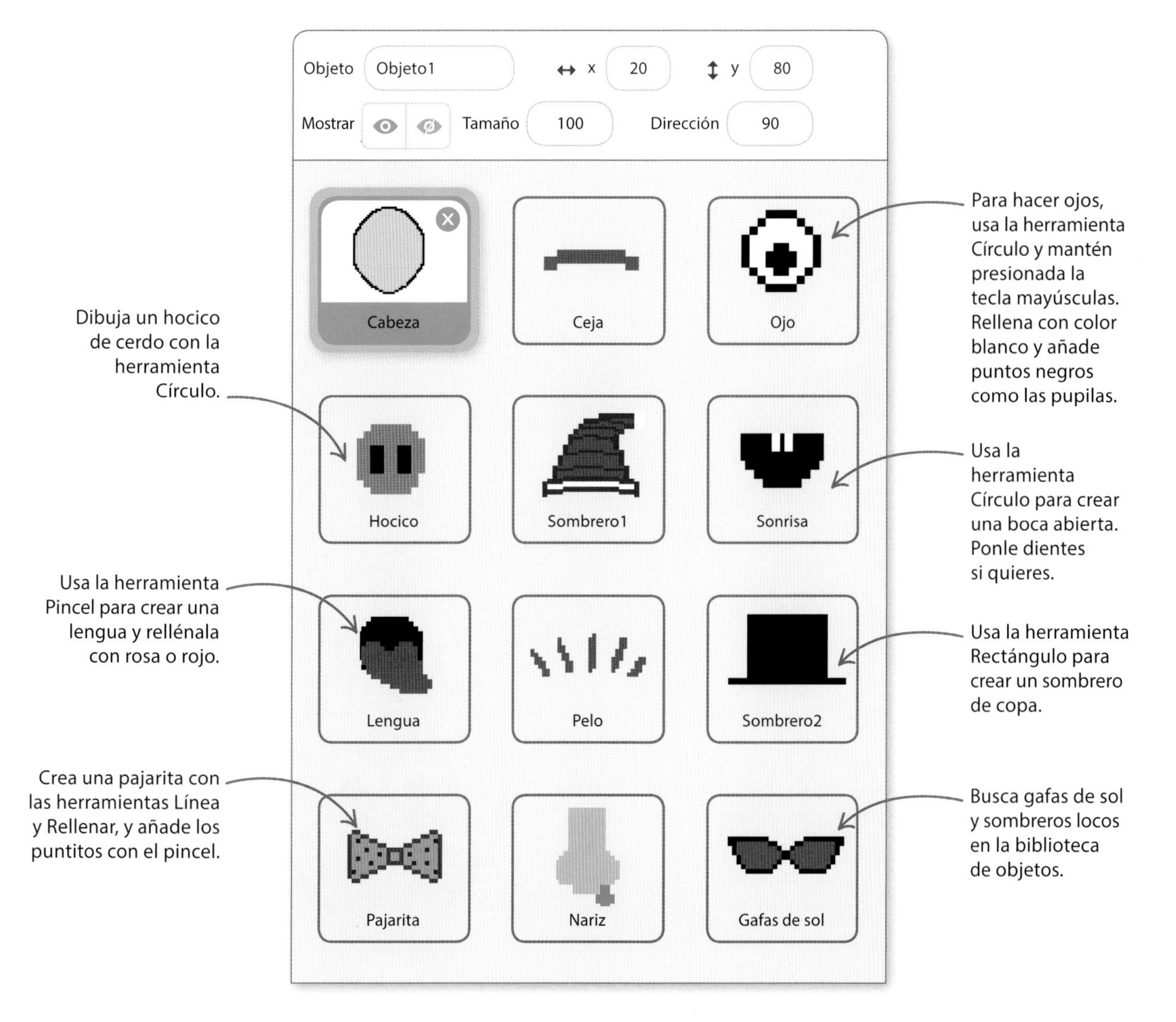

8 Haz clic en todos tus objetos, en la lista de objetos, y dales un nombre lógico.

9 Cuando hayas acabado de dibujar un objeto, arrástralo al centro del escenario, hacia su posición de inicio, junto a la cara. No te preocupes si los objetos se solapan un poco.

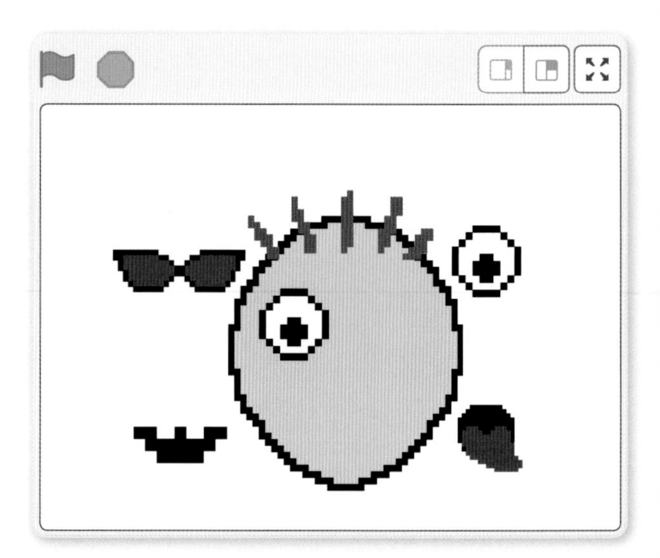

10 Para que un objeto aparezca en el lugar adecuado al ejecutar el proyecto, arrástralo con el ratón a su posición de salida, y luego dale un código como este. El bloque «ir a» de la paleta de bloques mostrará automáticamente las actuales coordenadas del objeto.

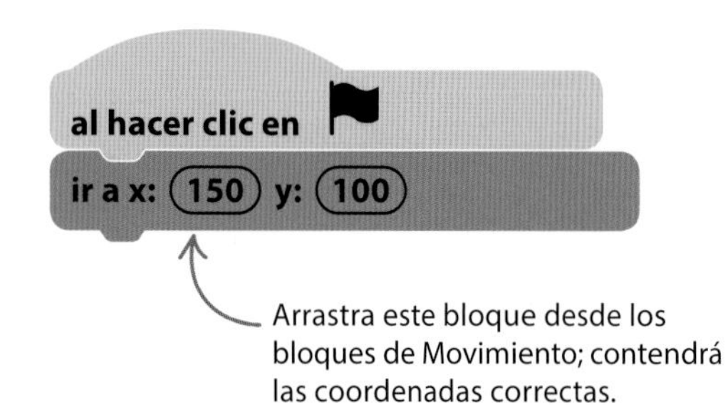

11 Regresa al paso 7 y repite el proceso hasta tener todos los objetos que quieras.

12 Añade un fondo liso. Haz clic en «Elige un fondo» en la zona de información de escenario, a la derecha de la lista de objetos. Selecciona el símbolo del pincel (✓) para pintar un nuevo fondo. Escoge un color y usa la herramienta Rellenar para pintar toda el área blanca con ese color.

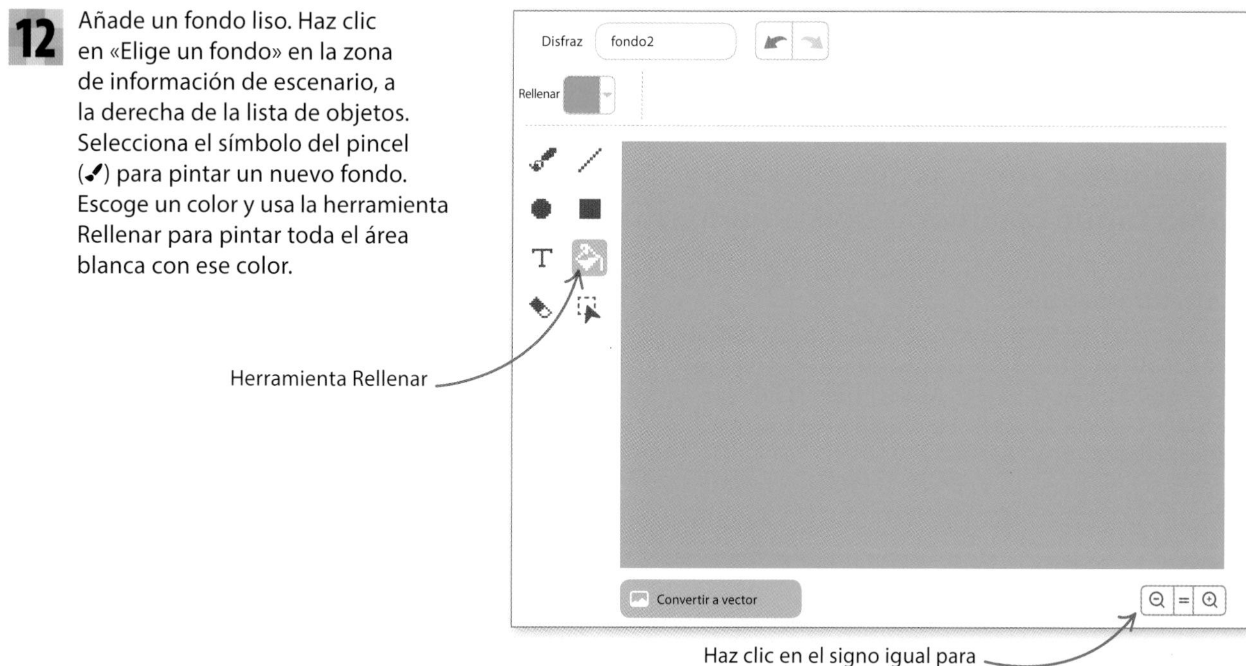

Clones

Puede que quieras usar algunos objetos muchas veces: quizá tu cara sería más divertida con diez ojos en lugar de con dos. Scratch te permite «clonar» un objeto y tener copias funcionales.

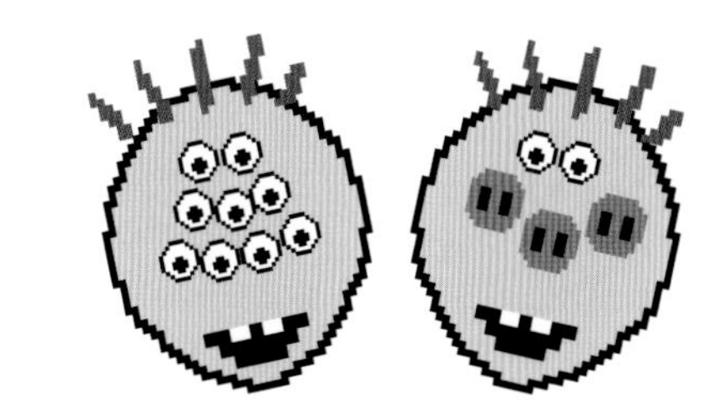

13 Crea diez clones del objeto del ojo añadiendo este bucle a su código. Ahora, cuando ejecutes el proyecto, ¡podrás colocar once ojos!

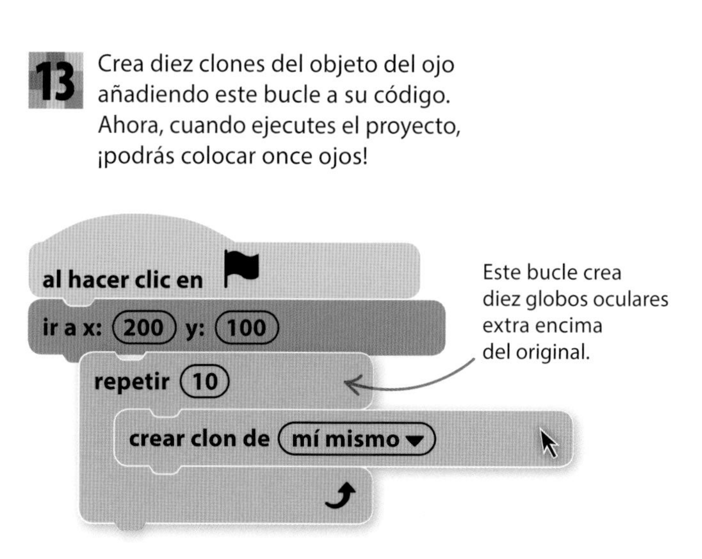

CONSEJO DE EXPERTO

Clones

Los clones funcionan un poco como el bloque «sellar» del proyecto Arte gatuno. Pero si «sellar» tan solo dibuja una imagen en el fondo, el bloque clonar crea un objeto funcional. Los clones pueden usarse para muchas cosas, como verás en proyectos posteriores.

crear clon de (mí mismo ▾)

Este bloque crea una copia idéntica de un objeto en la misma posición exacta del escenario.

Trucos y mejoras

El proyecto Caras divertidas es genial para hacerle mejoras. Crea objetos aún más alocados y piensa en cómo animarlos. Como toque creativo, ¡puedes enmarcar tu creación!

▽ Efectos especiales

¿No consigues ver los ojos a través de las gafas? Ningún problema: hazlas traslúcidas con el efecto «desvanecer» de Scratch. Está en la sección Apariencia, y el nombre del bloque es «sumar al efecto». Cambia «color» por «desvanecer» en el menú.

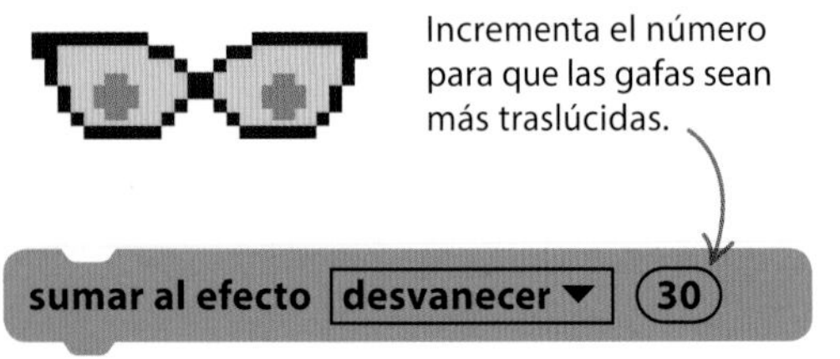

▽ Pajarita giratoria

Da vida a tus objetos haciendo que se muevan. Para hacer que la pajarita gire, añade un bucle «por siempre» que contenga un bloque «girar».

▽ Nariz mocosa

Para que un asqueroso moco verde gotee de la nariz, crea dos nuevos disfraces para la nariz, con toques de color verde. Luego añade estos bloques a fin de hacer que moqueen.

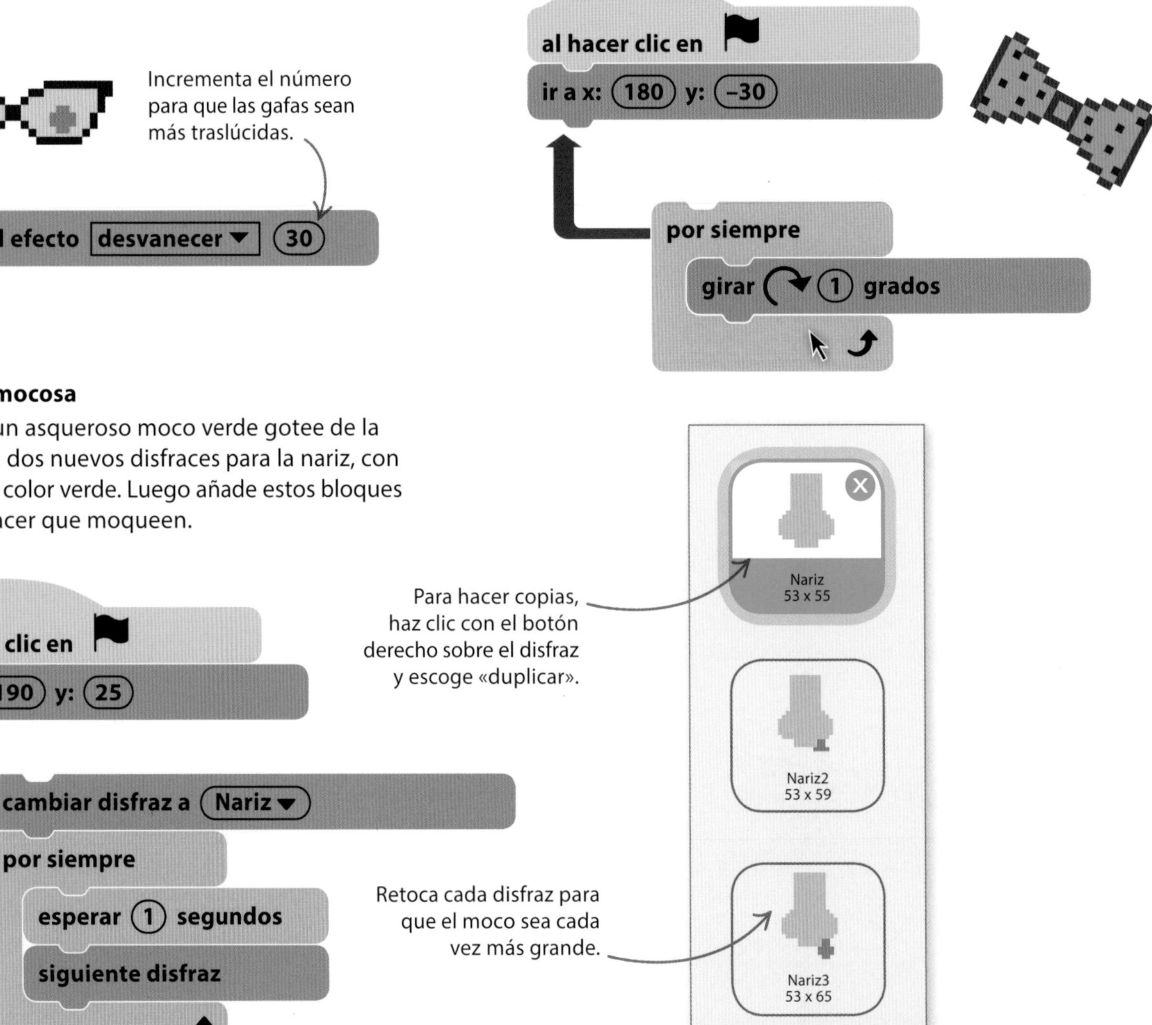

Enmarcado

Para crear un bonito marco para tu cara divertida, sigue estos pasos.

1 Haz clic en el símbolo «Pinta» (🖌) del menú de objetos para crear un nuevo objeto con el editor de imagen. Antes de empezar a pintar, abre la pestaña Códigos y crea estos bloques de código para el objeto. Ocultan el marco al principio y lo hacen aparecer al presionar la barra espaciadora; vuelve a desaparecer al presionar la tecla «c».

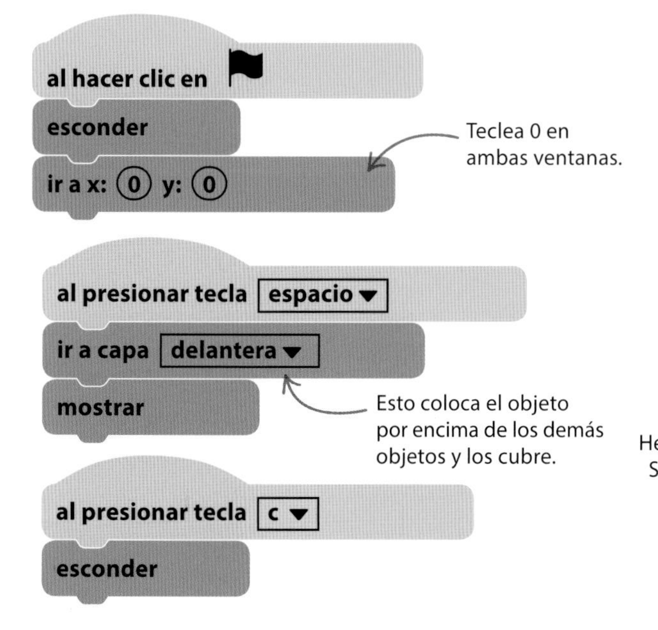

2 Ejecuta el proyecto para centrar el objeto. Clica en la pestaña Disfraces para volver al editor de imagen. Escoge el color negro en el panel y rellena de negro el área con Rellenar. Con la herramienta Seleccionar, dibuja un rectángulo en el medio, y presiona «borrar» en tu teclado para hacer un agujero. Comprueba con el escenario que el marco tenga la forma adecuada y ajústalo, si es necesario.

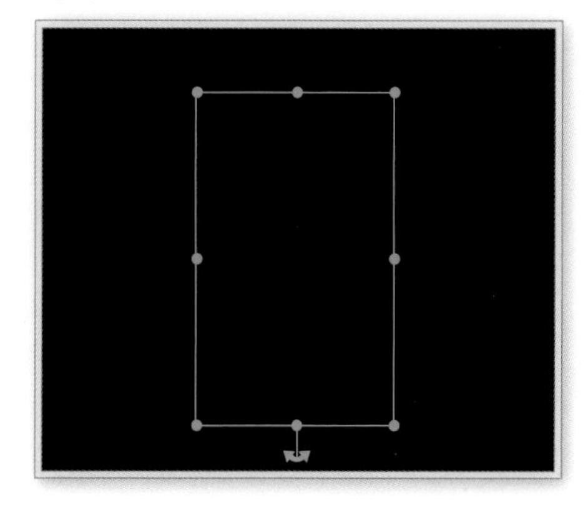

Herramienta Seleccionar

Herramienta Rellenar

3 Ejecuta el proyecto. Crea una cara divertida y luego comprueba que haces aparecer el marco con la barra espaciadora y lo haces desaparecer con la tecla «c».

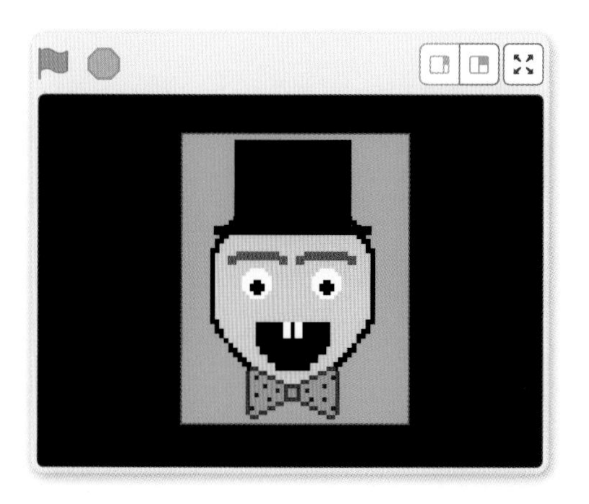

PRUEBA ESTO

Algo diferente

Usa este proyecto para crear cualquier cosa: ¡desde muñecos de nieve y árboles de Navidad hasta monstruos o alienígenas!

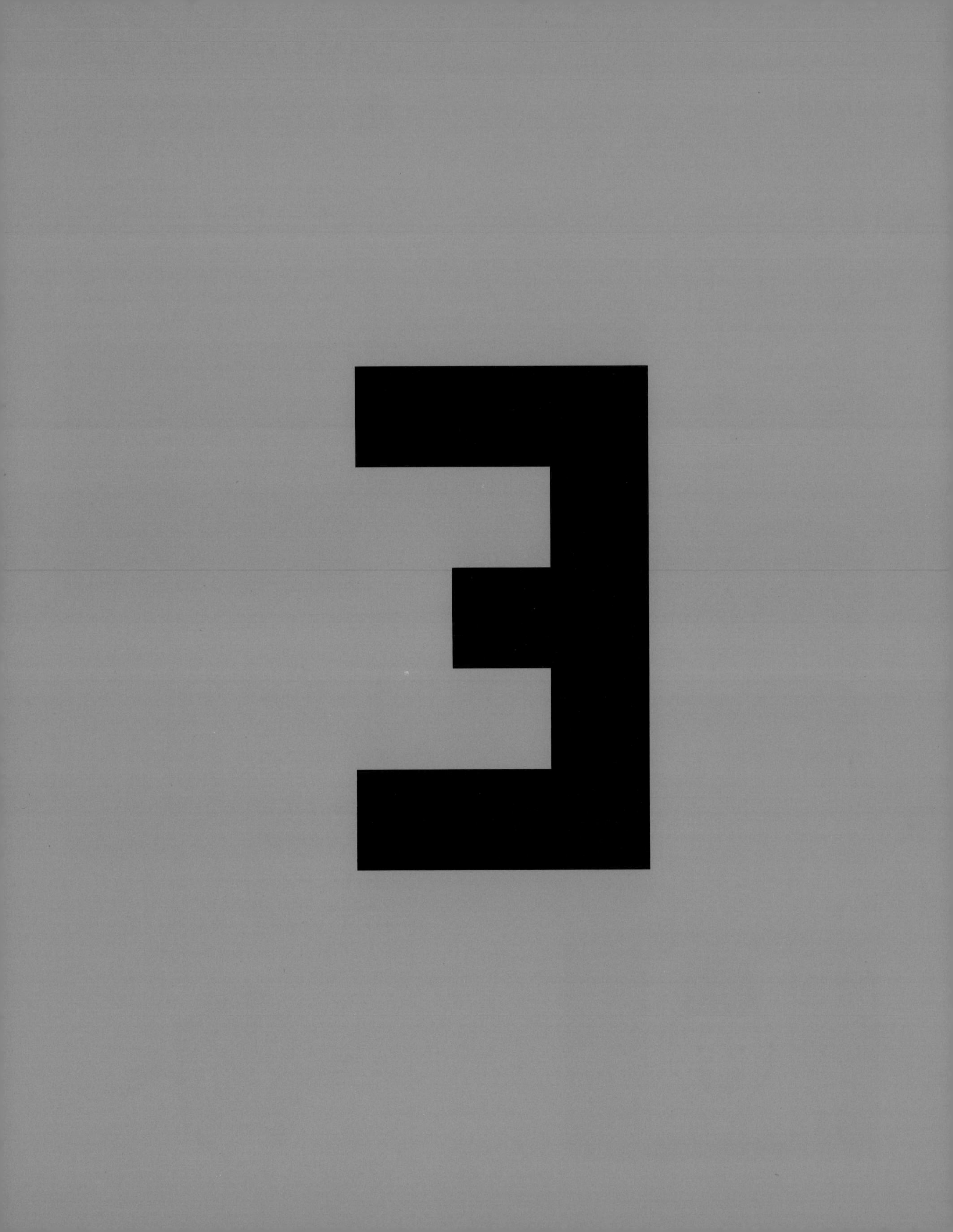

Arte

Tarjeta de felicitación

¿Quién quiere una tarjeta de felicitación normal cuando puede tener un festín visual animado? Scratch es perfecto para crear una tarjeta de felicitación. Esta tarjeta contiene tiburones cantando, pero puedes adaptar el proyecto personalizando la tarjeta.

Un fondo de globos pone el ambiente.

Los tiburones se dejan caer desde arriba y cantan «Cumpleaños feliz».

Cómo funciona

Cuando ejecutas este proyecto aparece un misterioso botón verde. Púlsalo y una tarjeta de felicitación animada con tiburones cantando llenará la pantalla. Los tiburones se turnan para cantar las estrofas del «Cumpleaños feliz».

Haz clic en el botón para abrir la tarjeta de felicitación.

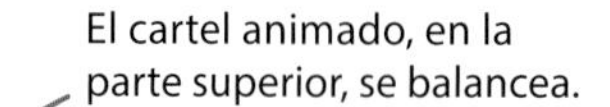
El cartel animado, en la parte superior, se balancea.

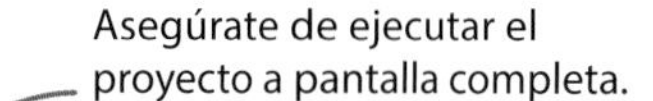
Asegúrate de ejecutar el proyecto a pantalla completa.

△ **Deslizando**
Este proyecto usa el bloque «deslizar», que hace que los objetos se deslicen suavemente por el escenario. Tendrás que usar las coordenadas de Scratch para precisar los puntos de salida y llegada de cada deslizamiento. Si no recuerdas cómo funcionan, mira el proyecto Caras divertidas.

△ **Mantén el ritmo**
Como en Carrera de animales, en este proyecto los objetos (o *sprites*) se envían mensajes entre sí para controlar el ritmo del código. Los tiburones se envían mensajes unos a otros para cantar sus estrofas de «Cumpleaños feliz».

La tarta sale de un lado del escenario.

Botón de cumpleaños

Para no echar a perder la sorpresa de la tarjeta, lo único que se ve cuando se ejecuta el proyecto es un mensaje y un botón para el homenajeado.

1 Comienza un nuevo proyecto. Retira el objeto del gato: haz clic con el botón derecho en él, en la lista de objetos, y escoge «borrar». Carga el objeto Button1 de la biblioteca.

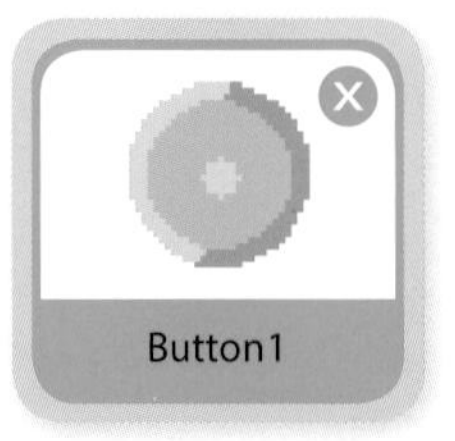

2 Añade estos dos bloques de código a Button1. El primero hace que aparezca en el centro del escenario y brille de un modo tentador al comenzar el proyecto. El segundo se ejecuta tras clicar en el botón, haciendo que este desaparezca y envíe un mensaje para dar inicio al resto de la tarjeta. Tras añadir el bloque «enviar», abre su menú desplegable y nombra el mensaje como «¡Ya!».

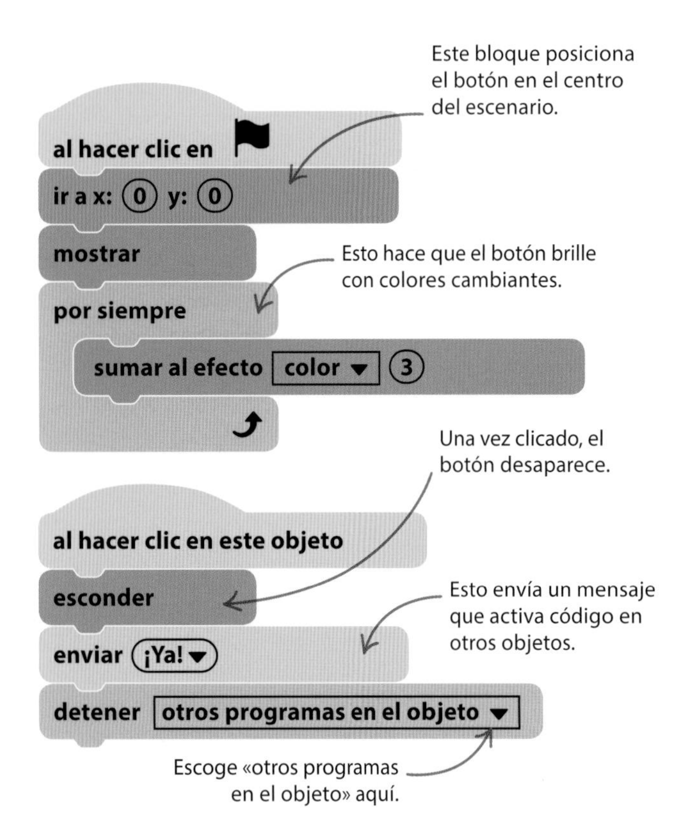

3 Para añadir el letrero «¡PULSA SOLO EN TU CUMPLEAÑOS!» has de editar el fondo del escenario. Selecciona el escenario: haz clic en el pequeño rectángulo blanco a la derecha de la lista de objetos. Luego clica en la pestaña Fondos, sobre la paleta de bloques.

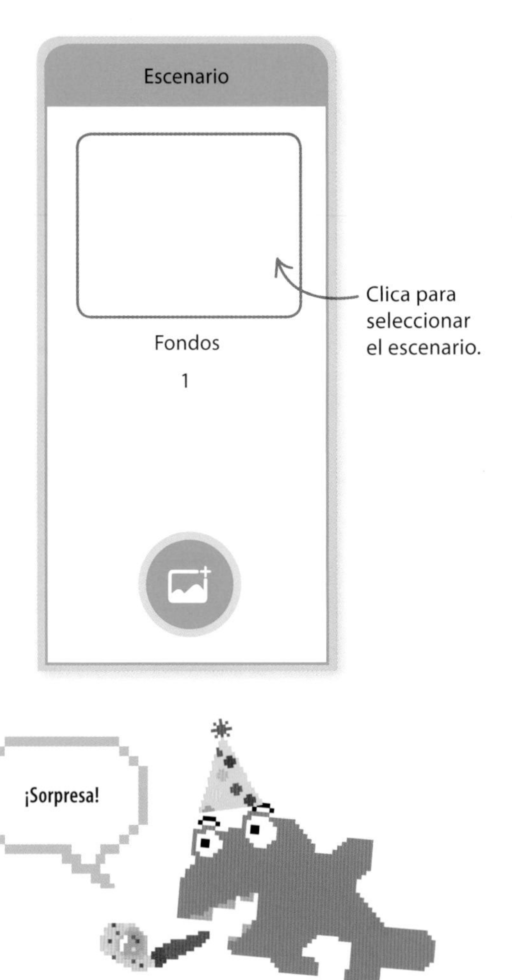

4 Se abrirá el editor de imagen. Escoge la herramienta Texto (T) y haz clic en la gran área blanca, a un tercio de la altura de la pantalla. Escribe «¡PULSA SOLO EN TU CUMPLEAÑOS!». Si por cualquier razón quieres reescribir el mensaje, traza una caja alrededor del texto con la herramienta Seleccionar y pulsa la tecla Suprimir en tu teclado. Luego, comienza otra vez.

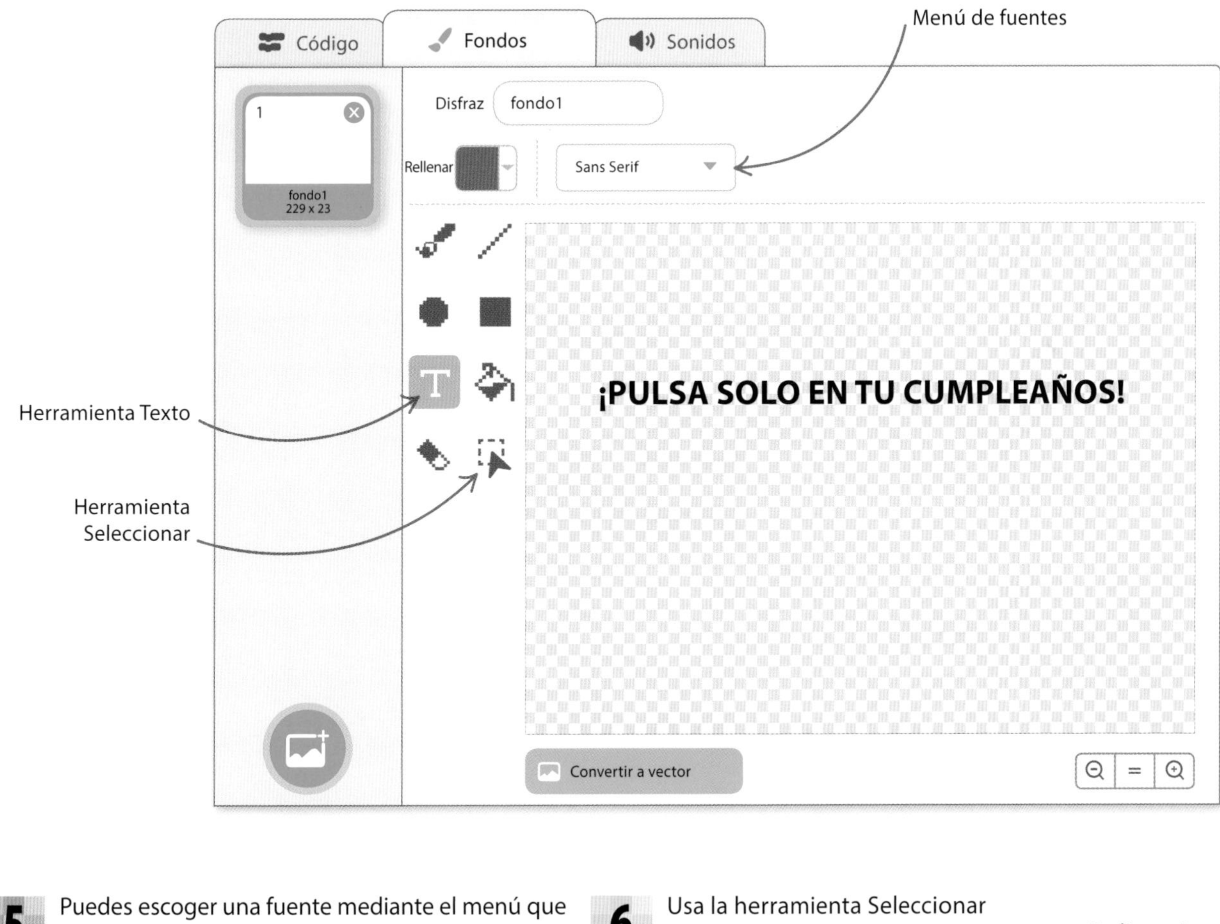

5 Puedes escoger una fuente mediante el menú que hay en el editor de imagen. La Sans Serif suele funcionar bien en una tarjeta de felicitación.

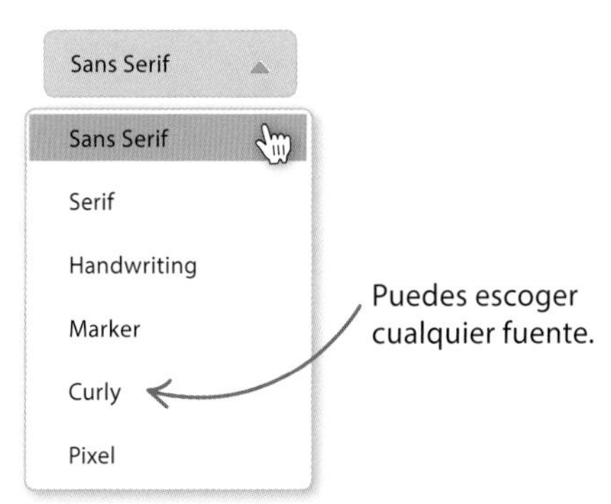

6 Usa la herramienta Seleccionar para redimensionar o mover el texto hasta que te guste.

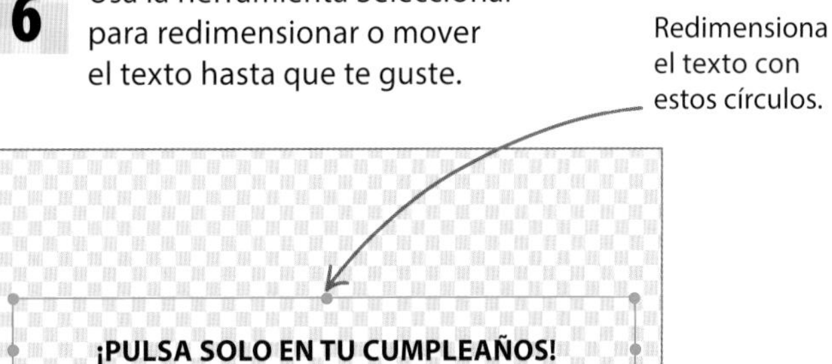

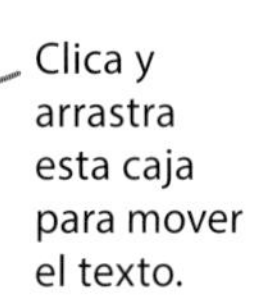

7 Para la tarjeta en sí necesitarás un fondo diferente. Clica en el símbolo («Elige un fondo»), abajo a la derecha, y escoge un nuevo fondo de la biblioteca. Luego, selecciona el fondo «Party».

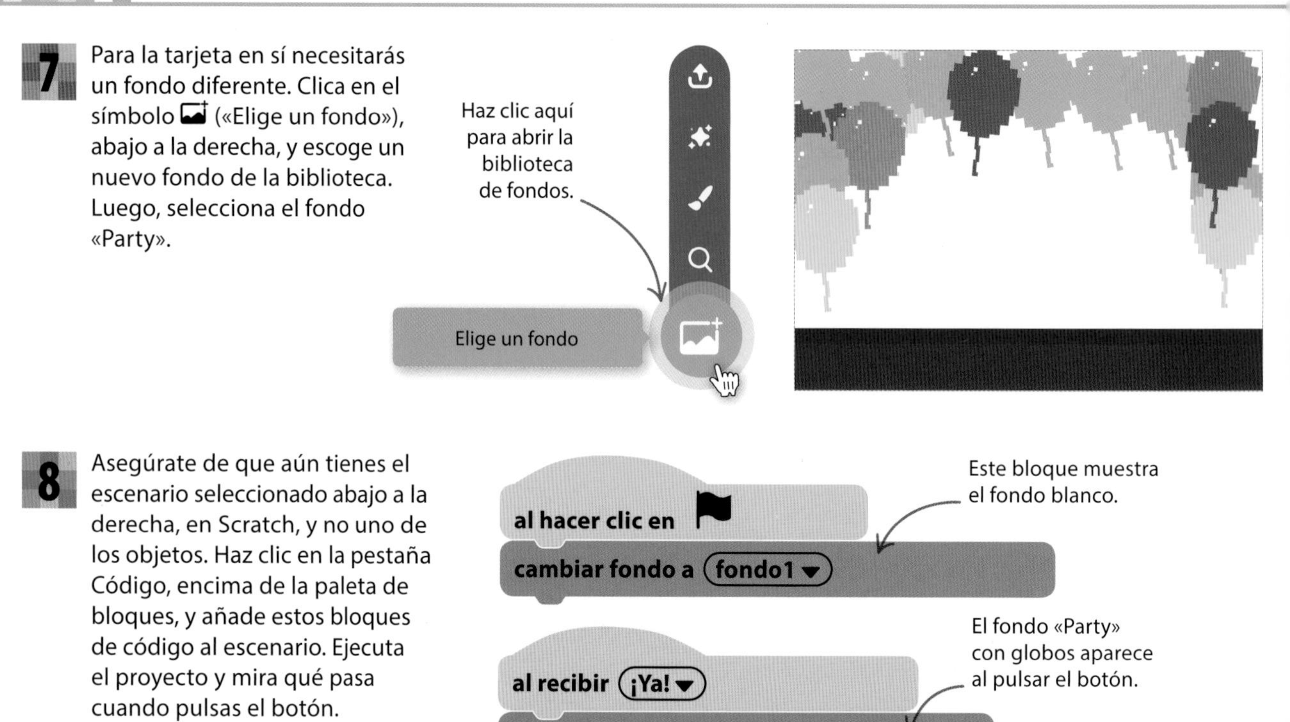

8 Asegúrate de que aún tienes el escenario seleccionado abajo a la derecha, en Scratch, y no uno de los objetos. Haz clic en la pestaña Código, encima de la paleta de bloques, y añade estos bloques de código al escenario. Ejecuta el proyecto y mira qué pasa cuando pulsas el botón.

Que entre la tarta

Cuando se pulsa el botón se abre la tarjeta. El código del botón envía el mensaje «¡Ya!» a todos los objetos para activar las animaciones y la música.

9 ¿Qué más precisa un cumpleaños, además de una tarjeta? ¡Una tarta! Clica en el símbolo de objetos (), en la lista, y añade «Cake» al proyecto.

10 Si miras en la pestaña Sonidos, en la parte superior de Scratch, verás que el sonido «Birthday» ya está cargado.

Queremos que la tarta aparezca desde el lado izquierdo, comenzando desde fuera del escenario. Si enviamos la tarta al borde del escenario se verá la mitad, porque (–240, –100) es la posición del centro del objeto. No puedes sacar totalmente del escenario un objeto: lo enviaremos a (–300, –100) para que solo se vea un poquito.

Posición de inicio de la tarta (–300, –100)

Posición final de la tarta (0, –100)

12 Añade estos bloques a la tarta para ocultarla mientras se ejecuta el proyecto. Luego haz que se deslice desde la izquierda al pulsar el botón verde. Fíjate que la tarta envía un nuevo mensaje, que has llamado «Línea1». Más tarde lo usarás para que uno de los tiburones cante el primer verso de «Cumpleaños feliz».

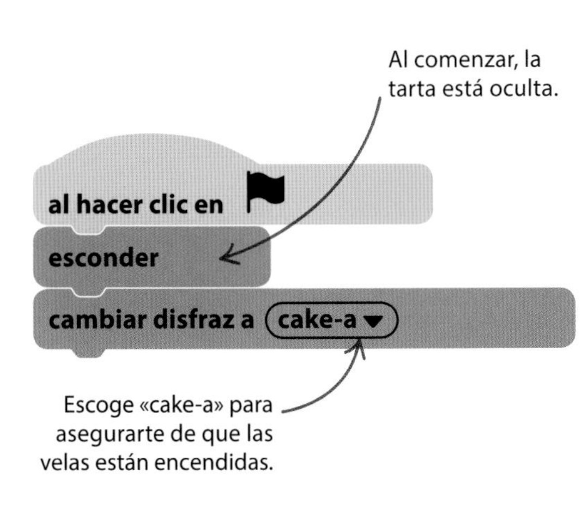

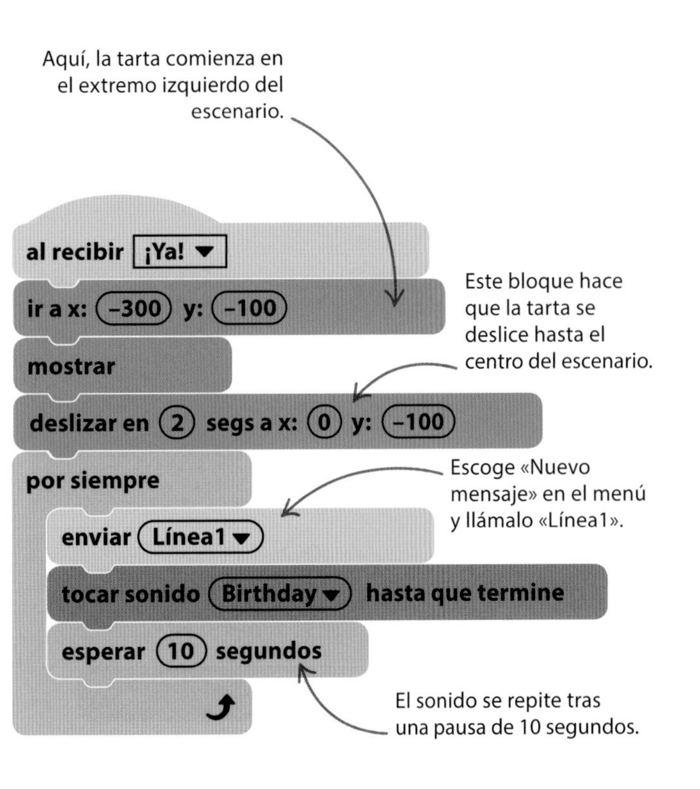

Cartel de felicitación

Lo siguiente que necesitas para un ambiente festivo es un cartel animado que se balancee.

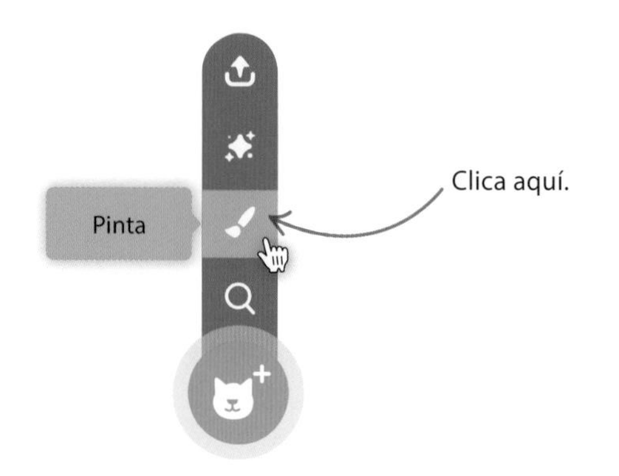

13 El cartel será un objeto, pero esta vez, en lugar de cargar uno de la biblioteca, crearás un objeto pintándolo. Haz clic en el símbolo ✓ del menú de objetos y se abrirá el editor de imagen. Aparecerá un nuevo objeto en la lista. Renómbralo «Cartel».

14 Dibuja tu cartel de felicitación. Recuerda seleccionar «Convertir a mapa de bits». Usa la herramienta Rectángulo para crear el cartel, ya sea una silueta o un color liso. Luego añade la palabra ¡FELICIDADES! con la herramienta Texto. Prueba fuentes y colores. Usa Seleccionar para colocar el texto o recorta el cartel para que se ajuste mejor.

¡FELICIDADES

15 Clica la pestaña Código y añade al cartel estos dos bloques de código. Lo mantienen oculto hasta que se pulsa el botón, y luego mueven el cartel. Ejecuta el proyecto para ver cómo funciona.

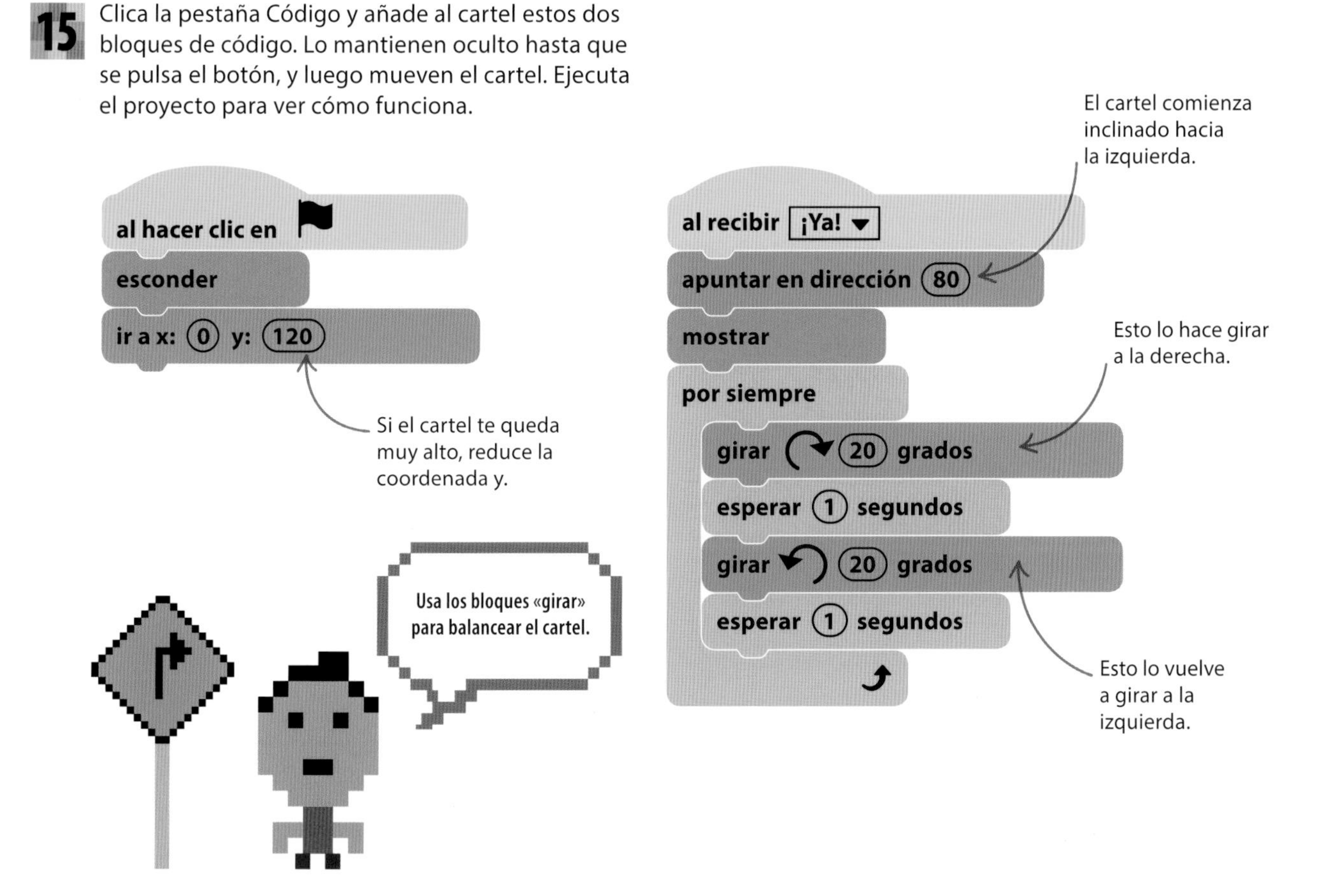

Direcciones

Scratch determina la dirección de los objetos mediante grados. Puedes usar cualquier número entre –179º y 180º. Los números negativos apuntan al objeto a la izquierda, y los positivos, hacia la derecha. Usa 0º para subir en vertical y 180º para bajar.

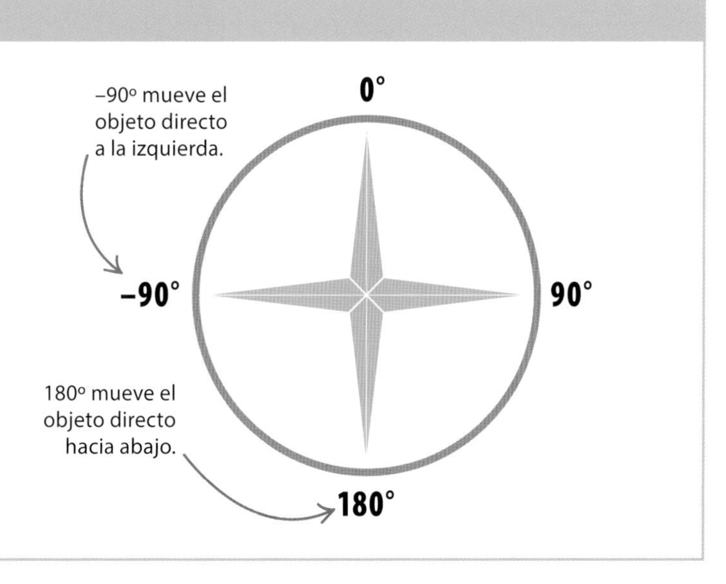

Tiburones cantantes

¿Cuál es el toque definitivo para una sorpresa de cumpleaños? ¡Pues claro…, tiburones cantando! Los dos tiburones se turnarán para enviarse mensajes tras cada estrofa de la canción.

16 Haz clic en el símbolo de la lista de objetos y añade el objeto «Shark2» al proyecto. Necesitarás dos tiburones, así que renómbralo «Tiburón1». Para crear el segundo, haz clic con el botón derecho sobre el primero y escoge «duplicar». Al nuevo objeto (Shark3) lo renombrarás «Tiburón2».

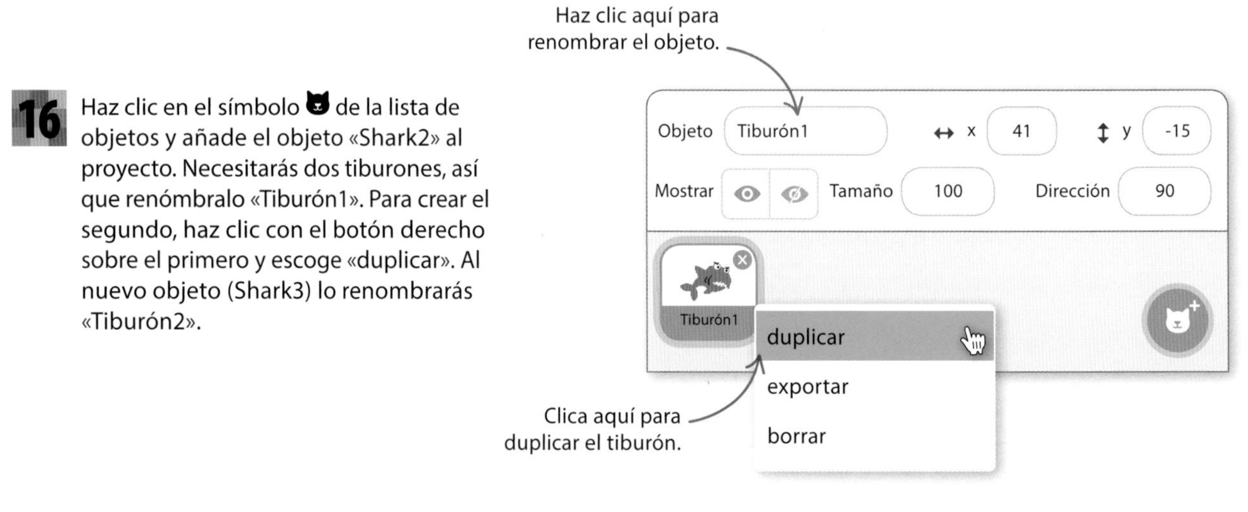

17 Ahora escribe este código para Tiburón1. Al ejecutarlo, Tiburón1 estará escondido, pero tomará su posición arriba a la izquierda del escenario. Cuando reciba el mensaje «¡Ya!» se revelará y bajará al fondo del escenario.

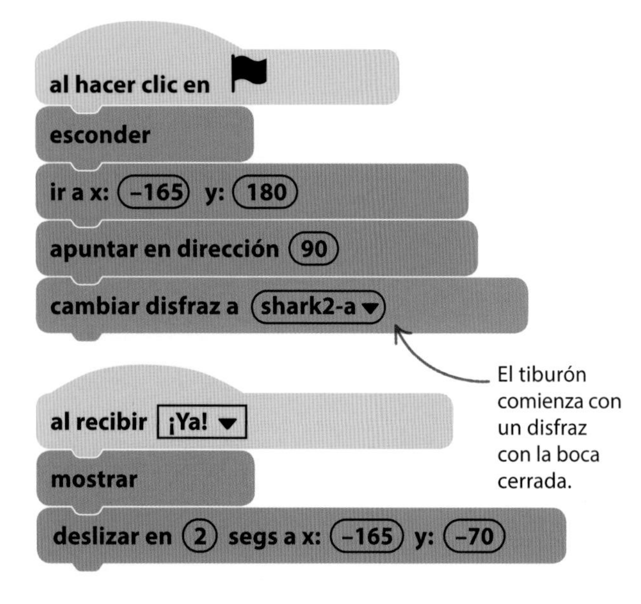

18 Añade este código a Tiburón2. Ejecuta el proyecto y prueba los objetos.

```
al hacer clic en [bandera]
esconder
ir a x: (165) y: (180)
fijar estilo de rotación a [izquierda-derecha ▾]
apuntar en dirección (-90)
cambiar disfraz a (shark2-a ▾)

al recibir [¡Ya! ▾]
mostrar
deslizar en (2) segs a x: (165) y: (-70)
```

Esto hace que el tiburón mire a la izquierda.

19 Es hora de que los tiburones canten. ¿Recuerdas el bucle del objeto de la tarta, que toca «Cumpleaños feliz»? Envía el mensaje «Línea1» cada vez que comienza la canción. Añade el código de la izquierda al Tiburón1, y el código de la derecha al Tiburón2, para que reaccionen al mensaje. Otros mensajes les harán cantar por turnos cada estrofa. Deberás crear nuevos mensajes para cada estrofa de la canción. Nómbralos con el menú desplegable de los bloques «enviar».

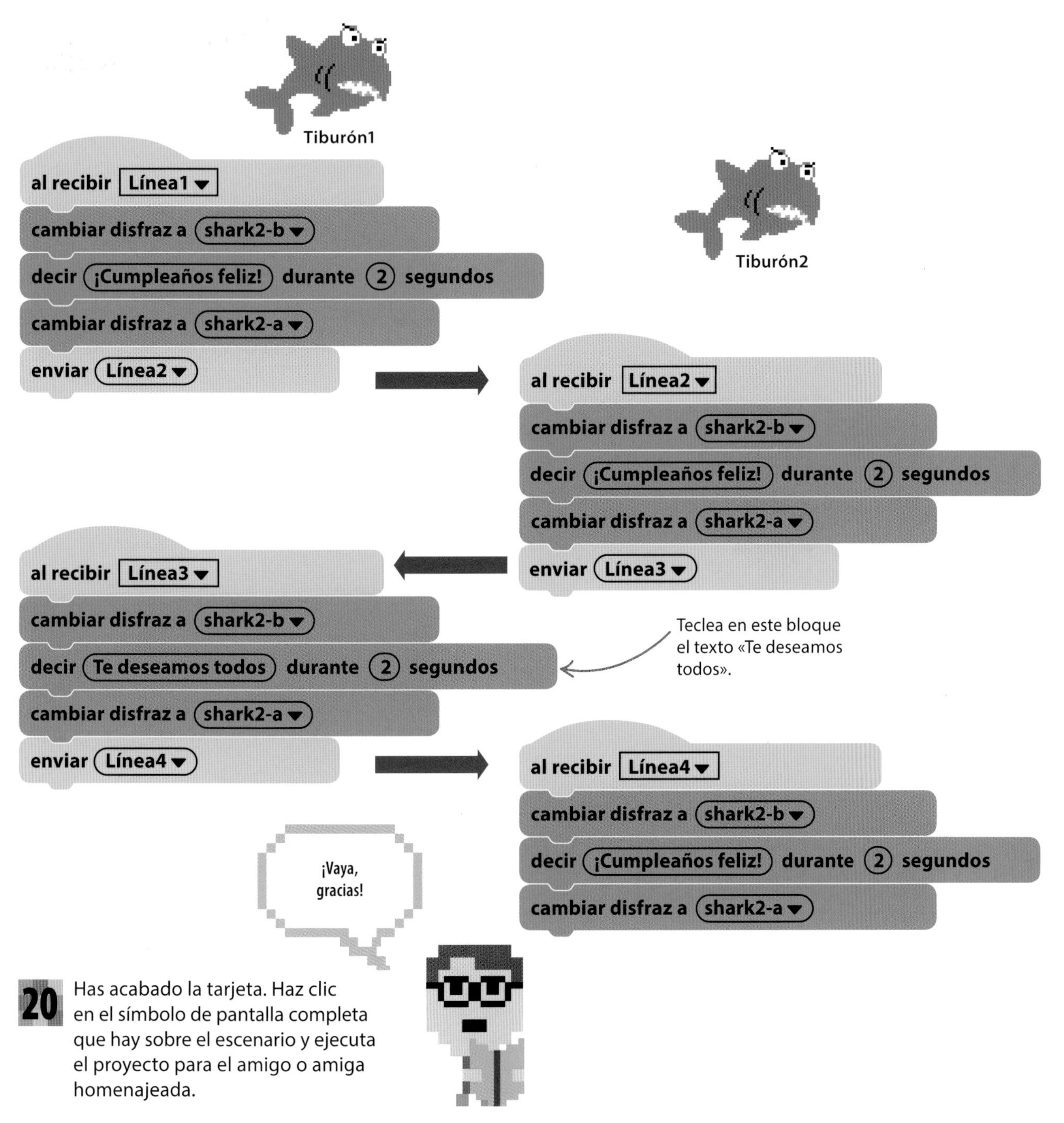

20 Has acabado la tarjeta. Haz clic en el símbolo de pantalla completa que hay sobre el escenario y ejecuta el proyecto para el amigo o amiga homenajeada.

Trucos y mejoras

Puedes personalizar la tarjeta para diferentes ocasiones y personas. En lugar de emplear tiburones, puedes probar con leones, pingüinos, elefantes o fantasmas que canten. Cambia la canción a «Feliz Navidad» o «Noche de paz», y sustituye los globos por abetos nevados, si quieres. ¡Experimenta!

▽ Saliendo de la nada

Los tiburones se dejan caer en su aparición, pero puedes usar los efectos especiales de Scratch para una entrada más espectacular. Para que un objeto invisible se materialice, por ejemplo, usa el bloque «sumar al efecto desvanecer» como se muestra aquí.

▽ Agranda tu objeto

Otro modo de hacer una entrada dramática es empezar pequeño y crecer hasta ser gigante. Para crear este efecto, pon un bloque «cambiar tamaño por» en un bucle «repetir». Puedes intentar hacer que tu objeto gire al crecer, o añadir un bloque «dar al efecto remolino» para convertirlo en un torbellino.

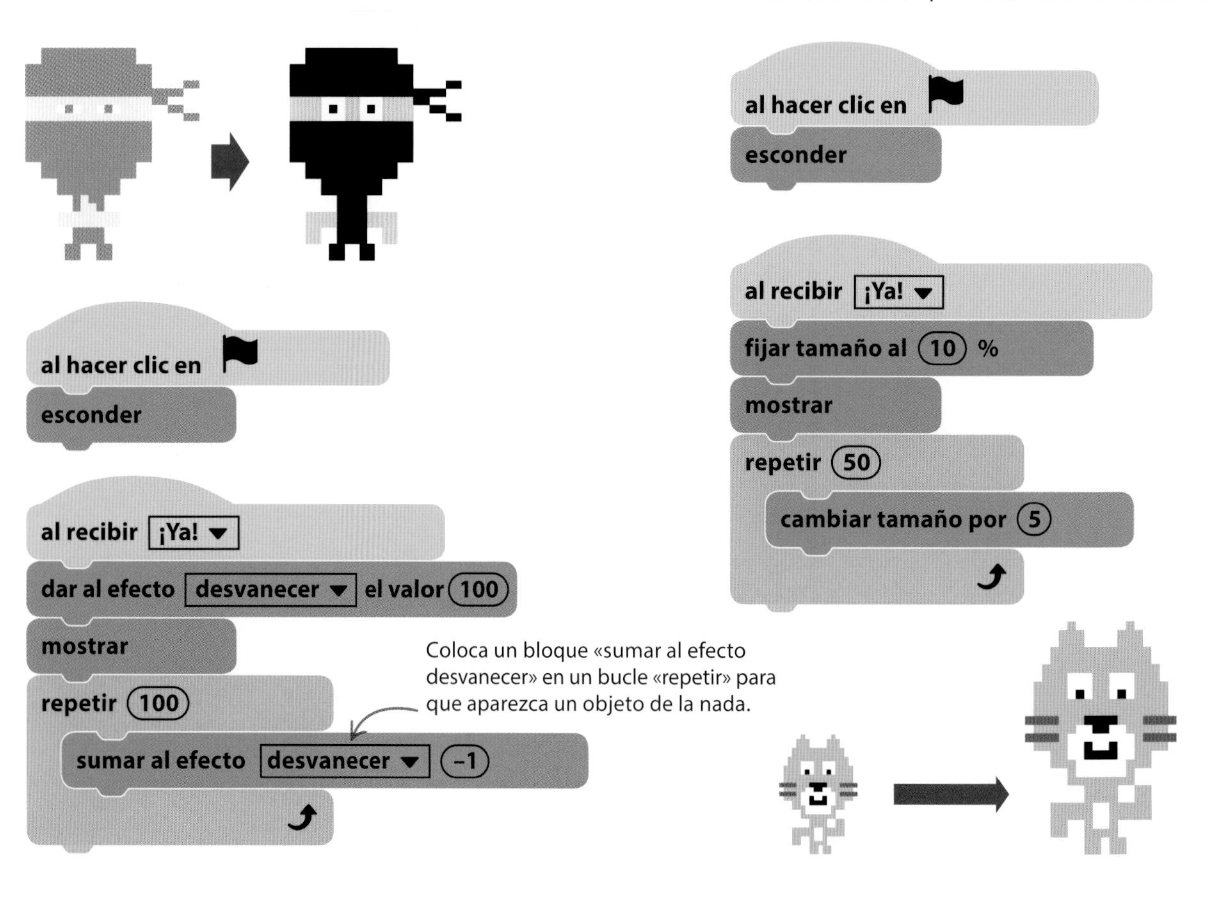

△ **Añadir fotos**

¿Por qué no importar una foto de la persona homenajeada? Puedes subir cualquier foto que quieras convertir en un nuevo objeto clicando en el símbolo ⮉ («Subir objeto») en el menú de objetos. No compartas proyectos que contengan fotos sin permiso de las personas que salen en ellas.

△ **Añadir sonido**

No tienes por qué usar los sonidos y las canciones ya incluidas en Scratch: puedes grabar tu propia música o tu propia versión de «Cumpleaños feliz», si quieres. Haz clic en el símbolo ⮉ para subir un sonido desde tu ordenador. Clica el símbolo del micrófono (🎙) para grabar tus propios sonidos.

PRUEBA ESTO

¡Tiburones y camas elásticas!

Intenta hacer que los tiburones suban al acabar la canción y vuelvan a bajar cuando sea hora de cantar nuevamente. No olvides trabajar en una copia separada de tu proyecto, de modo que no pierdas el original si las cosas fallan.

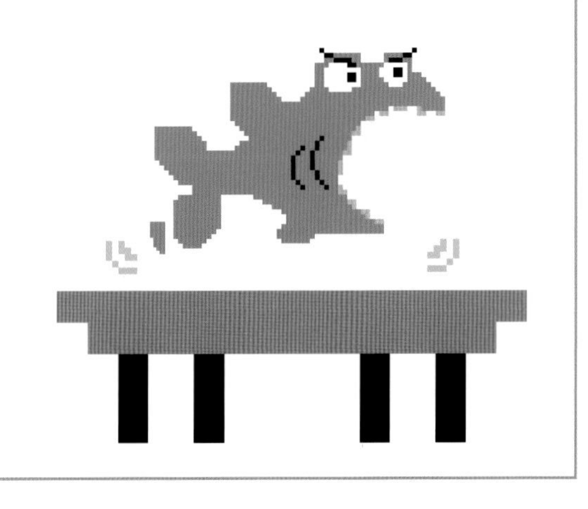

△ **Bailarines**

¿Por qué no reutilizar algunos de los dinosaurios del Dinobaile para tu tarjeta de cumpleaños? Si lo haces, ajusta el ritmo del cambio de disfraces para que bailen con la música.

Espiralizador

Prueba este proyecto de una espiral giratoria. Cambia los patrones con deslizadores para alterar los valores de las variables. Tú controlas tu arte: ¡las posibilidades son ilimitadas!

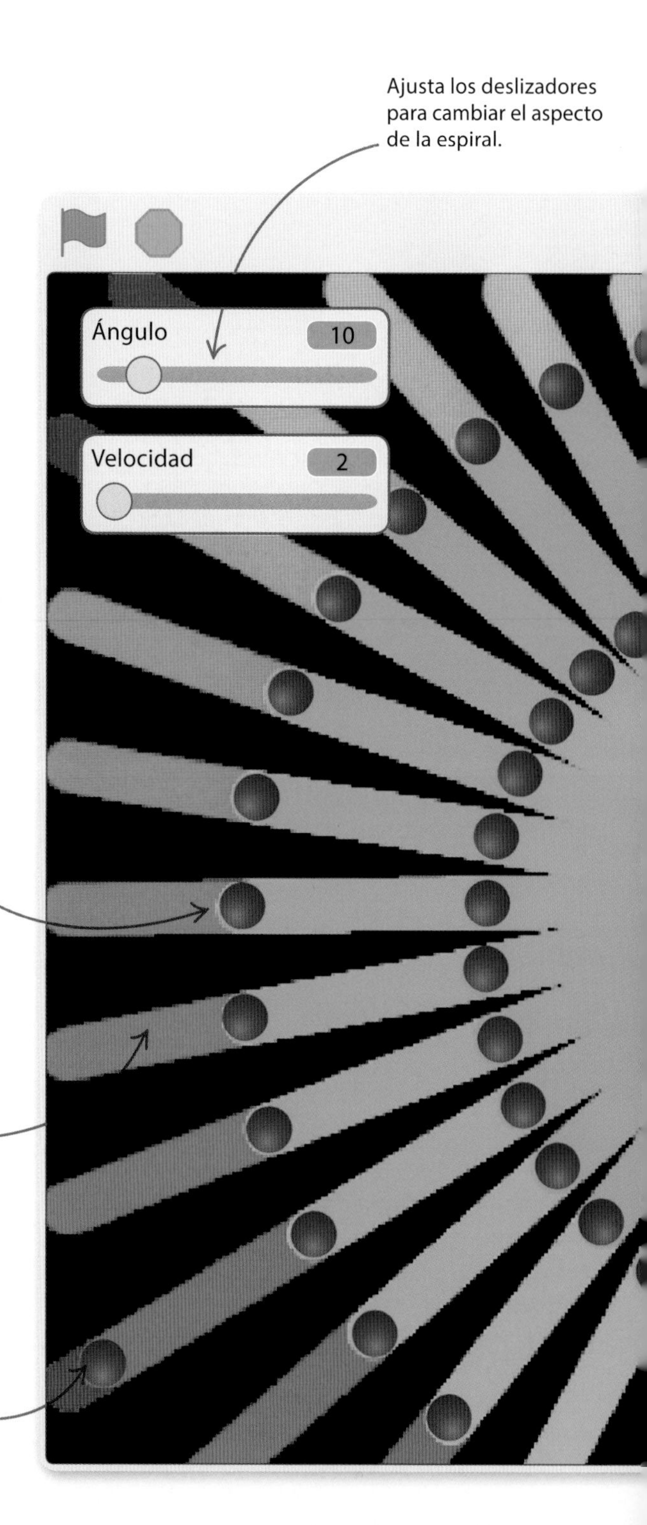

Cómo funciona

Este sencillo proyecto solo posee un objeto: una bola de colores, que permanece en el centro. Los bloques de clonar de Scratch crean copias de la bola que se mueven hacia fuera en línea recta. Se forma un patrón en espiral porque cada clon se mueve en una dirección ligeramente distinta, como el agua en un aspersor. El lápiz de Scratch deja una huella tras cada una, y crea coloridos patrones de fondo.

Las diferentes direcciones de los clones les hacen formar una espiral.

Las líneas se trazan con la extensión Lápiz de Scratch, que permite dibujar los objetos.

Cada bola clonada vuela en línea recta desde el centro hacia los bordes.

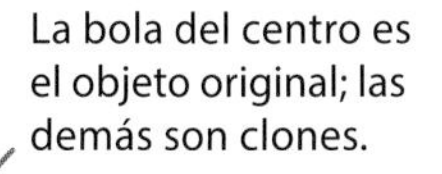

La bola del centro es el objeto original; las demás son clones.

Clica en este icono para pasar de modo pantalla completa a modo editor.

△ **Clones**
Los clones son copias funcionales de objetos. Cuando se cree un clon, aparecerá encima del objeto existente y tendrá las mismas propiedades, como dirección, tamaño, etcétera.

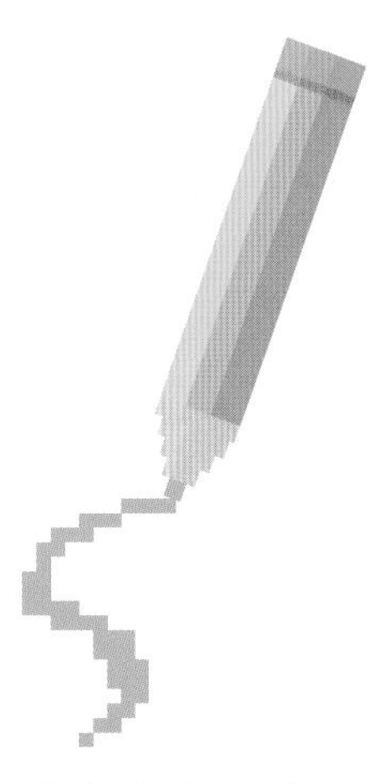

△ **Lápiz de Scratch**
Todos los objetos pueden dejar una huella tras de sí: solo has de añadir el bloque verde «bajar lápiz» a su código. Al añadir la extensión Lápiz consigues bloques extra en la paleta de bloques, que cambian el color, la sombra y el espesor del lápiz.

Clones de bolas

Scratch te permite crear cientos de clones de un objeto y llenar el escenario de acción. Todos los clones son copias plenamente funcionales del objeto original, pero también ejecutan código especial que solo afecta a los clones.

1 Comienza un nuevo proyecto. Retira el objeto del gato: haz clic con el botón derecho sobre él y selecciona «borrar». Carga el objeto «Ball» («bola») de la biblioteca. La bola posee disfraces de varios colores. Clica la pestaña Disfraces y escoge el color que prefieras.

2 Añade este bucle para crear clones de la bola. Cuando ejecutes este código no parecerá que suceda gran cosa. En realidad está creando clones del objeto, pero están amontonados. Puedes arrastrarlos con el ratón (pero solo en modo editor, no en modo pantalla completa).

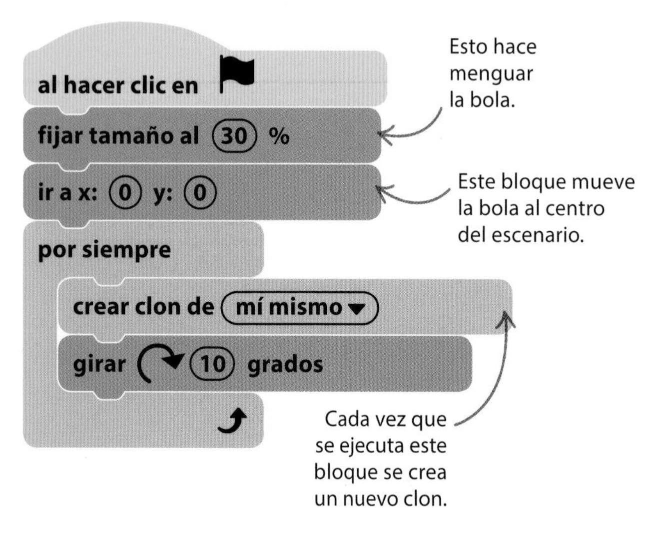

3 Para hacer que los clones se muevan, añade este código al objeto de la bola. Ahora cada clon ejecutará su propia copia del código tras aparecer. El código hace que el clon se aleje del centro en la dirección en que apuntaba el objeto cuando se creó el clon. Ejecuta el proyecto.

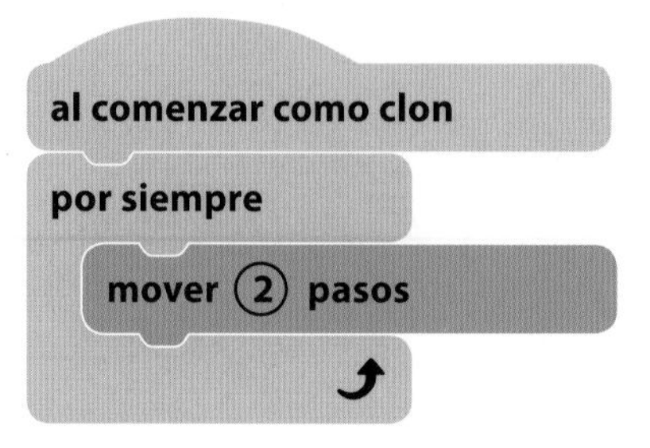

▷ **¿Qué sucede?**

El objeto original cambia de dirección poco antes de crear cada clon. En consecuencia, los clones se alejan en direcciones ligeramente diferentes. Los clones viajan en línea recta hasta el borde del escenario, en un patrón en espiral siempre en expansión.

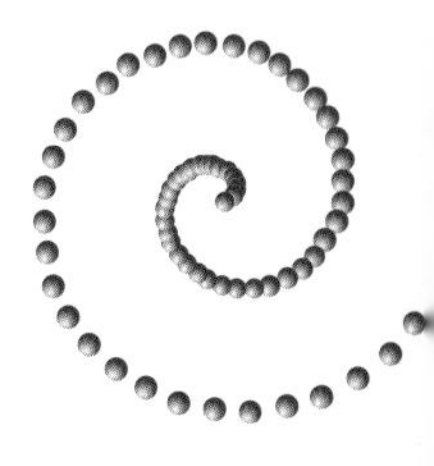

4 Los clones dejarán de aparecer tras un rato, ya que Scratch no permite más de 300 clones en el escenario a la vez. Toda orden de crear nuevos clones tras ello será ignorada. Los clones dejan de crearse en el centro y todos los clones restantes se quedan en los bordes del escenario.

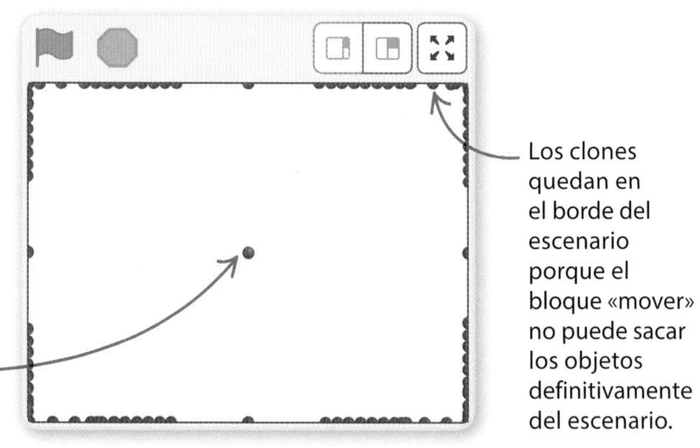

En cuanto hay 300 clones, no se crea ninguno más.

Los clones quedan en el borde del escenario porque el bloque «mover» no puede sacar los objetos definitivamente del escenario.

5 Para arreglar esto, añade un bloque «si entonces» al bucle «mover» de los clones, para borrarlo cuando llegue al borde. Ejecuta esta versión. Las bolas deberían desaparecer en los bordes con la misma rapidez con que aparecen, y la espiral continuará tanto tiempo como desees. Scratch nunca llegará al límite de clones.

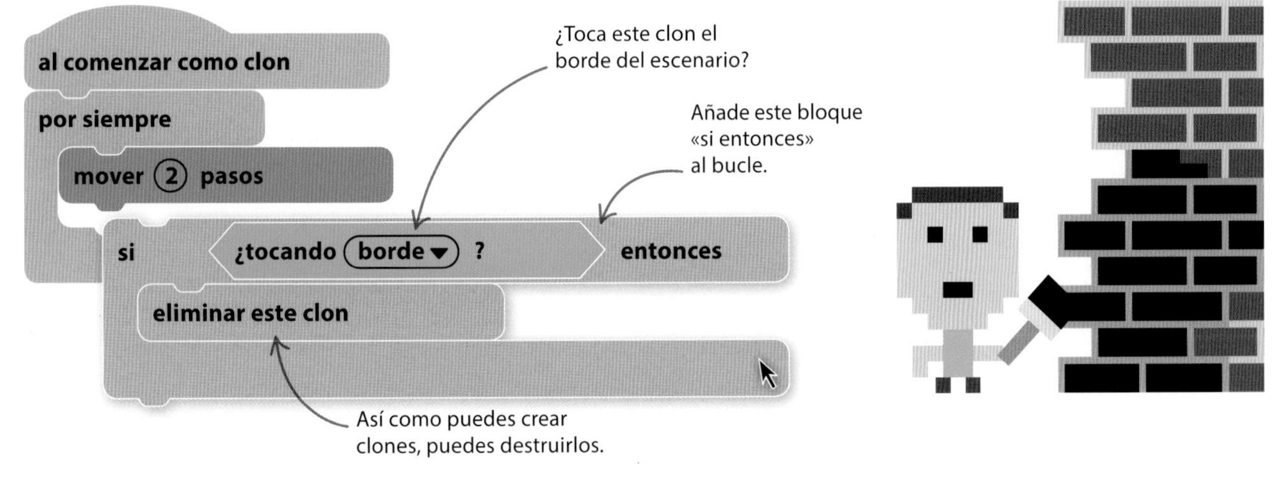

6 Para que la espiral se vea mejor, añade un sencillo fondo. Clica el símbolo («Pinta») del menú de fondos, a la derecha de la lista de objetos, para crear un nuevo fondo. Usa la herramienta Rellenar para pintarlo de negro.

Tomar el control

Hay dos números en el código de la bola que puedes cambiar para alterar la apariencia de la espiral. Uno es el ángulo antes de la aparición de cada clon. El otro es el número de pasos del bloque «mover», que determina la velocidad de los clones. Si creas variables para estos números, Scratch te permite añadir un deslizador en el escenario, para que puedas controlarlos mientras se ejecuta el proyecto. Esto facilita la experimentación.

7 Selecciona el objeto de la bola en la lista. Escoge Variables en la paleta de bloques y utiliza el botón «Crea una variable» para crear dos: «Ángulo» y «Velocidad».

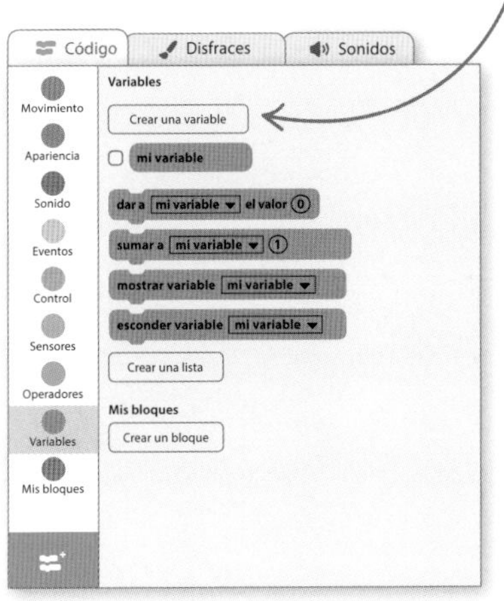

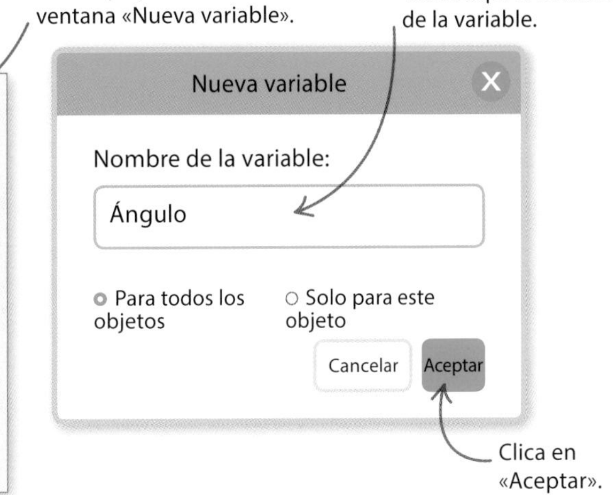

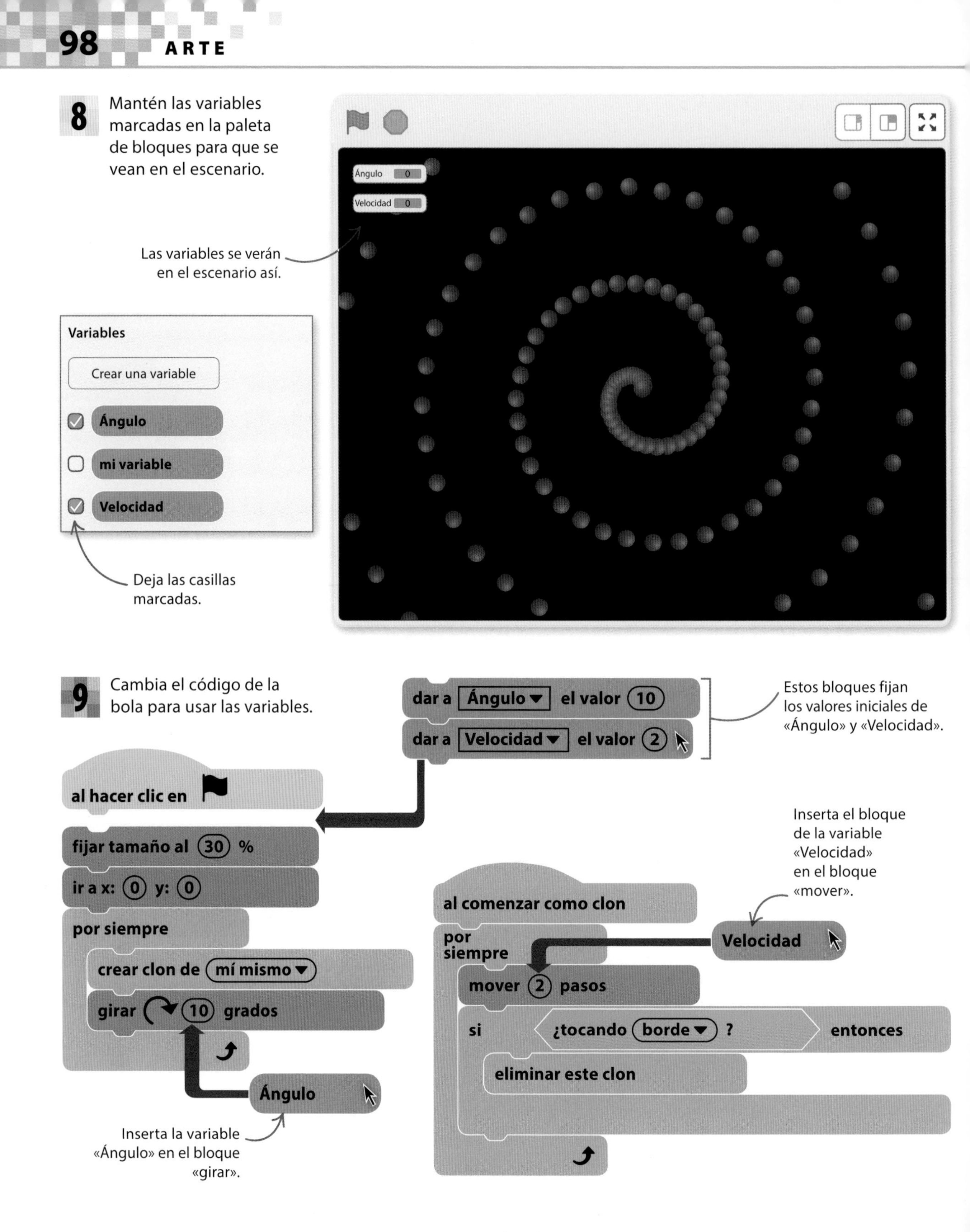
8
Mantén las variables marcadas en la paleta de bloques para que se vean en el escenario.
Ángulo 0
Velocidad 0
Las variables se verán en el escenario así.
Variables
Crear una variable
Ángulo
mi variable
Velocidad
Deja las casillas marcadas.
9
Cambia el código de la bola para usar las variables.
dar a Ángulo el valor 10
dar a Velocidad el valor 2
Estos bloques fijan los valores iniciales de «Ángulo» y «Velocidad».
al hacer clic en
fijar tamaño al 30 %
ir a x: 0 y: 0
por siempre
crear clon de mí mismo
girar 10 grados
Ángulo
Inserta la variable «Ángulo» en el bloque «girar».
Inserta el bloque de la variable «Velocidad» en el bloque «mover».
al comenzar como clon
por siempre
Velocidad
mover 2 pasos
si ¿tocando borde ? entonces
eliminar este clon

10 Ejecuta el proyecto: todo debería funcionar como antes. Haz clic con el botón derecho en la variable «Ángulo» del escenario y selecciona «deslizador». Haz lo mismo con «Velocidad».

Ángulo 10

Velocidad 2

tamaño normal

tamaño grande

deslizador

11 Ambas variables tienen un deslizador. Este te permite cambiar al instante los valores almacenados en ellas. Ejecuta el proyecto y ve moviendo los deslizadores. Los patrones de los clones de la bola cambiarán de inmediato.

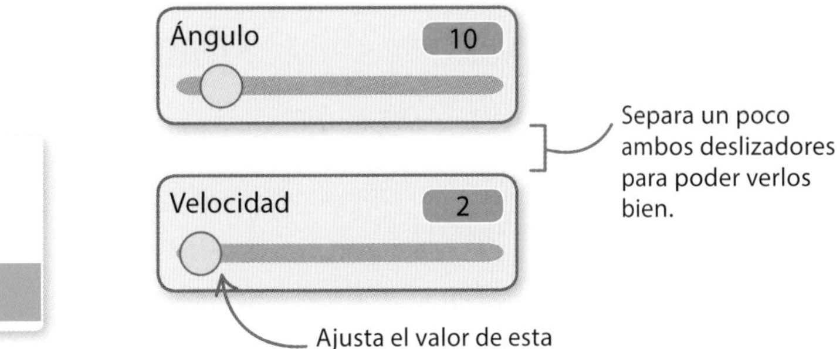

12 Ahora experimenta con distintos valores.

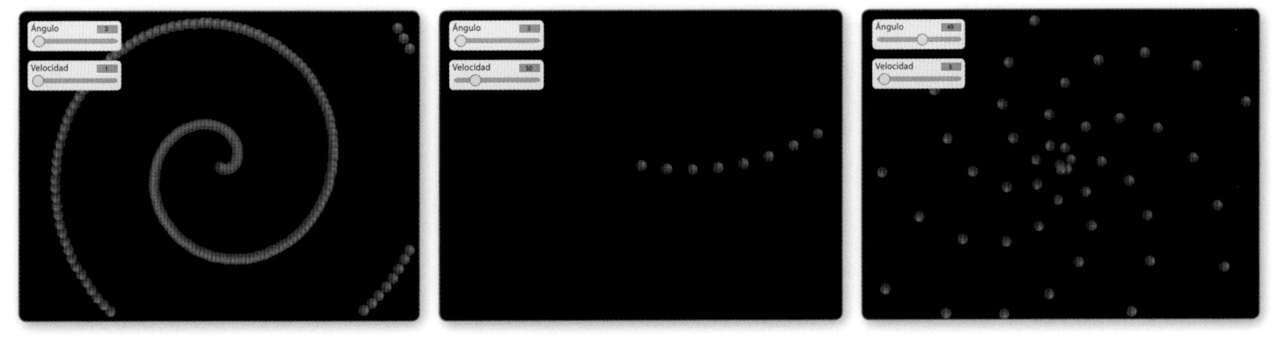

Ángulo 3, Velocidad 1 **Ángulo 3, Velocidad 30** **Ángulo 49, Velocidad 5**

13 Te será útil limpiar el escenario de clones cada cierto tiempo. Este código convertirá la barra espaciadora en un eliminador de clones. Estos ejecutan todos los códigos del objeto excepto el encabezado de la bandera verde, así que este código afectará a todos los clones. Ejecuta y pulsa la barra espaciadora para ver si funciona.

El poderoso lápiz

Scratch tiene extensiones: bloques de código extra que añadir a los proyectos. Una de estas extensiones es un Lápiz mágico. Si lo activa dibujará una línea allá por donde vaya el objeto. Todo clon posee también un lápiz, y al activarlo puedes crear obras sorprendentes.

14 Para añadir los bloques Lápiz clica en «Añadir extensión», en el extremo inferior de la pantalla, y escoge Lápiz. Añade estos bloques verdes para activar el lápiz en los clones.

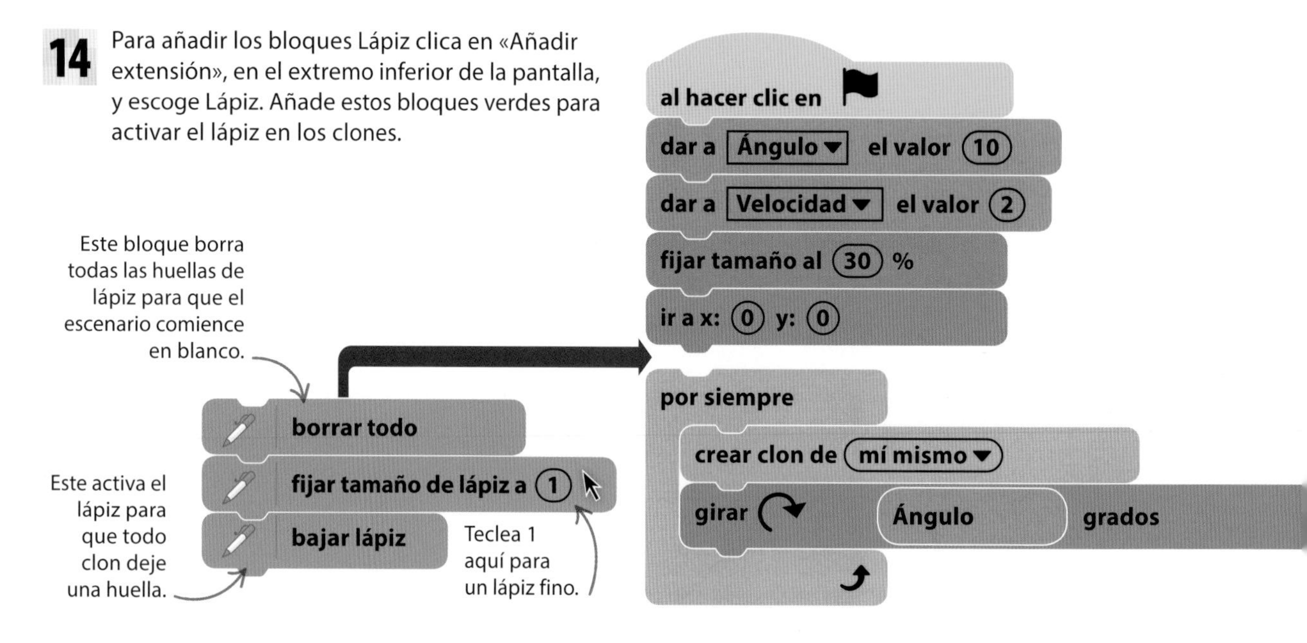

15 Ejecuta el proyecto y verás un bello espectáculo. Usa los deslizadores para probar con distintos números. Los números impares funcionan bien con Ángulo (prueba siete u once) porque el patrón cambia un poco cada vez, llenando el espacio y creando interesantes efectos.

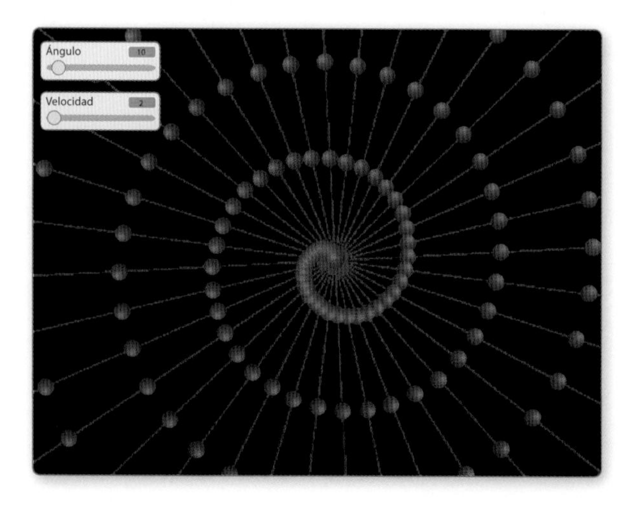

Cuando se dibujan muchas líneas muy cerca unas de otras las imperfecciones se alinean y crean extraños remolinos, los «patrones de muaré».

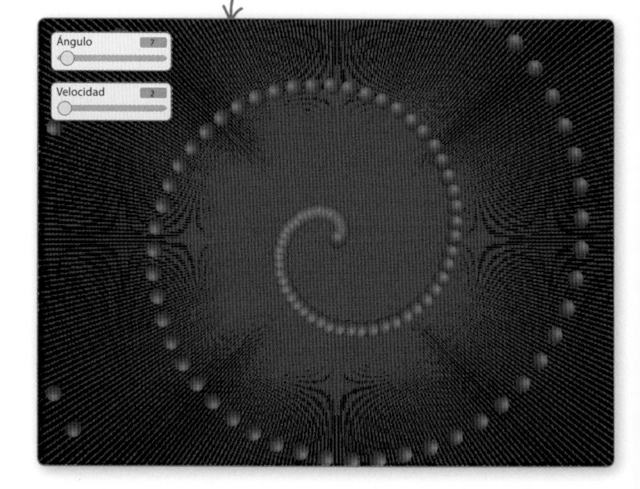

16 Añade un bloque «borrar todo» a tu código destructor de clones. Hará que la barra espaciadora limpie el escenario y deje un nuevo lienzo en blanco para tu arte.

17 Como experimento final, cambia el color del lápiz de cada clon: que cada uno dibuje en un color diferente.

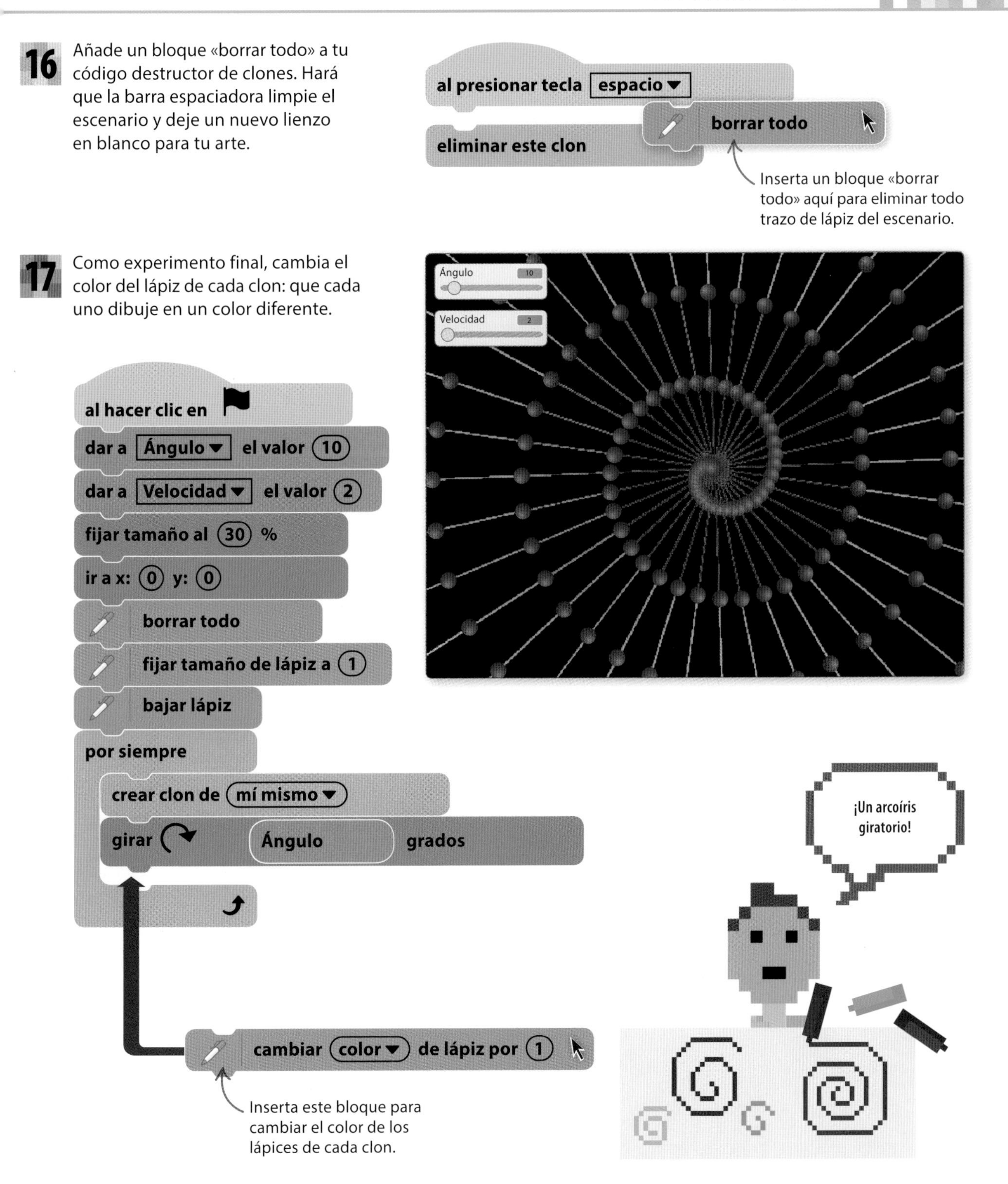

18 Ejecuta el proyecto y explora la gama de efectos que puedes crear cambiando los deslizadores, el tamaño del lápiz y el color del mismo. Usa lápices más gruesos. No olvides que puedes limpiar todo pulsando la barra espaciadora.

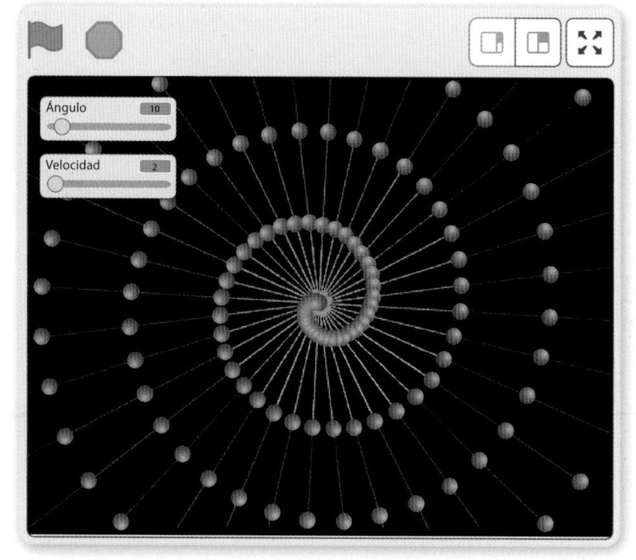

Tamaño de lápiz = 1; Ángulo = 10; Velocidad = 2

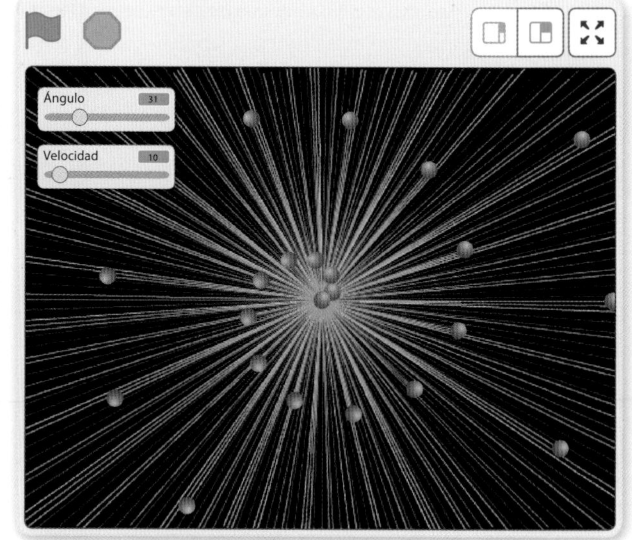

Tamaño de lápiz = 1; Ángulo = 31; Velocidad = 10

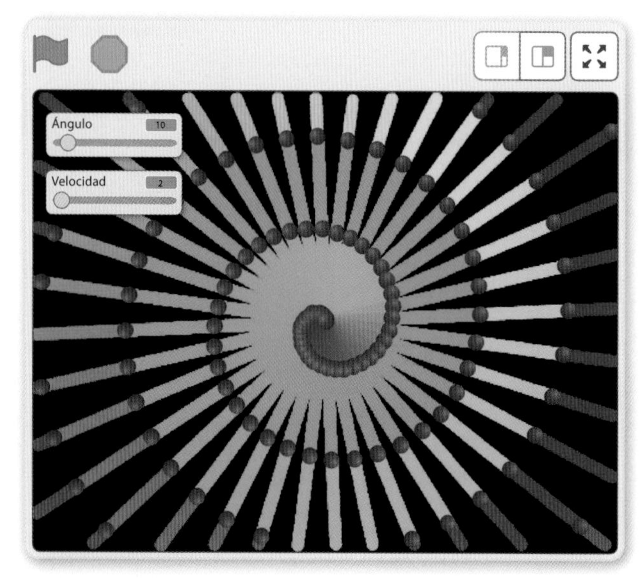

Tamaño de lápiz = 10; Ángulo = 10; Velocidad = 2

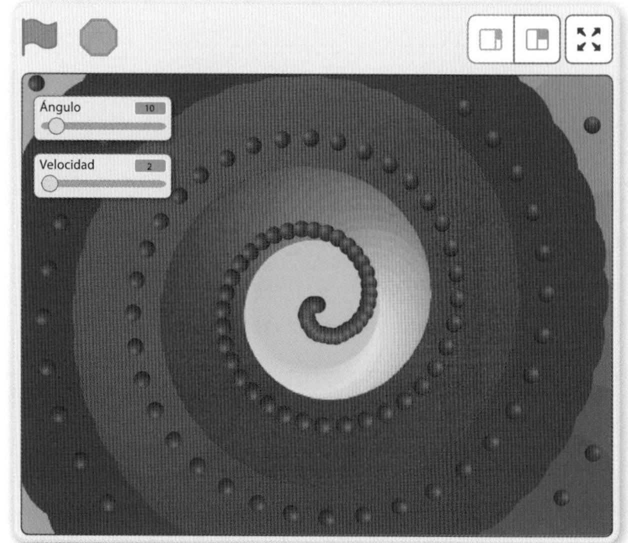

Tamaño de lápiz = 100; Ángulo = 10; Velocidad = 2

Trucos y mejoras

El generador de espirales es ideal para su personalización. Aquí te sugerimos algunos cambios, pero no temas experimentar con el código y probar tus propias ideas. Incluso puedes adaptar el proyecto para crear un juego en el que el objeto del jugador tenga que esquivar las bolas.

▷ Control de color

Crea una nueva variable, «CambiarLápiz», con su propio deslizador (paso 10) para la velocidad a la que las líneas cambian de color. Inserta el bloque de la nueva variable en el bloque «cambiar color de lápiz». Haz clic con el botón derecho en el deslizador para fijar el rango. (Si das al deslizador «ángulo» un mínimo negativo, puedes invertir la dirección de giro).

CambiarLápiz 0

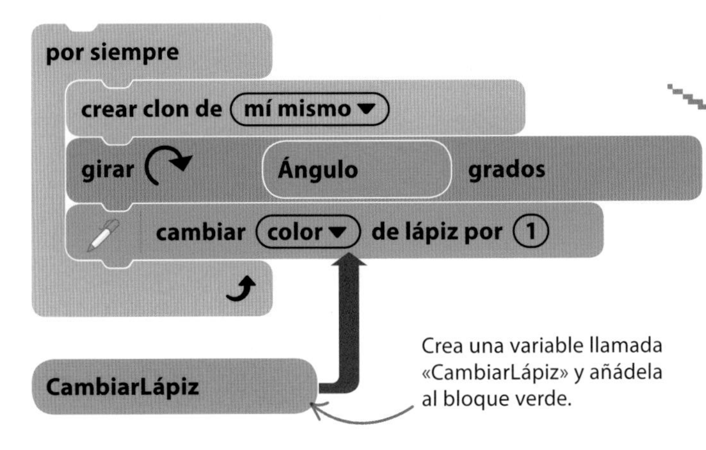

Crea una variable llamada «CambiarLápiz» y añádela al bloque verde.

▷ Favoritos

Puedes crear atajos con el teclado para que las variables de la espiral se adecuen a tus patrones preferidos. Luego solo has de pulsar el atajo del teclado para mostrar a la gente tus creaciones favoritas.

Cuando halles una espiral que te encante, copia los números de los deslizadores para crear atajos.

```
al presionar tecla 1
dar a Ángulo el valor 7
dar a Velocidad el valor 10
```

```
al presionar tecla 2
dar a Ángulo el valor 2
dar a Velocidad el valor 1
```

▽ Conviértelo en arte

Añade estos bloques para ocultar las bolas y deslizadores pulsando la tecla flecha abajo y recuperarlos con la tecla flecha arriba. Puedes guardar la imagen como un archivo haciendo clic con el botón derecho sobre el escenario.

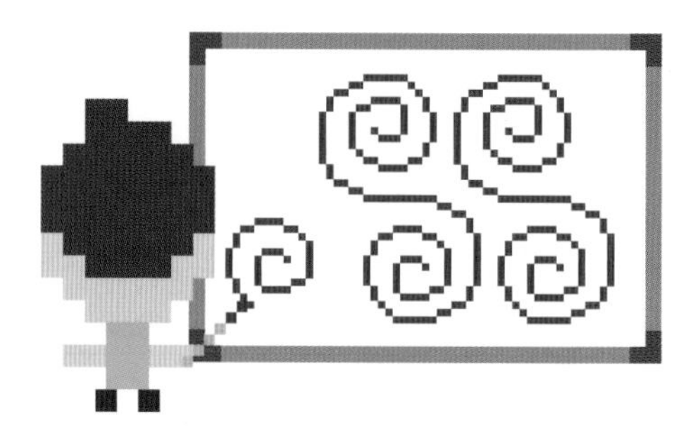

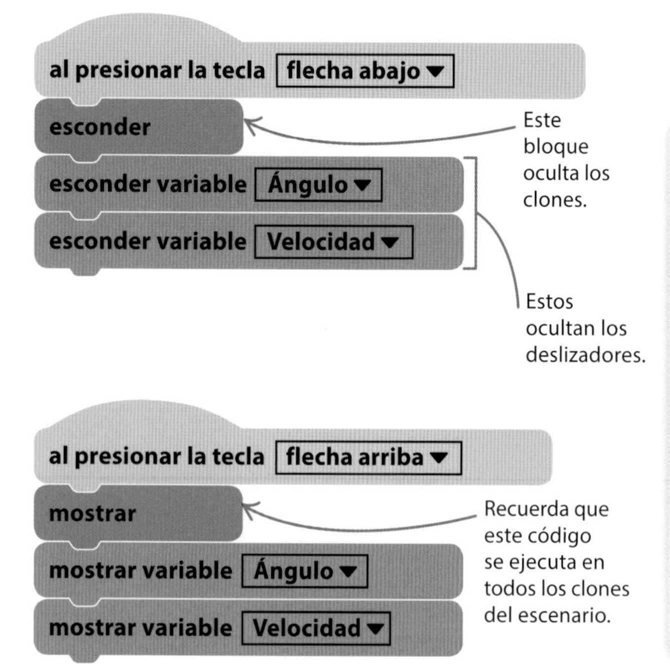

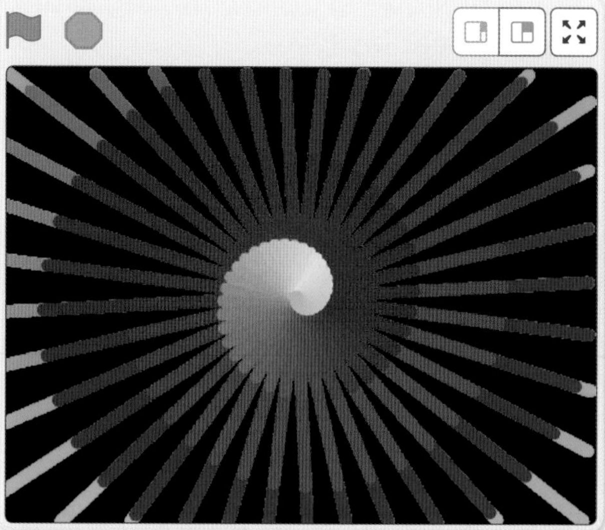

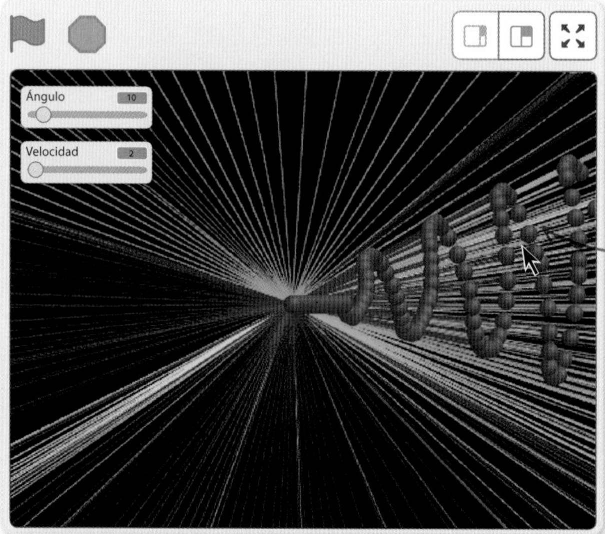

◁ Control de bola

En lugar de generar clones según un patrón en espiral, puedes hacerles seguir el puntero del ratón. Tan solo sustituye el bloque «girar» por un bloque «apuntar hacia puntero del ratón». Ahora intenta pintar con el ratón.

Los clones surgen del centro hacia el puntero.

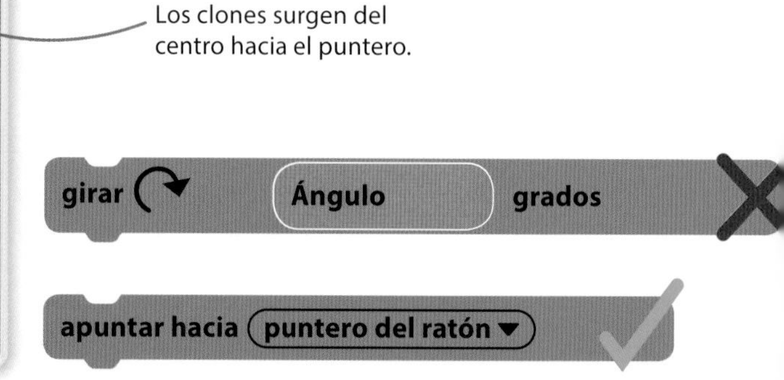

▷ **Puesta de sol**

Puedes arrastrar el objeto original de la bola a cualquier parte del escenario y pulsar la barra espaciadora para limpiar el antiguo patrón. Intenta crear un patrón de puesta de sol artificial. Pista: necesitas un tamaño de lápiz de 1 y la variable «Ángulo» fijada a 7. No olvides que en el código hay un bloque «ir a» que reiniciará la posición cada vez que se ejecute el proyecto: o quitas el bloque o cambias las coordenadas cuando halles una buena posición para el sol. Incluso puedes añadir otra bola amarilla, a pleno tamaño, como sol.

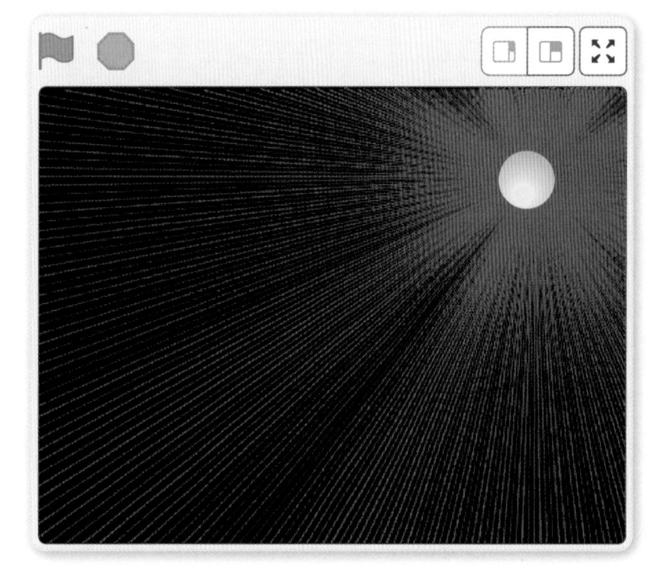

PRUEBA ESTO

Laboratorio de clones

Experimenta con clones para aprender cómo funcionan. Comienza un nuevo proyecto y añade un bucle de creación de clones al gato; añade un sencillo código a los clones para comenzar. Experimenta con un bloque «bajar lápiz» o coloca números al azar en un bloque «ir a x: y:» para ver efectos realmente alocados. Puedes añadir controles por teclado y efectos sonoros solo por diversión. Una vez domines los clones verás que puedes hacer todo tipo de cosas en Scratch que te sería imposible hacer sin ellos.

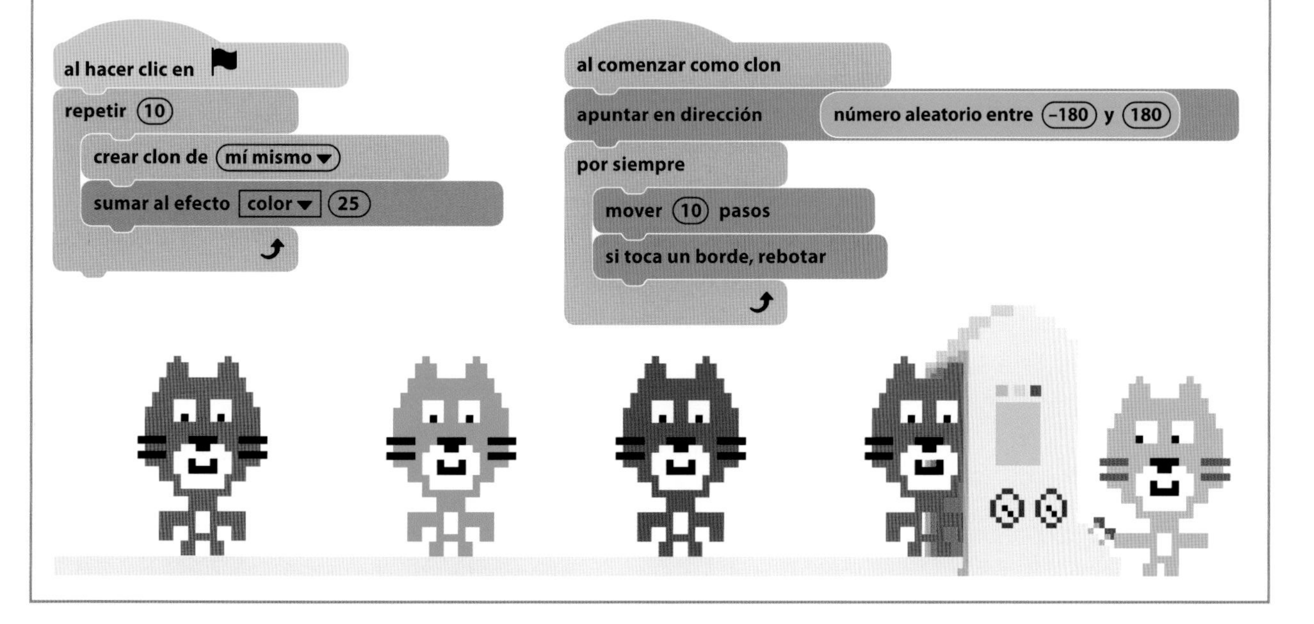

Flores fantásticas

Crea una pradera virtual y llénala de flores de colores. En este proyecto aprenderás a crear tus bloques de Scratch personalizados. Cuando uno de ellos se ejecute, activará un código especial, llamado subrutina, para pintar una flor.

Haz clic en la bandera verde para iniciar el proyecto.

Cómo funciona

Cuando ejecutas el proyecto aparece una flor allá donde clicas con el ratón. Scratch usa un sencillo objeto de una bola y el bloque «sellar» para dibujar las flores. La bola sella una imagen de sí misma para crear los pétalos, moviéndose adelante y atrás desde el centro.

dibujar flor

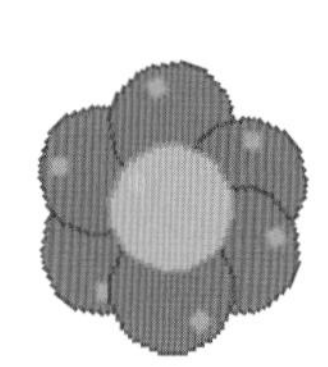

△ Subrutinas

Scratch te permite crear tus bloques personalizados para activar código que ya has construido. En lugar de ensamblar ese código cada vez que lo necesitas, usas el nuevo bloque. Los programadores emplean este truco continuamente y llaman al programa reutilizado «subrutina».

dibujar flor con (4) pétalos

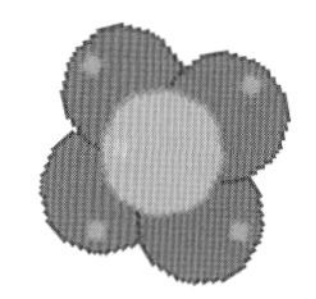

△ Añadir entradas

Puedes crear bloques con ventanas para indicar números u otra información, como el que ves aquí, que te deja elegir la cantidad de pétalos.

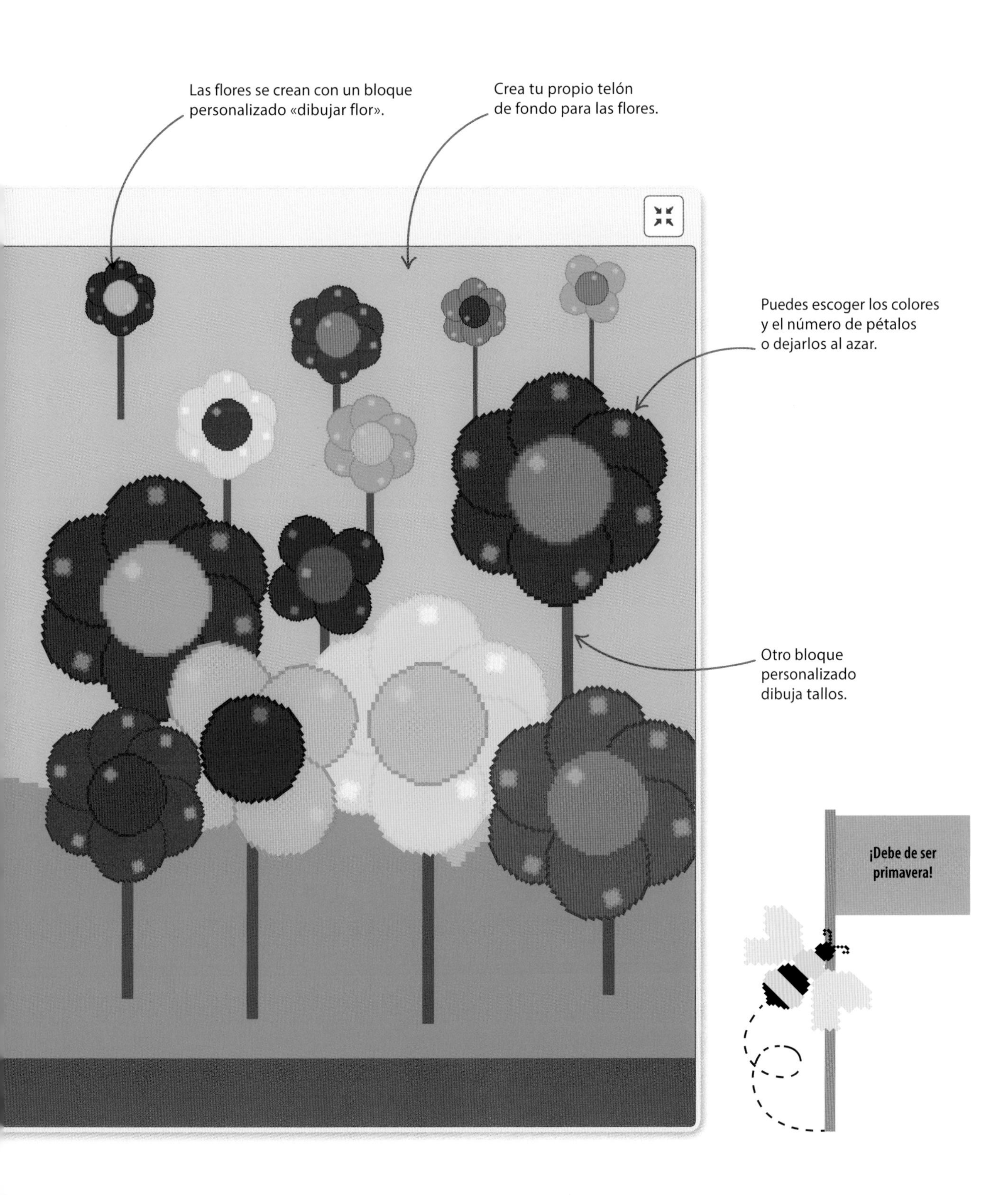
Las flores se crean con un bloque personalizado «dibujar flor».
Crea tu propio telón de fondo para las flores.
Puedes escoger los colores y el número de pétalos o dejarlos al azar.
Otro bloque personalizado dibuja tallos.
¡Debe de ser primavera!

Haz una flor

Sigue estos pasos y ensambla código que cree una flor al hacer clic en el escenario. Cuando funcione podrás reutilizar el código para crear un bloque especial de dibujo de flores.

1 Comienza un nuevo proyecto. Retira el objeto del gato: haz clic con el botón derecho sobre él y selecciona «borrar». Clica en el símbolo de objeto y carga el objeto Ball desde la biblioteca. La bola es el elemento básico para crear las flores.

2 Construye y ejecuta este código para dibujar una sencilla flor con cinco pétalos. El bucle se ejecuta cinco veces y dibuja un anillo de pétalos centrado en la posición inicial del objeto. Cada pétalo es un «sello» del objeto de la bola. Recuerda, has de añadir la extensión Lápiz con el botón «Añadir extensión», abajo a la izquierda.

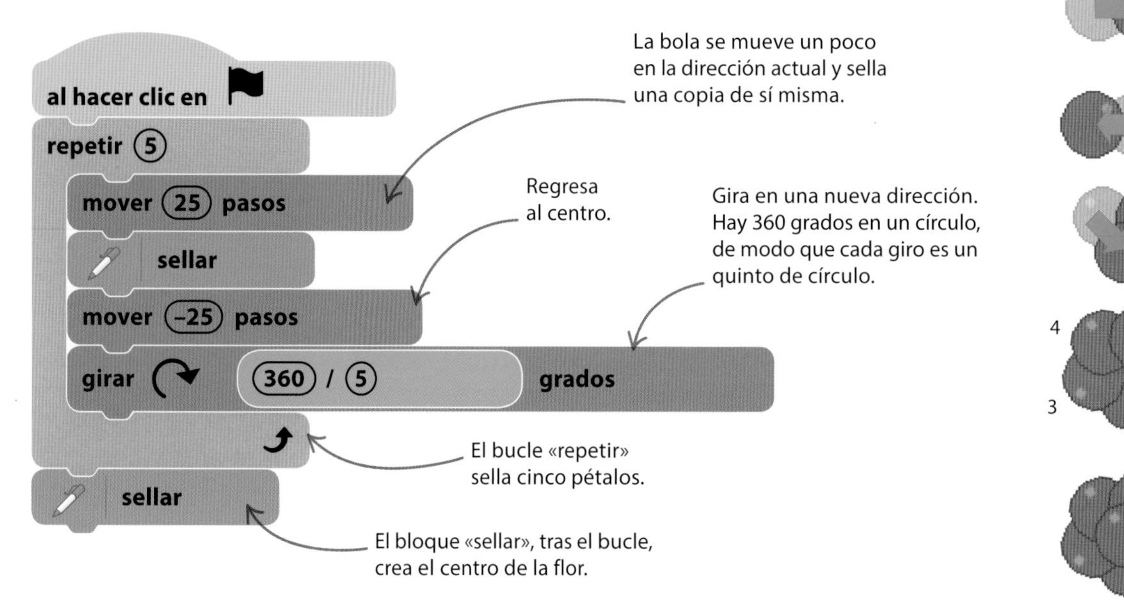

CONSEJO DE EXPERTO

Matemáticas

Los ordenadores son muy buenos en matemáticas. Puedes usar los bloques de Operadores (verdes) para realizar sumas sencillas. Para cálculos más complejos también puedes poner bloques de Operadores unos dentro de otros o combinarlos con otros bloques. Si pones unos dentro de otros, el ordenador los lee de los más internos a los más externos, como si los de dentro estuvieran entre corchetes.

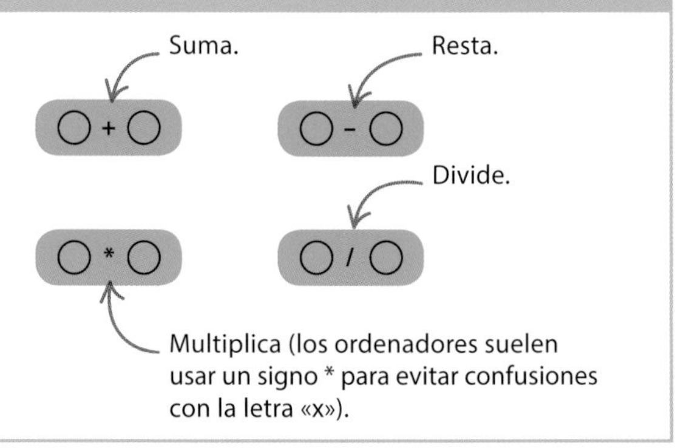

Más bloques

El siguiente paso es convertir el código para dibujar flores en un bloque. Luego puedes usar este bloque para hacer crecer flores donde quieras.

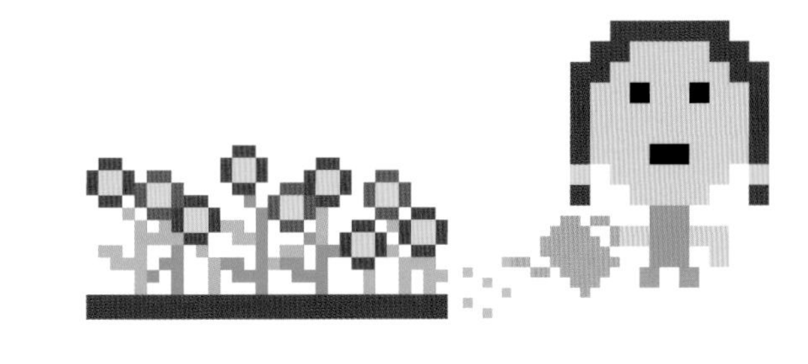

Escribe el nombre del nuevo bloque aquí.

3 Para crear un nuevo bloque, selecciona Mis bloques, en la paleta, y clica en «Crear un bloque». Se abrirá una ventana. Teclea el nombre de tu nuevo bloque: «dibujar flor».

Crear un bloque

dibujar flor

Añadir una entrada
número o texto

Añadir una entrada
lógica

text
Añadir una etiqueta

Ejecutar al instante

Cancelar Aceptar

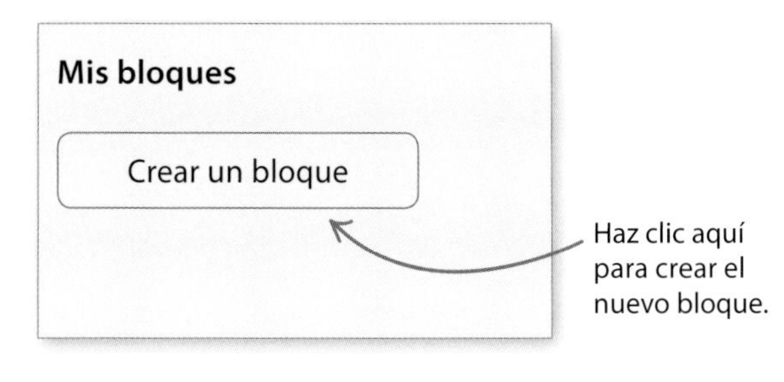

4 Cuando hayas hecho clic en «aceptar» verás el nuevo bloque bajo Mis bloques. Antes de usarlo tendrás que crear el código que lo active (o lo «llame», en jerga de programador).

Crear un bloque

dibujar flor

5 En la zona de código verás un nuevo bloque de encabezado, «definir», con el nombre del bloque que acabas de crear. Arrastra el código de la flor bajo este encabezado. Cada vez que se ejecute «dibujar flor» se ejecutará este código.

definir dibujar flor

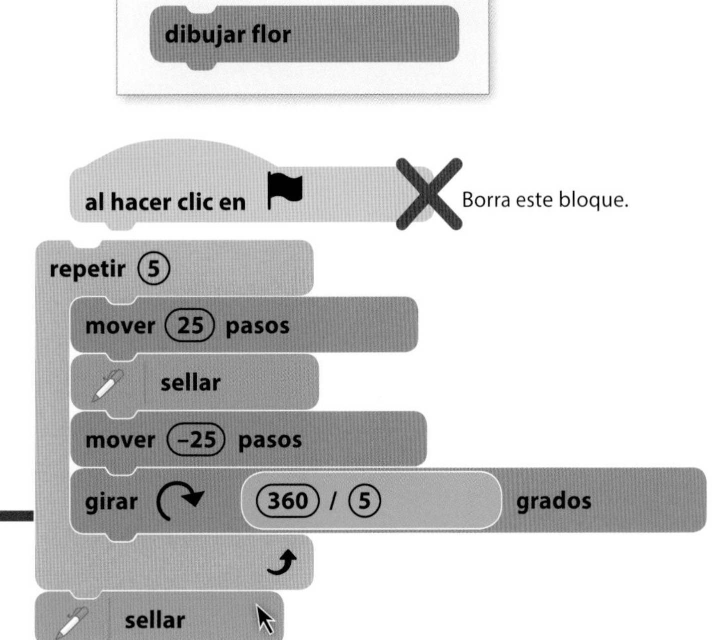

Arrastra el código bajo el encabezado «definir».

6 Ahora ensambla nuevo código con el bloque «dibujar flor». Cuando lo ejecutes podrás dibujar flores con solo un clic del ratón.

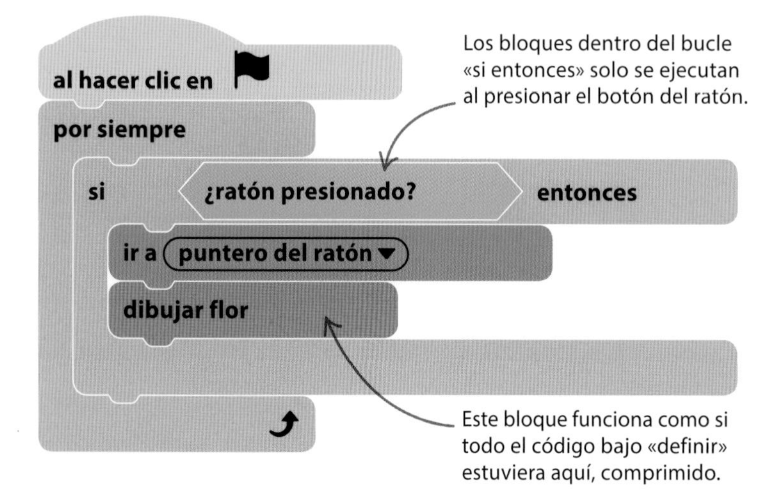

7 Ejecuta el proyecto y haz clic por el escenario para crear un montón de flores.

Allá donde cliques el ratón aparecerá una flor.

8 El escenario pronto se llenará. Crea un código para limpiar las flores pulsando la barra espaciadora.

al presionar la tecla espacio
borrar todo

Esto borra las imágenes selladas en el telón, pero no el objeto original.

CONSEJO DE EXPERTO

Subrutinas

Los buenos programadores descomponen sus programas en trozos fáciles de comprender. El código que hace algo útil y que quieres reutilizar en el programa se pasa a una «subrutina» y se le da un nombre. Cuando el programa principal ejecuta o «llama» una subrutina, es como si el código de la subrutina se insertase en ese punto. Usar subrutinas acorta los programas, los hace comprensibles y más fáciles de alterar. Pon siempre nombres útiles a tus bloques personalizados, que describan lo que hacen.

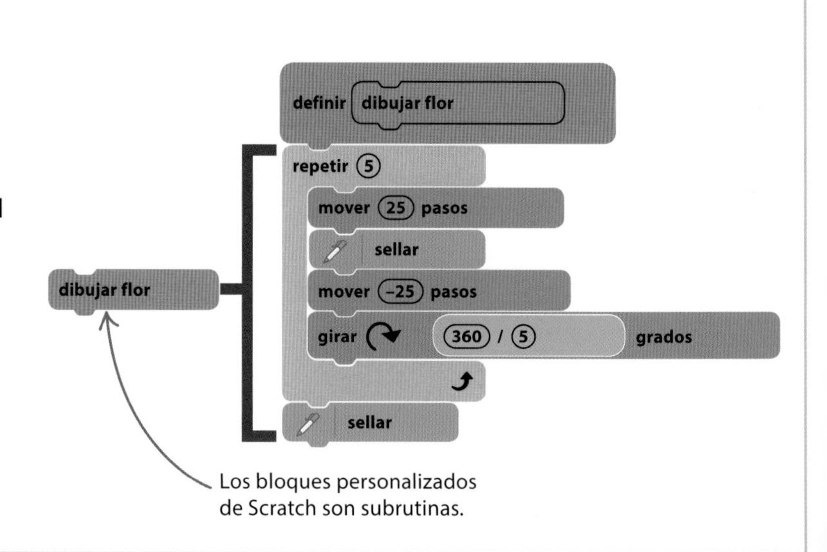

Pintar con números

Si hubieras querido un montón de flores iguales, habrías dibujado un objeto de una flor. El poder de los bloques personalizados llega cuando les añades entradas para que cambien lo que hacen. Para crear flores con un número de pétalos y colores diferentes puedes añadir ventanas de entrada al bloque «dibujar flor».

9 Para añadir una ventana de entrada que controle el número de pétalos, haz clic con el botón derecho (o clica con control + mayúsculas presionados) en el encabezado «definir» y escoge «Editar».

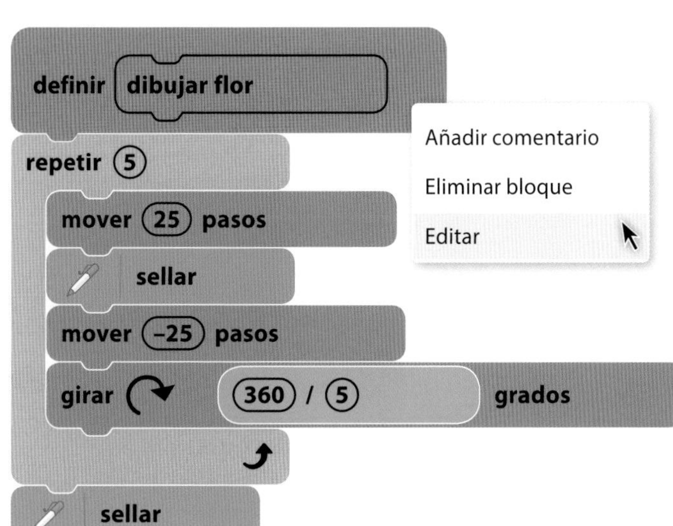

10 Se abrirá una ventana. Selecciona «Añadir una entrada número o texto».

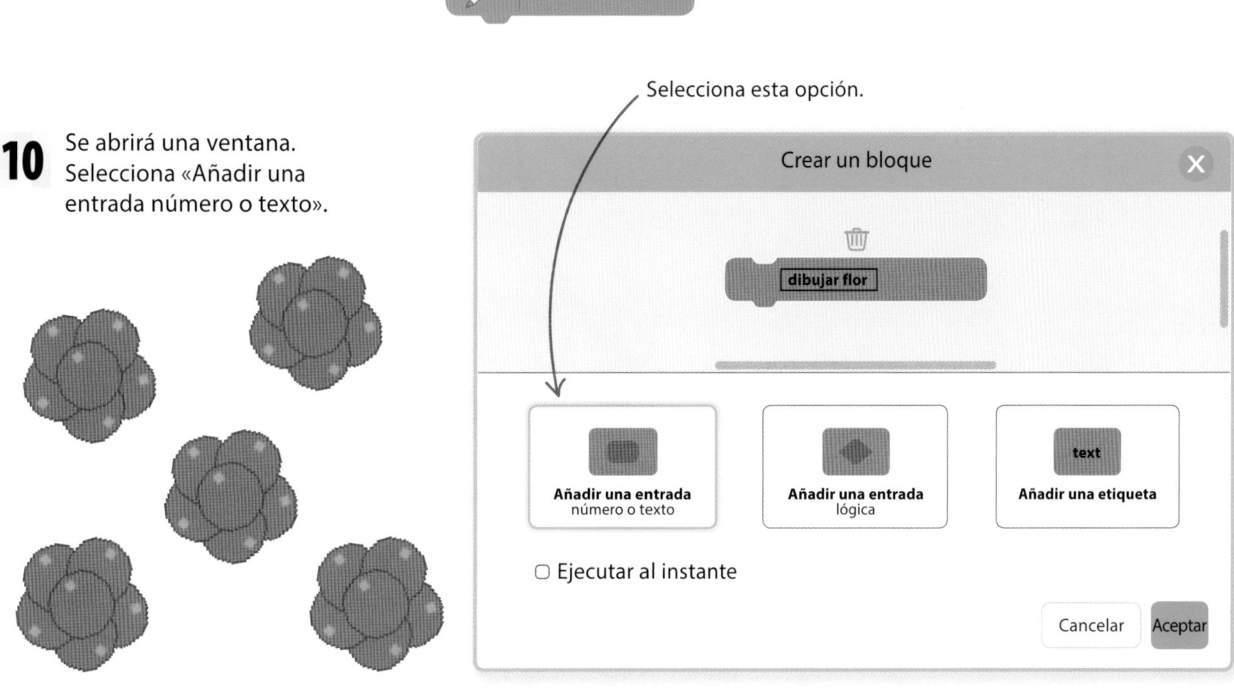

Ahora se abre una ventana de entrada en el bloque. Teclea «número de pétalos» en esta ventana y haz clic en «Aceptar».

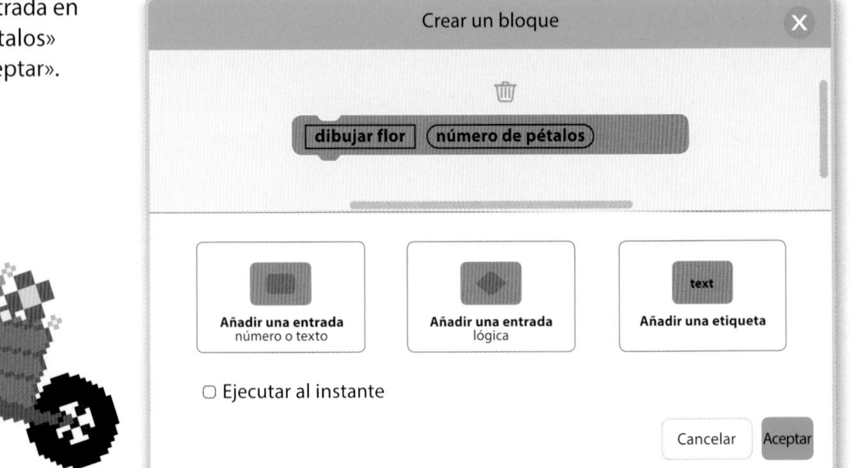

Ahora verás un bloque «número de pétalos» en el encabezado. Puedes arrastrar copias de este (sacándolas del encabezado) y dejarlas caer en el código. Arrastra copias dentro de los bloques «repetir» y «girar» donde el número de pétalos (5) se menciona.

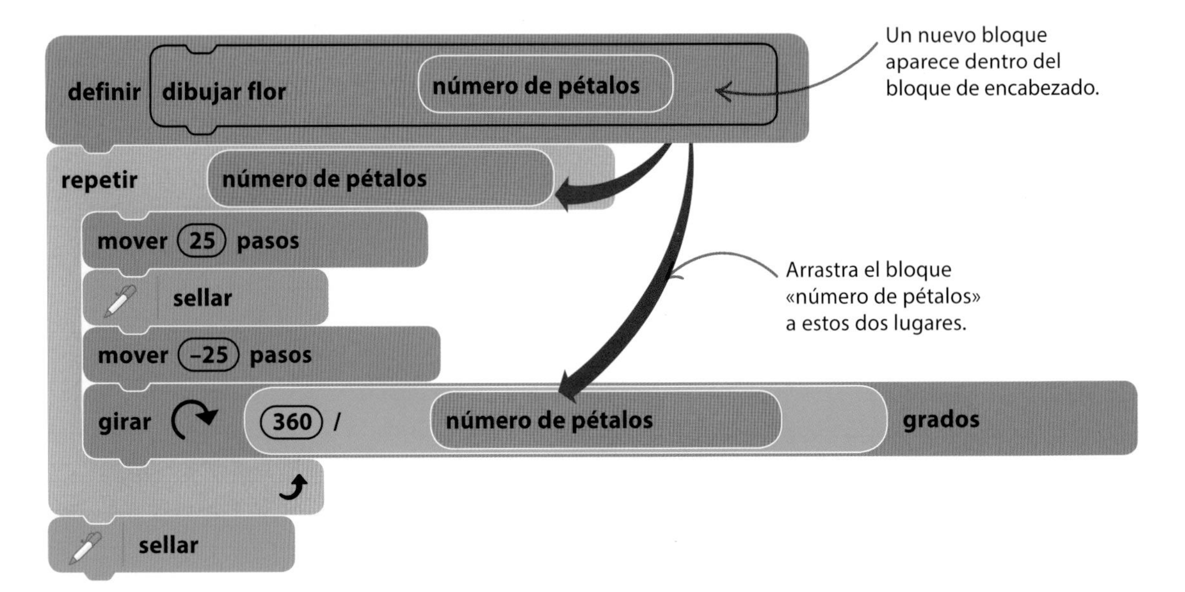

13 Mira el bloque «dibujar flor» de tu código y verás que ha aparecido una ventana de entrada. El número que teclees aquí se empleará en el código «definir» cada vez que aparezca «número de pétalos». Teclea el número 7.

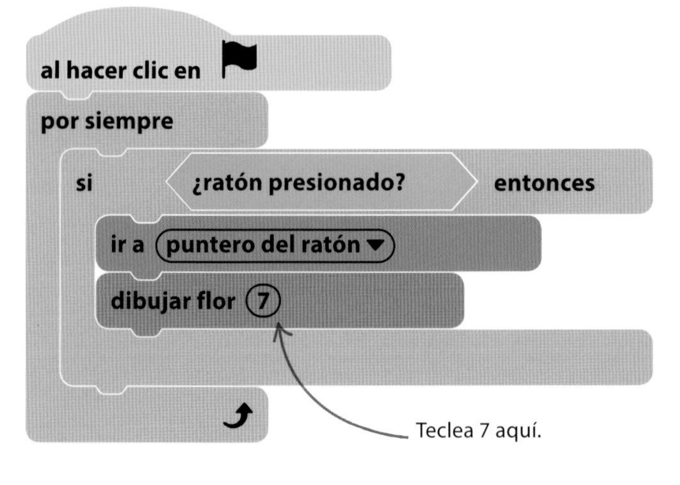

14 Ejecuta el proyecto y clica en el escenario. Tus flores deberían tener siete pétalos. No olvides que puedes limpiar el escenario con la barra espaciadora.

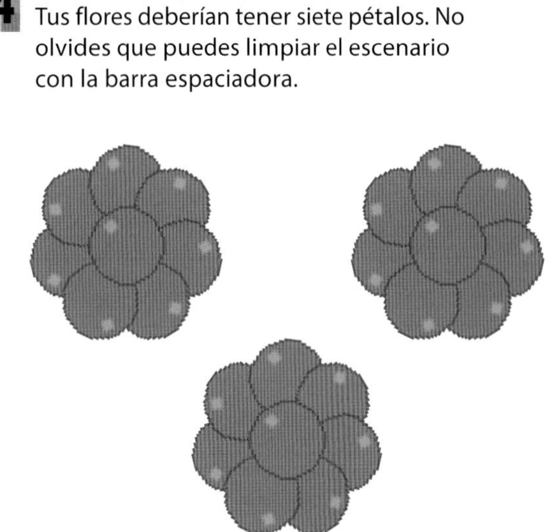

15 Para dar más variedad, inserta un bloque «número aleatorio» en el bloque «dibujar flor», en lugar de teclear el número de pétalos. Vuelve a probar.

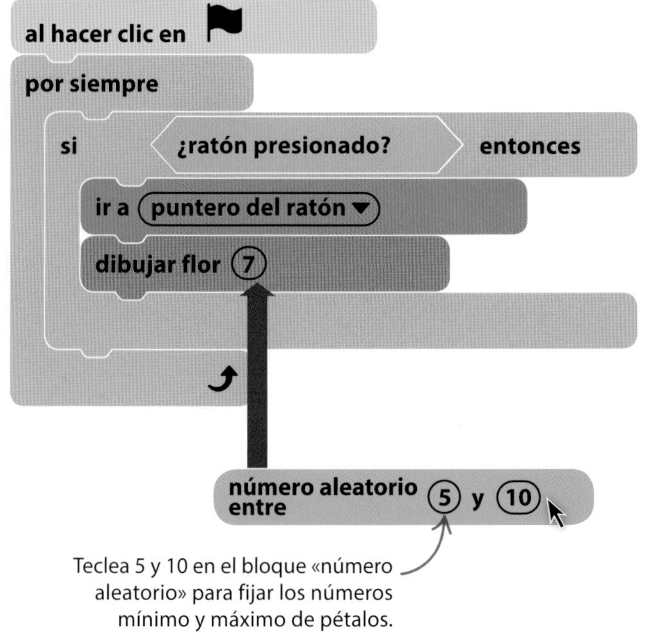

16 Añade entradas extra para el color de los pétalos y el del centro de la flor. Haz clic con el botón derecho en el bloque «definir», elige «Editar» y añade dos entradas de número llamadas «color pétalos» y «color centro».

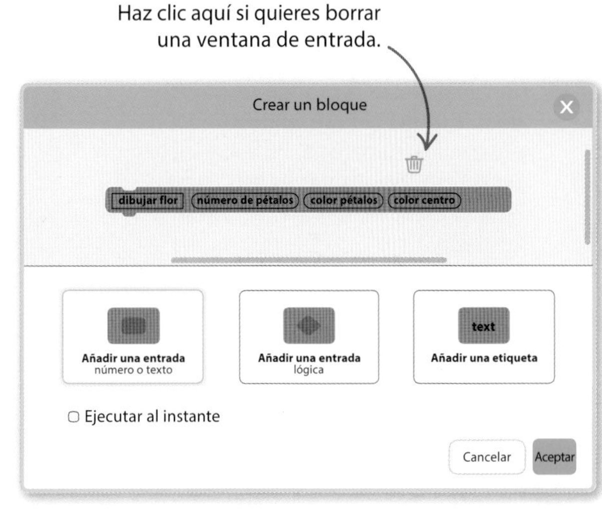

17 Añade dos bloques nuevos para fijar los colores de los pétalos y del centro. Arrastra los bloques correctos al código desde el encabezado.

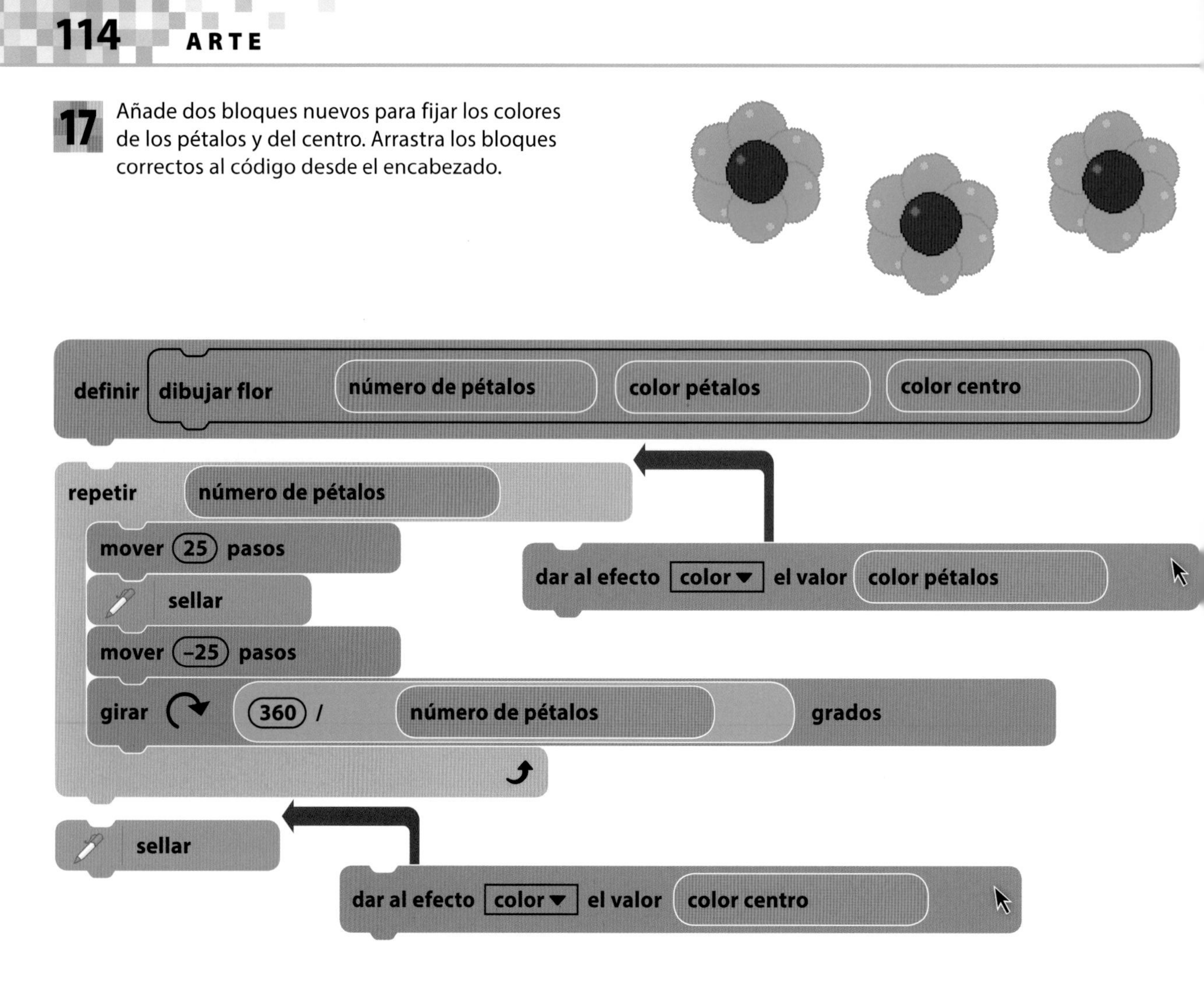

18 Añade un bloque «borrar todo» al código principal. Retira el bloque «número aleatorio» del bloque «dibujar flor» y teclea los números 6, 70 y 100 en él para crear flores azules de seis pétalos. Ejecuta el proyecto para ver cómo funciona.

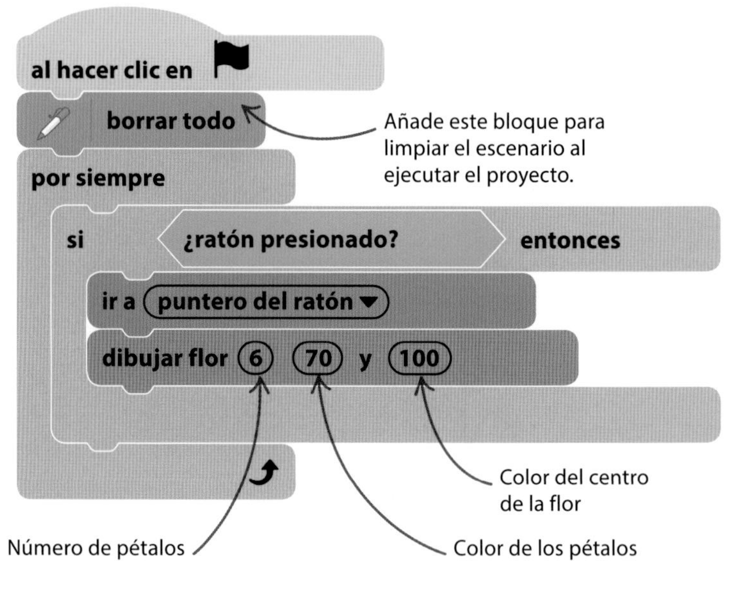

19 Puedes hacer que tus flores sean diferentes mediante números aleatorios para cada entrada del bloque «dibujar flor».

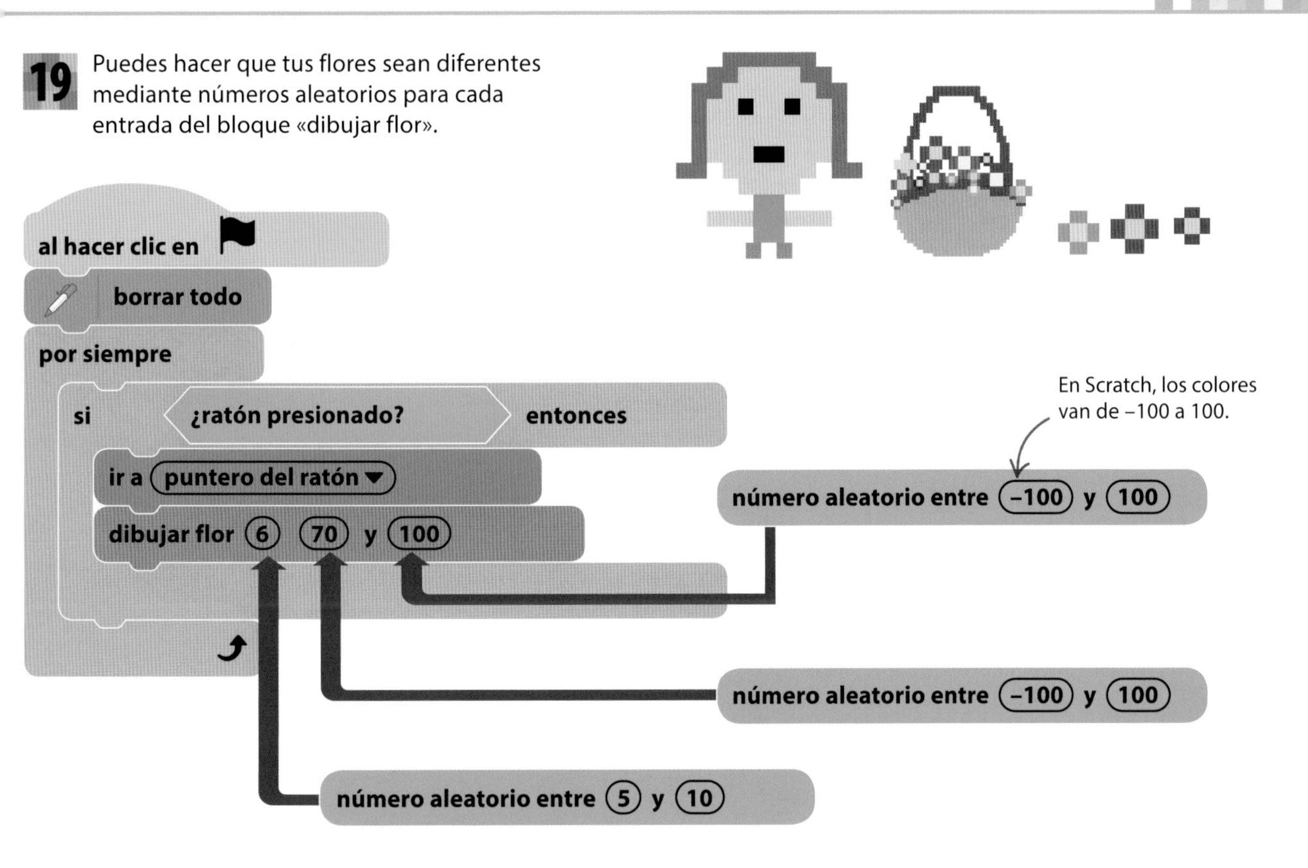

20 Ejecuta el proyecto y clica por el escenario para crear un jardín de flores. Recuerda pulsar la barra espaciadora para limpiar el escenario.

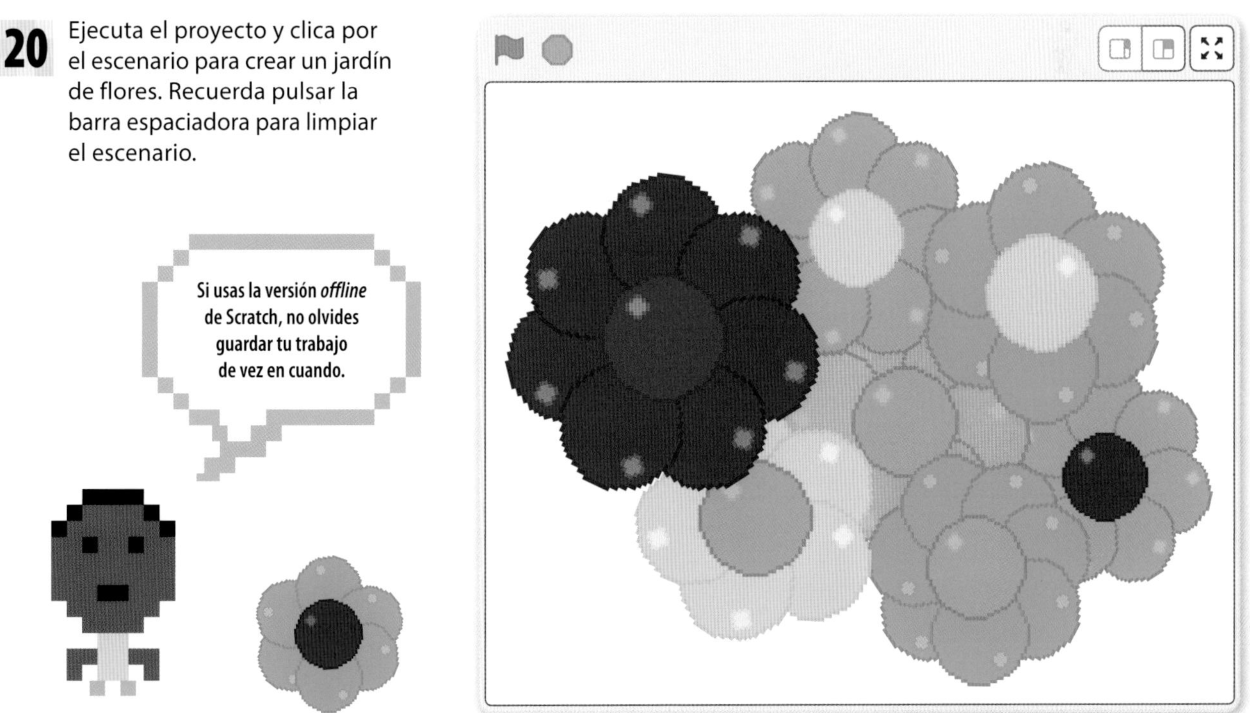

Tallos de flores

Las flores de verdad crecen en tallos. Sigue estos pasos para dar tallos a tus flores virtuales y hacerlas más realistas. Emplear bloques personalizados facilita leer el código, pues siempre sabes qué está sucediendo.

21 Escoge Mis bloques en la paleta y haz clic en «Crear un bloque». Llámalo «dibujar tallo». Cuando hayas tecleado el nombre del bloque añade entradas de números para la longitud y grosor del tallo. Luego haz clic en «Aceptar».

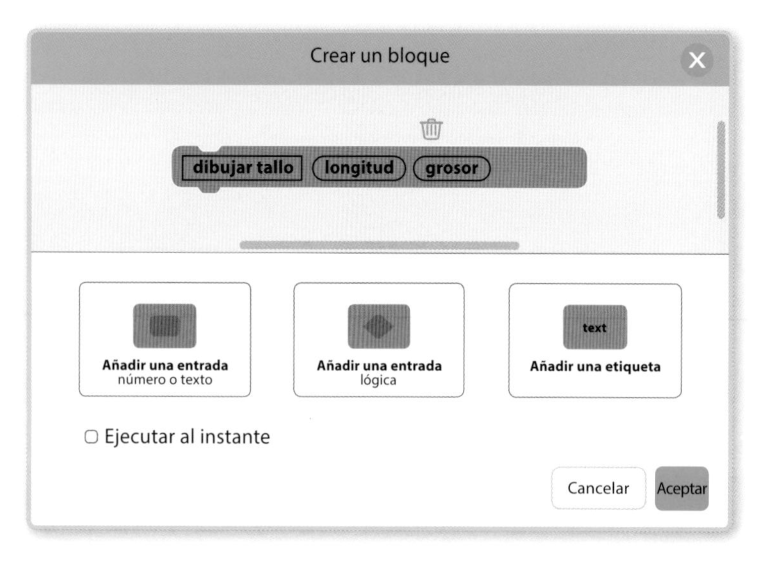

22 Ensambla este código bajo el bloque de encabezado «definir». Arrastra los bloques «longitud» y «grosor» desde el encabezado a sus lugares en el código.

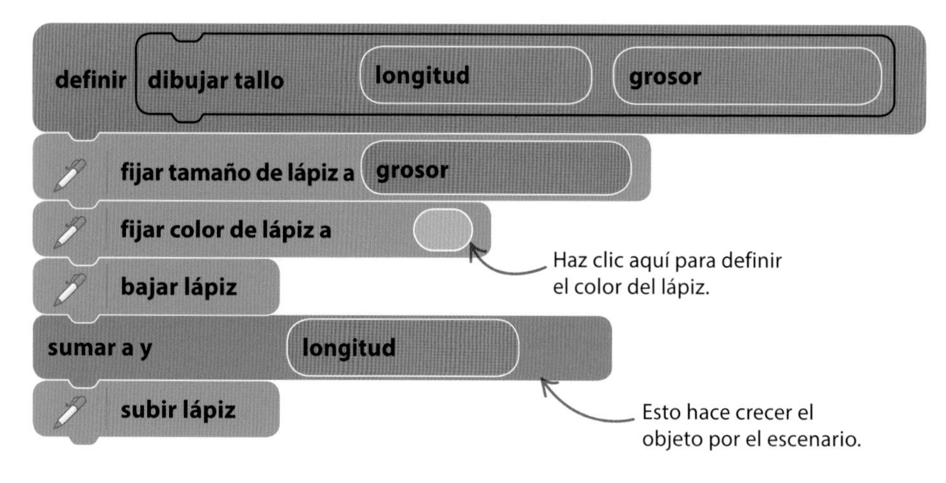

23 Añade el bloque «dibujar tallo» al código principal. Rellena los números para fijar la longitud del tallo en 100 y su grosor en 5.

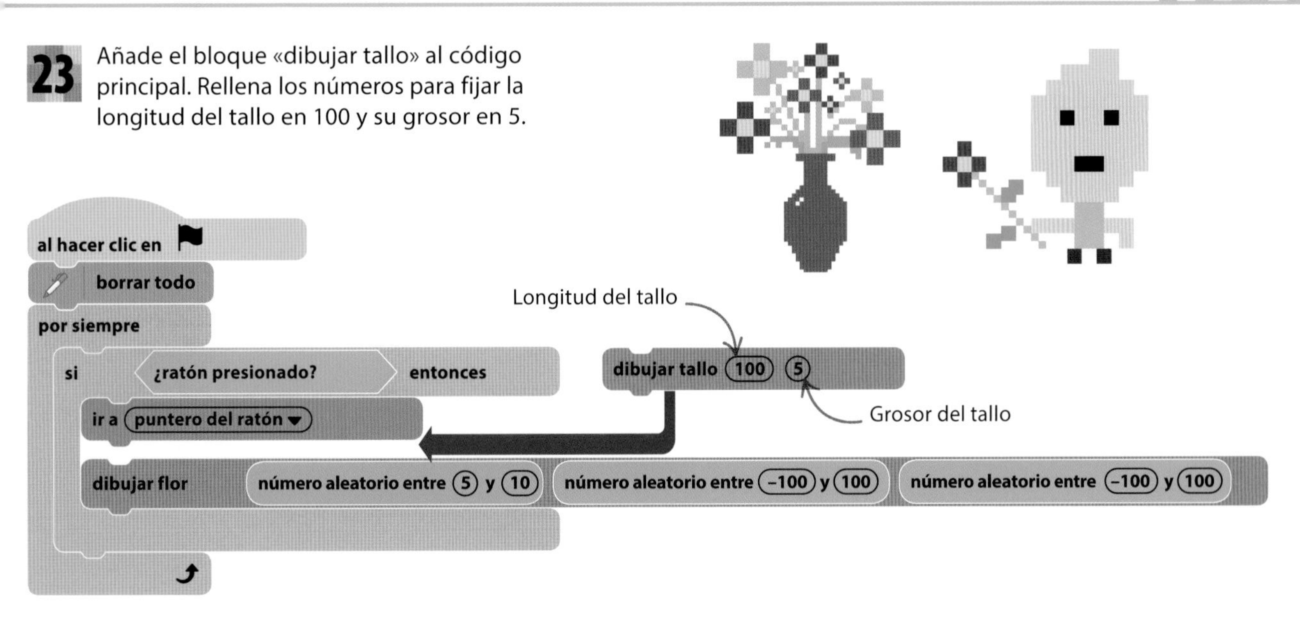

24 Ejecuta el proyecto. Puedes crear toda una pradera de flores de colores. Experimenta con distintos números en los bloques «número aleatorio» para cambiar su aspecto.

25 Para darle los toques finales, añade un fondo a tu pradera. Puedes pintarlo tú mismo haciendo clic en el símbolo, en el menú de fondos, a la derecha de la lista de objetos, o clicar en el símbolo de fondos () y cargar uno de la biblioteca.

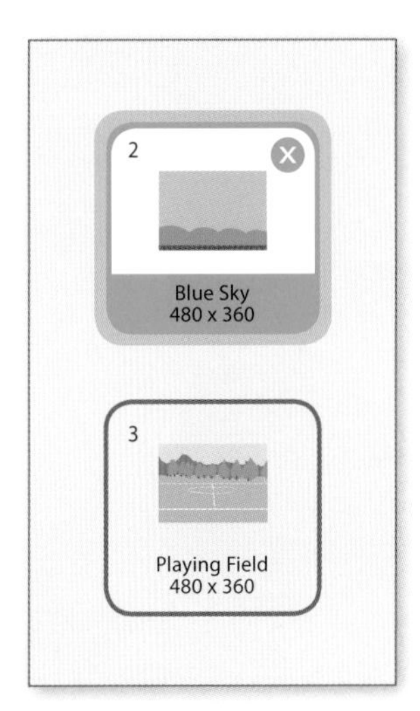

Trucos y mejoras

Siéntete libre de experimentar con el código para cambiar el color, el tamaño y la forma de las flores tanto como quieras. No tienes que usar el objeto de la bola como modelo: intenta crear tus propios modelos para obtener formas más interesantes. Con imaginación puedes crear todo tipo de hermosas escenas.

Da a tu pétalo una silueta coloreada, si quieres.

▷ Pétalos diferentes

¿Por qué no añadir pétalos diferentes con el editor de disfraces? Haz clic en la pestaña Disfraces y añade un nuevo disfraz con el símbolo (Pincel). Puedes llamarlo pétalo2. Los pétalos ovales funcionan muy bien. Tendrás que añadir bloques a «definir dibujar flor» para pasar del disfraz del pétalo al disfraz ball-a, para el centro de la flor.

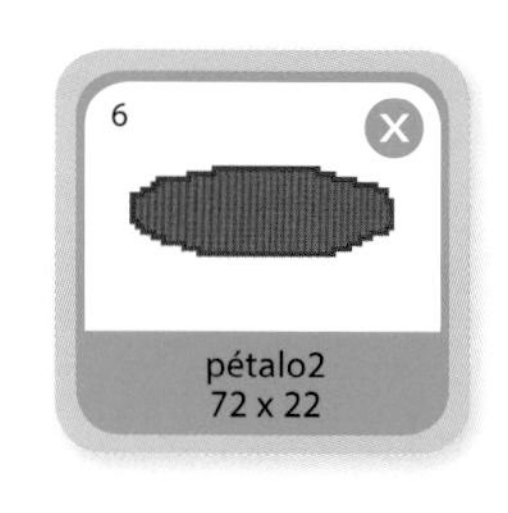

▽ Flores por todas partes

Intenta intercambiar el código principal por este. Dibuja flores en lugares al azar de forma automática, y acaba cubriendo el escenario. Piensa en cómo añadirías entradas de posición al bloque «dibujar flor»: necesitarías añadir las entradas x e y, así como un bloque «ir a» al inicio de la definición del bloque.

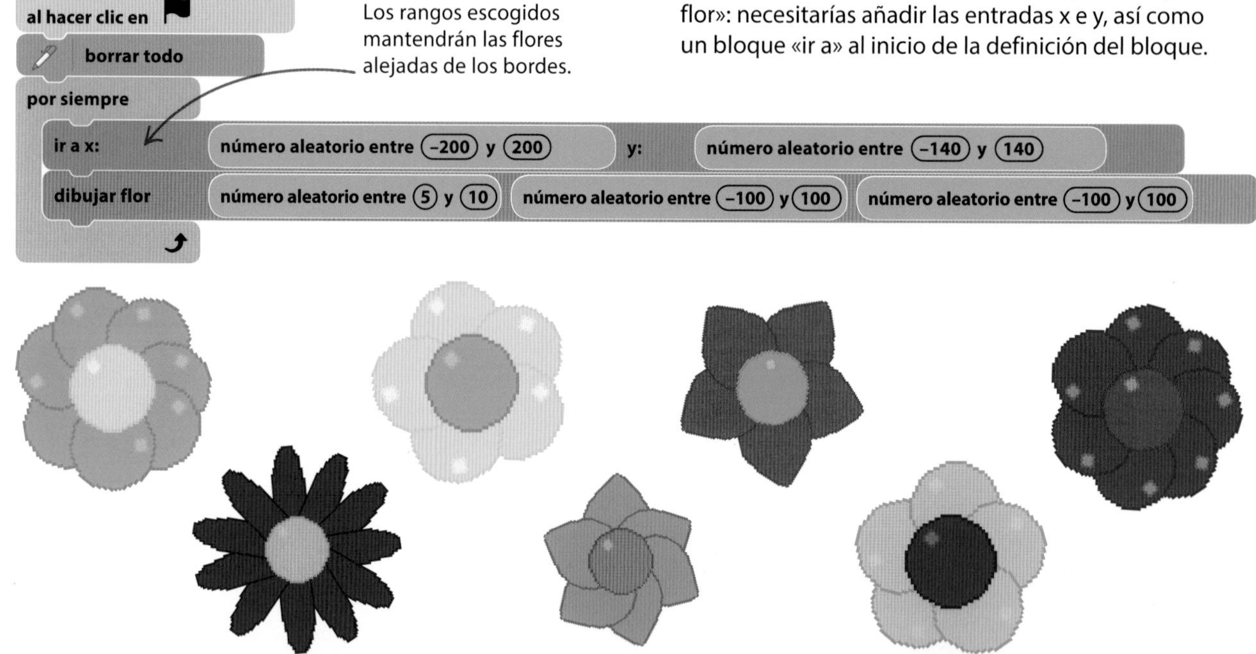

Tamaños diferentes

Si añades otra entrada al bloque «dibujar flor» puedes controlar el tamaño de tus flores. Puedes hacer que la pradera parezca en 3D haciendo que las flores sean más pequeñas en la parte superior del escenario, como si estuvieran más lejos.

1 Haz clic con el botón derecho en el bloque encabezado «definir» y añade una nueva entrada: «escala». Haz los cambios en el código que ves abajo. Con la escala a 100 en el bloque «dibujar flor», las flores se verán a su tamaño normal; números más pequeños crearán flores más pequeñas.

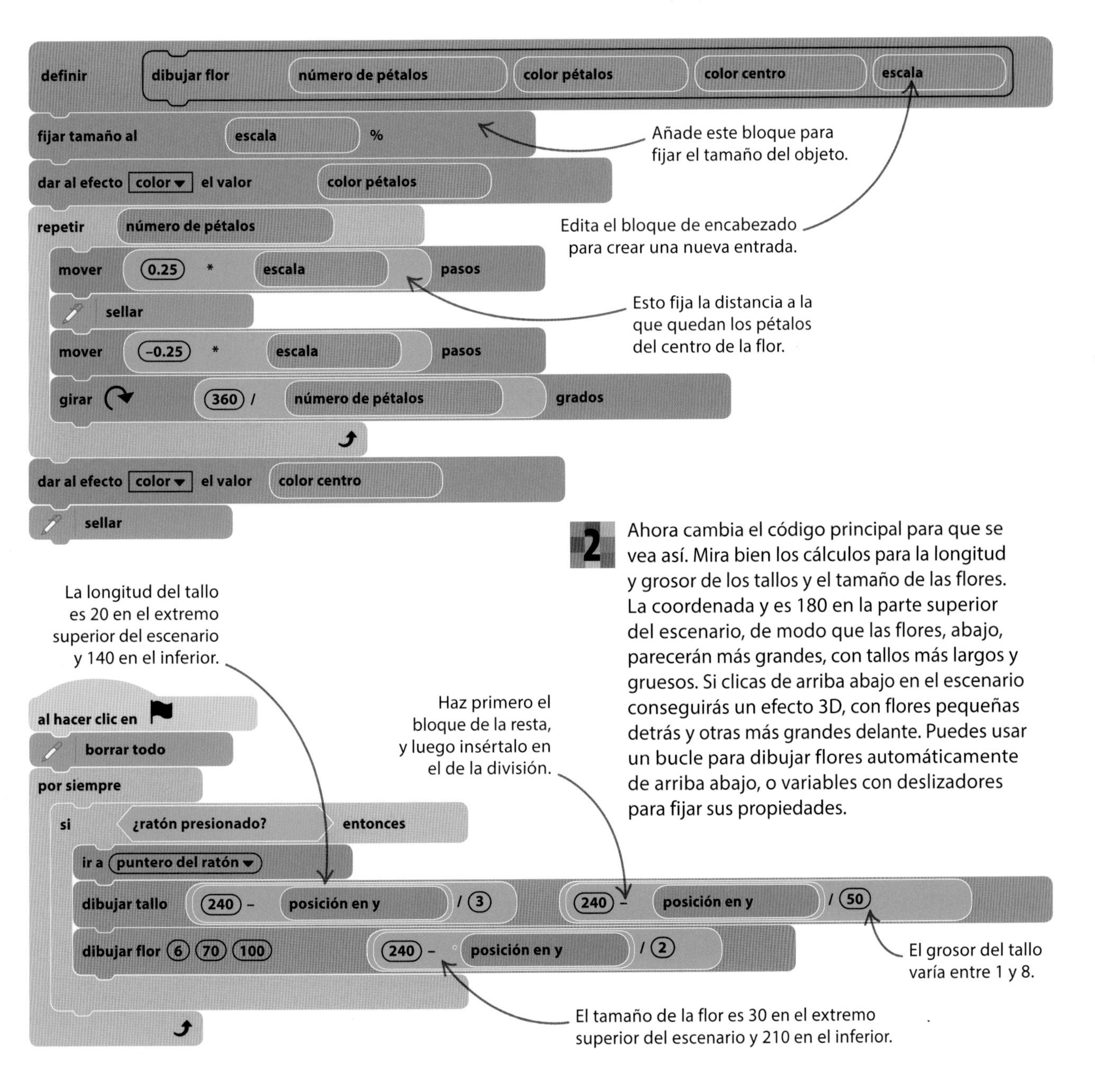

2 Ahora cambia el código principal para que se vea así. Mira bien los cálculos para la longitud y grosor de los tallos y el tamaño de las flores. La coordenada y es 180 en la parte superior del escenario, de modo que las flores, abajo, parecerán más grandes, con tallos más largos y gruesos. Si clicas de arriba abajo en el escenario conseguirás un efecto 3D, con flores pequeñas detrás y otras más grandes delante. Puedes usar un bucle para dibujar flores automáticamente de arriba abajo, o variables con deslizadores para fijar sus propiedades.

4

Juegos

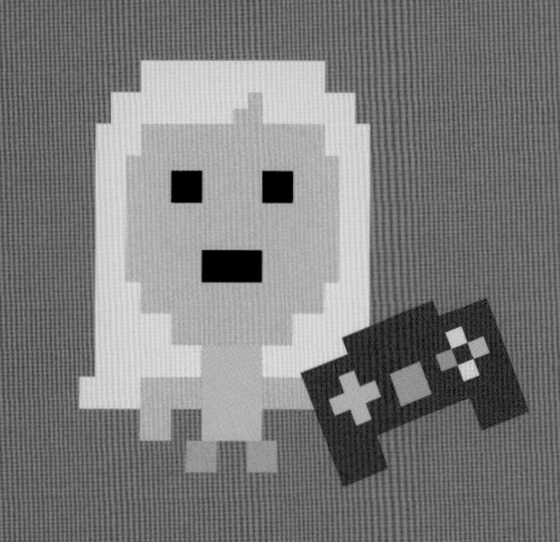

Túnel de la perdición

Scratch es el lugar ideal para crear y perfeccionar juegos. Para ganar a este necesitarás mano firme y nervios de acero. Lleva al gato por el Túnel de la perdición, pero ¡no toques las paredes! Como desafío extra, intenta batir tu mejor tiempo.

Cómo funciona

Usa tu ratón para mover el gato por el túnel sin tocar las paredes. Si por accidente lo haces, regresarás al inicio. Puedes intentarlo tantas veces como desees, pero el reloj seguirá contando los segundos hasta que acabes.

◁ **Objeto del gato**
Cuando el puntero del ratón haya tocado al gato, este lo seguirá a todas partes. No necesitas usar el botón del ratón.

◁ **Túnel**
El laberinto del túnel es un objeto (o *sprite*) gigante que llena el escenario. El túnel en sí no es parte del objeto: es un hueco que creas con la herramienta de borrar (Goma) en el editor de imagen de Scratch. Mientras el gato no abandone el centro del camino, el programa no detectará que toca el objeto del túnel.

◁ **Meta**
Cuando el gato toca el objeto de meta el juego acaba con una celebración.

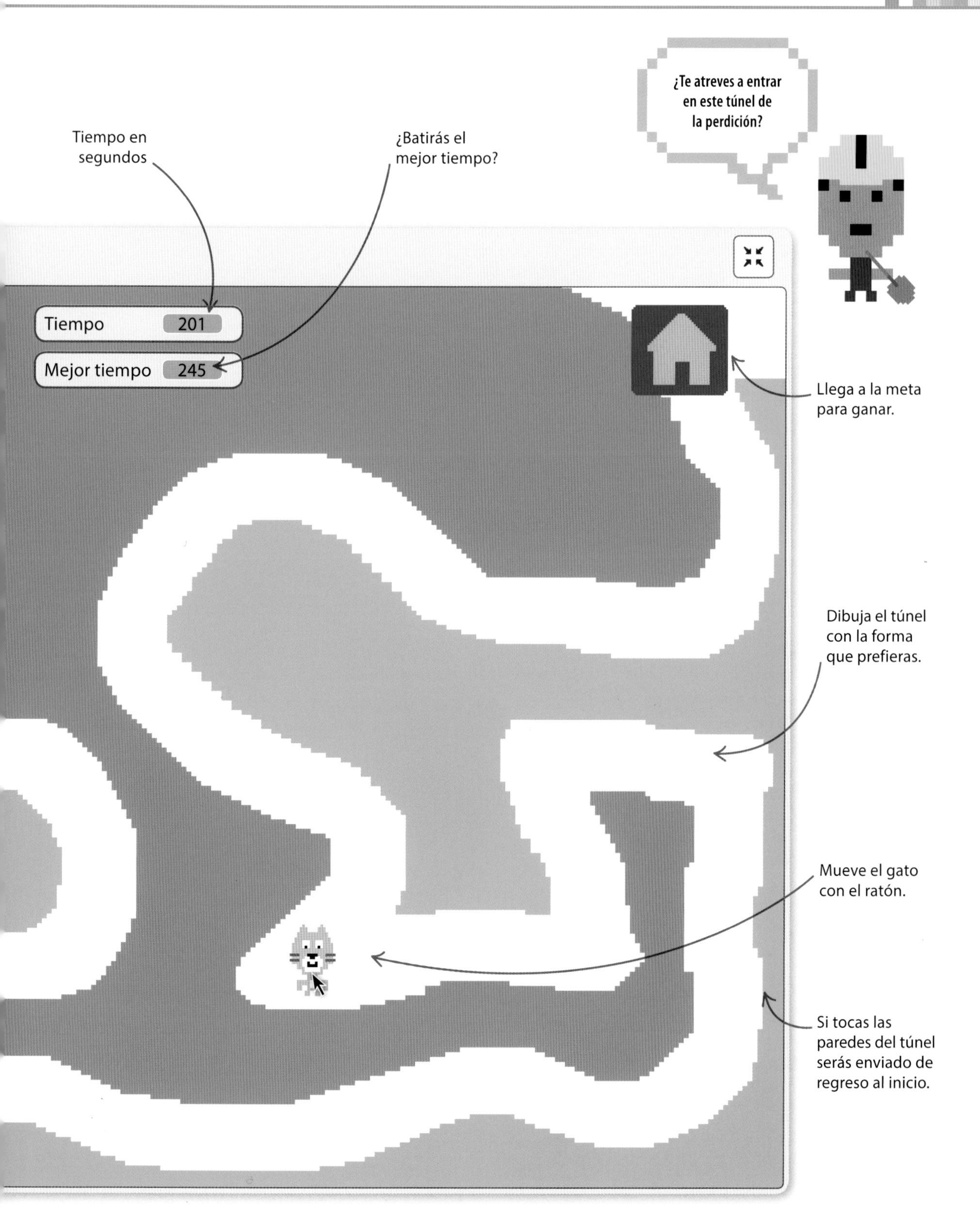
¿Te atreves a entrar en este túnel de la perdición?
Tiempo en segundos
¿Batirás el mejor tiempo?
Tiempo 201
Mejor tiempo 245
Llega a la meta para ganar.
Dibuja el túnel con la forma que prefieras.
Mueve el gato con el ratón.
Si tocas las paredes del túnel serás enviado de regreso al inicio.

Prepara el ambiente

Comienza dando atmósfera al juego con un poco de música. Escoge la que prefieras de la biblioteca de sonidos de Scratch siguiendo estos pasos.

1 Comienza un nuevo proyecto. Usa el gato, pero cambia su nombre, de Objeto1 a Gato.

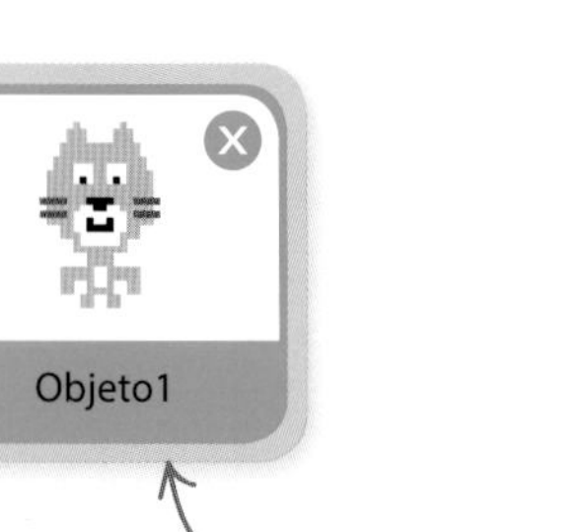

El resaltado en azul indica que está seleccionado.

Teclea «Gato» como nuevo nombre.

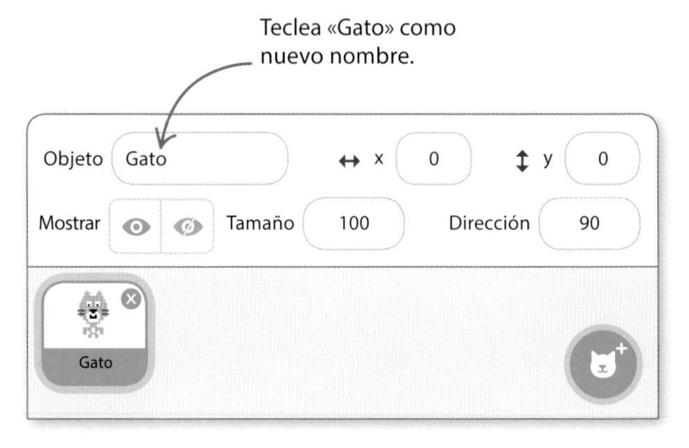

2 Antes de ensamblar código, añade algo de música para crear el ambiente adecuado. Haz clic en la pestaña Sonidos, sobre la paleta de bloques, y luego en el símbolo del altavoz (🔊). Escoge «Drive Around». Para escuchar un sonido, clica el símbolo de reproducción.

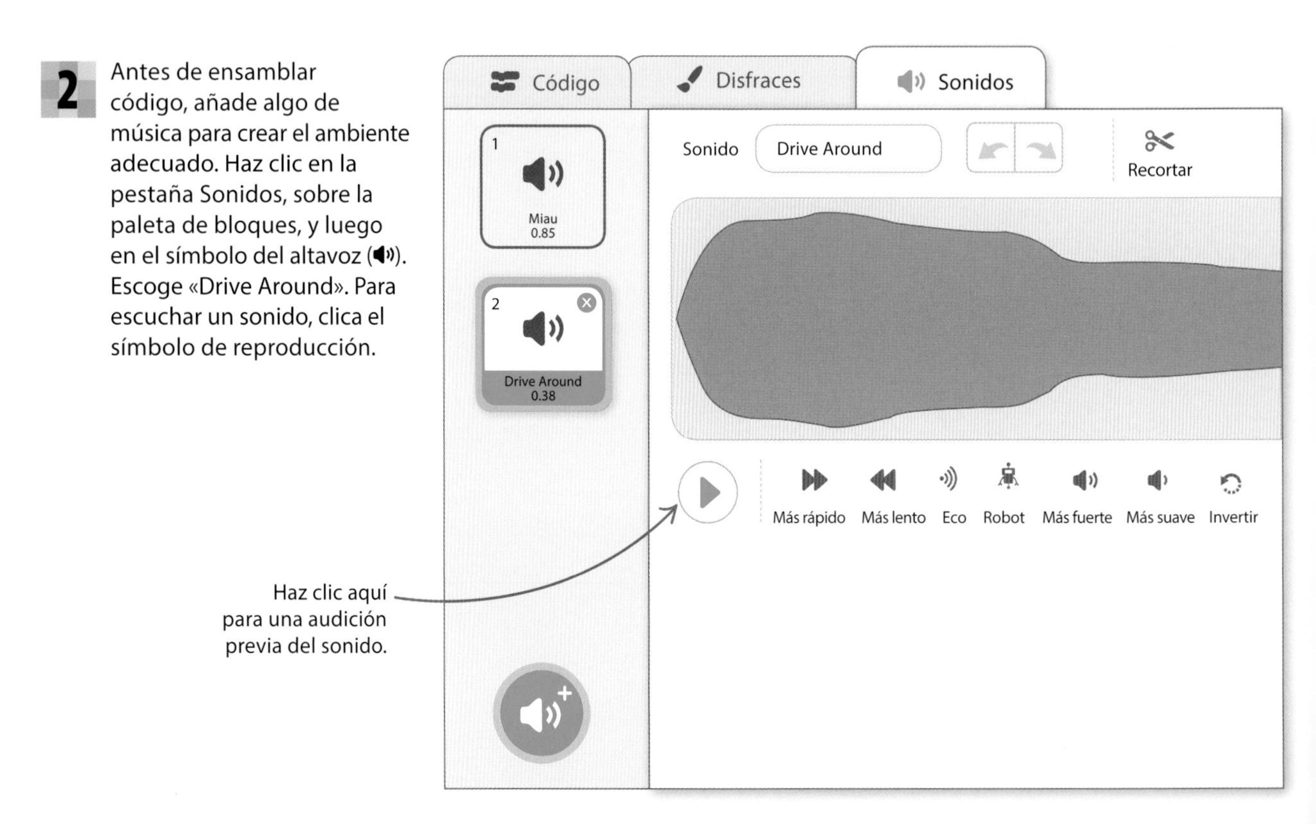

Haz clic aquí para una audición previa del sonido.

3 Añade este código al objeto del gato para que la música suene en bucle. Usa el bloque «tocar sonido hasta que termine», y no «iniciar sonido», o Scratch intentará tocar el sonido muchas veces simultáneamente.

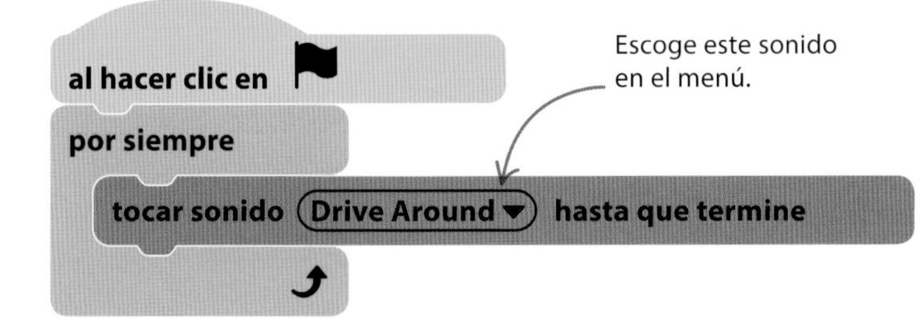

4 Ahora ejecuta el proyecto, y la música debería sonar… por siempre. Haz clic en el botón rojo encima del escenario para detenerla.

Crear el túnel

El paso siguiente es crear el retorcido túnel que pondrá a prueba el pulso del jugador y sus nervios. Cómo dibujes el túnel afectará a la dificultad del juego.

5 Clica el símbolo «Pinta» (🖌) en el menú de objetos para crear un nuevo objeto con el editor. Escoge un color y haz clic en la herramienta Rellenar (🪣). Luego haz clic en cualquier lugar del área de pintado para rellenarla de color.

Disfraz disfraz1

Rellenar

Escoge cualquier color de la paleta cromática.

Herramienta Rellenar

Herramienta Goma, para borrar

Esto indica que está seleccionado el modo mapa de bits.

Convertir a vector

6 Ahora selecciona la herramienta de borrar (Goma), y utiliza los botones situados junto a su icono, en el área de pintado, para fijar el ancho del túnel.

7 Usa la goma de borrar para crear huecos en la zona superior izquierda y derecha, donde el laberinto comenzará y acabará. Luego dibuja un sinuoso túnel entre ambos extremos. Si te equivocas, pulsa el botón deshacer (↶) y vuelve a comenzar.

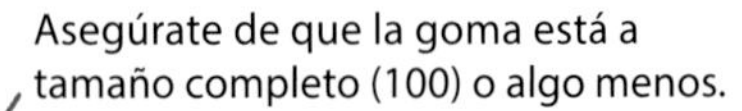

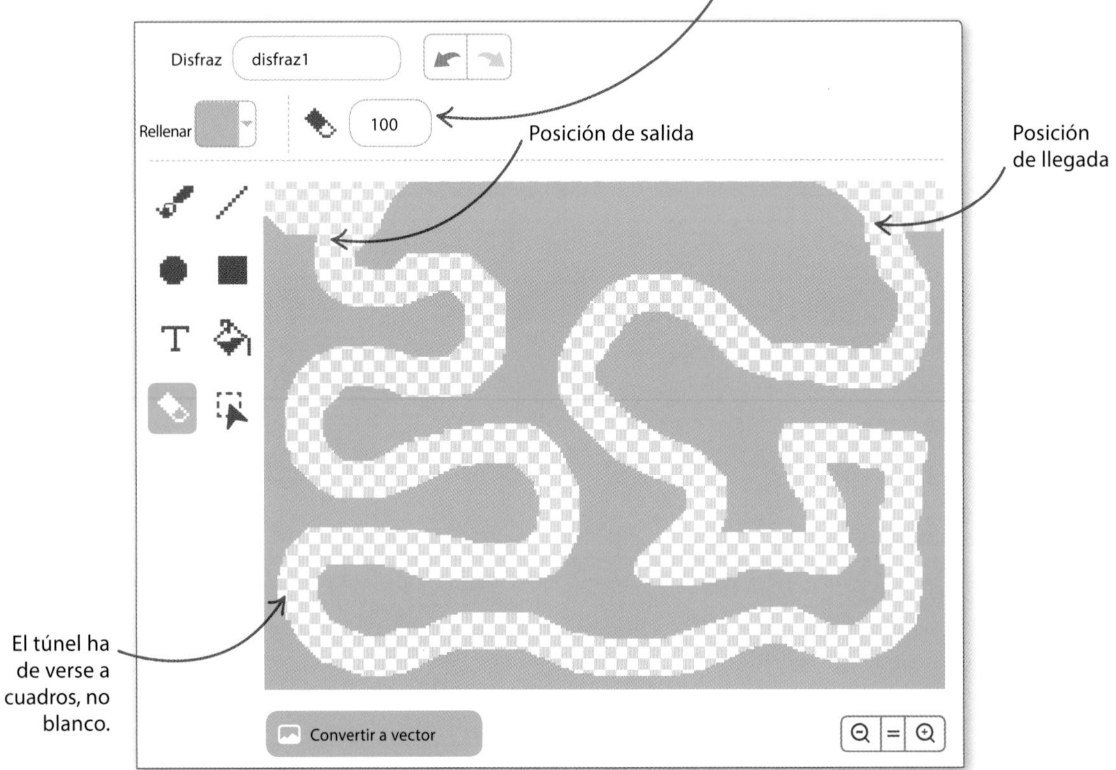

8 Para que el laberinto sea más interesante, usa la herramienta Rellenar para pintar el área central de un color diferente. No rellenes el túnel con color o el juego no funcionará.

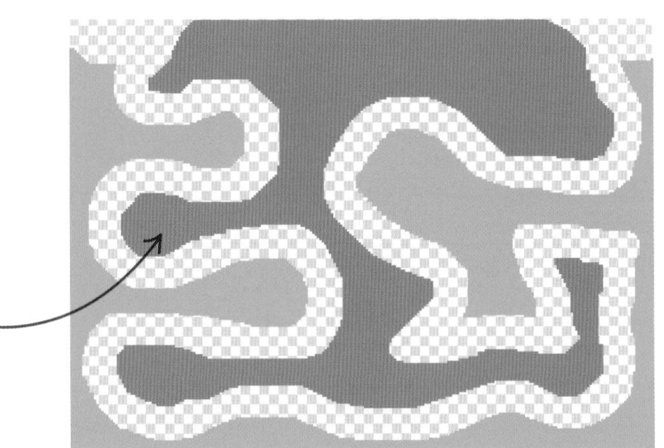

9 Ahora haz clic en este objeto en la lista de objetos y renómbralo «Túnel».

Túnel

10 Con el objeto del túnel seleccionado, clica en la pestaña Código y ensambla estos bloques para colocarlo de forma correcta y animarlo. Ejecuta el proyecto para probarlo.

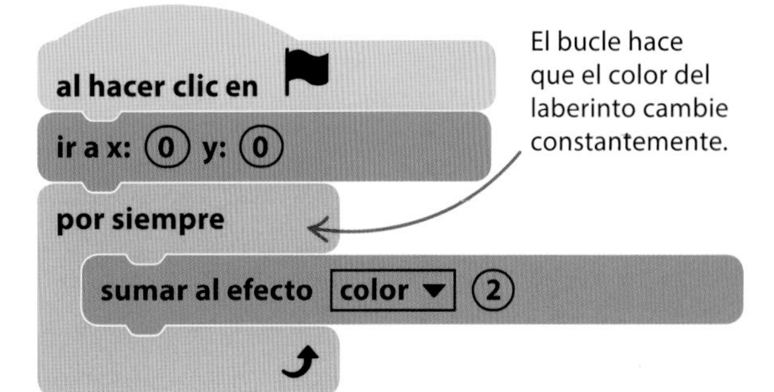

El bucle hace que el color del laberinto cambie constantemente.

Control del ratón

Ahora añade código al gato para convertir el proyecto en un juego funcional. Los bloques se ensamblan paso a paso: pruébalos sobre la marcha para comprobar que funcionan.

11 Dale este código al objeto del gato, que lo encogerá y lo situará al inicio del túnel. Una vez el puntero del ratón toque al gato, este seguirá al ratón. Fíjate que los jugadores no necesitan clicar el gato para activarlo. El código se detiene con un «miau» (el sonido «Meow», que llamarás «Miau») si el gato toca las paredes del túnel.

```
al hacer clic en 🏴
fijar tamaño al (20) %
ir a capa [delantera ▾]
ir a x: (-210) y: (160)
esperar hasta que <¿tocando (puntero del ratón ▾) ?>
repetir hasta que <¿tocando (Túnel ▾) ?>
    ir a (puntero del ratón ▾)
tocar sonido (Miau ▾) hasta que termine
```

Escoge un tamaño más pequeño si el gato se encalla demasiado fácilmente en el túnel.

No sucede nada hasta que el puntero del jugador toca al gato.

Esto evita que el gato desaparezca detrás del laberinto.

Esto pone al gato en su inicio, en la esquina superior izquierda.

CONSEJO DE EXPERTO

Bucle «repetir hasta que»

El útil bucle «repetir hasta que» repite los bloques que contiene hasta que la condición en su parte superior se cumple, y entonces ejecuta los bloques que quedan debajo. Facilita escribir código sencillo y legible, como en este ejemplo.

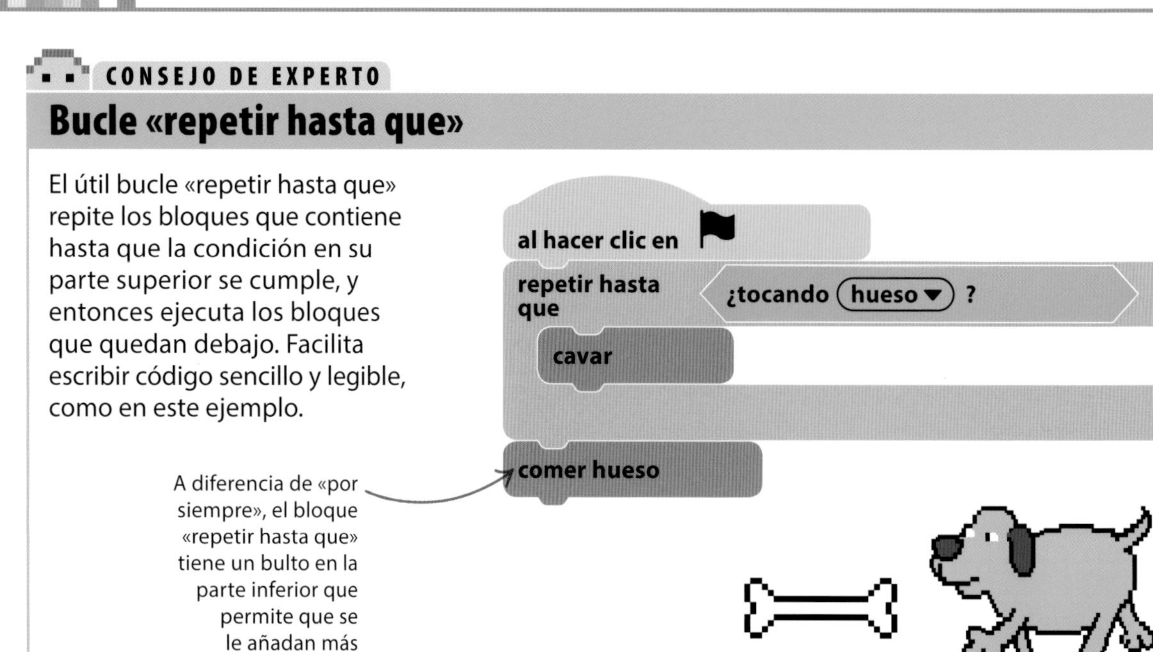

A diferencia de «por siempre», el bloque «repetir hasta que» tiene un bulto en la parte inferior que permite que se le añadan más bloques.

12 Ejecuta el juego. Deberías poder controlar el gato en cuanto lo tocas con el puntero del ratón. Intenta recorrer el túnel con él. Si tocas la pared, el gato maullará y se quedará atrapado. Si se atasca demasiado a menudo, pon un número más pequeño en el bloque «fijar tamaño a», pero no lo hagas demasiado fácil.

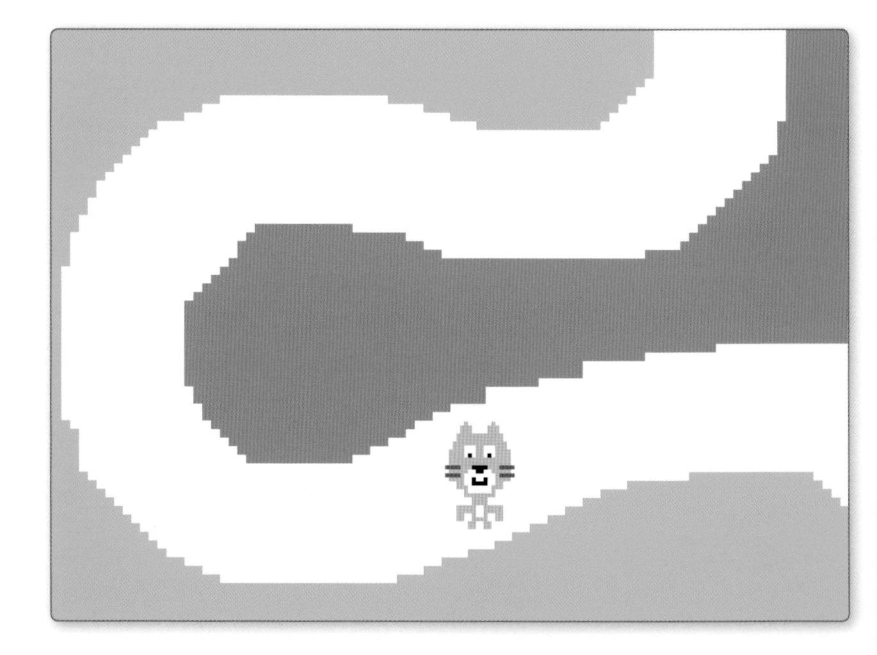

13 De momento, si tocas las paredes tendrás que reiniciar el juego. Añade este bucle al juego para enviar al gato al inicio para que lo intente otra vez. Prueba nuevamente el juego.

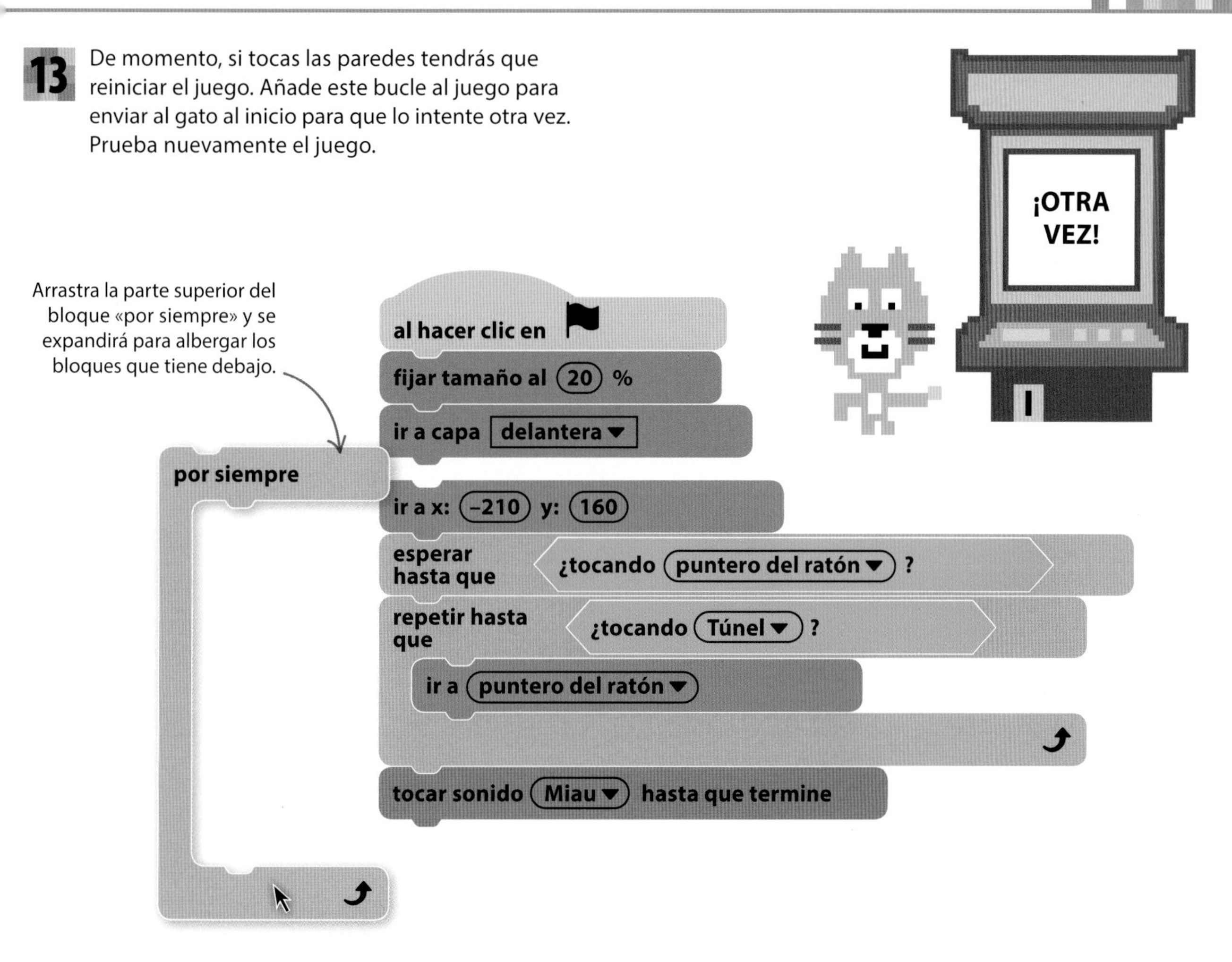

14 Haz clic en el símbolo de la lista de objetos para añadir un nuevo objeto. Escoge el objeto Home Button y renómbralo «Meta». En el escenario, arrástralo hasta la esquina superior derecha.

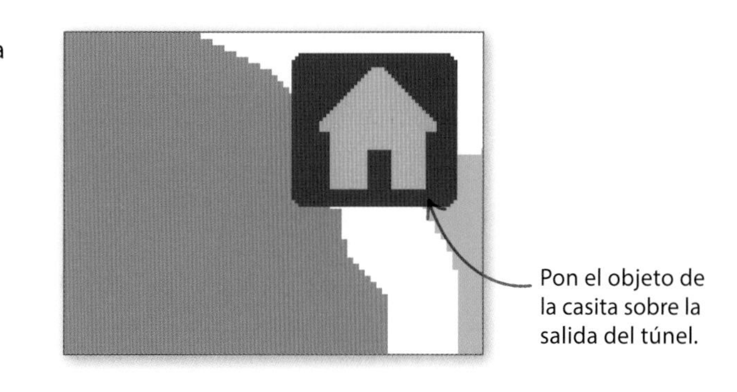

15 Probablemente será demasiado grande, así que añade este código para encogerlo. Ejecuta el proyecto y reposiciona la casa si es necesario.

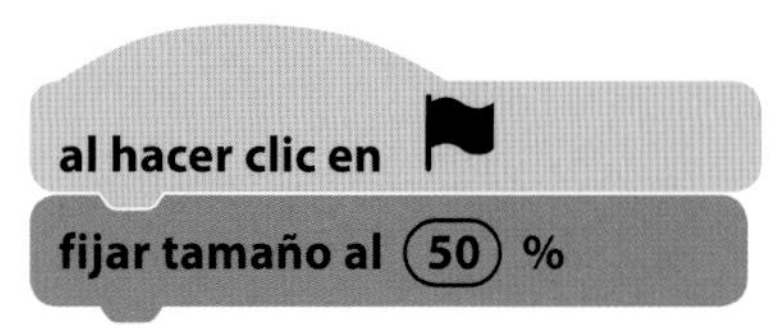

16 Toca añadir código para comprobar que el gato llega a la meta. Selecciona el gato en la lista de objetos y añade estos bloques. Los bloques que quedan dentro del bloque «si entonces» solo se ejecutan si el gato toca la meta.

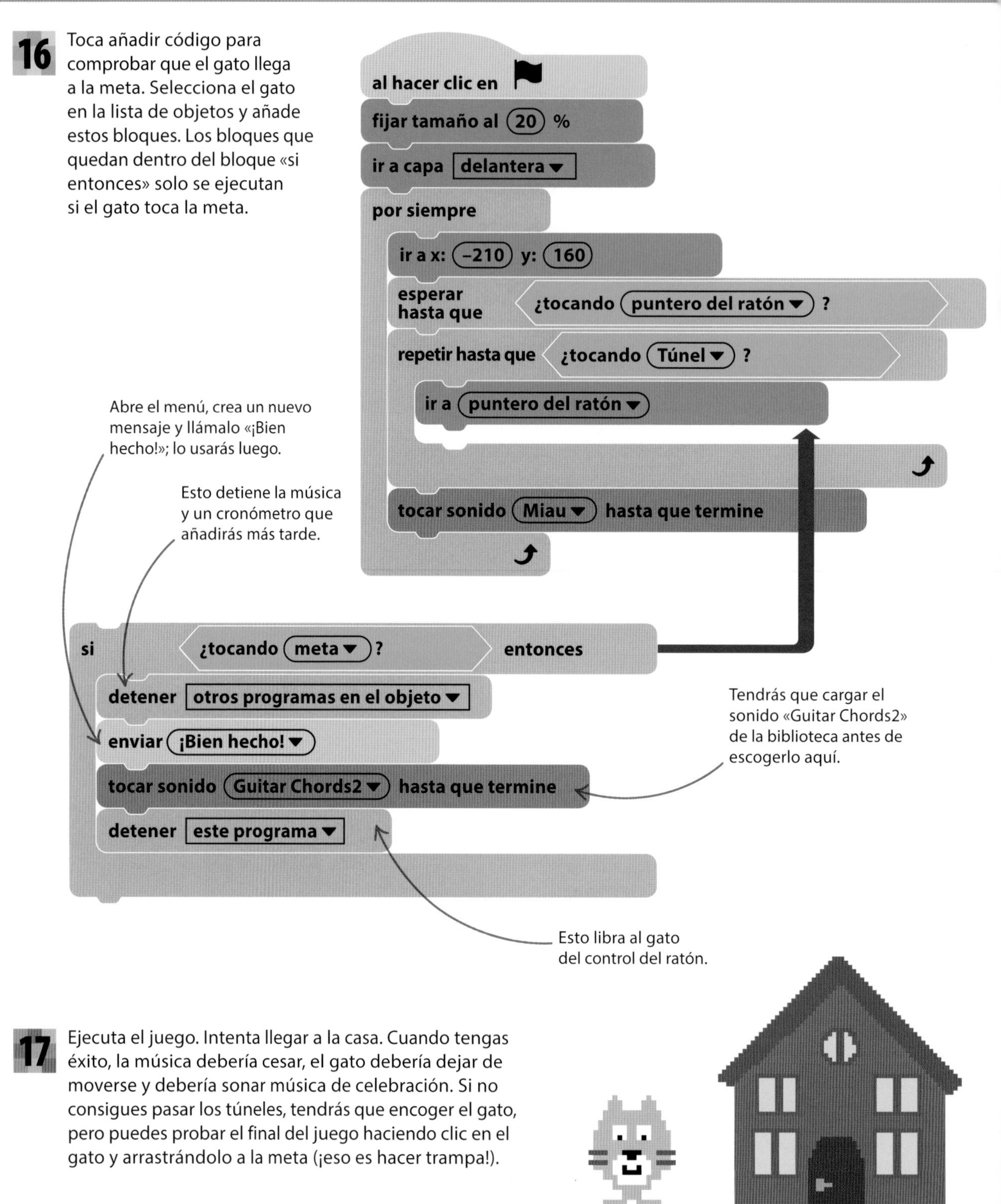

17 Ejecuta el juego. Intenta llegar a la casa. Cuando tengas éxito, la música debería cesar, el gato debería dejar de moverse y debería sonar música de celebración. Si no consigues pasar los túneles, tendrás que encoger el gato, pero puedes probar el final del juego haciendo clic en el gato y arrastrándolo a la meta (¡eso es hacer trampa!).

Contrarreloj

El juego Túnel de la perdición es más divertido si añades un cronómetro para ver lo rápido que superas el laberinto. Luego puedes desafiar a otros jugadores a batir tu mejor tiempo.

18 Haz clic en la lista de variables, en la paleta de bloques, y crea una que llamarás «Tiempo». Deja la casilla marcada para que se vea en el escenario.

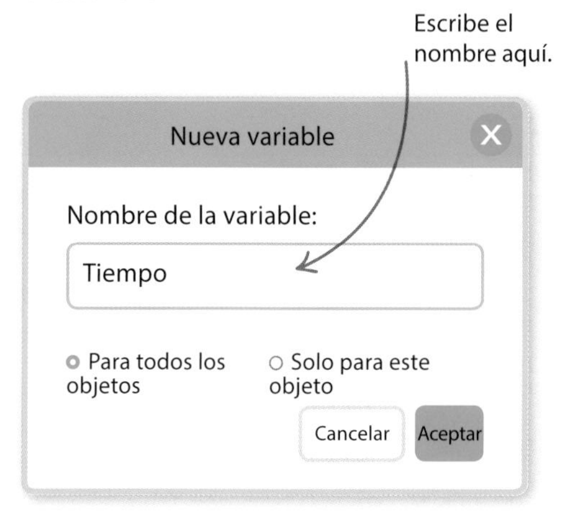

19 Añade este código al gato. Cuenta los segundos desde que comienza el juego. Pon la variable «Tiempo» centrada y arriba en el escenario, para que se vea fácilmente.

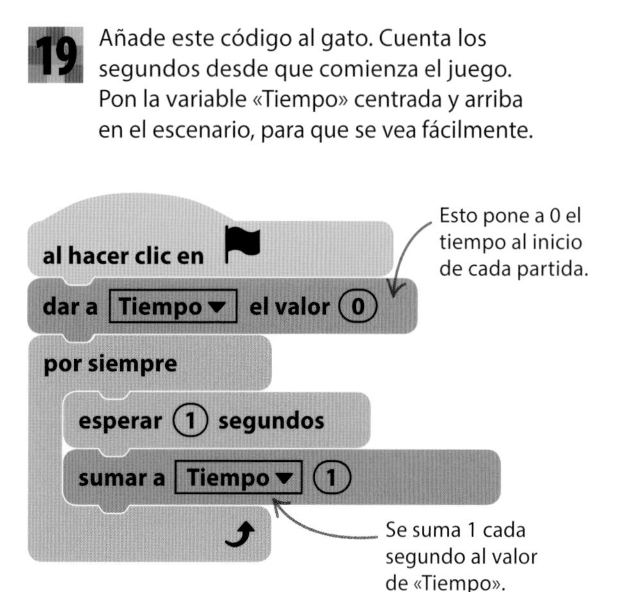

20 Prueba otra vez el juego. Cuando el gato llega a la meta, el cronómetro se detiene, mostrando el tiempo final en el escenario.

21 Para que ganar al juego sea aún mejor, añade un nuevo objeto que muestre un mensaje felicitando al jugador. Haz clic en el símbolo «Pinta» (✓) para crear un cartel mediante formas, colores y la herramienta Texto. El que ves aquí solo es una sugerencia… ¡Sigue tus propias ideas!

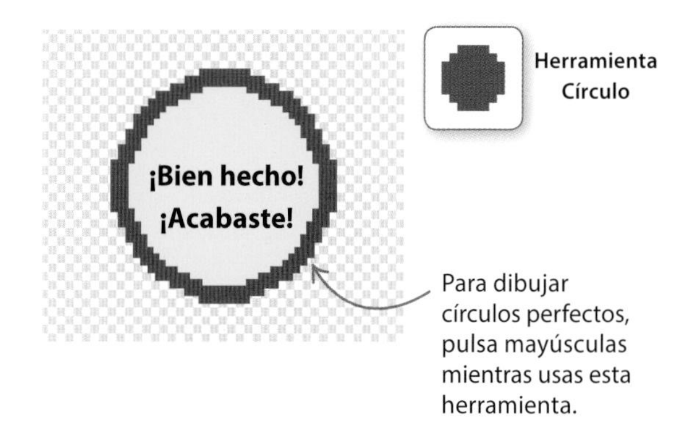

22 Para que el letrero funcione añade estos bloques a tu nuevo objeto. El primero oculta el letrero al comenzar el juego, y el segundo se activa cuando el gato envía el mensaje «¡Bien hecho!», y muestra el letrero y lo hace brillar.

23 Tu juego está terminado. Pruébalo a fondo (jugando un montón) y desafía a tus amigos a que batan tu mejor tiempo.

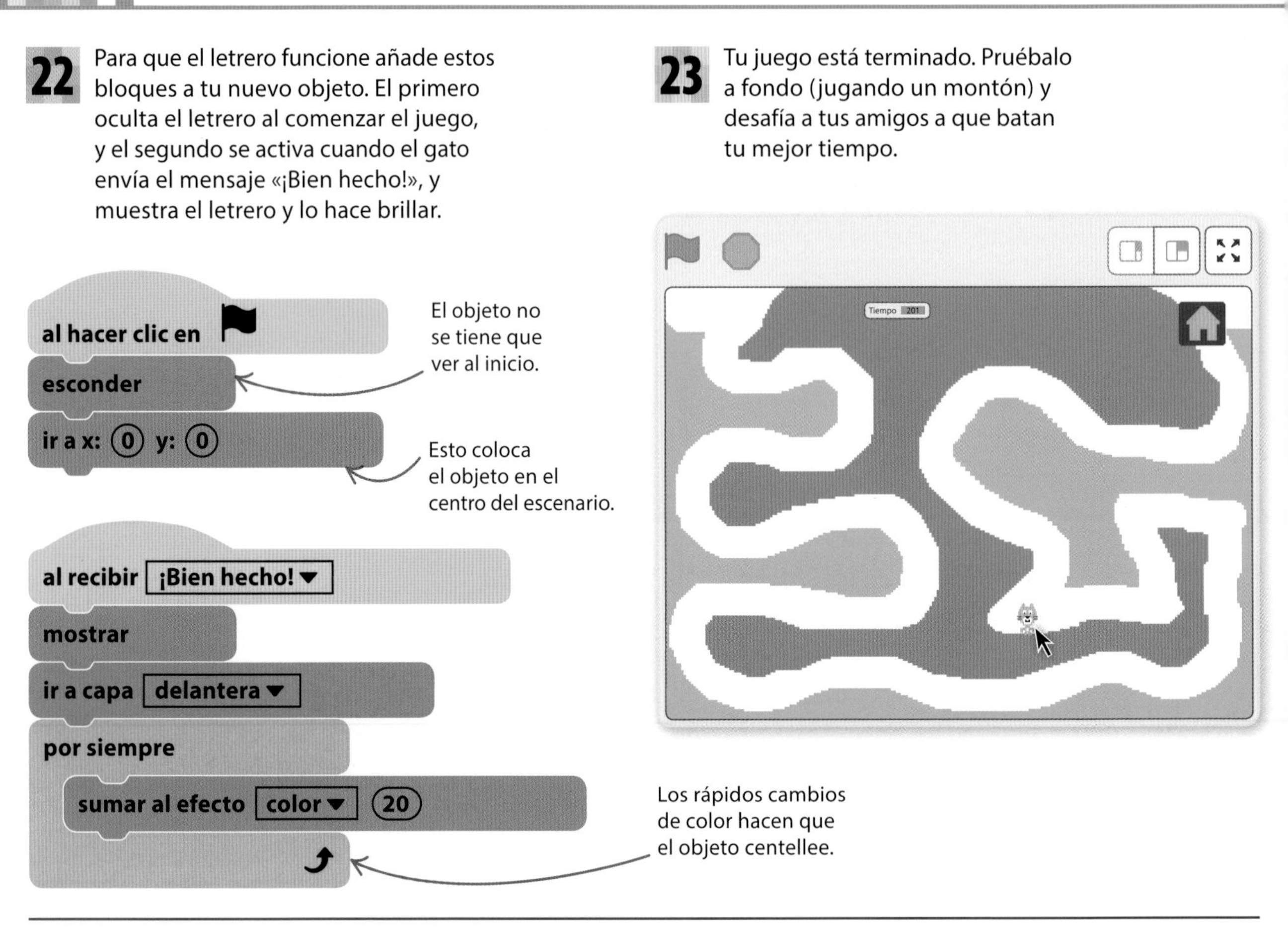

Trucos y mejoras

Este juego está lleno de posibilidades. ¡Guarda una copia y comienza a experimentar! Podrías añadir efectos de sonido u objetos extra, como un fantasma para asustar al gato y devolverlo al inicio, o un amistoso murciélago que lo transporte hacia delante en el túnel.

▷ **Dale un nuevo giro**

Puedes hacer que el juego sea más difícil o más fácil cambiando lo retorcido de los túneles. Puedes crear túneles ramificados: quizá hacer escoger al jugador entre un túnel corto pero estrecho y uno largo pero ancho. Puedes incluso crear numerosos disfraces para el objeto del túnel, y escoger uno al azar al inicio de cada juego, mediante este código.

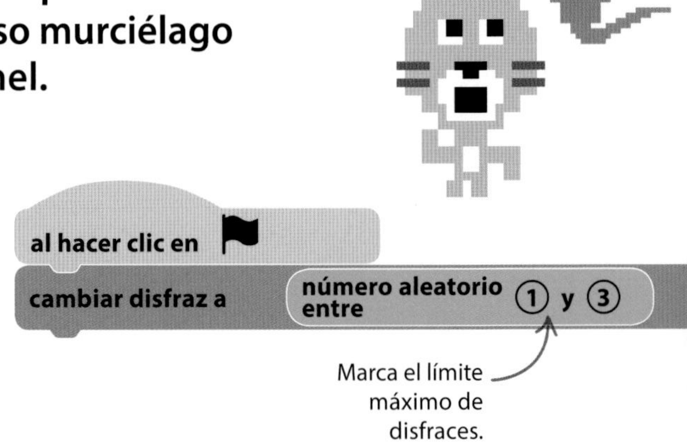

▽ El mejor tiempo

Puedes hacer que se muestre el mejor tiempo hasta el momento, como una máxima puntuación. Crea una nueva variable llamada «Mejor tiempo» y arrástrala junto a «Tiempo», en el escenario. Añade al gato este código para capturar los mejores tiempos cada vez que llegue a la meta.

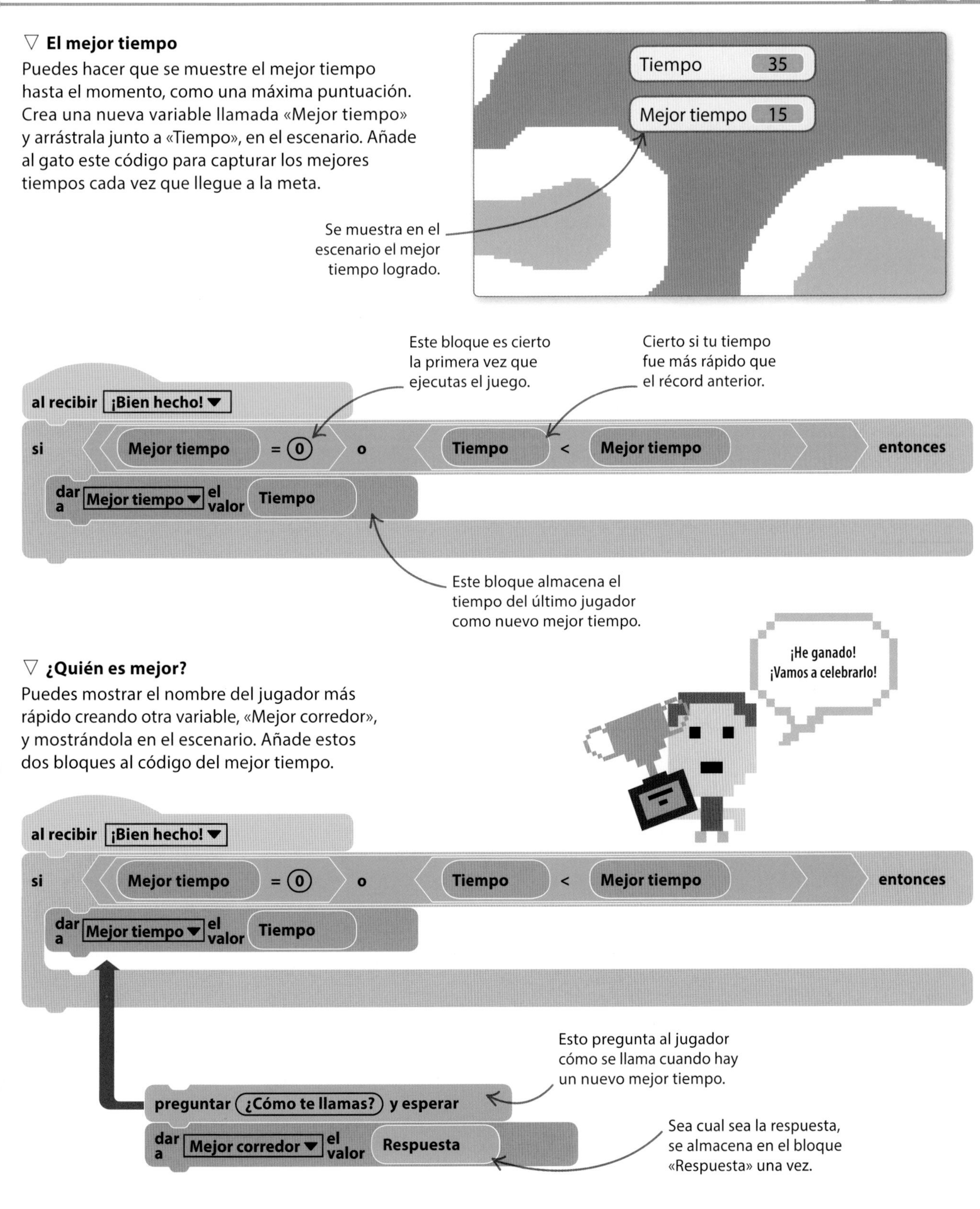

▽ ¿Quién es mejor?

Puedes mostrar el nombre del jugador más rápido creando otra variable, «Mejor corredor», y mostrándola en el escenario. Añade estos dos bloques al código del mejor tiempo.

Limpiacristales

¿Ventanas sucias? Mejor será que las limpies. Este frenético juego cuenta cuántas manchas puedes limpiar de la pantalla de tu ordenador en un minuto. Puedes limpiar las manchas con el ratón del ordenador o pasando tu mano por delante de una webcam.

Cómo funciona

El juego comienza clonando el objeto de una mancha y esparciendo clones, con distintos disfraces, por el escenario. Cuando la webcam detecta movimiento, Scratch emplea su efecto «desvanecer» para borrarlos. Si mueves la mano lo suficiente, desaparecen. El objetivo del juego es borrar tantas manchas como sea posible en un minuto.

▽ **Objeto de mancha**
Este juego tiene un objeto con muchos disfraces, que tú pintarás a mano. Clonando el objeto podrás cubrir la pantalla con manchas de suciedad viscosa.

Cada mancha es un clon del único objeto del proyecto.

Mueve la mano para borrar las manchas.

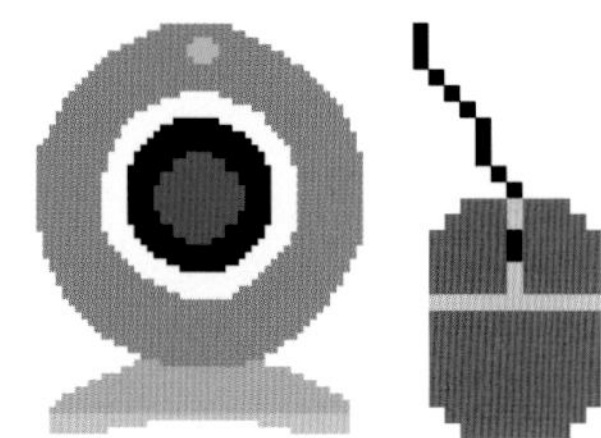

△ **Controles**
Primero limpiarás las manchas con el ratón, pero luego podrás cambiar el código para detectar el movimiento de la mano con una webcam.

¡Hora de ensuciar!

Para crear suciedad en la pantalla tendrás que dibujar manchas viscosas. Sigue estas instrucciones y habrás hecho la pantalla un desastre en muy poco tiempo.

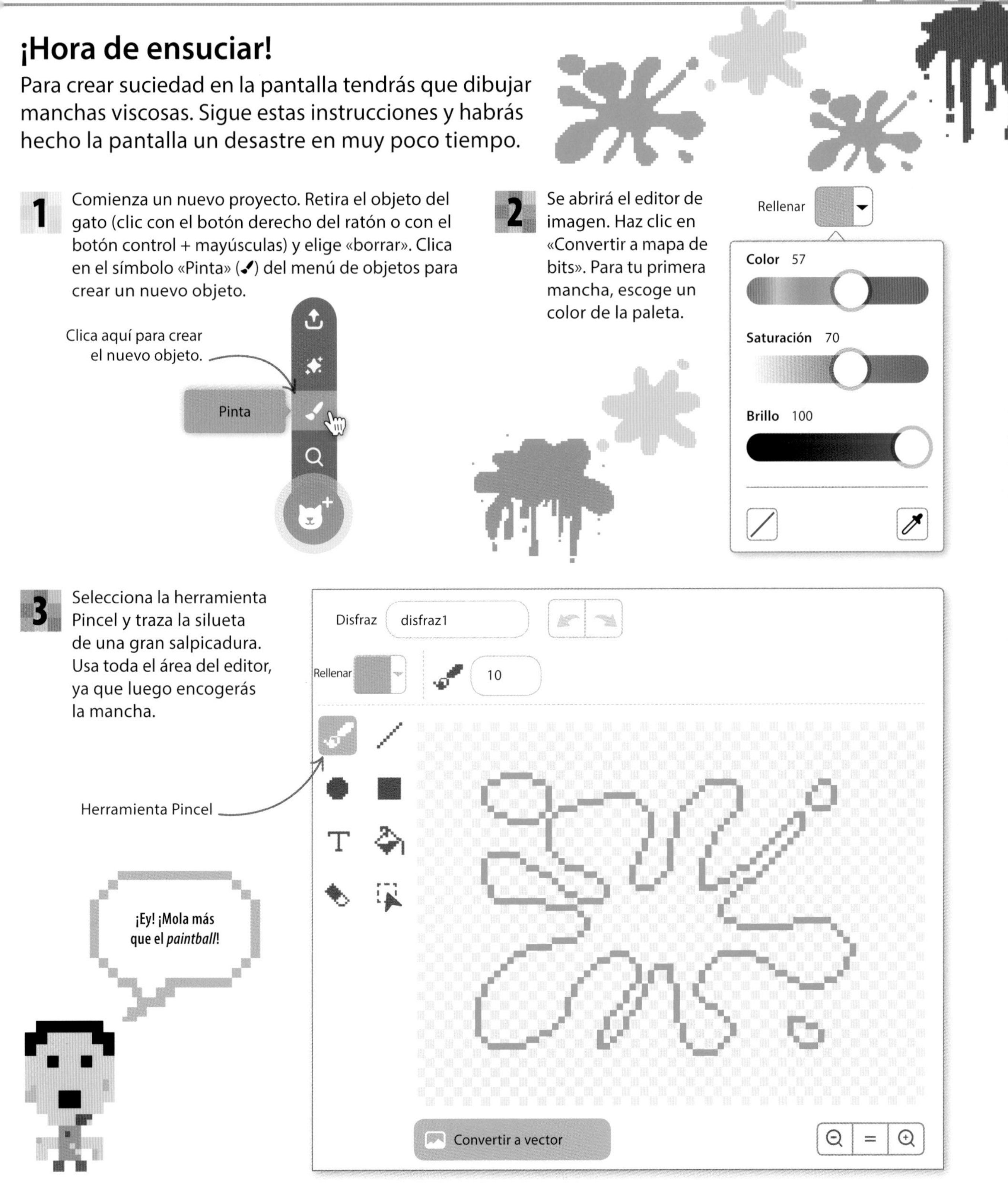

1 Comienza un nuevo proyecto. Retira el objeto del gato (clic con el botón derecho del ratón o con el botón control + mayúsculas) y elige «borrar». Clica en el símbolo «Pinta» (🖌) del menú de objetos para crear un nuevo objeto.

2 Se abrirá el editor de imagen. Haz clic en «Convertir a mapa de bits». Para tu primera mancha, escoge un color de la paleta.

3 Selecciona la herramienta Pincel y traza la silueta de una gran salpicadura. Usa toda el área del editor, ya que luego encogerás la mancha.

4 Escoge la herramienta Rellenar y haz clic dentro de la silueta para tener una mancha sólida.

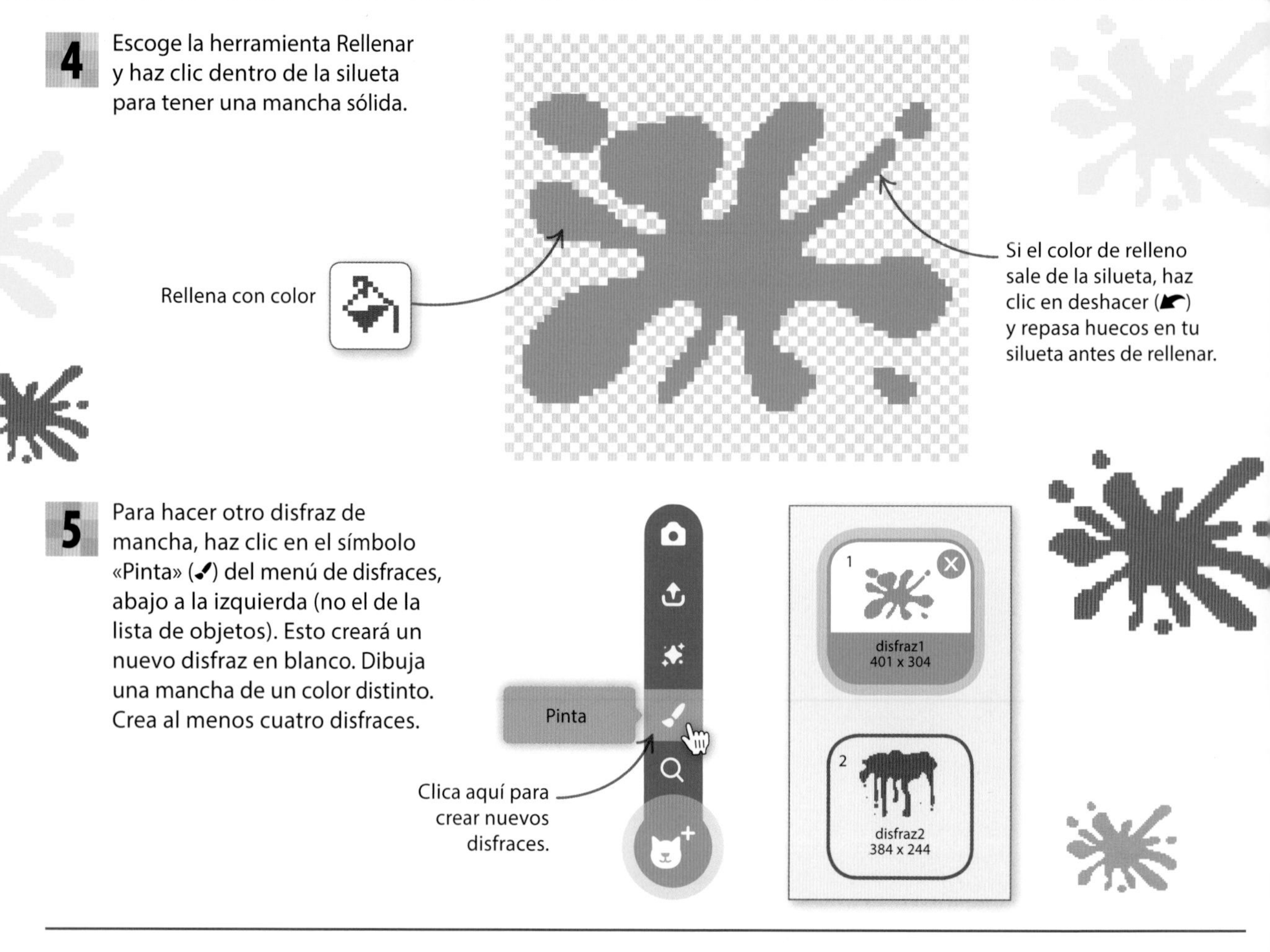

5 Para hacer otro disfraz de mancha, haz clic en el símbolo «Pinta» (🖌) del menú de disfraces, abajo a la izquierda (no el de la lista de objetos). Esto creará un nuevo disfraz en blanco. Dibuja una mancha de un color distinto. Crea al menos cuatro disfraces.

Manchas que se desvanecen

Es el momento de añadir código a la mancha para que el juego funcione. Sigue estos pasos para crear varios clones que aparezcan y desaparezcan cuando el puntero del ratón los toque.

6 Haz clic en la pestaña Código para crear algunas variables. Escoge Variables, en la paleta de bloques, y clica el botón «Crear una variable» para crear tres: «MáxManchas», «ManchasEnPantalla» y «Puntos».

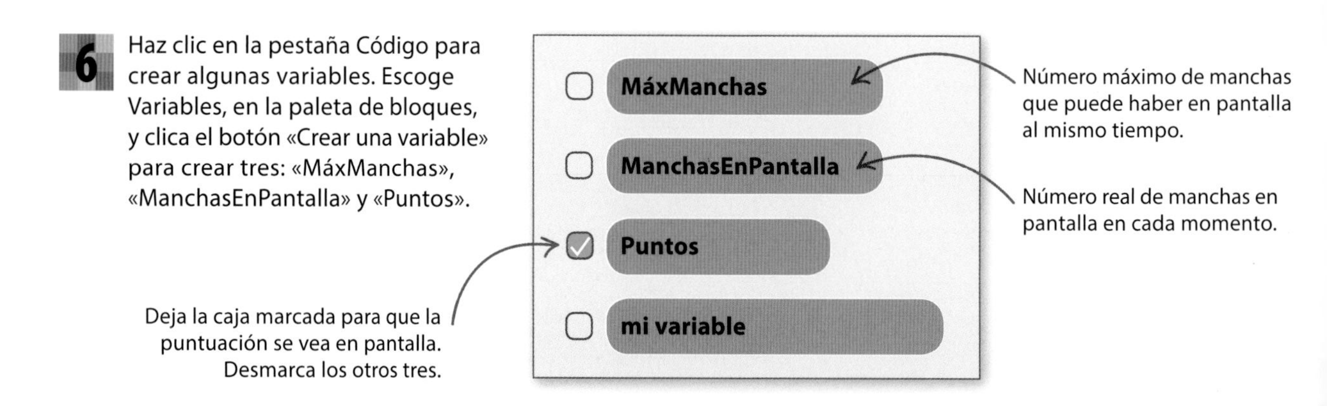

7 Añade este código al objeto de la mancha. Fija la cantidad máxima de manchas en la pantalla en 10, y reinicia «Puntos» y «ManchasEnPantalla» a cero, listas para una nueva partida. El bucle «por siempre» comprueba si hay menos manchas que el máximo, y añade una nueva si es así. No ejecutes aún el juego: no verás nada.

```
al hacer clic en ⚑
esconder
dar a [MáxManchas ▼] el valor (10)
dar a [ManchasEnPantalla ▼] el valor (0)
dar a [Puntos ▼] el valor (0)
por siempre
    si <(ManchasEnPantalla) < (MáxManchas)> entonces
        fijar tamaño al (número aleatorio entre (10) y (25)) %
        cambiar disfraz a (número aleatorio entre (1) y (4))
        ir a x: (número aleatorio entre (-200) y (200)) y: (número aleatorio entre (-150) y (150))
        crear clon de (mí mismo ▼)
```

El objeto original queda oculto; los jugadores ven los clones.

Que este número coincida con el número de disfraces que has dibujado.

Cada mancha acaba en un lugar aleatorio.

Esto añade la nueva mancha.

8 Añade este segundo bloque de código al objeto. Lo ejecutarán los clones. Hace visible la nueva mancha (al principio queda oculta), y luego espera a que el puntero del ratón toque la mancha. Cuando lo hace, esta desaparece con un «pop», y el jugador se anota un punto.

```
al comenzar como clon
sumar a [ManchasEnPantalla ▼] (1)
mostrar
esperar hasta que <¿tocando (puntero del ratón ▼) ?>
sumar a [Puntos ▼] (1)
sumar a [ManchasEnPantalla ▼] (-1)
iniciar sonido (Pop ▼)
eliminar este clon
```

Esto sigue la cuenta del número de manchas.

El clon queda oculto cuando lo crean: hay que mostrarlo.

Nada sucede hasta que el puntero del ratón toca la mancha.

9 Ejecuta el juego para probarlo. Deberían aparecer diez manchas. Has de poder borrarlas tocándolas con el puntero del ratón, pero aparecerán manchas nuevas. Hay un problema: el juego nunca acaba.

Cuenta atrás

Nada pone a un jugador bajo presión como un límite de tiempo. El siguiente código dará al jugador una cuenta atrás de un minuto, en el que limpiar tantas manchas como pueda.

10 Crea una nueva variable y llámala «Cuenta atrás». Esto dirá al jugador cuánto tiempo le queda. Mantenla marcada para que se vea en el escenario.

Cuenta atrás

11 Añade este código para arrancar la cuenta atrás. Cuando el cronómetro llegue a cero, detendrá los demás bloques: no se crearán más manchas y enviará un mensaje que luego necesitarás.

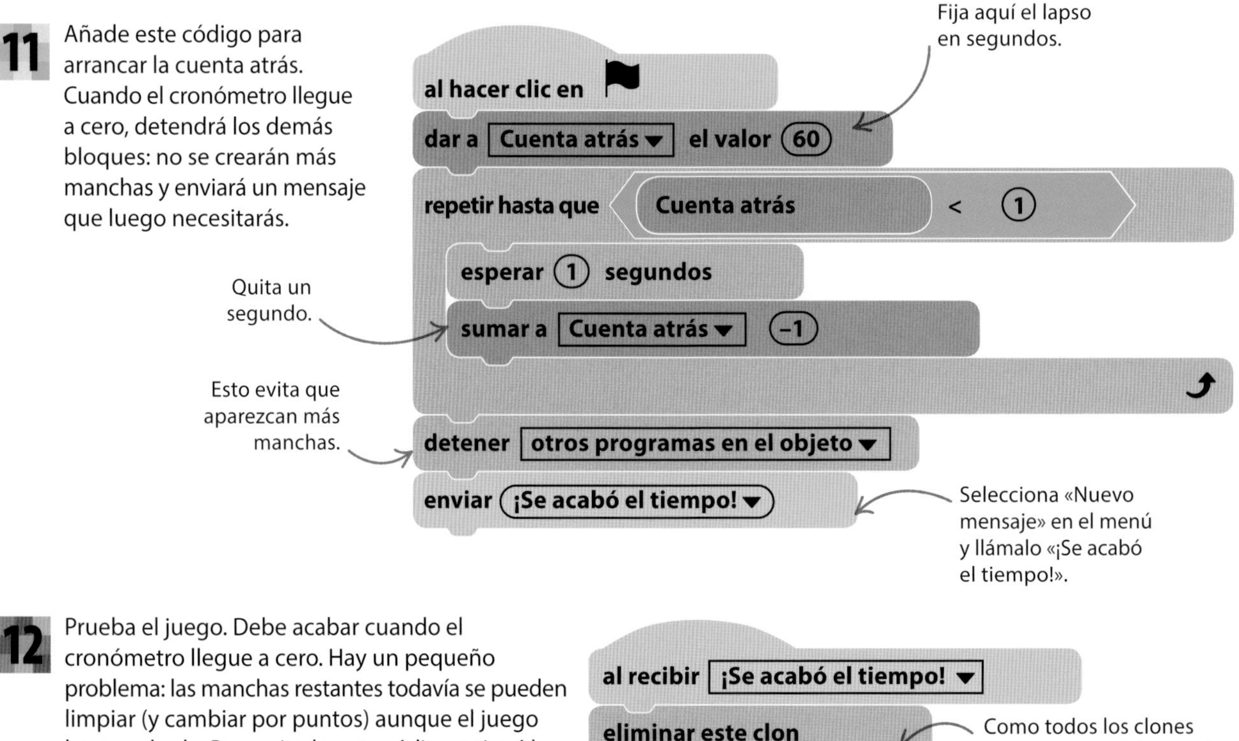

12 Prueba el juego. Debe acabar cuando el cronómetro llegue a cero. Hay un pequeño problema: las manchas restantes todavía se pueden limpiar (y cambiar por puntos) aunque el juego haya acabado. Para evitarlo, este código retirará las manchas que aún queden. Prueba el juego otra vez.

al recibir ¡Se acabó el tiempo!
eliminar este clon

Como todos los clones ejecutan este código, todos los clones se borran.

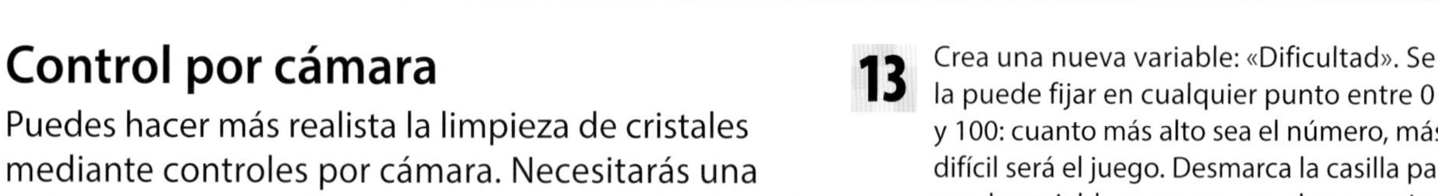

Control por cámara

Puedes hacer más realista la limpieza de cristales mediante controles por cámara. Necesitarás una webcam para completar la siguiente sección. Cuando juegues con la webcam, mantente un poco alejado de la pantalla del ordenador, de modo que la mayor parte de tu cuerpo se vea en pantalla.

13 Crea una nueva variable: «Dificultad». Se la puede fijar en cualquier punto entre 0 y 100: cuanto más alto sea el número, más difícil será el juego. Desmarca la casilla para que la variable no se vea en el escenario.

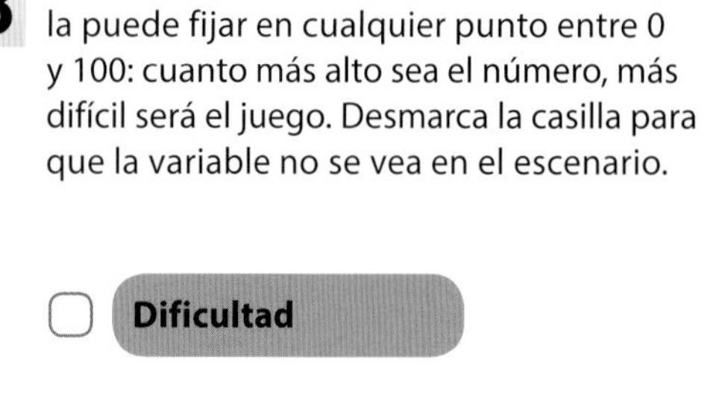

14 Para usar la webcam necesitarás añadir la extensión Sensor de vídeo. Clica en el símbolo «Añadir extensión», abajo a la izquierda, y escógela. Los bloques estarán en la sección Sensor de vídeo. Añade este código para fijar el valor de «Dificultad» y enciende la webcam. Intenta comenzar por un valor de 40. Más tarde, si la iluminación y el fondo de tu habitación facilitan o dificultan demasiado el juego, podrás ajustar el valor. No ejecutes el juego aún.

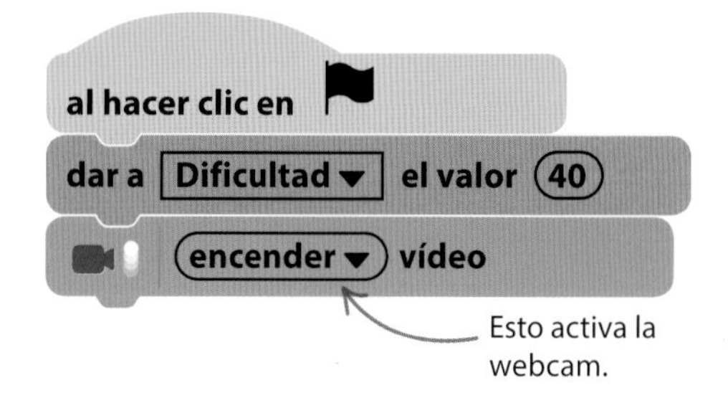

15 Para borrar las manchas con la cámara, en lugar de con el ratón, cambia el código «al comenzar como clon» de esta manera.

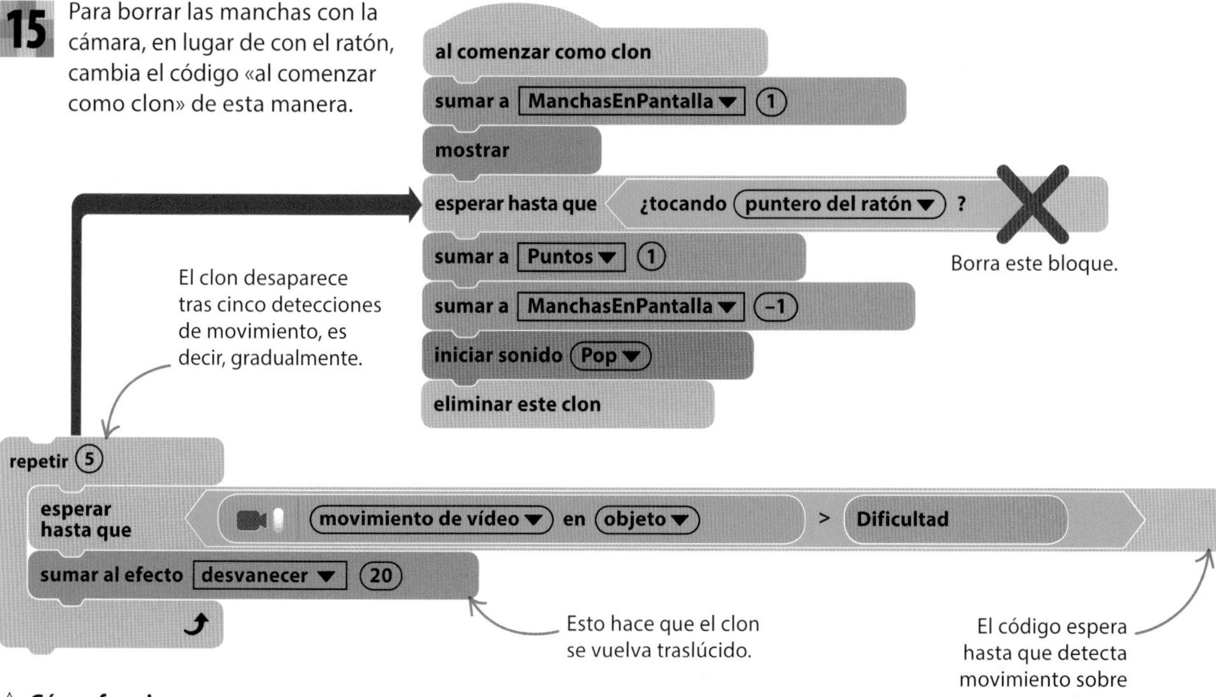

△ Cómo funciona

El código antiguo esperaba a que el puntero del ratón tocase el clon de la mancha para borrarlo. Ahora esperamos que la cámara detecte movimiento en el área que rodea al clon, pero lo hacemos cinco veces, aumentando el efecto desvanecer para ir borrando el clon. Conforme limpies la mancha, se hará más traslúcida hasta desaparecer.

16 Ejecuta el juego. Quizá salte una ventana emergente que te pregunte si Scratch puede usar tu webcam. Puedes aceptar. Luego te verás junto a las manchas. Pasa la mano por encima de las manchas. Si no están desapareciendo, pon un número más bajo en el bloque «dar a [Dificultad] el valor» y vuelve a ejecutar el juego.

Clica aquí para jugar a pantalla completa.

Trucos y mejoras

Estas son algunas ideas para mejorar este juego, pero siéntete libre de probar las tuyas. Cuando sepas cómo usar la detección de movimiento de Scratch, ¡podrás crear todo tipo de juegos que animen a los jugadores a saltar y divertirse!

La variable «Mejor puntuación» solo cambia si algún jugador la bate.

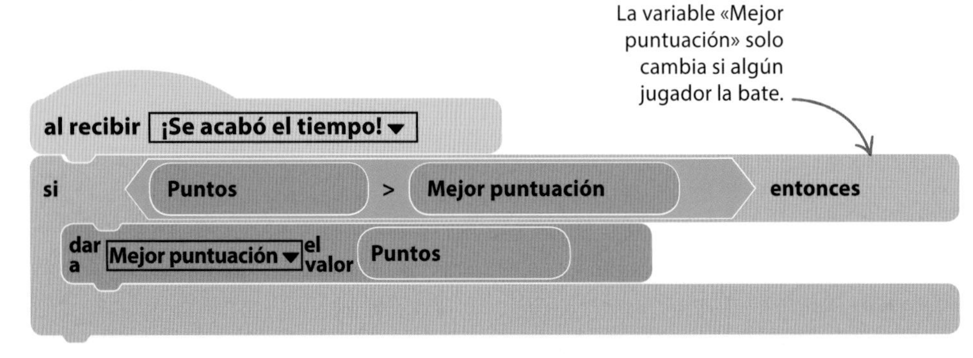

◁ **Mejor puntuación**

Es fácil añadir un segundo marcador: crea una nueva variable, «Mejor puntuación», y añade este código. Puedes mostrar el nombre del mejor jugador (mira cómo lo hiciste en el proyecto Túnel de la perdición).

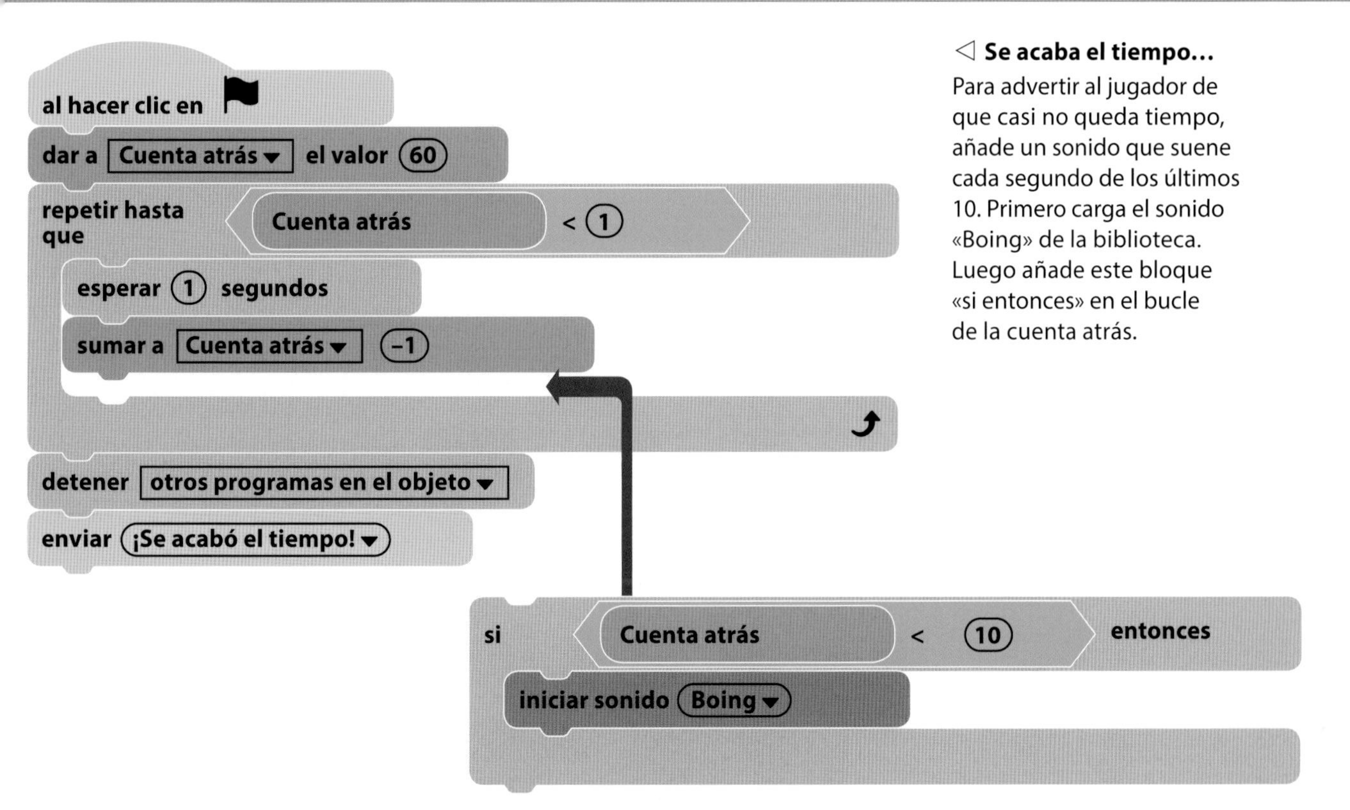

◁ **Se acaba el tiempo...**
Para advertir al jugador de que casi no queda tiempo, añade un sonido que suene cada segundo de los últimos 10. Primero carga el sonido «Boing» de la biblioteca. Luego añade este bloque «si entonces» en el bucle de la cuenta atrás.

▽ **Ajuste de dificultad**
Si ves que has de ajustar la dificultad muy a menudo, puedes mostrarla en el escenario como deslizador. Marca la casilla de la variable para que se vea en el escenario. Allí, haz clic con el botón derecho (o control + mayúsculas y clic) y escoge «deslizador».

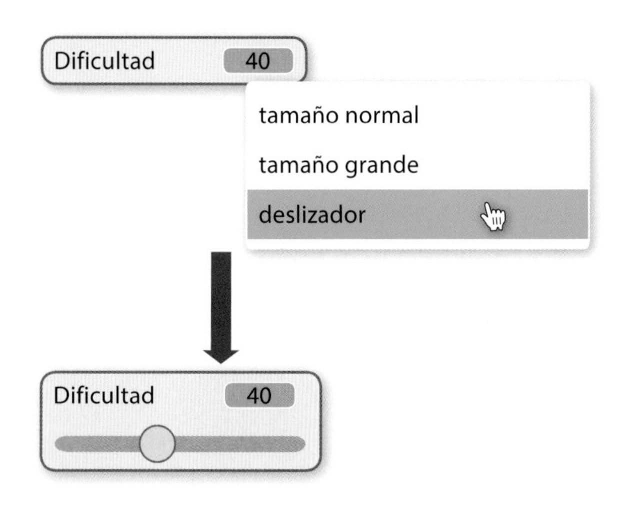

PRUEBA ESTO

Versión multijugador

He aquí un desafío a tus habilidades de programador: guarda una copia de Limpiacristales e intenta convertirlo en un juego multijugador, en el que cada jugador ha de limpiar manchas de un color determinado. Tendrás que crear variables de puntuación para cada jugador, y añadir bloques «si entonces» al código de los clones para actualizar las diferentes puntuaciones en función de qué disfraz se ha borrado.

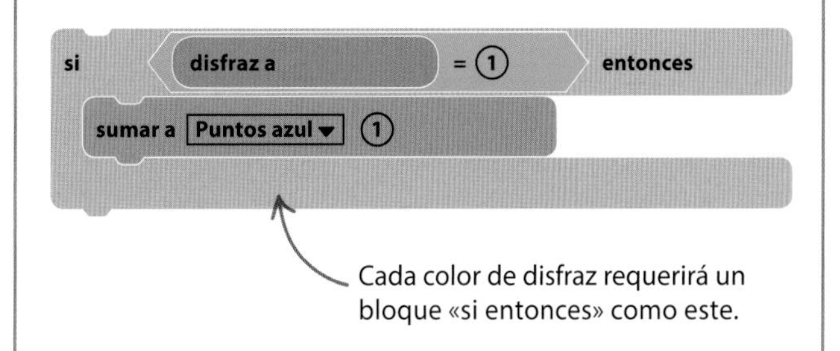

Cada color de disfraz requerirá un bloque «si entonces» como este.

Simulaciones

Nieve virtual

Nadie quiere nieve de verdad en su ordenador: se fundiría y arruinaría los circuitos. Este proyecto te enseña a crear nieve virtual, totalmente segura, con Scratch. Cae del cielo y puedes hacer que se acumule en el suelo o se pegue a cosas.

Cómo funciona

Cada copo de nieve es un clon que cae por el escenario mientras se mece lateralmente como un auténtico copo de nieve. Cuando aterriza en algo o llega abajo de todo, sella una imagen de sí mismo.

△ **Muñeco de nieve**
En este proyecto puedes cargar cualquier objeto y hacer que la nieve lo cubra. El muñeco de nieve es ideal.

Los copos de nieve son clones de un sencillo círculo.

La nieve cae y se acumula en el suelo.

La nieve se acumula sobre el objeto.

△ **Imágenes ocultas**
Puedes añadir objetos invisibles que se revelan lentamente conforme la nieve los cubre. Usa un objeto de la biblioteca, dibuja uno o escribe tu nombre en grandes letras.

Deja que nieve

Comienza dibujando el disfraz del copo de nieve, un sencillo círculo blanco. Luego haz que nieve creando clones, todos ellos diminutos copos de nieve que caen del cielo del escenario.

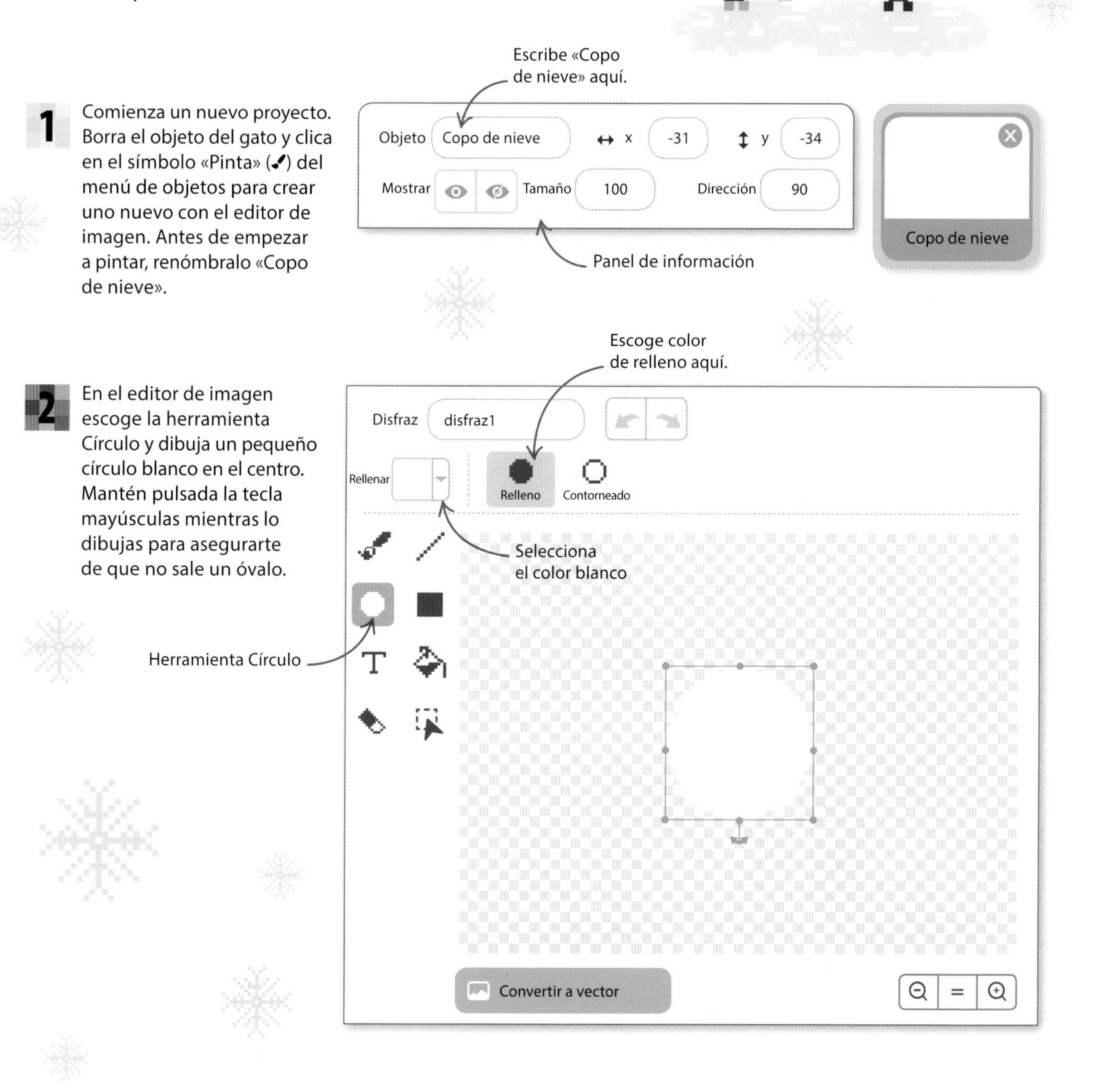

1 Comienza un nuevo proyecto. Borra el objeto del gato y clica en el símbolo «Pinta» (✓) del menú de objetos para crear uno nuevo con el editor de imagen. Antes de empezar a pintar, renómbralo «Copo de nieve».

2 En el editor de imagen escoge la herramienta Círculo y dibuja un pequeño círculo blanco en el centro. Mantén pulsada la tecla mayúsculas mientras lo dibujas para asegurarte de que no sale un óvalo.

3 Para asegurarte de que el círculo tiene el tamaño adecuado, arrastra una de las esquinas de la caja hasta dárselo. Busca un tamaño de 50 x 50. Si la caja desaparece, vuelve a trazarla en torno al círculo con la herramienta Seleccionar.

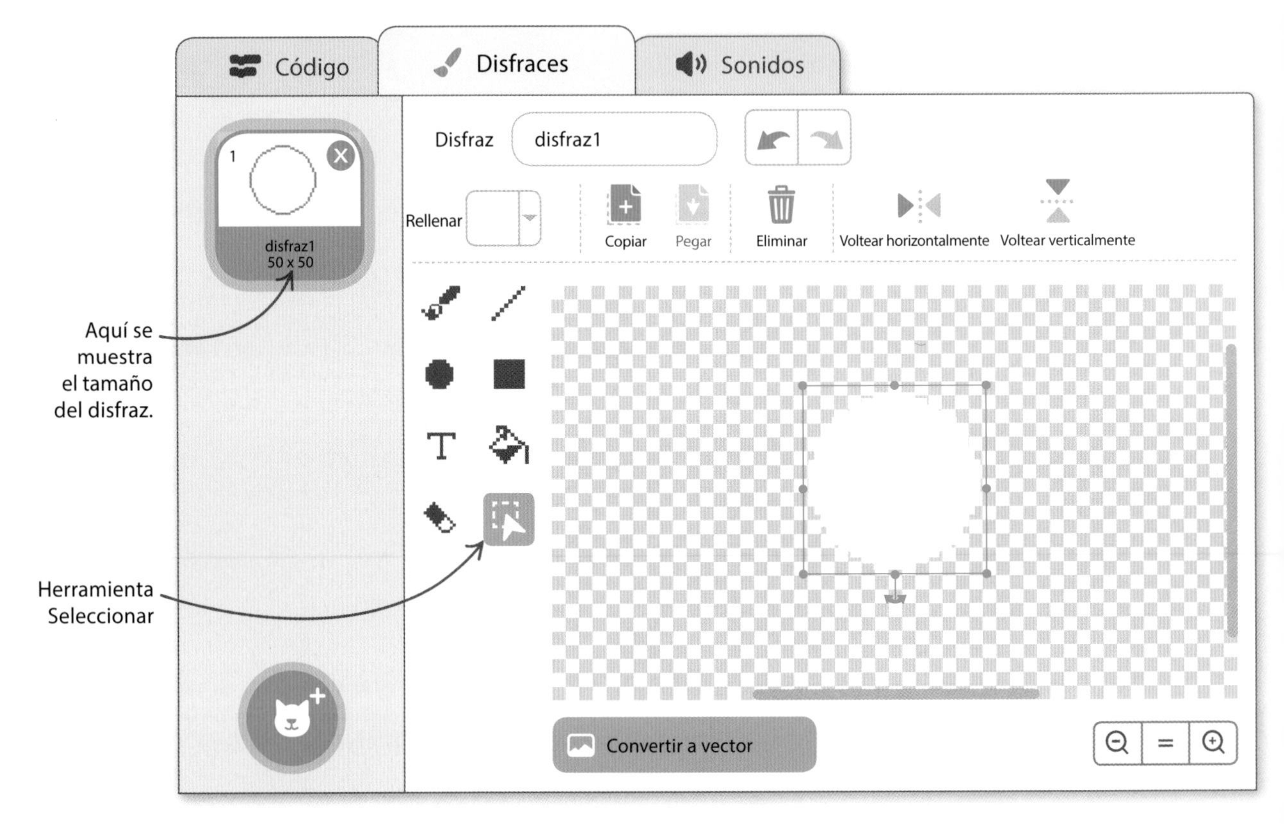

4 Añade un fondo para poder ver la nieve cuando cae. Haz clic en el símbolo «Pinta» (🖌) del menú de fondos para crear un nuevo telón en el editor de imagen.

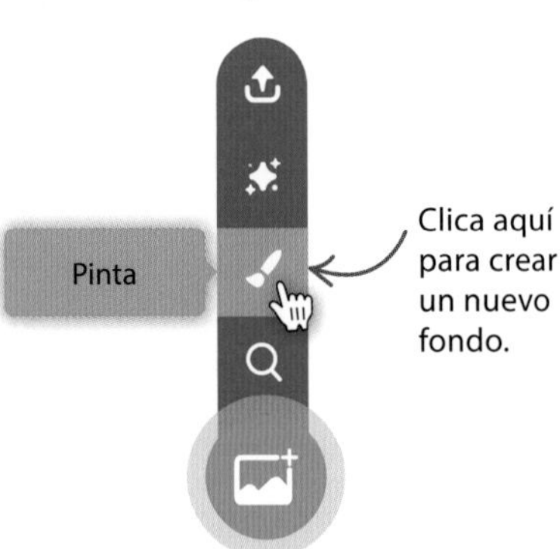

5 Para hacer las cosas más interesantes, puedes usar una mezcla de dos colores para el fondo. Asegúrate de que está seleccionado «Convertir a mapa de bits» abajo a la izquierda. Escoge la herramienta Rellenar y la opción degradado vertical. Escoge el azul más oscuro como primer color, y uno más claro como segundo color.

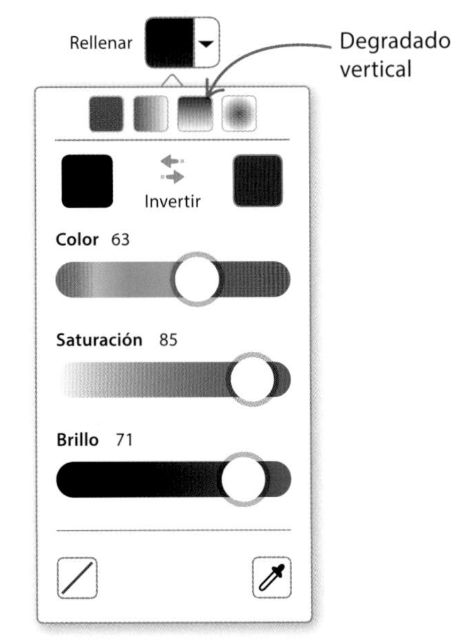

6 Selecciona la herramienta Rellenar y clica en el fondo. Puedes usar los colores que prefieras, pero la nieve se ve mejor contra fondos oscuros.

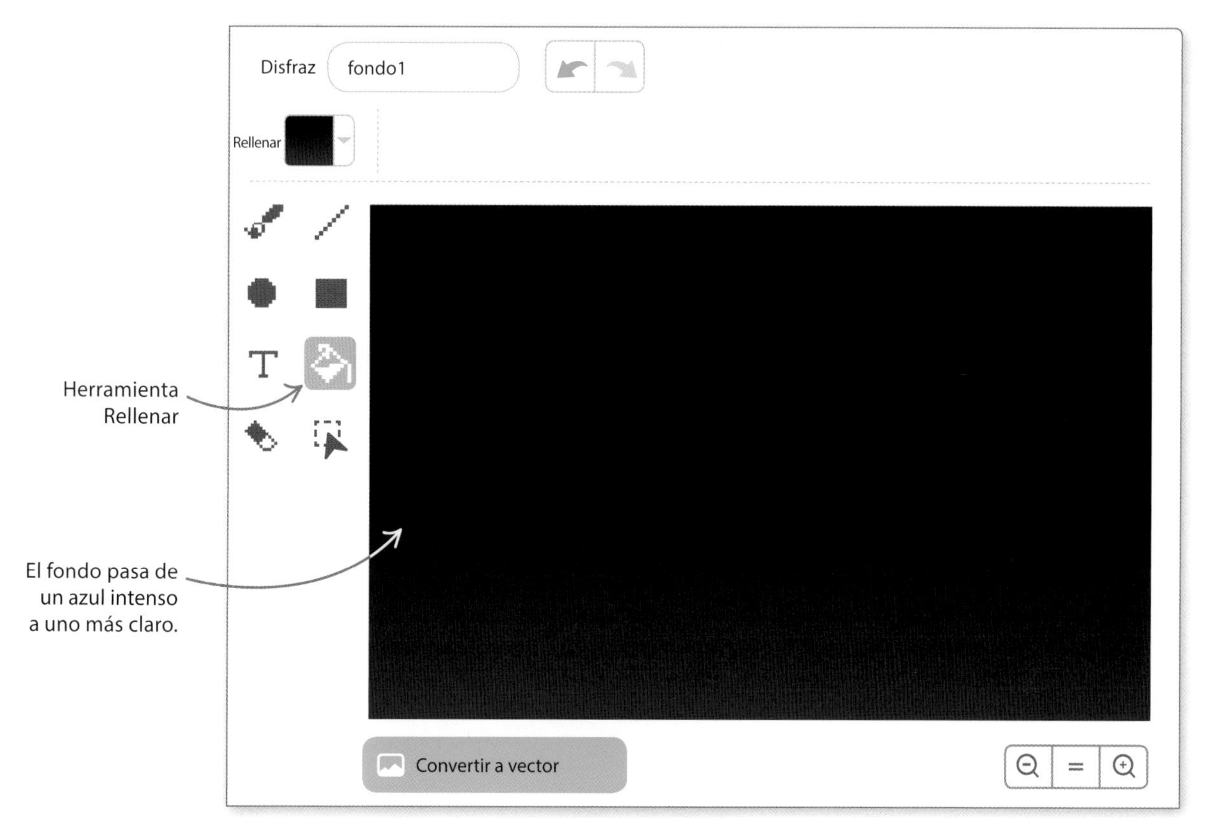

7 Tendrás que añadir la extensión Lápiz como en proyectos previos (p. 100). Selecciona el copo de nieve en la lista de objetos y clica la pestaña de Código. Añade este código para crear clones del copo. No ejecutes el proyecto aún.

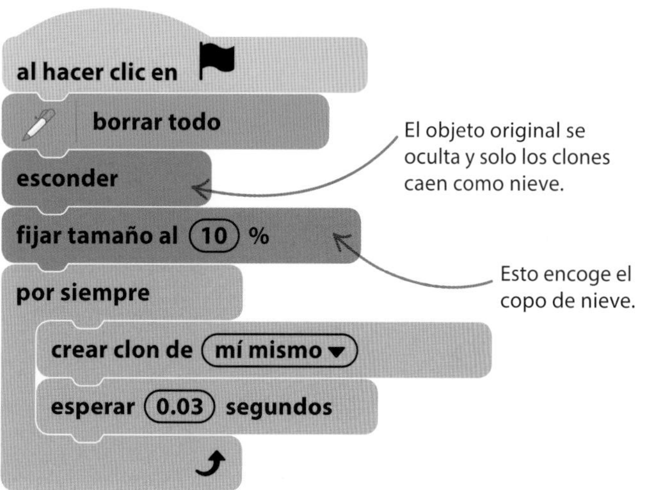

8 Añade este código para que los clones del copo de nieve caigan del cielo del escenario, balanceándose.

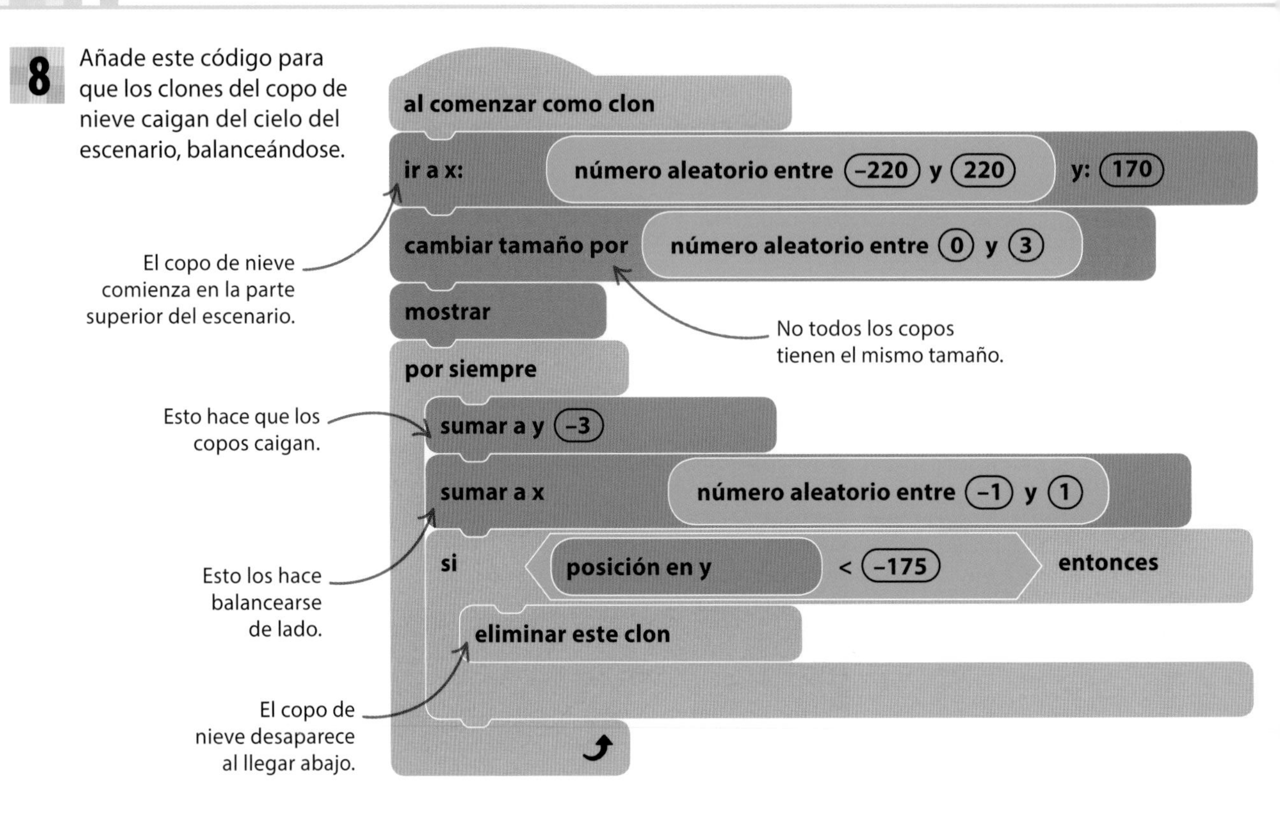

9 Ejecuta el proyecto. La nieve debería caer por el escenario antes de desaparecer al llegar abajo.

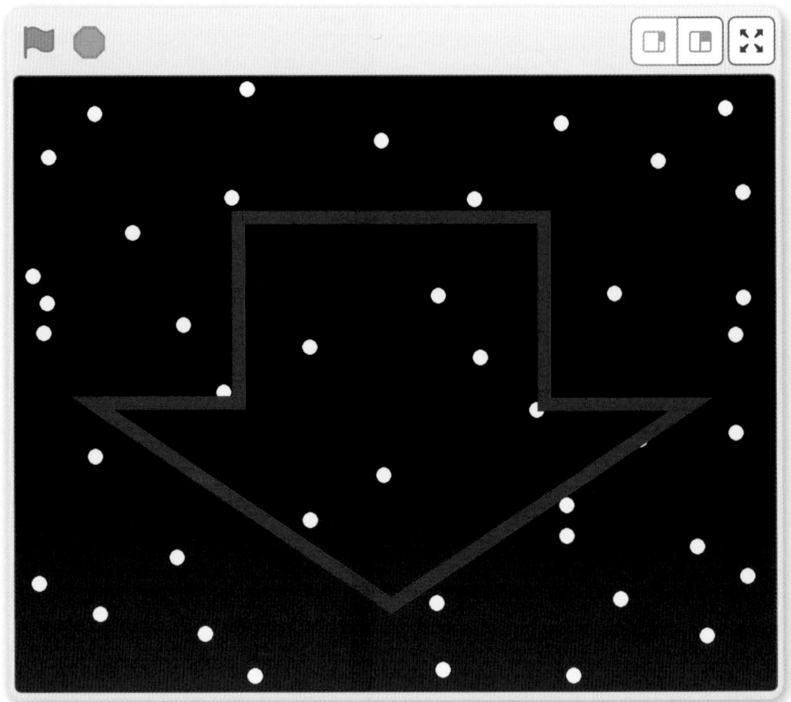

La nevada

En climas realmente fríos, la nieve no se desvanece al tocar el suelo: se acumula. Es fácil hacer que tu nieve virtual se acumule o se pegue a cosas. Solo sigue estos pasos.

10 Primero, que la nieve se acumule abajo. Podrías dejar los clones allí, pero Scratch no permite más de 300 clones a la vez en un escenario, y te quedarías sin nieve. Una manera fácil de arreglarlo es sellar una copia de cada clon antes de borrarlo.

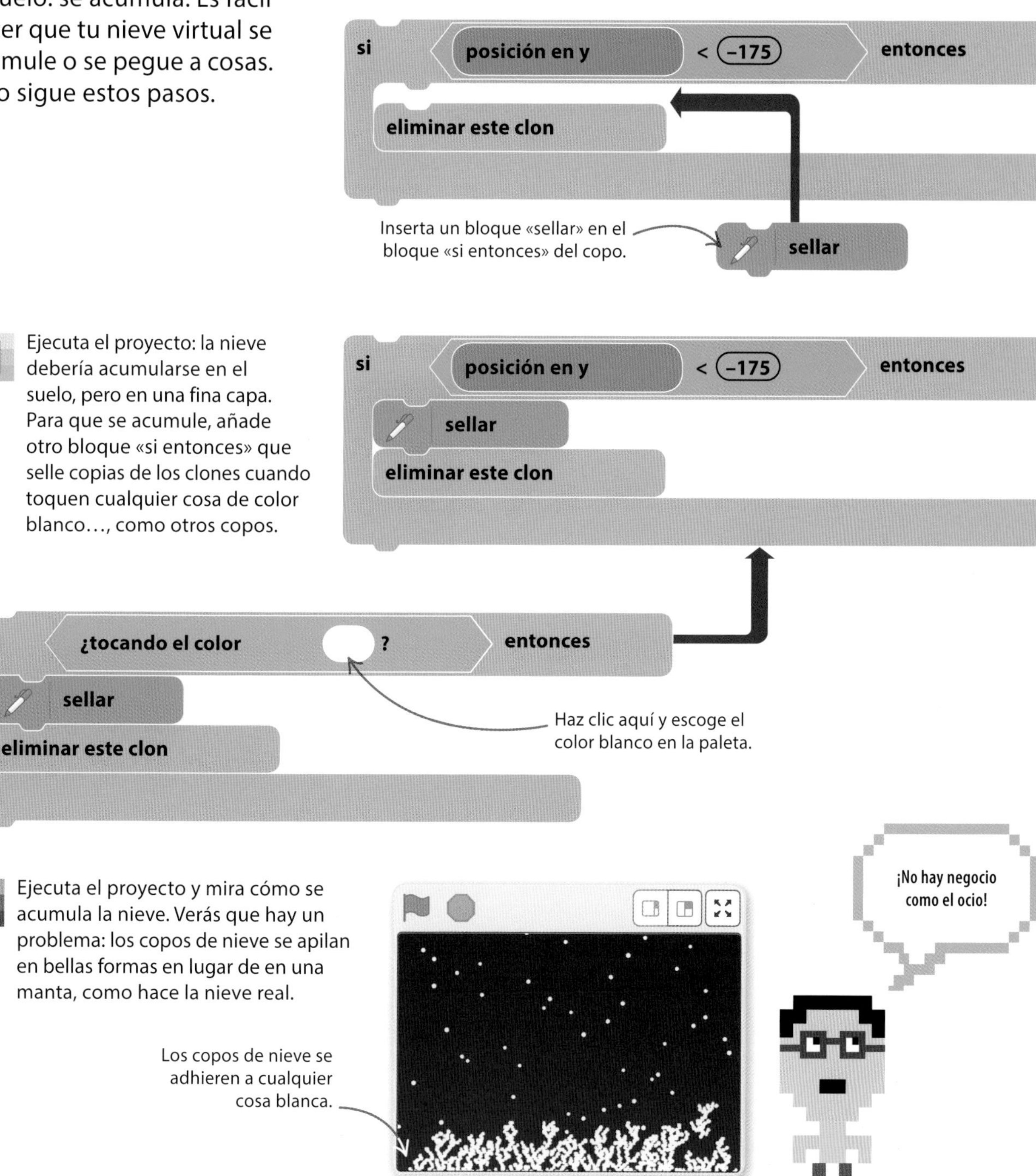

11 Ejecuta el proyecto: la nieve debería acumularse en el suelo, pero en una fina capa. Para que se acumule, añade otro bloque «si entonces» que selle copias de los clones cuando toquen cualquier cosa de color blanco…, como otros copos.

12 Ejecuta el proyecto y mira cómo se acumula la nieve. Verás que hay un problema: los copos de nieve se apilan en bellas formas en lugar de en una manta, como hace la nieve real.

13 Para que la nieve se asiente como un manto, haz este cambio en el código. Ahora, cuando un copo toca algo blanco, tira un dado: si saca un 1 se adhiere. Esto hace que la nieve sea menos pegajosa y tenga más probabilidades de llegar más lejos y crear una capa densa.

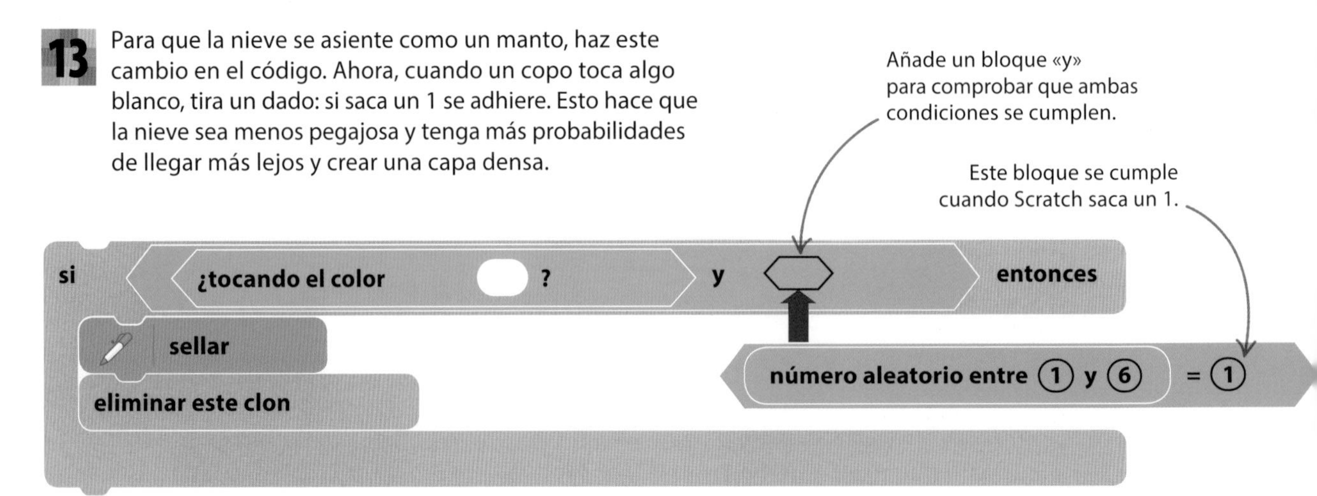

14 Ejecuta el proyecto para ver qué pasa. Puedes experimentar cambiando el 6 del número aleatorio. Cuanto mayor sea el número, menos se acumulará la nieve.

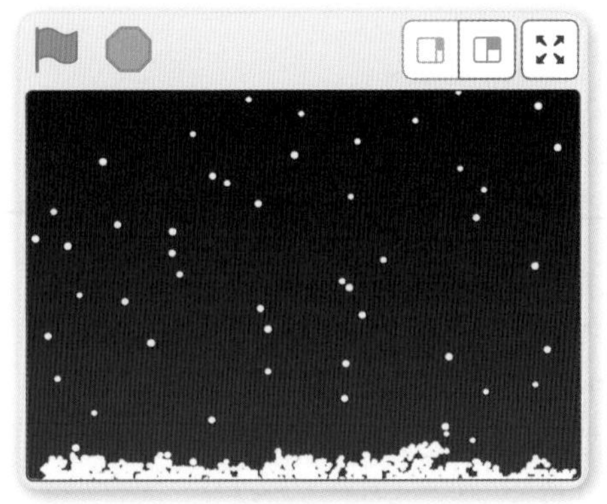

15 Añade un objeto para que la nieve lo cubra. Haz clic en el símbolo de la lista de objetos (🐱) y escoge algo de la biblioteca, como el muñeco de nieve («Snowman»). Añade un bloque «si entonces» al código, como ves aquí, para que la nieve se adhiera al objeto.

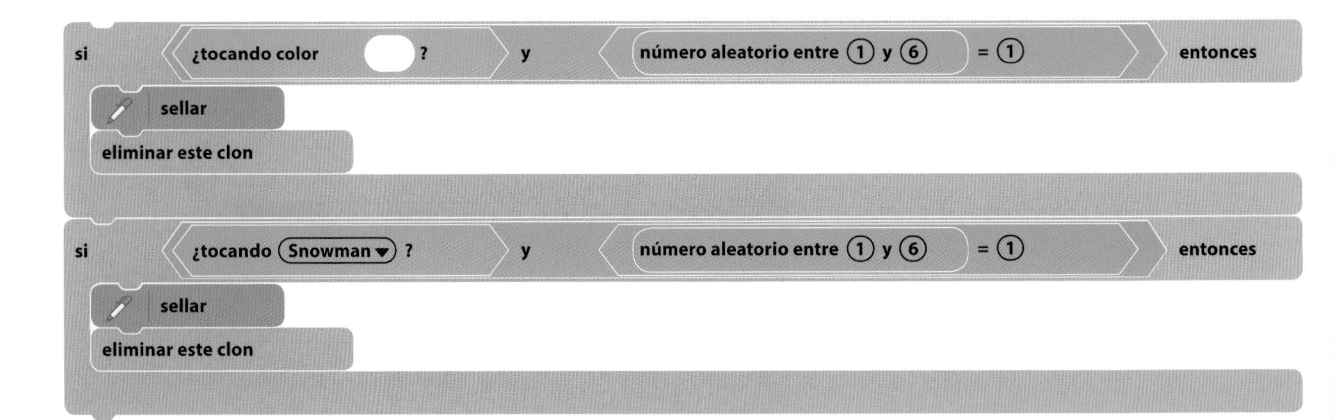

CONSEJO DE EXPERTO

Modo turbo

Si eres impaciente y quieres ver cómo se acumula la nieve, pon Scratch en «modo turbo». Mantén presionada la tecla mayúsculas y clica en la bandera verde antes de ejecutar el proyecto. Scratch ejecuta el código de un modo mucho más rápido, con un tiempo mínimo entre bloques. Tu nevada se dará mucho más rápido.

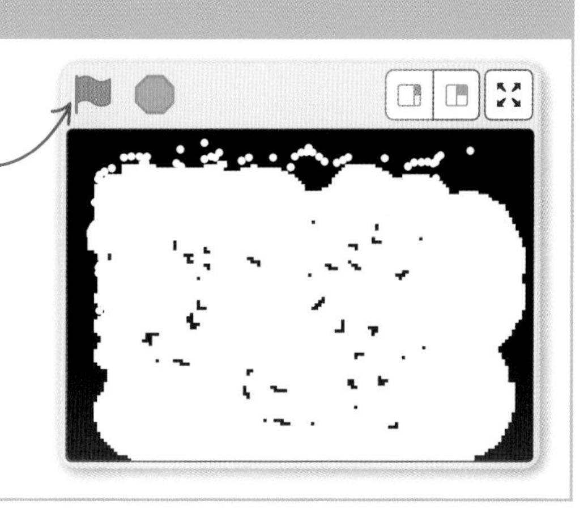

Imágenes secretas

Es fácil modificar este proyecto para que la nieve se adhiera a un objeto invisible, revelándolo poco a poco. Guarda tu proyecto como copia antes de intentar esto.

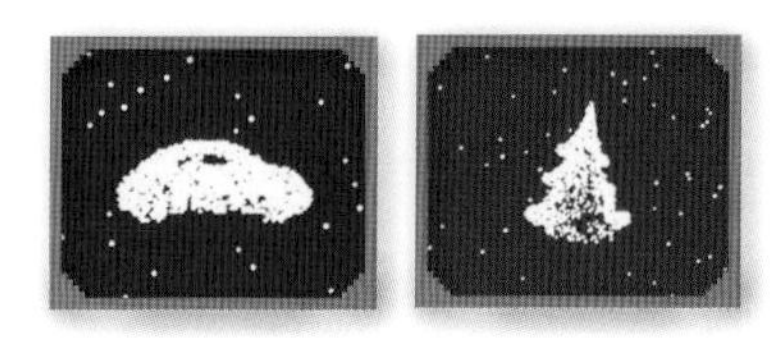

16 Haz clic en el símbolo «Pinta» (✓) de la lista de objetos para crear un nuevo objeto. Llámalo «Invisible». Usa el editor de imagen para crear tu objeto oculto. Puede ser cualquier cosa (una casa, un animal, un nombre...) pero hazlo grande y usa solo un color. Puedes dar al objeto más de un disfraz si quieres.

17 Añade este código al objeto invisible para ponerlo y ocultarlo con el efecto desvanecer. Un bloque «ocultar» no funcionaría porque evitaría que la nieve se adhiriese a él.

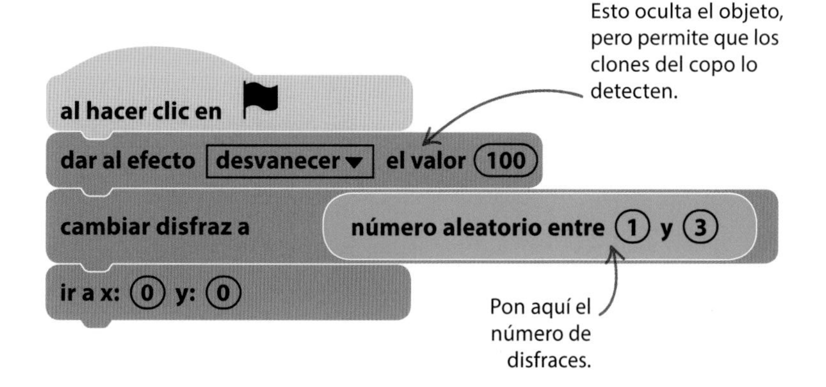

18 Cambia el código del clon así. Ahora los copos de nieve solo se acumularán sobre el objeto invisible. Desaparecen cuando llegan a la parte inferior del escenario.

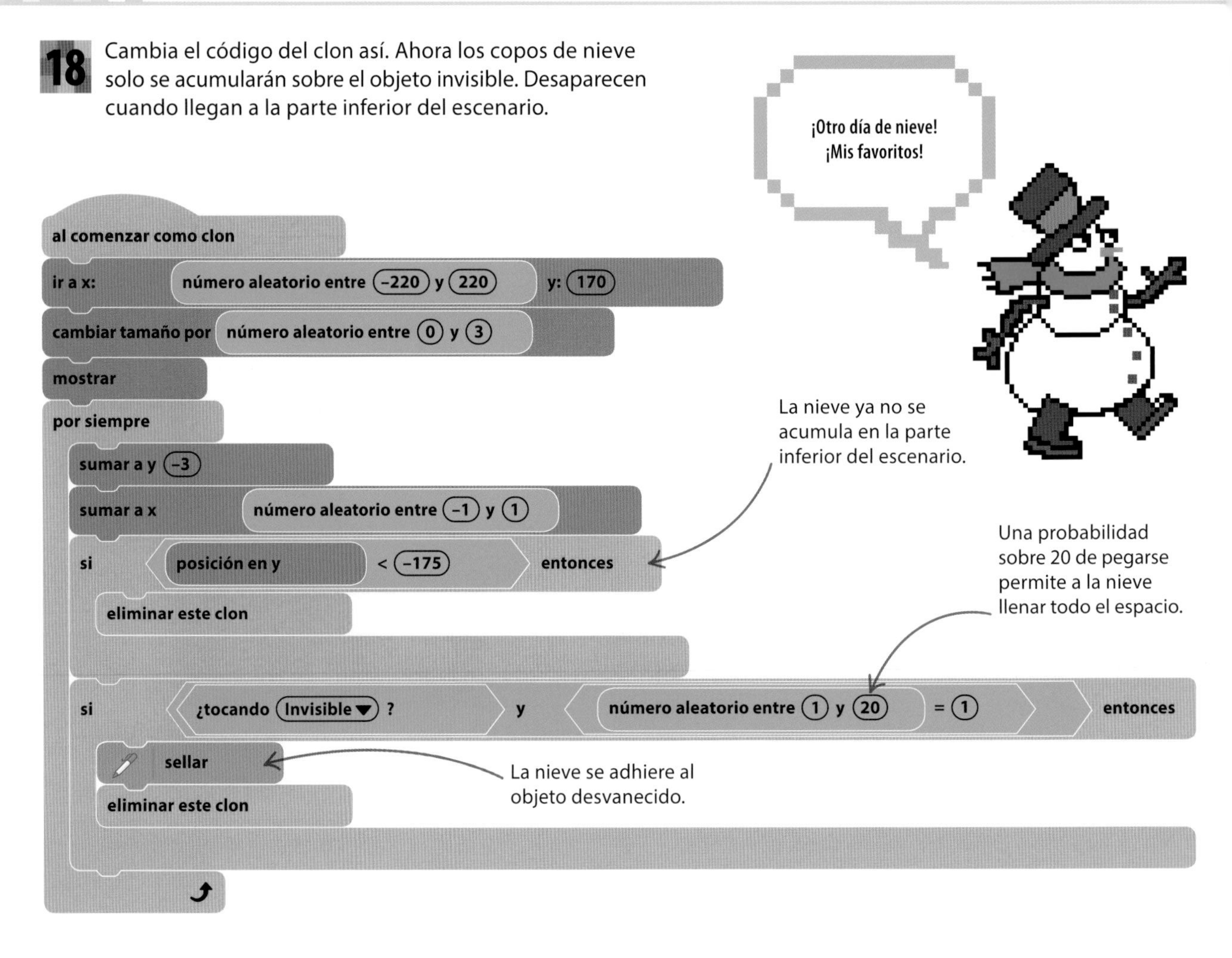

19 Ahora añade un bonito fondo de la biblioteca, como «Winter», y mira cómo tu imagen oculta aparece con la nieve. Puedes retirar el bloque «esperar» del bucle para crear clones o usar el modo turbo para acelerar las cosas.

Trucos y mejoras

La nieve o la lluvia pueden ser una gran adición para tu juego o proyecto. Prueba estos trucos para enviar una tormenta nevada a tu colección de Scratch.

▷ **Bolas de nieve pegajosas**

A veces se ven pequeños cúmulos de nieve en el cielo. Esto sucede cuando dos copos de nieve se tocan mientras caen, en el cielo, y se unen. Conforme se van adhiriendo más copos de nieve, el montón se hace más grande. Si sigues con cuidado las instrucciones de este proyecto no debería pasar muy a menudo, pero, si lo hace, experimenta con los números en el código. Puedes cambiar el tamaño y la velocidad de los copos, cuánto se balancean e incluso la demora antes de crear cada clon.

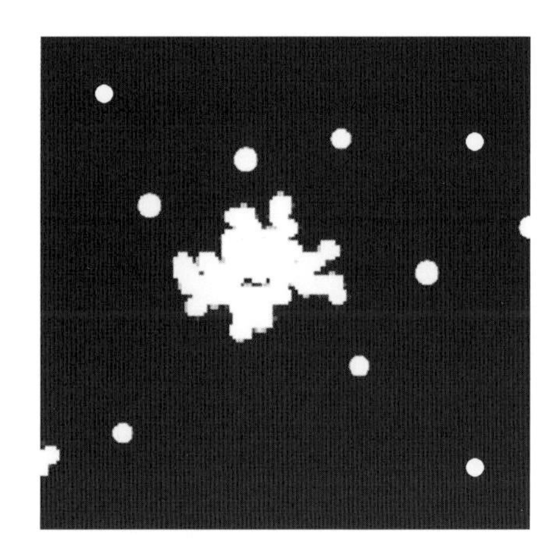

PRUEBA ESTO

Nave espacial

Si cambias los copos de nieve por puntos blancos o amarillos y retiras el bloque aleatorio «sumar a x», que hace balancearse los copos, obtienes un campo estrellado que se mueve de arriba abajo. Añade un fondo negro, una nave espacial y algunos asteroides y tendrás un sencillo juego estelar.

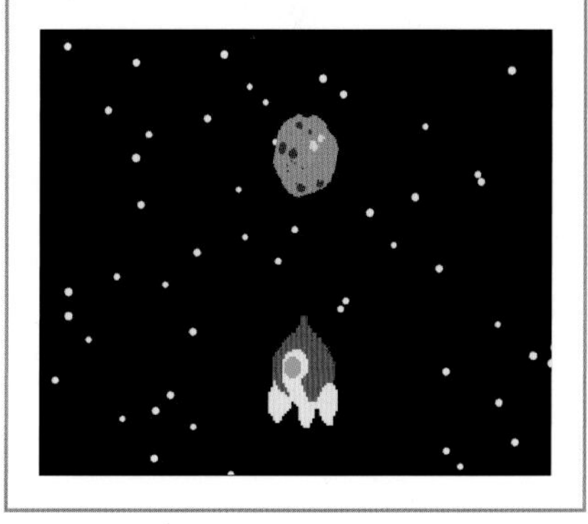

▽ **Añadir nieve a un proyecto**

Puedes usar el código de la nevada (pasos 1 a 8) para dar nieve a otro proyecto. Sería una gran adición a un proyecto como Tarjeta de felicitación. La nieve no detecta otros objetos, es solo un efecto especial. Tendrás que añadir un bloque «ir a capa delantera» al inicio del código del clon para que los copos caigan por delante de los demás objetos. Cambia los copos de nieve por gotas de lluvia, más grises, si quieres que llueva.

Añade este bloque al inicio del código existente.

Fuegos artificiales

Puede que creas que necesitas montones de objetos para crear fuegos artificiales, pero los clones lo hacen muy fácil. Son geniales para crear explosiones y otros patrones en movimiento. Los gráficos informáticos creados con esta técnica se llaman «sistemas de partículas».

Haz clic en la bandera verde para empezar el proyecto.

El cohete vuela antes de explotar.

Cómo funciona

Haz clic en cualquier lugar del escenario para disparar un cohete hacia allí, que explotará con coloridos fuegos artificiales. Cada explosión consiste en cientos de clones de un objeto. El proyecto usa gravedad simulada para que los clones caigan mientras brillan y se van desvaneciendo.

◁ **Cohete**
Los fuegos artificiales comienzan con un cohete que se lanza con el ratón. Puedes usar una sencilla línea para representar el cohete o crear uno más detallado con el editor de imagen.

◁ **Clones**
Para crear los globos de «estrellas», este proyecto usa 300 clones, el máximo permitido por Scratch. Cada uno sigue una trayectoria ligeramente distinta a una velocidad levemente diferente para que las estrellas se distribuyan en círculo.

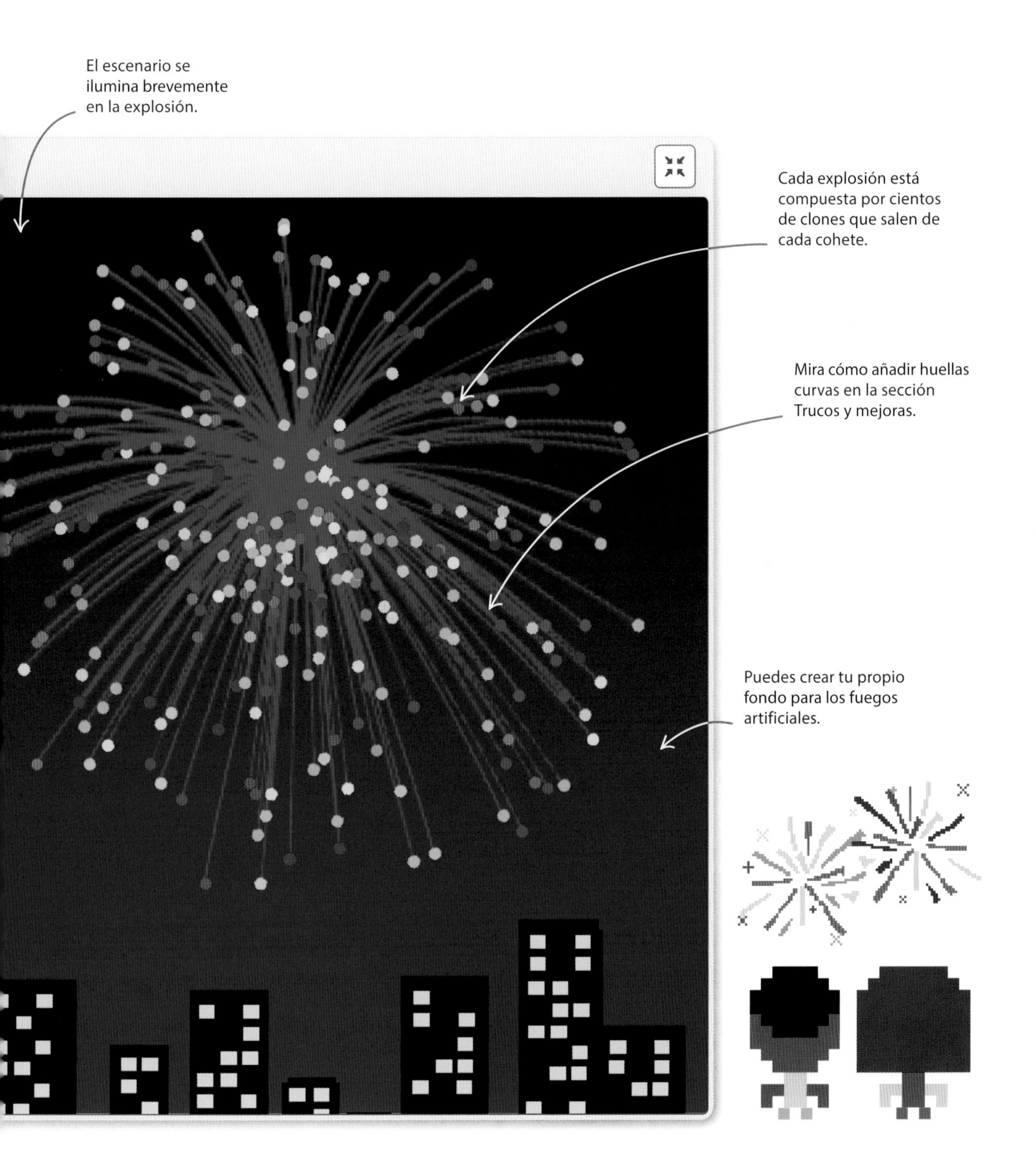
El escenario se ilumina brevemente en la explosión.
Cada explosión está compuesta por cientos de clones que salen de cada cohete.
Mira cómo añadir huellas curvas en la sección Trucos y mejoras.
Puedes crear tu propio fondo para los fuegos artificiales.

Crear el cohete

El primer paso del proyecto es crear el pequeño cohete que vuela y explota en una bola de fuegos artificiales. El código permitirá al cohete volar allá donde hagas clic con el ratón.

1 Comienza un nuevo proyecto y borra el objeto del gato (clic con el botón derecho, y «borrar»). Clica en el símbolo «Pinta» (✓) del menú de objetos para crear un nuevo objeto y abre el editor de imagen. Renombra el objeto «Cohete».

2 Convierte a mapa de bits y usa las herramientas Línea y Pincel para crear un cohete. Una sencilla línea roja servirá, puesto que el cohete será pequeño, pero si quieres puedes hacerlo más realista.

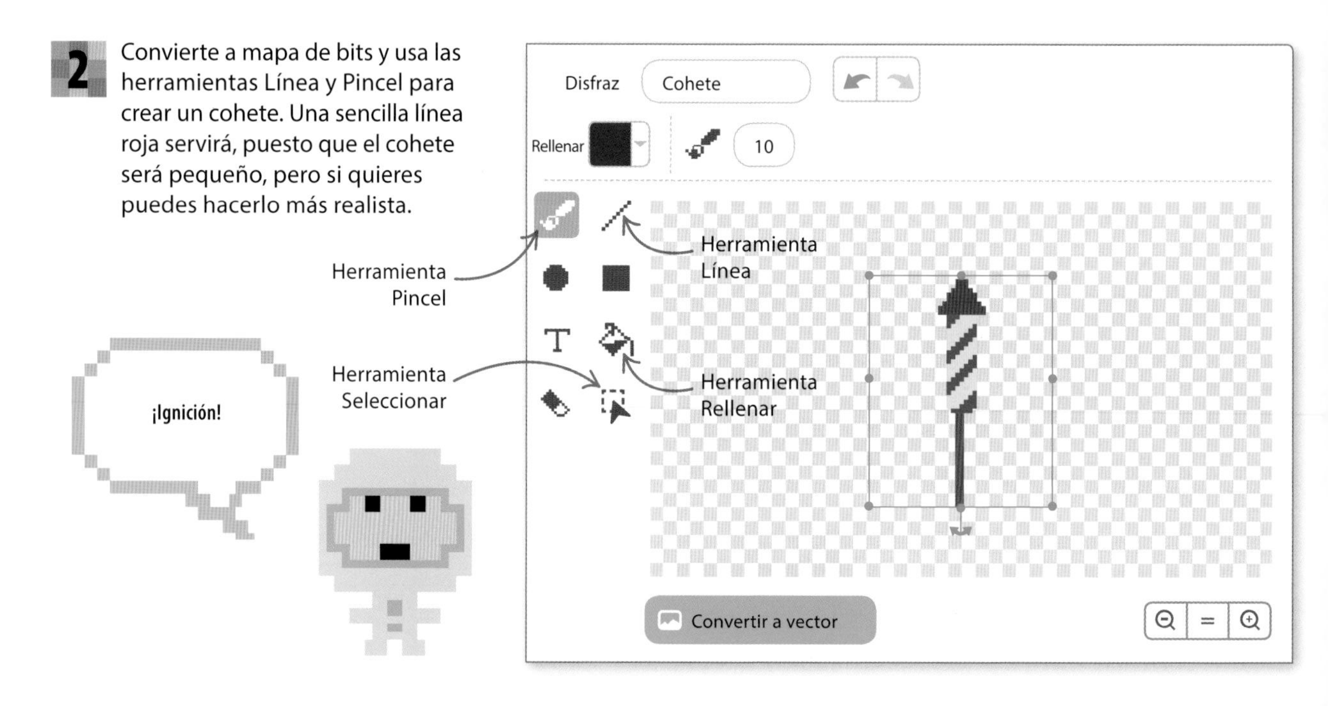

3 Cuando estés satisfecho con el cohete, utiliza la herramienta Seleccionar para crear una caja a su alrededor. Clica en una de sus esquinas y encógela hasta que tenga 10 o menos de ancho y no más de 50 de alto. Mira su tamaño en la lista de disfraces.

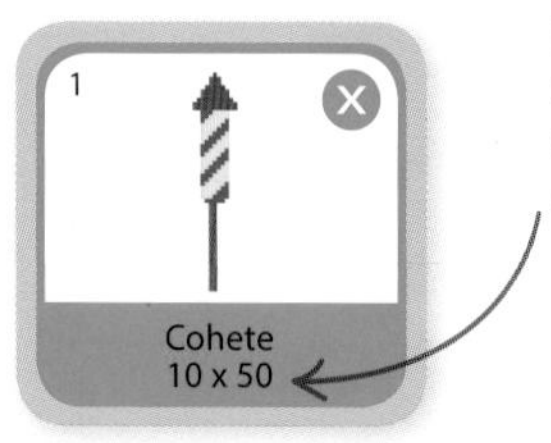

Estos números muestran las dimensiones del objeto.

4 Selecciona el escenario, abajo a la derecha, y clica en la pestaña Fondos. Cambia el nombre de «fondo1» a «Flash». Esto dará un fogonazo de luz cuando explote el cohete. Clica en el símbolo «Pinta» (✓) del menú de fondos para crear el fondo principal, y llámalo «Noche».

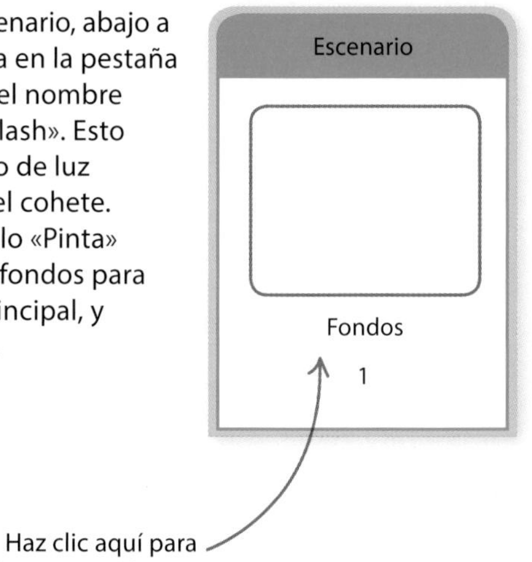

Haz clic aquí para seleccionar el fondo.

5 Para que el fondo nocturno sea más interesante, usa un degradado de dos colores en lugar de rellenar con uno solo. Selecciona la herramienta Rellenar y escoge los dos azules más oscuros del degradado vertical. Luego usa Rellenar para pintar el telón de modo que quede oscuro arriba y se vaya aclarando más abajo. Para más decoración, añade rectángulos negros y amarillos para crear un perfil urbano.

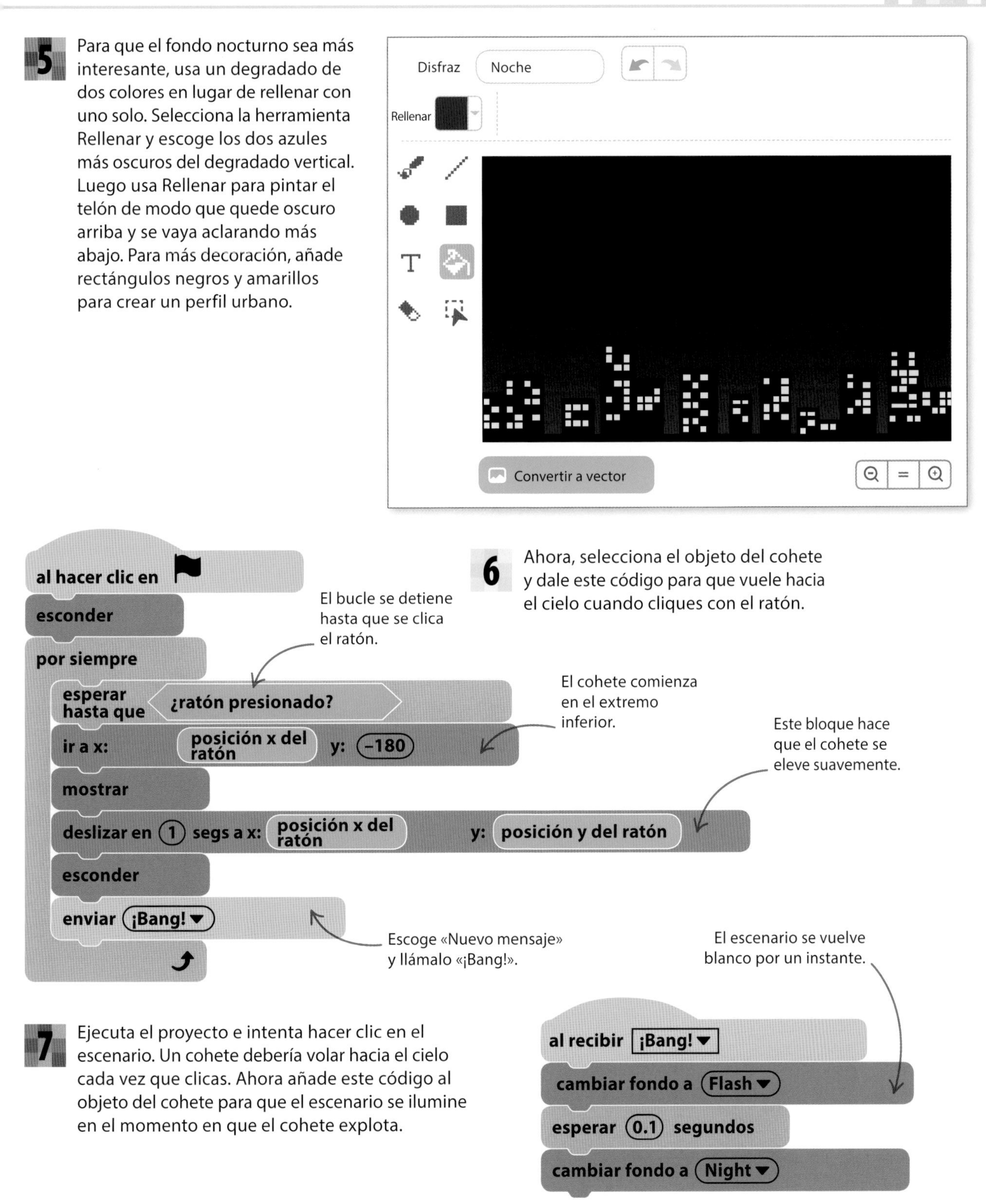

6 Ahora, selecciona el objeto del cohete y dale este código para que vuele hacia el cielo cuando cliques con el ratón.

7 Ejecuta el proyecto e intenta hacer clic en el escenario. Un cohete debería volar hacia el cielo cada vez que clicas. Ahora añade este código al objeto del cohete para que el escenario se ilumine en el momento en que el cohete explota.

Estrellas y explosiones

Los auténticos fuegos artificiales están repletos de «estrellas», fragmentos inflamables que brillan con intensos colores mientras caen ardiendo. Puedes simular la apariencia de estas estrellas con los clones de Scratch. Sigue estas instrucciones para crear las estrellas y hacerlas explotar.

8 Haz clic en el símbolo «Pinta» (✓) en la lista de objetos para crear un nuevo objeto, y llámalo «Estrellas». Antes de dibujar, selecciona «Convertir a vector» abajo a la izquierda: usar gráficos vectoriales te ayudará a mantener las estrellas circulares incluso si son muy pequeñas.

9 Haz clic en el símbolo + del *zoom* para acercar el disfraz, pues será muy pequeño. Para crear una estrella solo necesitarás un sencillo círculo verde. Escoge verde brillante en la paleta de color y selecciona Círculo. Pulsa mayúsculas y arrastra con el ratón para dibujarlo.

10 Comprueba el tamaño en la lista de disfraces: ha de ser de 5 x 5. Si es muy grande, escoge Seleccionar (↖) y clica en el círculo verde para que aparezca una caja a su alrededor. Clica en una de las esquinas y arrástrala para cambiar el tamaño.

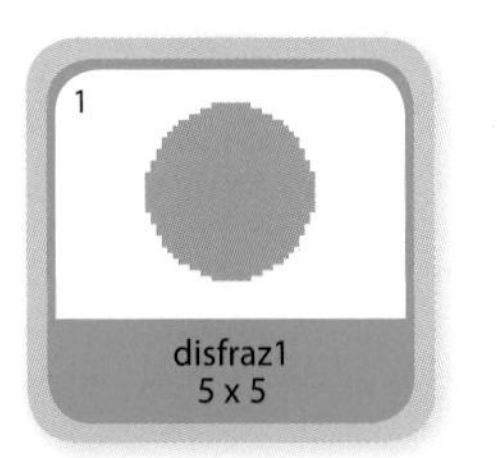

11 Añade el siguiente código al objeto de las estrellas a fin de crear 300 copias ocultas que formarán la explosión.

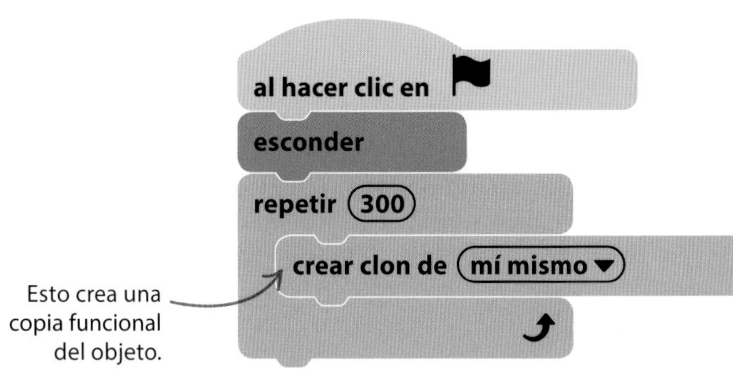

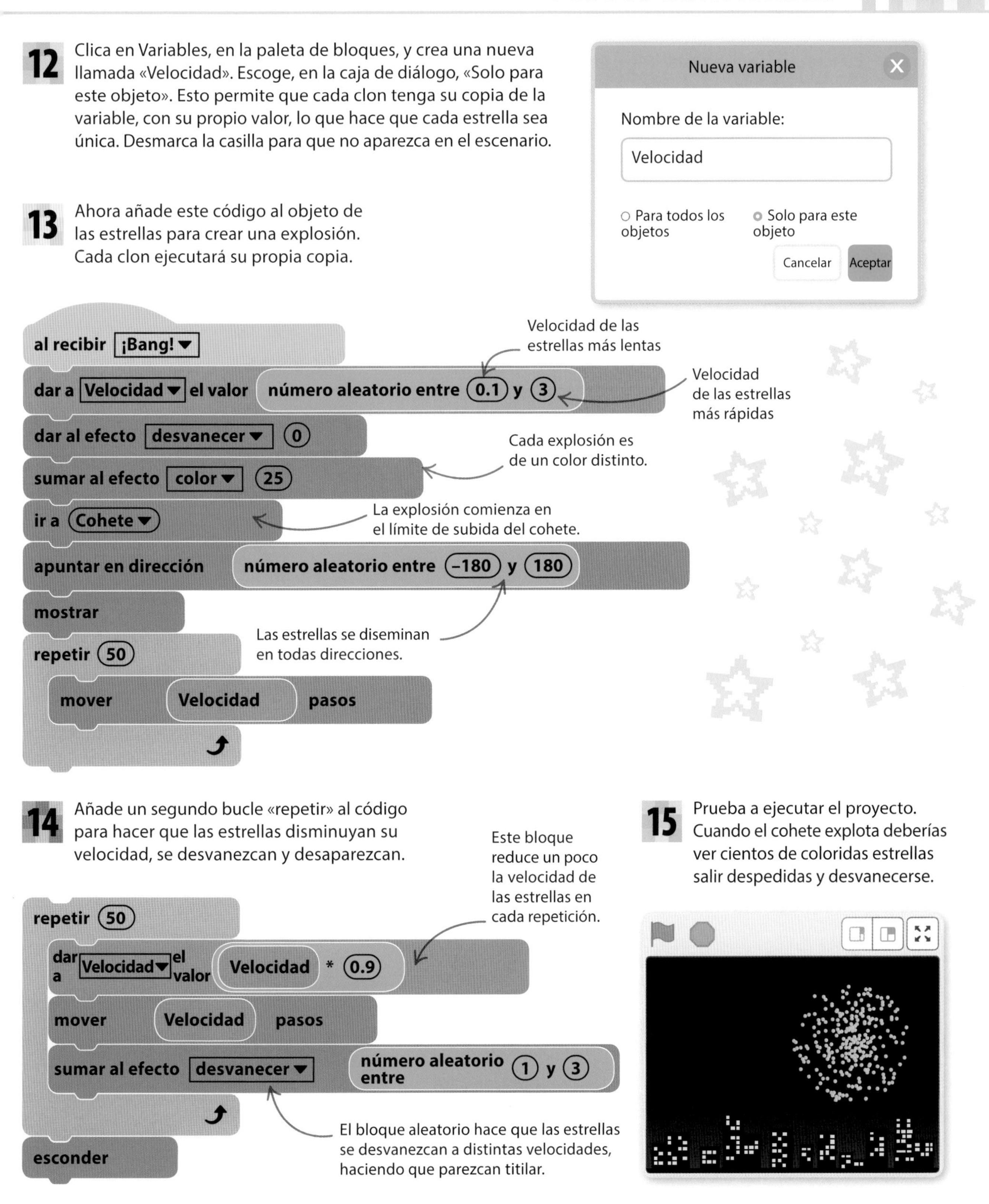

12 Clica en Variables, en la paleta de bloques, y crea una nueva llamada «Velocidad». Escoge, en la caja de diálogo, «Solo para este objeto». Esto permite que cada clon tenga su copia de la variable, con su propio valor, lo que hace que cada estrella sea única. Desmarca la casilla para que no aparezca en el escenario.

13 Ahora añade este código al objeto de las estrellas para crear una explosión. Cada clon ejecutará su propia copia.

```
al recibir [¡Bang! ▾]
dar a [Velocidad ▾] el valor (número aleatorio entre (0.1) y (3))
dar al efecto [desvanecer ▾] (0)
sumar al efecto [color ▾] (25)
ir a (Cohete ▾)
apuntar en dirección (número aleatorio entre (-180) y (180))
mostrar
repetir (50)
    mover (Velocidad) pasos
```


14 Añade un segundo bucle «repetir» al código para hacer que las estrellas disminuyan su velocidad, se desvanezcan y desaparezcan.

```
repetir (50)
    dar a [Velocidad ▾] el valor ((Velocidad) * (0.9))
    mover (Velocidad) pasos
    sumar al efecto [desvanecer ▾] (número aleatorio entre (1) y (3))
esconder
```


15 Prueba a ejecutar el proyecto. Cuando el cohete explota deberías ver cientos de coloridas estrellas salir despedidas y desvanecerse.

Trucos y mejoras

Prueba estos cambios para crear nuevos tipos de fuegos artificiales con más colores y estelas. También puedes usar clones para crear muchos otros efectos visuales, o «sistemas de partículas», como los llaman los artistas informáticos.

▽ Estrellas pegajosas

A veces, si disparas un cohete justo después de ejecutar el proyecto, puedes ver la estela de estrellas en línea. Sucede si las estrellas explotan antes de que se creen todos los clones. Para arreglar este *bug*, añade un bloque «enviar» al final del código «al hacer clic en [bandera verde]» del objeto de la estrella, y cambia el código del cohete para que se ejecute solo después de recibir el mensaje.

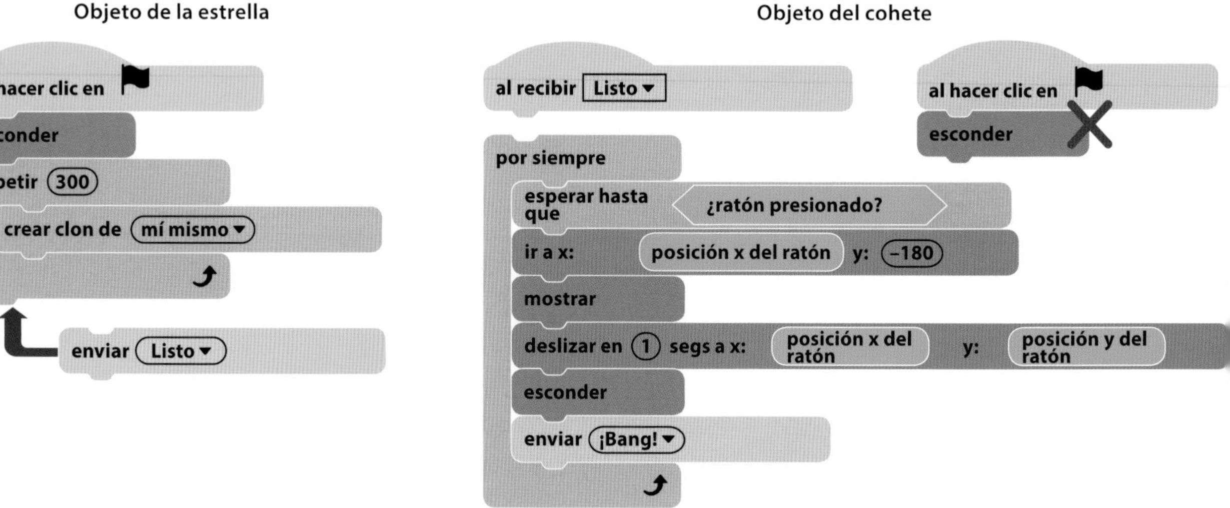

▽ Cambiar colores

Los pirotécnicos obtienen diferentes colores con productos químicos. Prueba este truco para que el objeto de las estrellas cambie de colores durante la explosión.

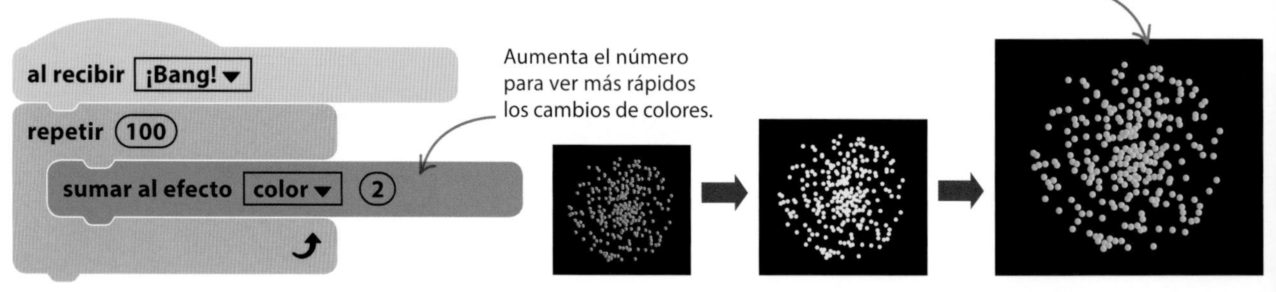

▽ Fuegos multicolores

Este truco te permite dar a cada explosión muchos colores diferentes.

Cuando se recibe el mensaje, todos los clones ejecutan su propia copia del código.

▷ Estelas y gravedad

Para que las estrellas caigan en un arco debido a la gravedad, dejando una colorida estela tras de sí, reconstruye el código como ves aquí. Recuerda borrar el código original cuando hayas acabado. A medida que el cronómetro transcurre, las estrellas caen más rápidamente, que es como funciona la gravedad. Intenta cambiar el color de las estelas o hacerlas brillar o desvanecerse. (Pista: necesitarás añadir la extensión Lápiz.)

```
al recibir ¡Bang!
dar a Velocidad el valor número aleatorio entre 0.1 y 3
dar al efecto desvanecer el valor 0
sumar al efecto color 25
subir lápiz
ir a Cohete
bajar lápiz
apuntar en dirección número aleatorio entre -180 y 180
mostrar
reiniciar cronómetro
repetir 50
    mover Velocidad pasos
    sumar a y 0 - cronómetro
repetir 50
    dar a Velocidad el valor Velocidad * 0.9
    mover Velocidad pasos
    sumar a y 0 - cronómetro
    sumar al efecto desvanecer número aleatorio entre 1 y 3
esconder
borrar todo
```

El lápiz crea las estelas.

Esto pone el cronómetro a 0. Y luego cuenta en segundos.

Las estrellas caen cada vez más rápido conforme el cronómetro suma.

Esto borra las estelas.

Árboles fractales

Puede que creas que dibujar un árbol requiere mirada artística y mucho trabajo, pero este proyecto lo hace automáticamente. El código crea unas formas especiales, los fractales, que simulan cómo crecen los árboles en la naturaleza.

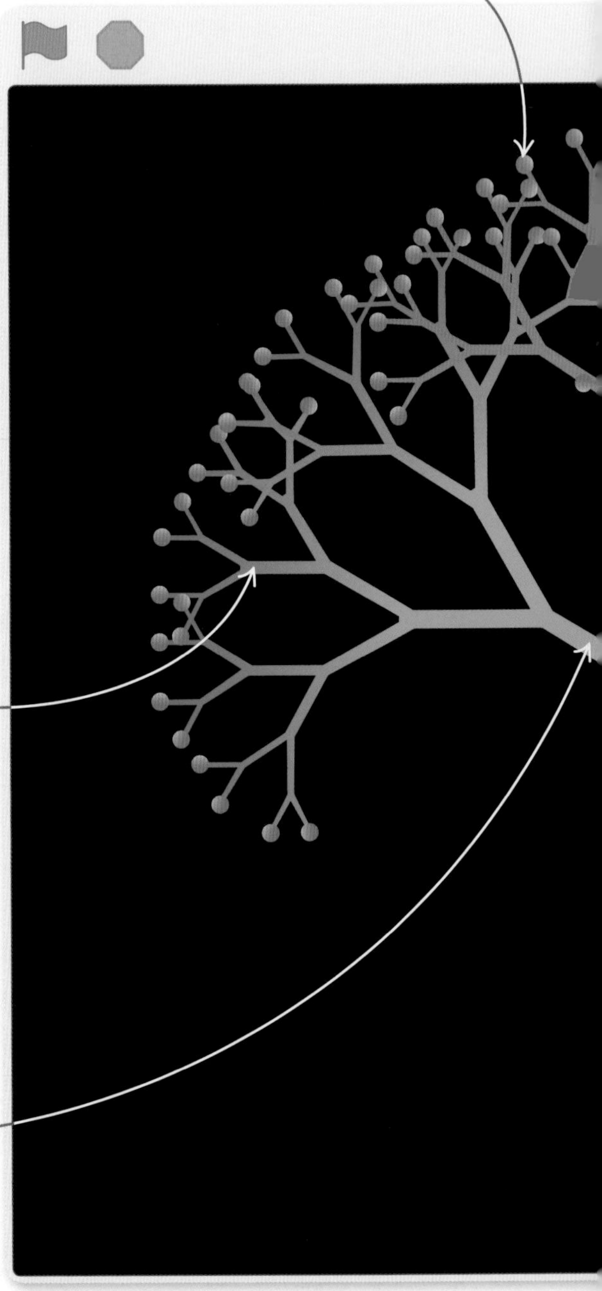

Cada hoja es un clon del objeto «Ball», de Scratch.

Cómo funciona

Cuando ejecutas el proyecto, un árbol crece instantáneamente desde el suelo. Es un fractal: una forma creada a base de repetir un patrón. Si amplías solo una parte de un fractal, tiene el mismo aspecto que toda la forma. Esta repetición se genera fácilmente mediante bucles.

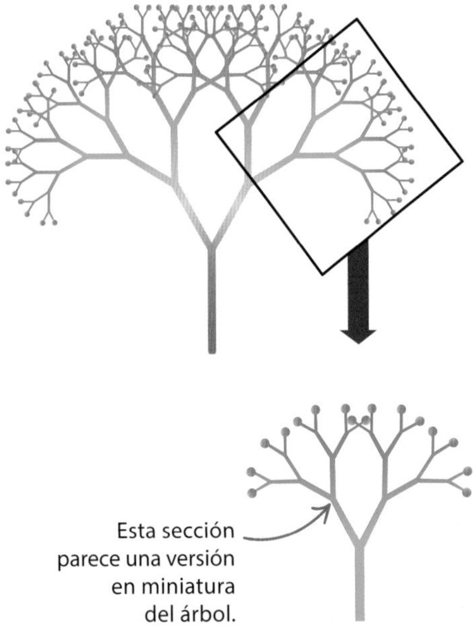

Las ramas se hacen más finas y verdes hacia los bordes.

Las ramas se dibujan con el lápiz de Scratch.

Esta sección parece una versión en miniatura del árbol.

Un enjambre de clones de la bola dibuja el árbol, multiplicándose por dos con cada nueva capa de ramas.

Clica en este icono para salir del modo pantalla completa.

Brócoli romanesco

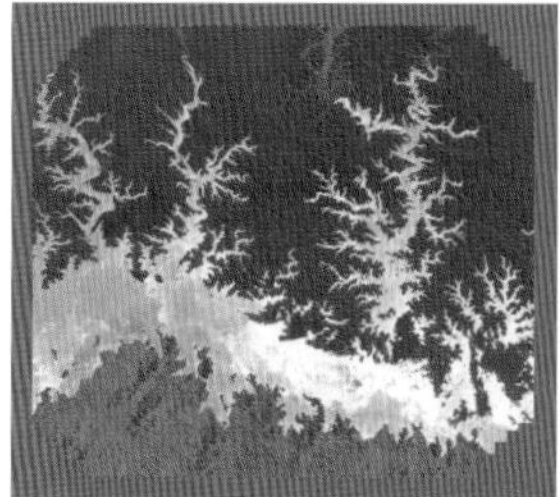

Lago Nasser (Egipto)

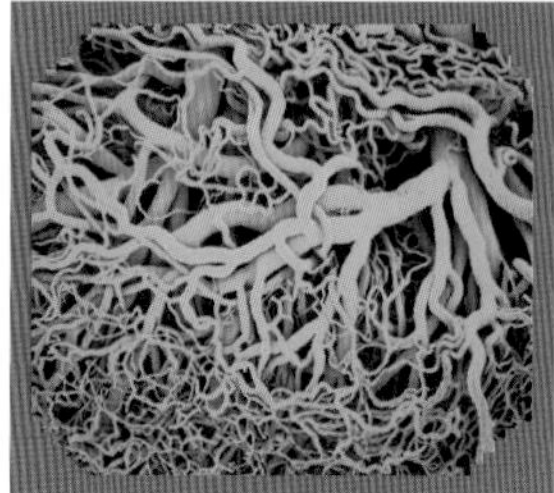

Venas del cuerpo humano

△ Fractales en la naturaleza
Muchos objetos naturales tienen formas fractales: sistemas fluviales, nubes, vasos sanguíneos e incluso el brócoli romanesco. Los fractales se forman en la naturaleza cuando algo se subdivide en ramas, que es como crecen los árboles y los vasos sanguíneos.

Cómo funciona

En el proyecto del Dinobaile vimos cómo basar la coreografía de la bailarina en un algoritmo, un conjunto de sencillas instrucciones que se siguen en un orden estricto. En este proyecto, el código para dibujar el árbol también se basa en un algoritmo. Intenta seguir estos pasos con lápiz y papel.

1 Dibuja una línea recta con un lápiz grueso.

2 En la parte superior de la línea, dibuja dos líneas más cortas y finas en ángulo: una a la derecha, y la otra a la izquierda.

3 ¿Está acabado el árbol? Si la respuesta es no, vuelve al paso 2. Repetir estas sencillas instrucciones en bucle crea un complejo patrón con cientos de ramas, como en un árbol real.

Hojas y ramas

Sigue estos pasos para dibujar un árbol fractal mediante el objeto Ball para las hojas y con el lápiz de Scratch para las ramas. El código crea nuevos clones cada vez que una rama se subdivide, creando más y más clones conforme el árbol crece a partir de un solo tronco.

1 Comienza un nuevo proyecto y borra el objeto del gato. Clica en el símbolo de la lista de objetos (🐱) y añade el objeto «Ball» desde la biblioteca. Renómbralo «Hoja». Abre la pestaña Disfraces y escoge el disfraz verde.

2 Haz clic en Variables y crea las siguientes variables para tu proyecto: «Ángulo», «Longitud» y «FactorEncoger». Asegúrate de desmarcar sus casillas para que no se vean en el escenario.

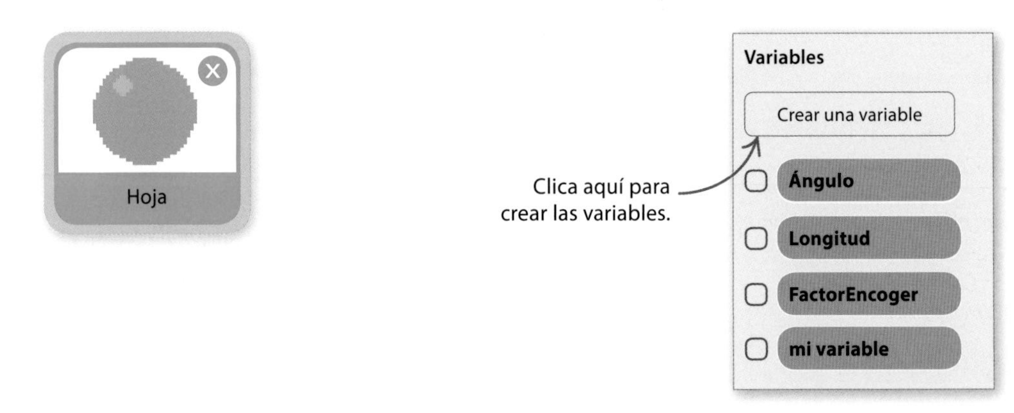

Clica aquí para crear las variables.

3 Añade este código al objeto de la hoja. Recuerda, deberás añadir la extensión Lápiz. También tendrás que crear dos nuevos mensajes: «DibujarRama» y «DividirRama». No lo ejecutes aún.

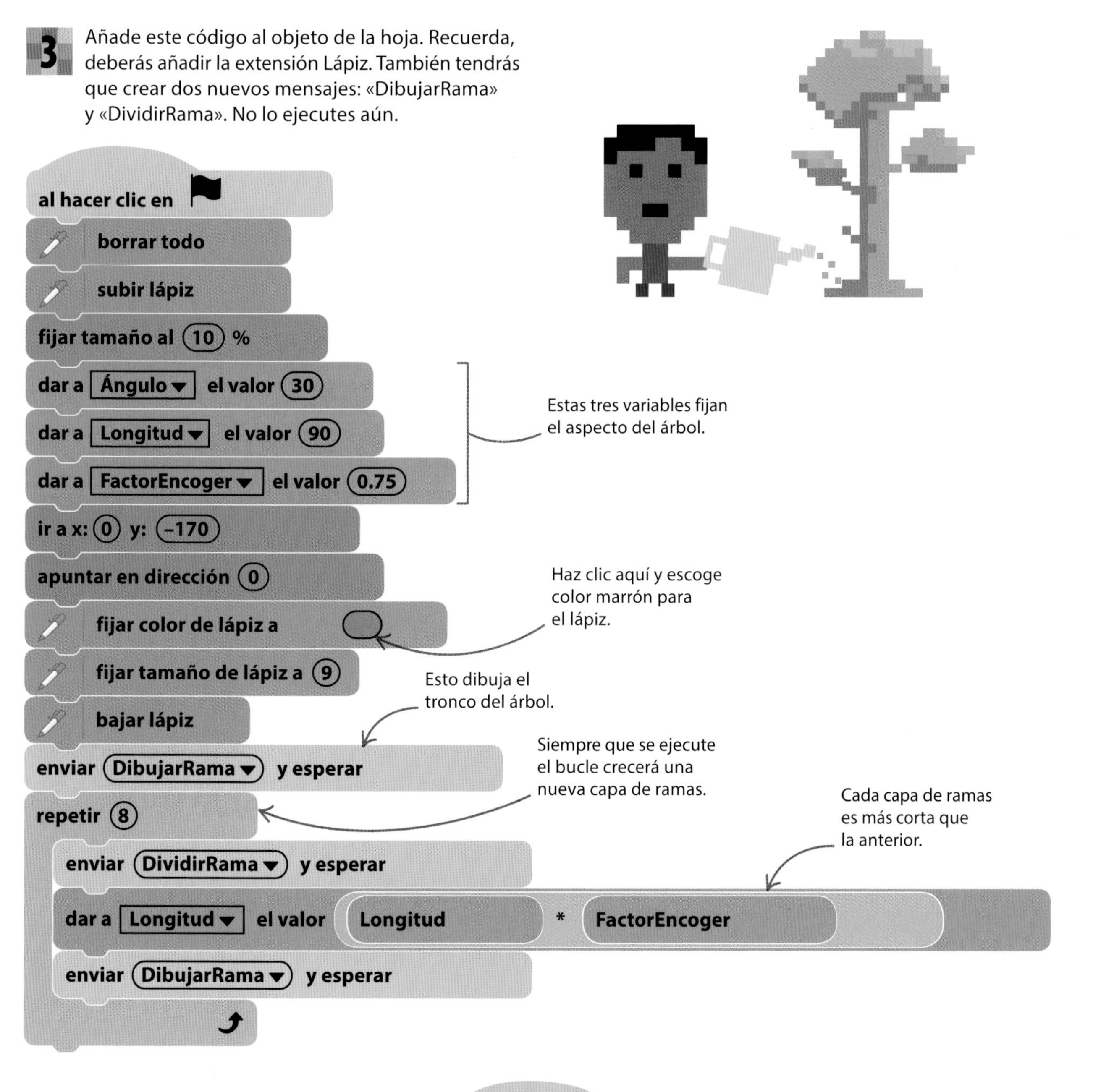

4 Añade este código separado. Cuando recibe el mensaje «DibujarRama» del código principal, dice a todos los clones que dibujen una rama y cambia los parámetros para que la siguiente sea más verde y más fina.

```
al recibir [DibujarRama ▾]
mover (Longitud) pasos
cambiar (color ▾) de lápiz por (5)
cambiar tamaño de lápiz por (−1)
```

5 Añade este código para que las ramas se dividan. Funciona clonando cada bola, formando un par y rotándolas para que apunten en direcciones diferentes. Cuando se ejecute este código habrá dos clones al final de cada rama, cada uno apuntando en una dirección diferente, listos para dibujar el siguiente par de ramas.

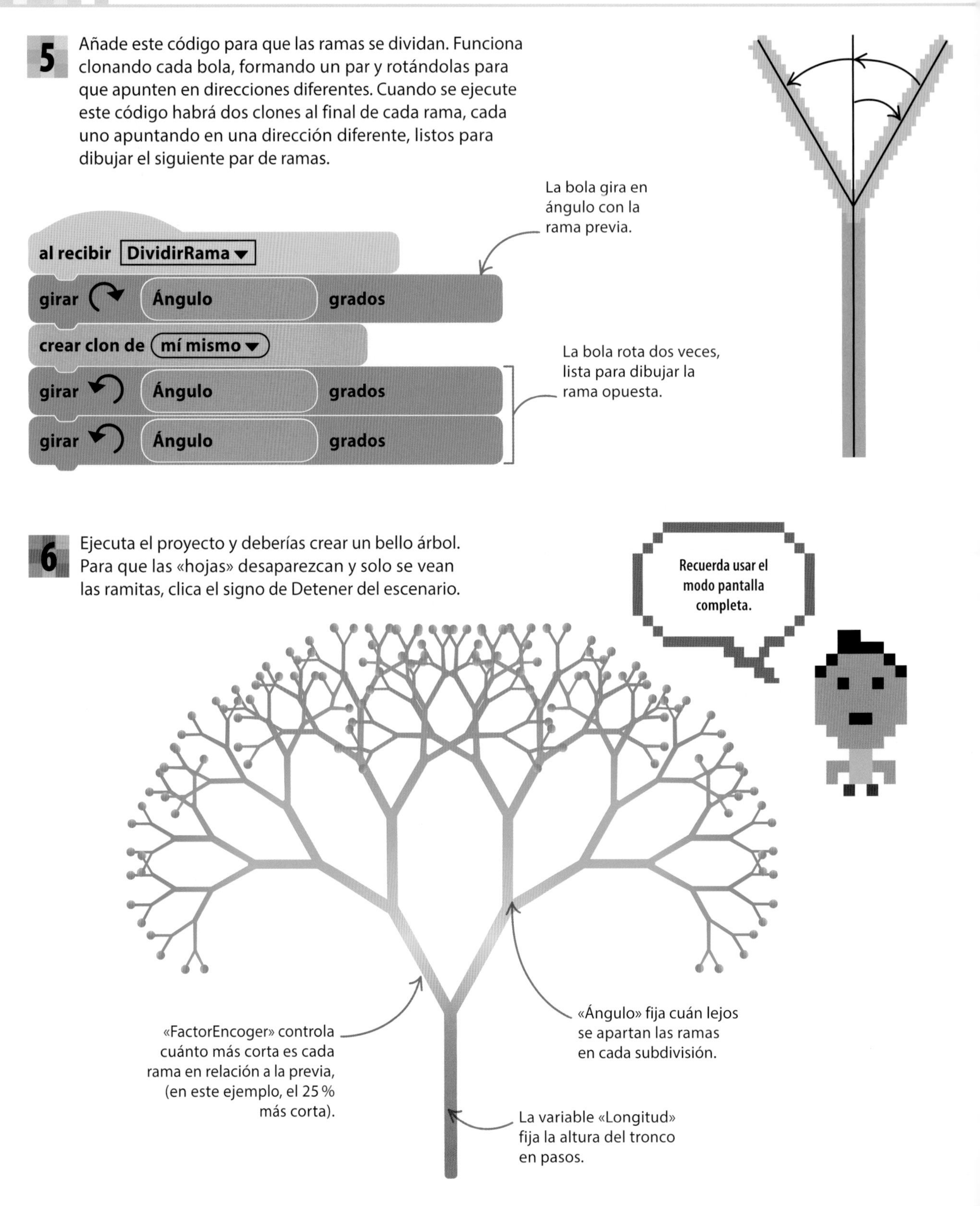

6 Ejecuta el proyecto y deberías crear un bello árbol. Para que las «hojas» desaparezcan y solo se vean las ramitas, clica el signo de Detener del escenario.

Para que tu árbol fractal se vea mejor, prueba distintos colores de fondo.

Trucos y mejoras

Puedes cambiar los parámetros usados en este proyecto para tener árboles de formas muy variadas. También puedes añadir un poco de azar para que cada árbol sea diferente.

▽ Ángulos diferentes

Experimenta con el valor de «Ángulo» del primer bloque de color naranja. También puedes añadir algún bloque «número aleatorio entre» para generar árboles de formas distintas. Si quieres que los árboles parezcan naturales mantén mínimo y máximo en 10 y 45. Para que jugar con la variable sea más fácil, marca su casilla y conviértela en deslizador. Para ello tendrás que borrar el bloque «fijar [Ángulo]».

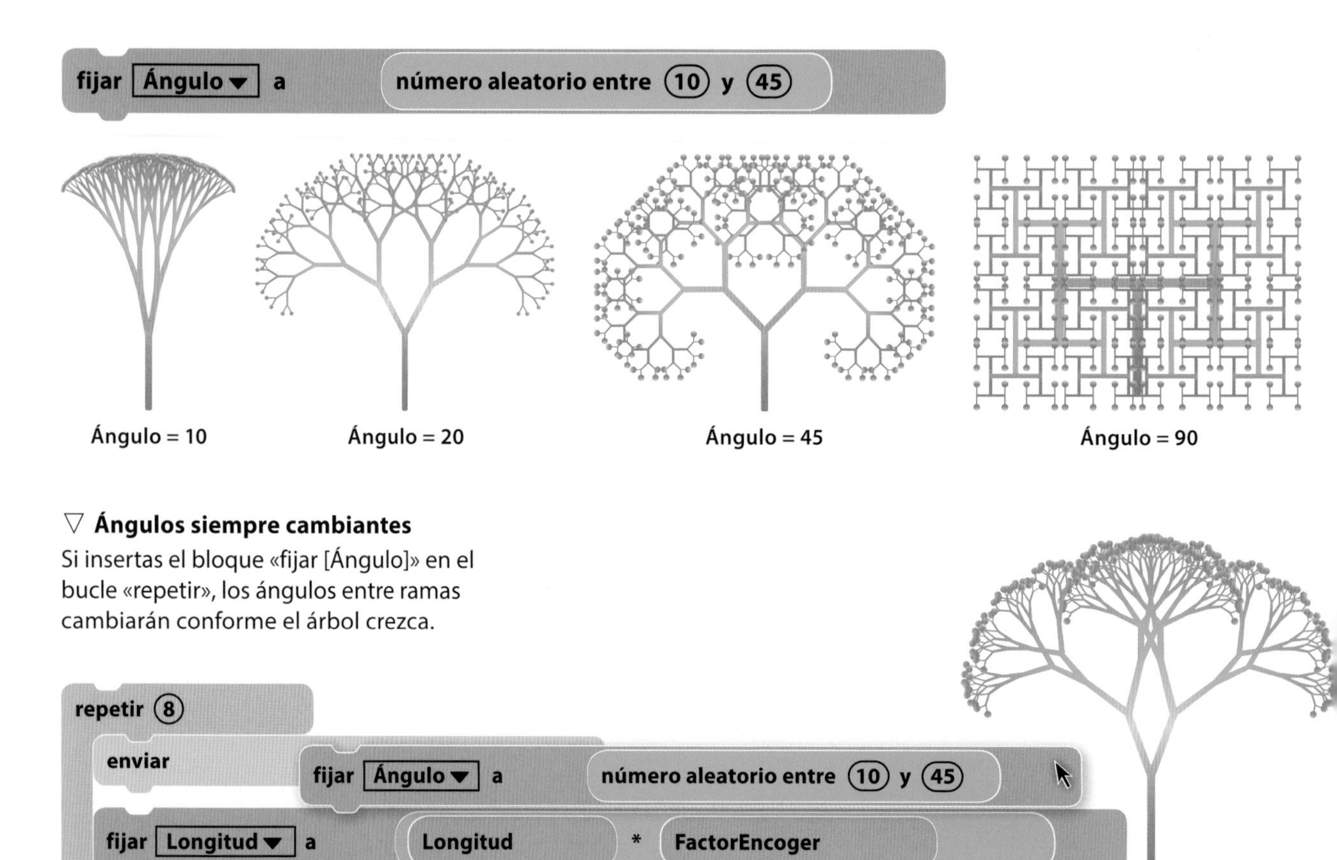

Ángulo = 10 | Ángulo = 20 | Ángulo = 45 | Ángulo = 90

▽ Ángulos siempre cambiantes

Si insertas el bloque «fijar [Ángulo]» en el bucle «repetir», los ángulos entre ramas cambiarán conforme el árbol crezca.

▽ ¿Qué altura quieres para tu árbol?

Cambia los valores de «Longitud» y «FactorEncoger», pero ten cuidado: es fácil acabar con árboles muy enanos o árboles demasiado grandes para el escenario.

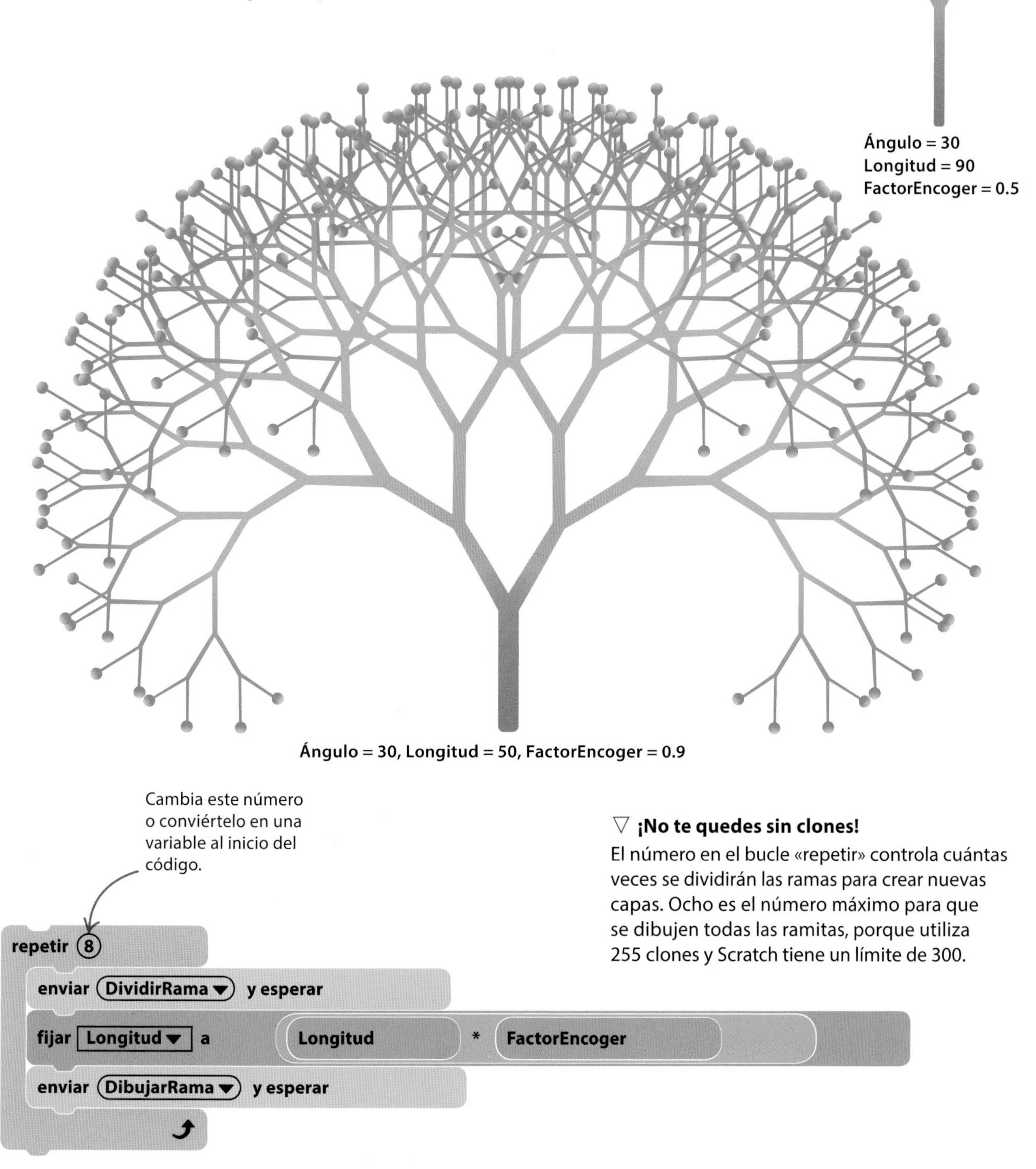

▽ ¡No te quedes sin clones!

El número en el bucle «repetir» controla cuántas veces se dividirán las ramas para crear nuevas capas. Ocho es el número máximo para que se dibujen todas las ramitas, porque utiliza 255 clones y Scratch tiene un límite de 300.

Crea un bosque

Puedes adaptar este proyecto para hacer crecer árboles cada vez que cliques, cubriendo el escenario con un bosque. Cambia así el código para conseguirlo.

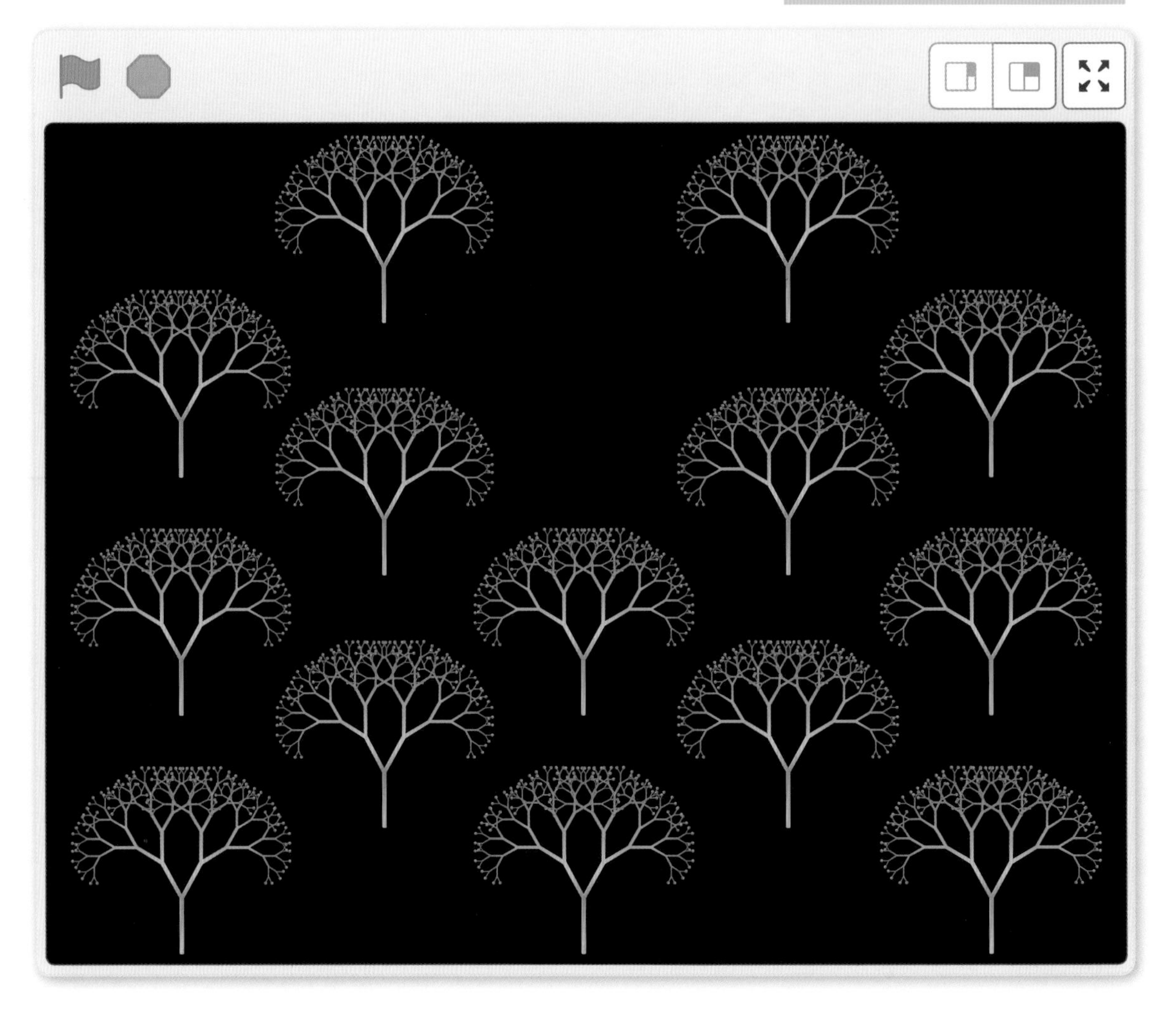

1 Añade este código para sellar las hojas al árbol antes de borrar los clones para el siguiente árbol.

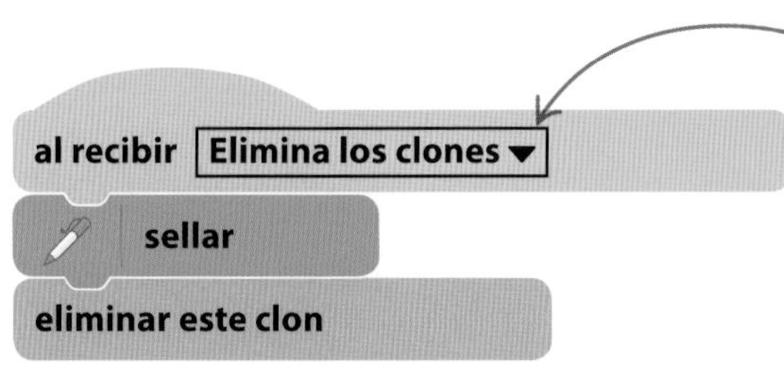

Abre el menú y crea un nuevo mensaje llamado «Elimina los clones».

2 Cambia el código principal para que se vea así.

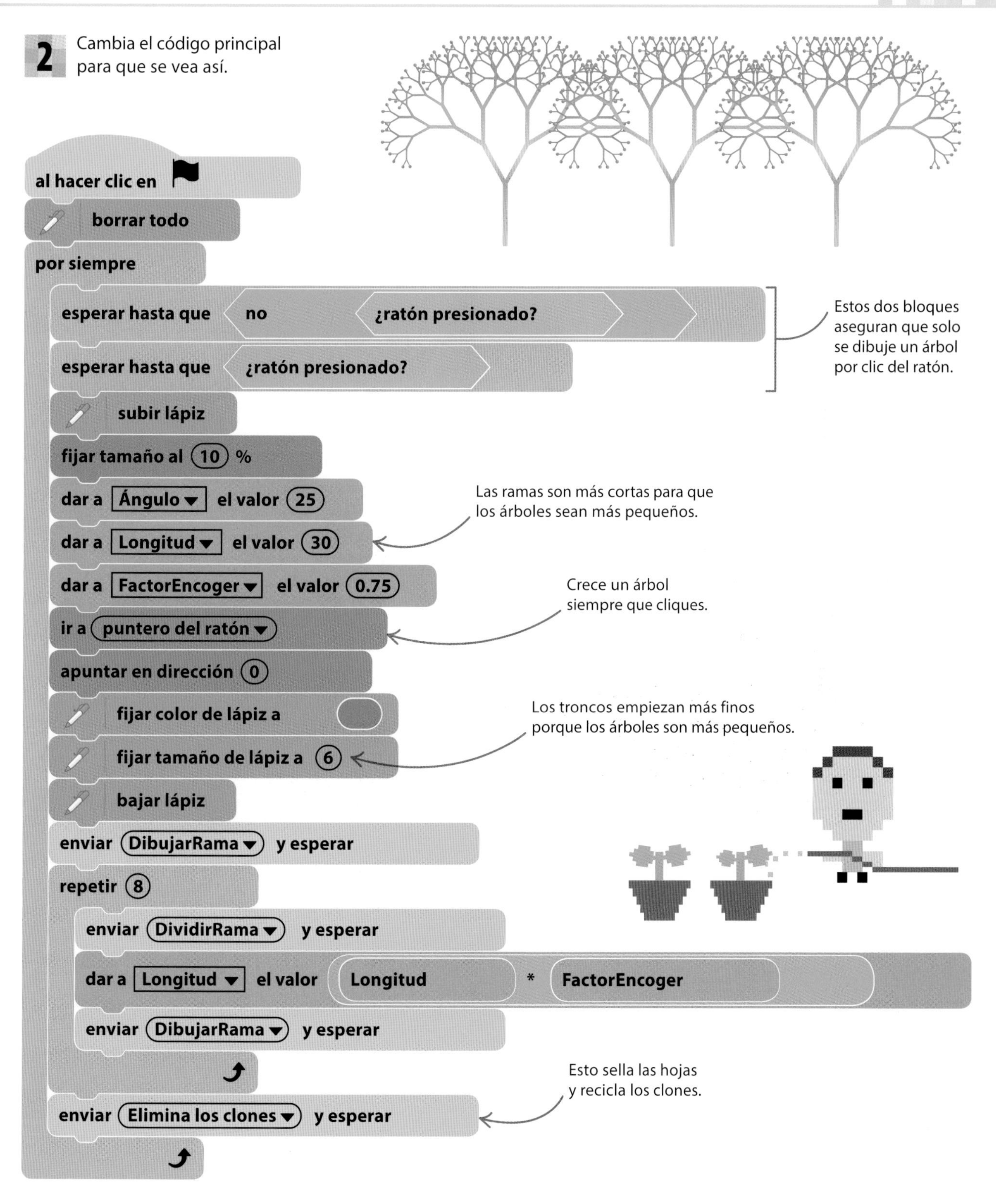

Simulador de copos de nieve

Los copos de nieve son famosos por su sorprendente variedad de formas: se dice que no hay dos iguales. Aun así, todos comparten la misma estructura, con seis lados similares. Este patrón, llamado simetría hexagonal, hace que sean fáciles de imitar por un ordenador. Puedes usar la misma técnica que usaste en el proyecto Árboles fractales, pero esta vez cada forma será única.

Cómo funciona

Cuando ejecutes este proyecto aparecerá un copo de nieve en el escenario. Más tarde podrás hacer que aparezcan donde cliques. Cada copo de nieve es como un pequeño árbol fractal con seis troncos. Con números al azar para las longitudes y ángulos de las líneas, podrás crear una ilimitada gama de formas únicas, como en la naturaleza.

△ **Copos reales**
Los copos de nieve tienen seis lados porque crecen a partir de cristales de hielo hexagonales. Cuando un copo crece, pequeños cambios de temperatura en el aire afectan a la acumulación de cristales. Dado que cada copo sigue una trayectoria diferente y experimenta cambios de temperatura distintos, todos son únicos.

△ **Copos virtuales**
El dibujo comienza con seis versiones del objeto para igualar la simetría hexagonal de un copo real. Luego, las líneas se subdividen en dos más cada vez, como en el árbol fractal, pero con ángulos más variados.

Ramas simétricas

Para ver cómo emplea este proyecto ideas de Árboles fractales para crear copos de nieve, comienza por seguir estos pasos y crear un copo sencillo, no aleatorio.

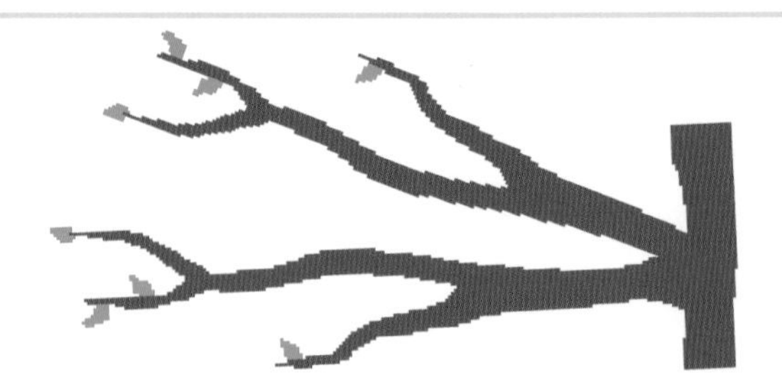

1 Comienza un nuevo proyecto, y borra el objeto del gato. Clica en el símbolo «Pinta» del menú de objetos para crear un nuevo objeto en blanco. No necesitas dibujar un disfraz porque el código lo pintará todo.

2 Para que se vean los copos, pinta el fondo de escenario de color negro. Selecciona el escenario, abajo a la derecha, y clica la pestaña Fondos, sobre la paleta de bloques. Haz clic en la herramienta Rellenar y pinta el área de color negro.

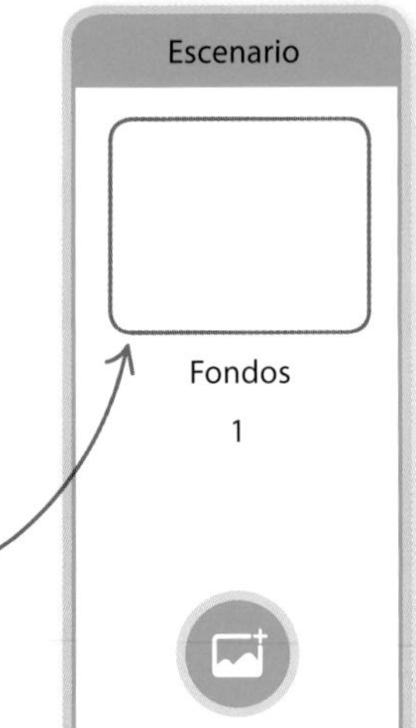

3 Ve a la pestaña Código, y haz clic en Variables, en la paleta de bloques, y añade cinco nuevas al proyecto: «Ángulo», «Longitud», «Niveles», «Simetría» y «ÁnguloSimetría». Desmarca sus casilleros para que no se muestren en el escenario.

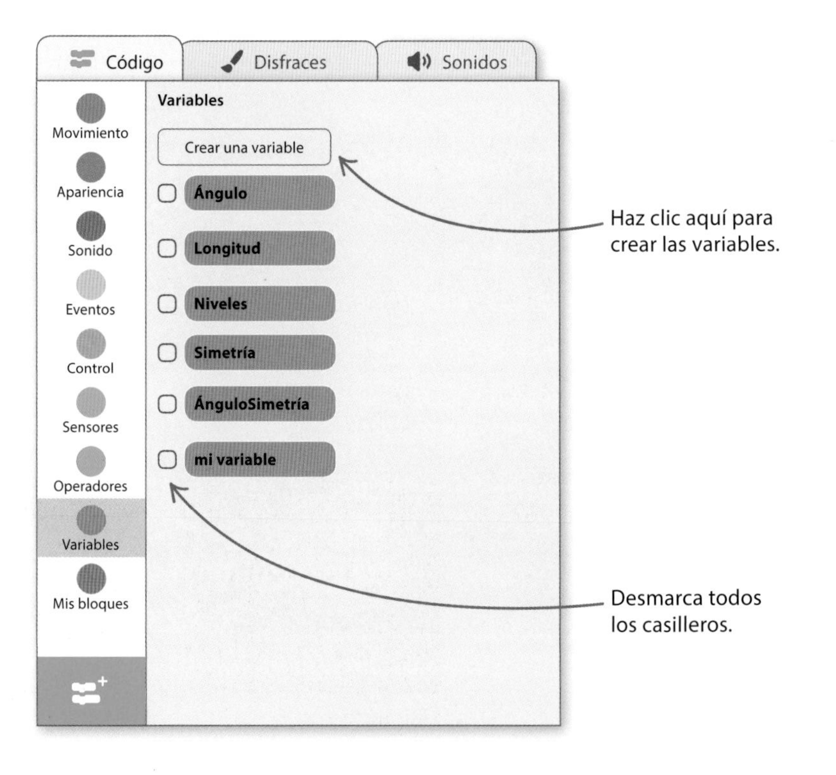

4 Selecciona el objeto en la lista y dale este código. Recuerda añadir la extensión Lápiz. Este código crea clones que apuntan en diferentes direcciones para crear un patrón simétrico.

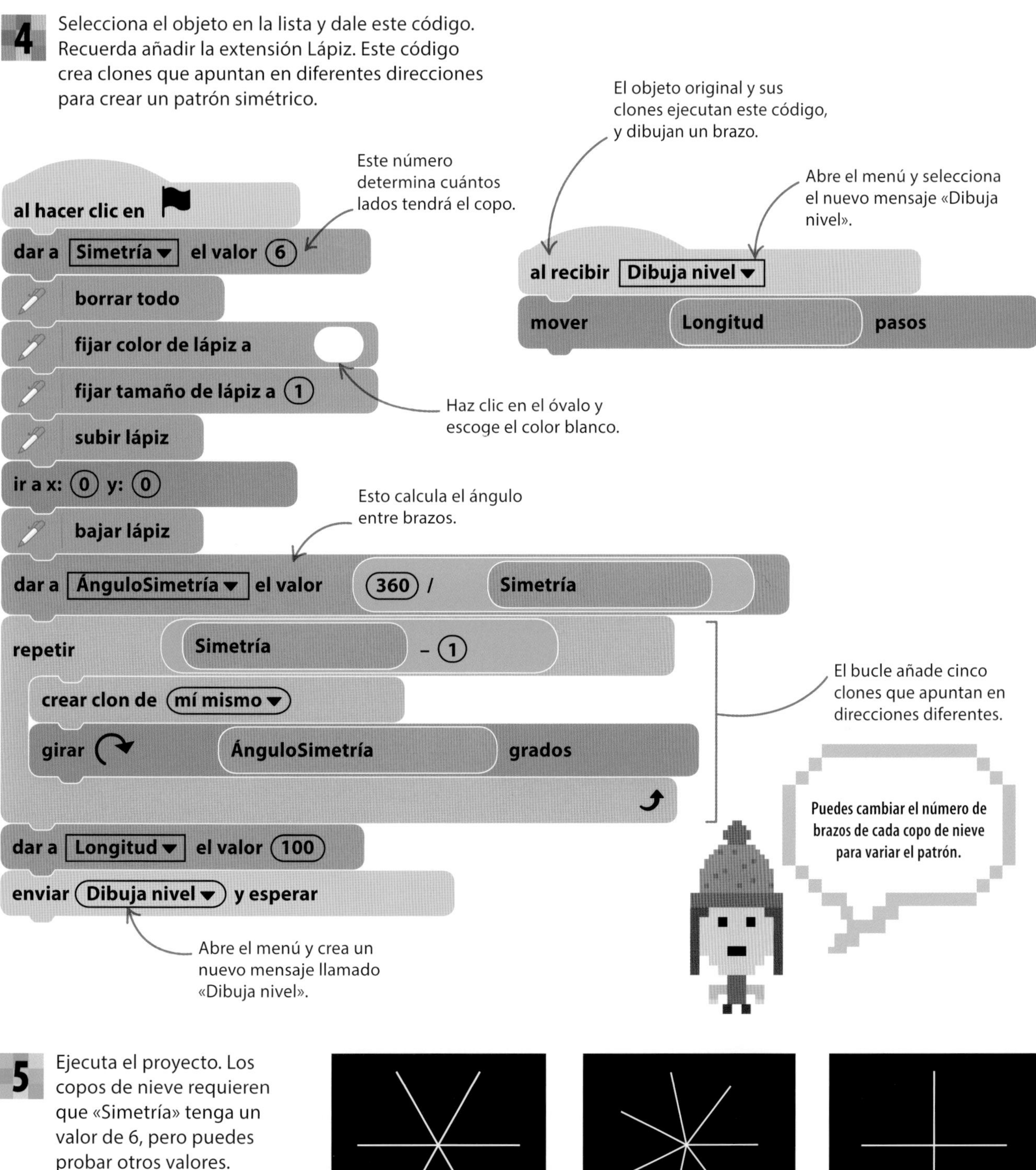

5 Ejecuta el proyecto. Los copos de nieve requieren que «Simetría» tenga un valor de 6, pero puedes probar otros valores.

Simetría = 6

Simetría = 7

Simetría = 4

6 Para completar el copo de nieve, cada clon dibujará una sucesión de ramificaciones, como un árbol fractal. Haz los siguientes cambios al código principal, pero no lo ejecutes aún.

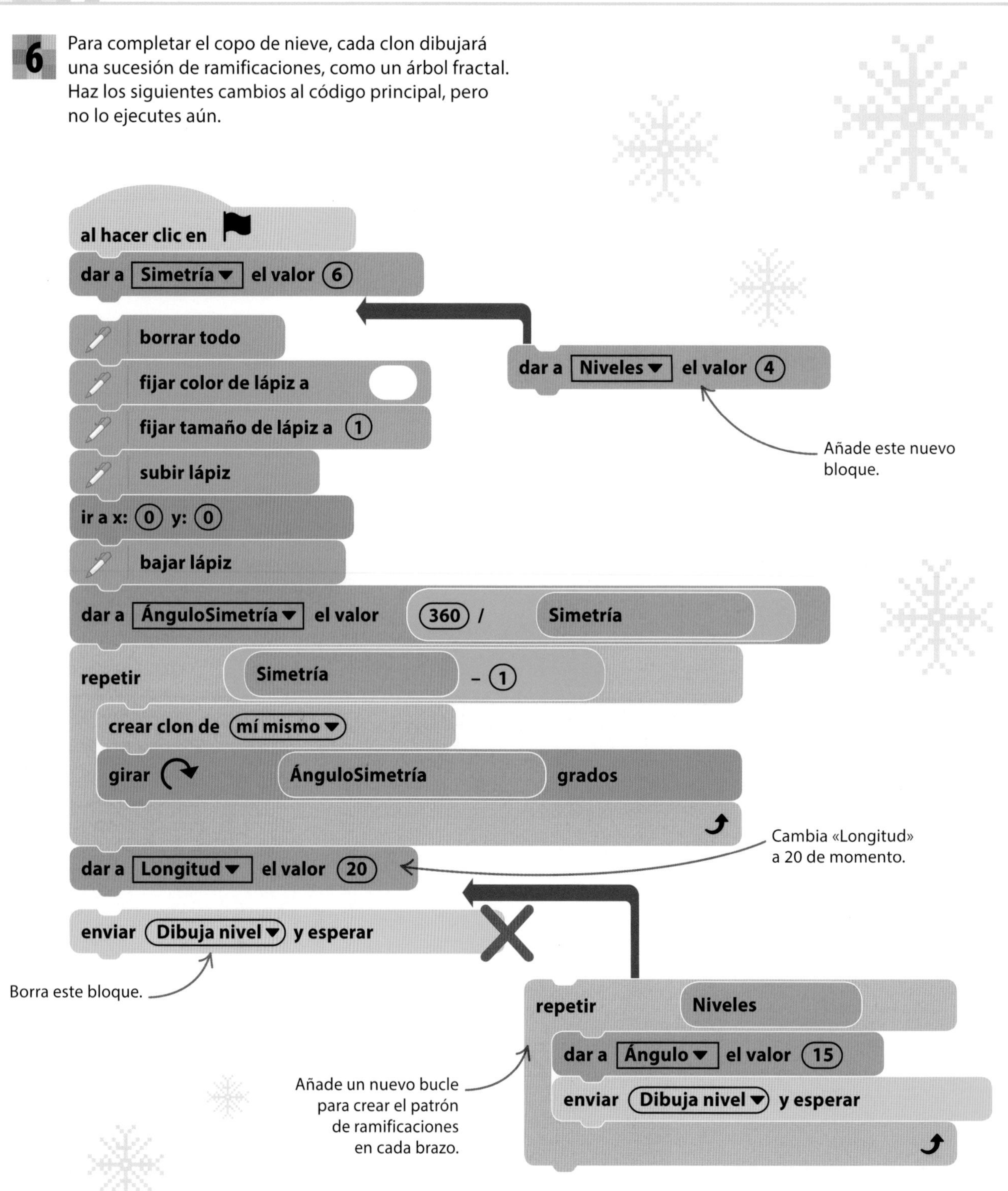

7 Añade tres nuevos bloques al código «al recibir» para crear nuevos clones. Crean un nuevo clon y hacen que el anterior y los nuevos clones se muevan en direcciones diferentes.

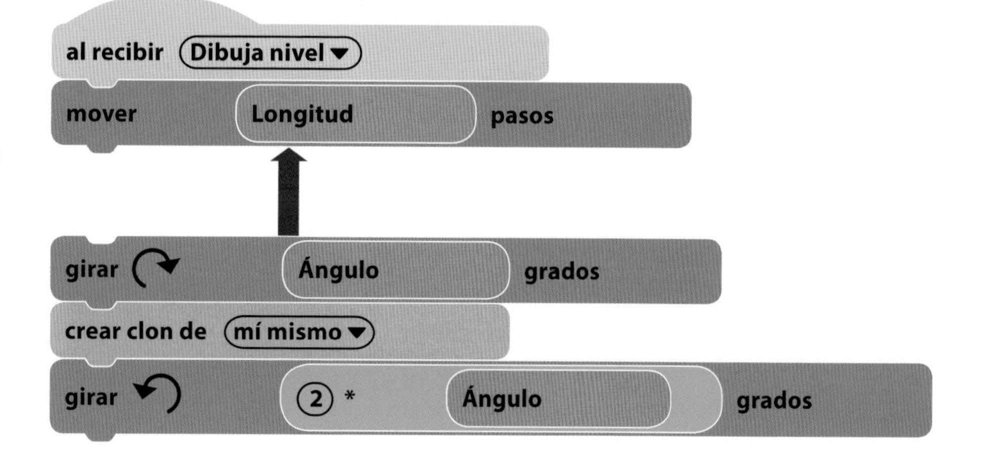

8 Ahora ejecuta el proyecto. Verás un copo de nieve que se subdivide como el de la imagen.

Usa el modo pantalla completa para verlo más de cerca.

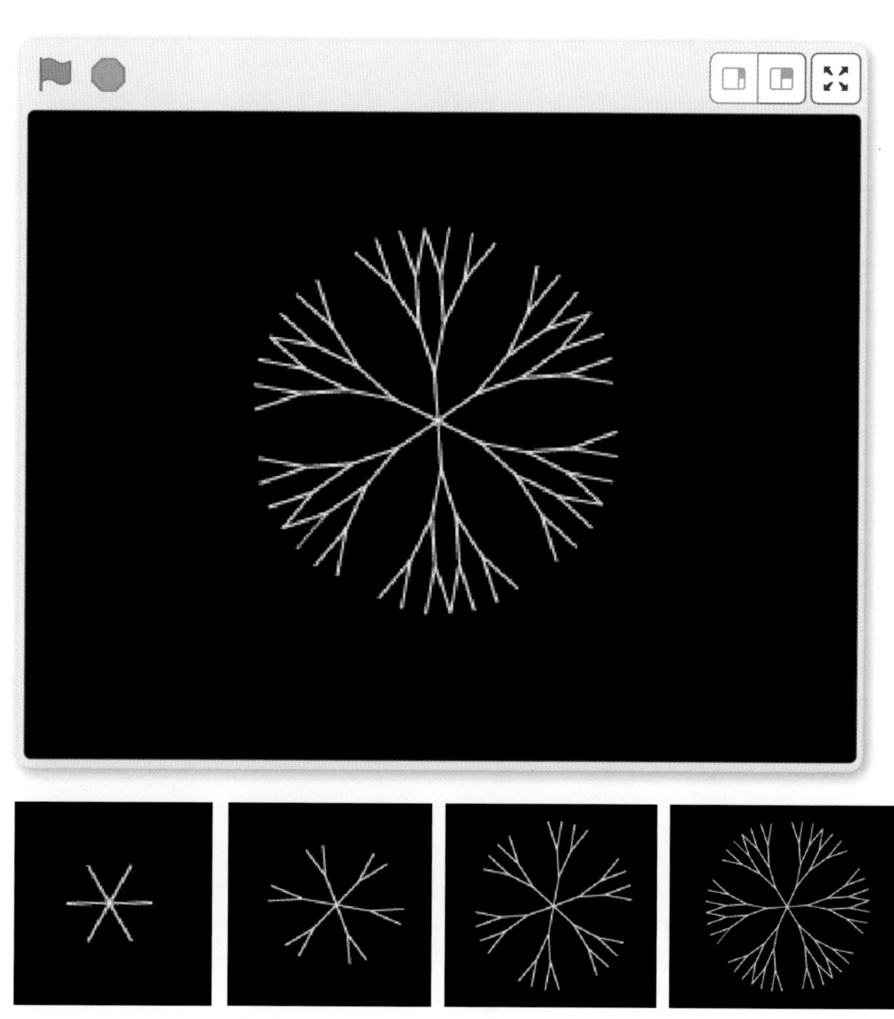

9 Mira qué sucede cuando cambias el número de «Niveles» en el bloque «dar el valor», en la parte superior del código principal.

Niveles = 1

Niveles = 2

Niveles = 3

Niveles = 4

Ahora hagamos cada copo de nieve diferente. Añade estos bloques «número aleatorio» al código principal.

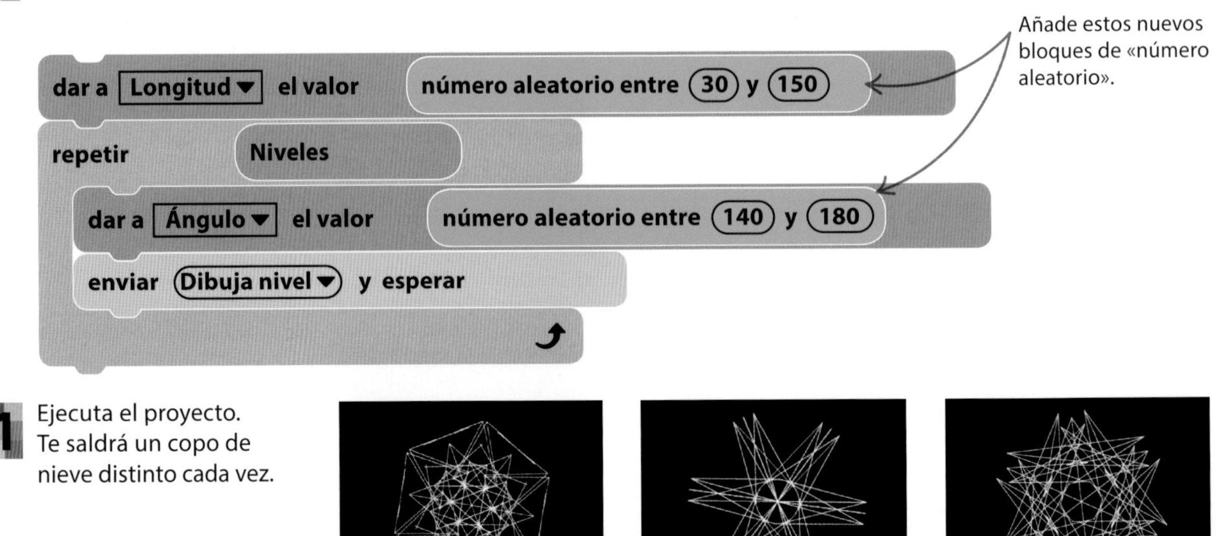

11 Ejecuta el proyecto. Te saldrá un copo de nieve distinto cada vez.

Trucos y mejoras

¡Experimenta! Hay tantos números con los que jugar en este proyecto que cambiar cualquiera de ellos te dará patrones muy diferentes. Juega con la simetría, con los niveles, los ángulos y las longitudes. Puedes incluso añadir colores a tus creaciones.

▷ **Copos extraños**
Prueba este cambio rápido para crear copos extraños: hace que varíe la longitud tras cada punto de ramificación, lo que crea una mayor gama de rarezas nevadas.

```
dar a [Longitud ▾] el valor (número aleatorio entre (30) y (150))
repetir (Niveles)
    dar a [Ángulo ▾] el valor (número aleatorio entre (140) y (180))
    enviar (Dibuja nivel ▾) y esperar
```

Mete el bloque «dar a [Longitud] el valor» en el bucle «repetir».

▽ Copos por todas partes

Haz que aparezcan copos allá donde cliques con estas modificaciones en el código. También hay código para limpiar el escenario presionando la barra espaciadora si la cosa se complica. Asegúrate de mantener el código del paso 7.

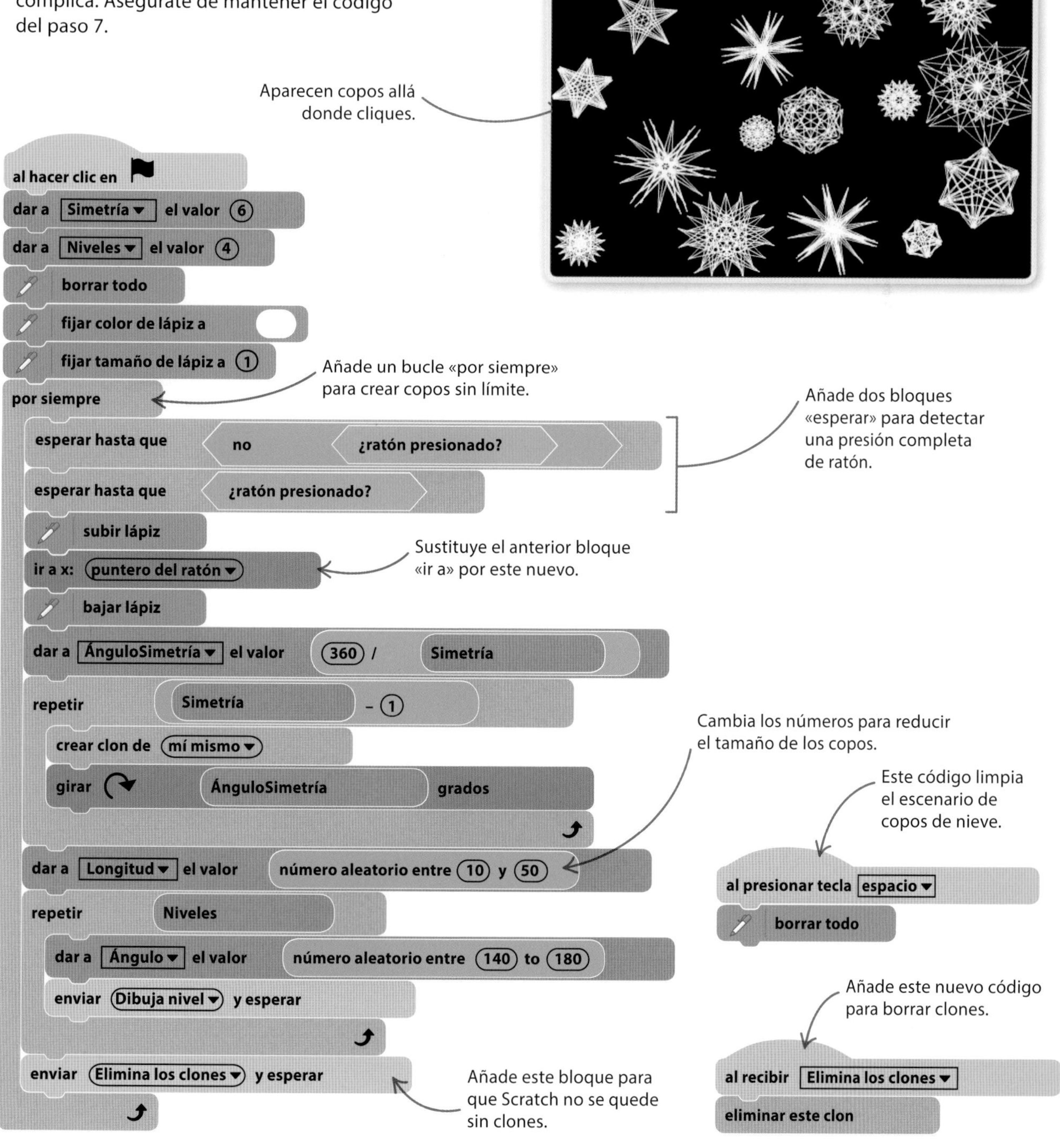

Música y sonido

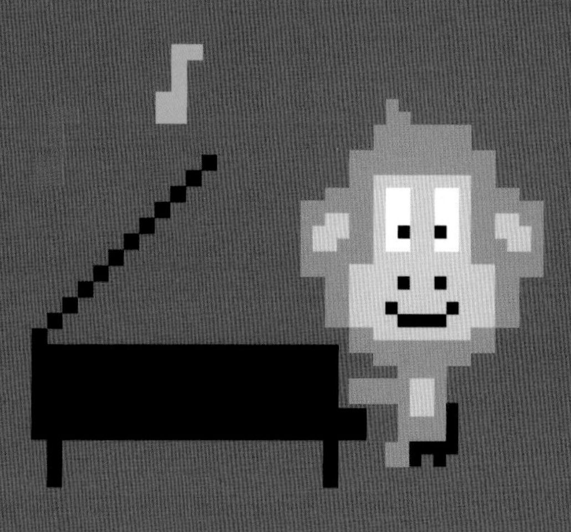

Objetos y sonidos

¿Tienes un hermanito que siempre intenta jugar con el ordenador? Aquí tienes algo que crear en Scratch para que se divierta. Clica en cualquier objeto (o *sprite*) para ver una acción y un sonido únicos. Este proyecto funciona especialmente bien en un ordenador con pantalla táctil.

Cómo funciona

Jugar a Objetos y sonidos no puede ser más fácil: simplemente pulsa en los objetos o en el fondo y oirás un sonido y verás una animación o efecto visual.

▽ **Circo virtual**
Este proyecto es una mezcla de sonidos y movimientos divertidos. Añade tantos objetos y sonidos como desees para hacerlo más divertido.

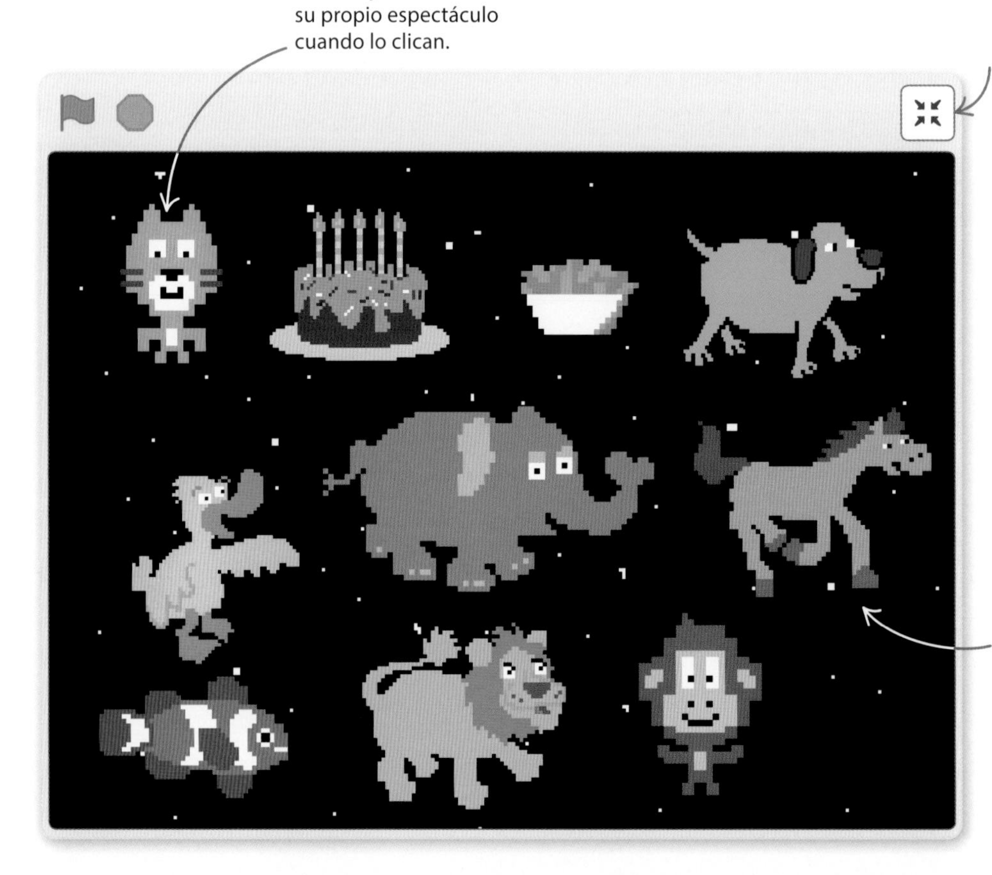

Cada objeto muestra su propio espectáculo cuando lo clican.

Este proyecto funciona mejor en modo pantalla completa, lo que evita que muevas accidentalmente los objetos.

Haz clic en cualquier lugar del escenario para ver y oír acciones y sonidos.

Acción del fondo

Todo en este proyecto hace algo interesante cuando se lo clica, y también el fondo. Sigue estos pasos para crear el fondo de escenario, y luego comienza a añadir objetos.

1 Comienza un nuevo proyecto. De momento ignora el objeto del gato y clica en el símbolo del fondo, abajo a la derecha, para abrir la biblioteca de fondos. Carga el fondo «Stars».

El resalte azul indica que se ha seleccionado el escenario.

Con el escenario seleccionado, abre la pestaña Sonidos, sobre la paleta de bloques, y clica en el símbolo del altavoz. Escoge «Fairydust».

Este sonido dura 0,51 segundos.

Ensambla este código para el escenario a fin de crear algo de magia y chispas cuando se clique el fondo. Clica en el escenario para ver si funciona.

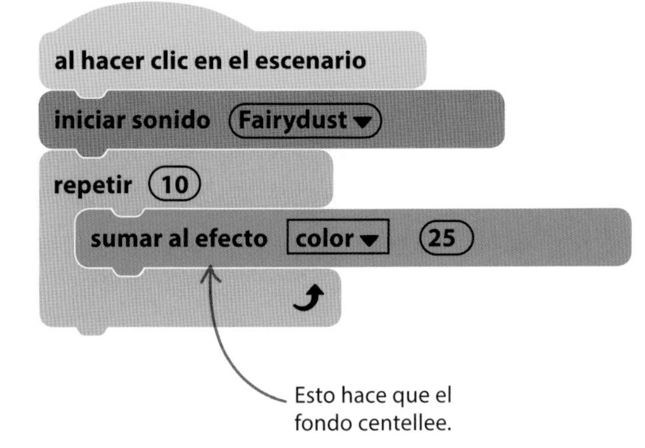

Esto hace que el fondo centellee.

Arrastra el objeto del gato a la esquina superior izquierda del escenario y dale este código.

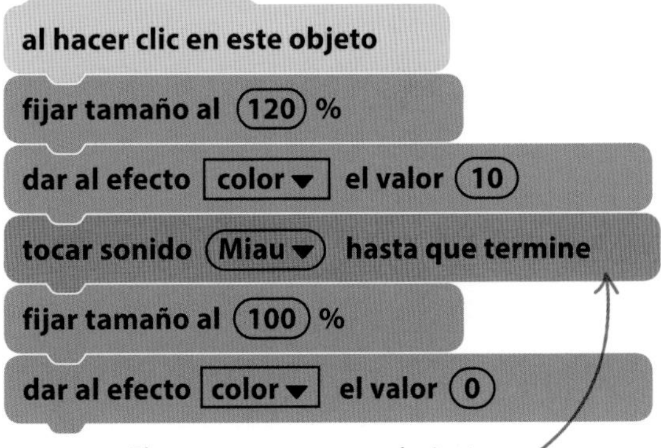

El programa espera aquí mientras suena un «miau» (el sonido «Meow»). Renómbralo «Miau».

5 Clica en el gato: verás que crece, se pone amarillo y maúlla antes de regresar a la normalidad.

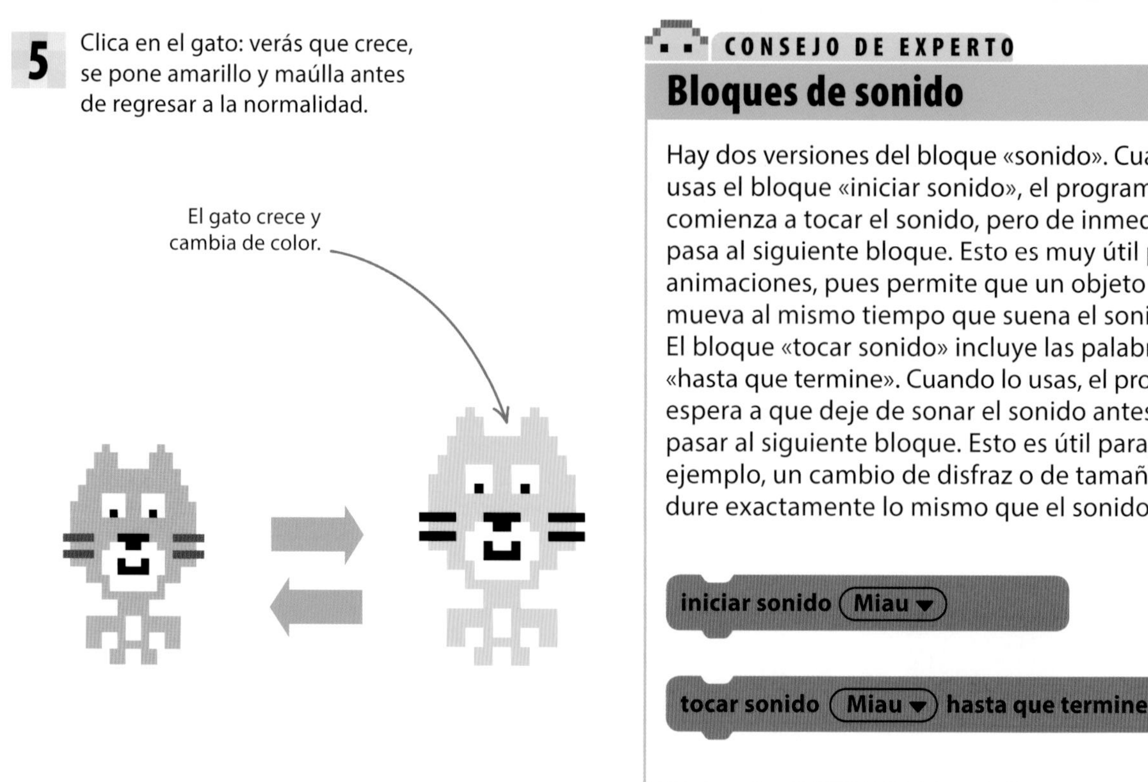

CONSEJO DE EXPERTO

Bloques de sonido

Hay dos versiones del bloque «sonido». Cuando usas el bloque «iniciar sonido», el programa comienza a tocar el sonido, pero de inmediato pasa al siguiente bloque. Esto es muy útil para animaciones, pues permite que un objeto se mueva al mismo tiempo que suena el sonido. El bloque «tocar sonido» incluye las palabras «hasta que termine». Cuando lo usas, el programa espera a que deje de sonar el sonido antes de pasar al siguiente bloque. Esto es útil para, por ejemplo, un cambio de disfraz o de tamaño que dure exactamente lo mismo que el sonido.

```
iniciar sonido (Miau ▾)

tocar sonido (Miau ▾) hasta que termine
```

¡Objetos sin límites!

Añade los siguientes objetos y sus bloques de código. Algunos objetos tienen sus sonidos ya incluidos, pero en otros casos tendrás que abrir la pestaña de Sonidos y cargar el sonido desde la biblioteca de Scratch antes de seleccionarlo en el código. Tras cada sección de código, coloca el objeto en su parte del escenario y pruébalo.

6

Duck

Pato que ríe

```
al hacer clic en este objeto
repetir (5)
    mover (10) pasos
    tocar sonido (duck ▾) hasta que termine
    mover (-10) pasos
    esperar (0.1) segundos
```

El pato (Duck) se balancea y hace ¡cuac! cinco veces.

¡CUAC!

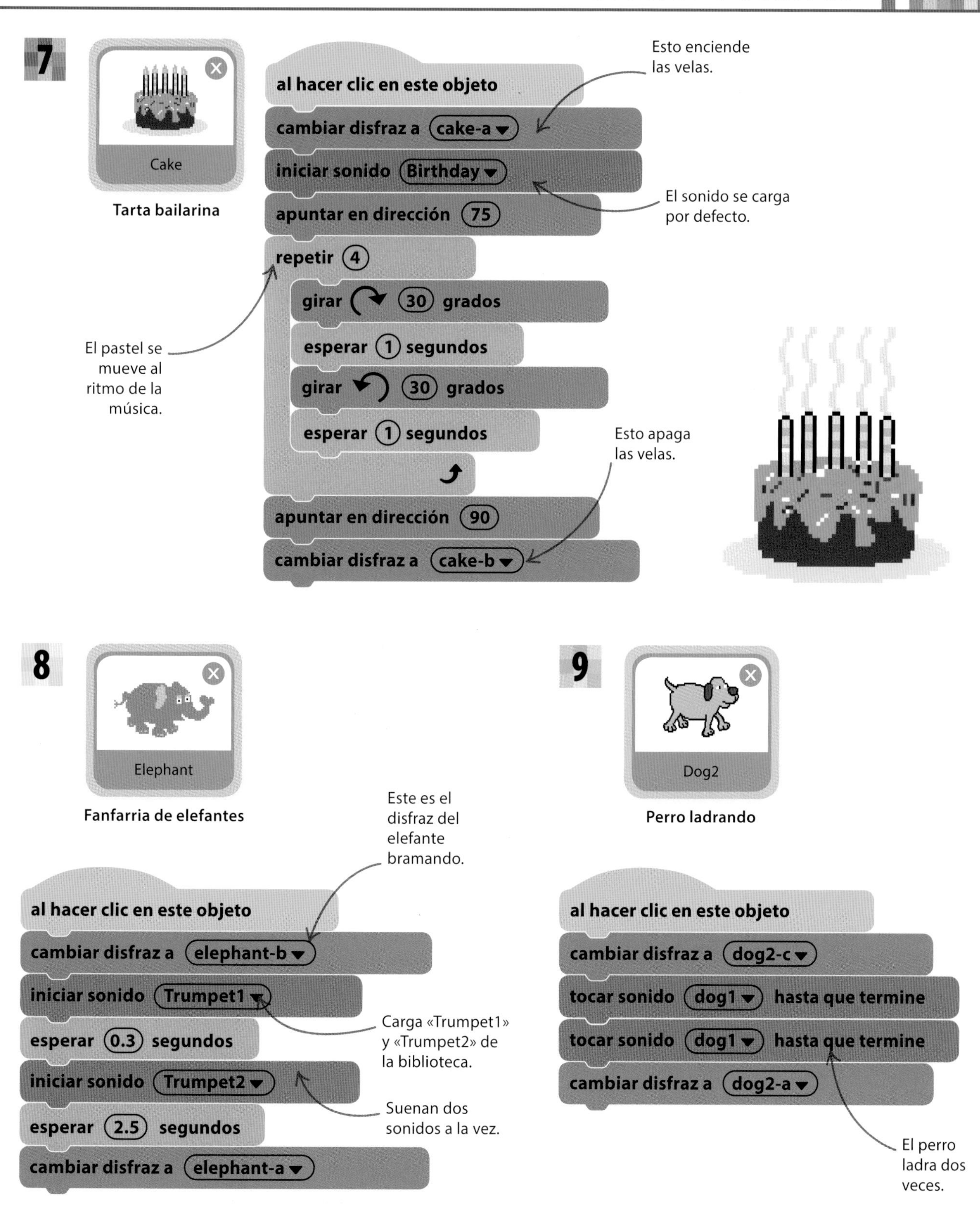
7
Cake
Tarta bailarina
al hacer clic en este objeto
cambiar disfraz a cake-a
iniciar sonido Birthday
apuntar en dirección 75
repetir 4
girar 30 grados
esperar 1 segundos
girar 30 grados
esperar 1 segundos
apuntar en dirección 90
cambiar disfraz a cake-b
Esto enciende las velas.
El sonido se carga por defecto.
El pastel se mueve al ritmo de la música.
Esto apaga las velas.
8
Elephant
Fanfarria de elefantes
Este es el disfraz del elefante bramando.
al hacer clic en este objeto
cambiar disfraz a elephant-b
iniciar sonido Trumpet1
esperar 0.3 segundos
iniciar sonido Trumpet2
esperar 2.5 segundos
cambiar disfraz a elephant-a
Carga «Trumpet1» y «Trumpet2» de la biblioteca.
Suenan dos sonidos a la vez.
9
Dog2
Perro ladrando
al hacer clic en este objeto
cambiar disfraz a dog2-c
tocar sonido dog1 hasta que termine
tocar sonido dog1 hasta que termine
cambiar disfraz a dog2-a
El perro ladra dos veces.

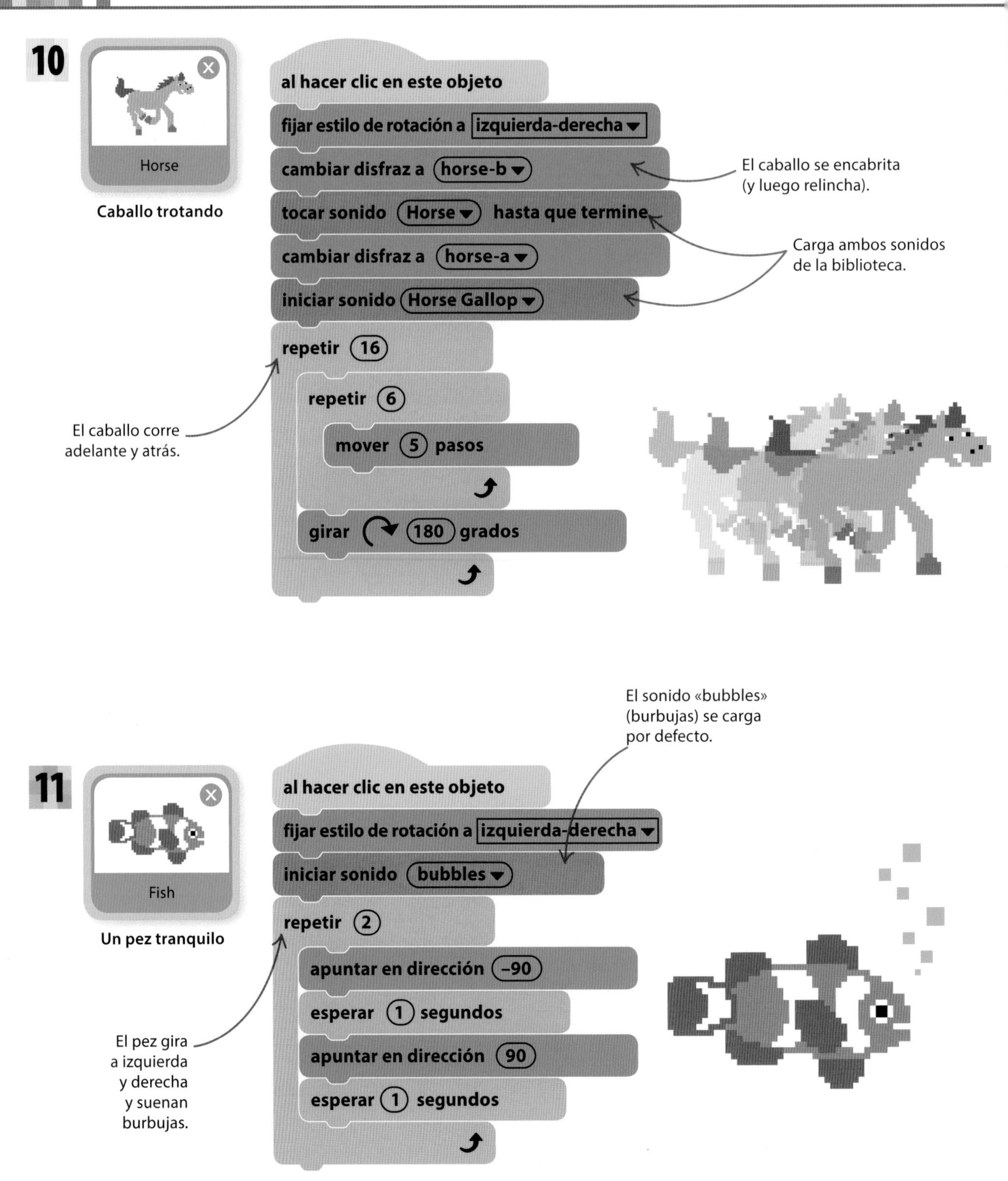
10
Horse
Caballo trotando
al hacer clic en este objeto
fijar estilo de rotación a izquierda-derecha
cambiar disfraz a horse-b
tocar sonido Horse hasta que termine
cambiar disfraz a horse-a
iniciar sonido Horse Gallop
repetir 16
repetir 6
mover 5 pasos
girar 180 grados
El caballo se encabrita (y luego relincha).
Carga ambos sonidos de la biblioteca.
El caballo corre adelante y atrás.
11
Fish
Un pez tranquilo
El sonido «bubbles» (burbujas) se carga por defecto.
al hacer clic en este objeto
fijar estilo de rotación a izquierda-derecha
iniciar sonido bubbles
repetir 2
apuntar en dirección –90
esperar 1 segundos
apuntar en dirección 90
esperar 1 segundos
El pez gira a izquierda y derecha y suenan burbujas.

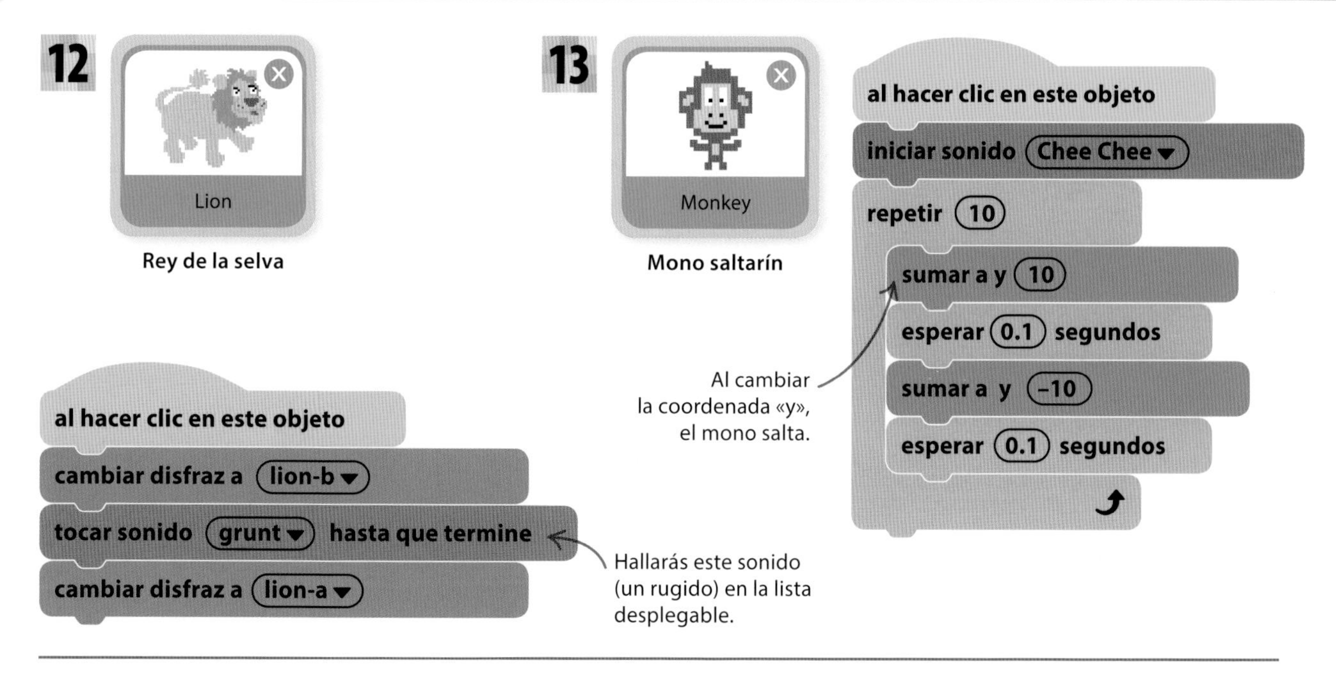

Gusanitos de queso

El último objeto será un cuenco de sabrosos gusanitos de queso: cuando cliques en él, los gusanitos desaparecerán. No hay un disfraz adecuado para el cuenco, pero puedes crear uno con el editor de Scratch. Se hace así.

14 Añade el objeto Cheesy Puffs de la biblioteca. Luego haz clic en la pestaña Disfraces y clic derecho (o control + mayúsculas y clic) en el único disfraz y selecciona «duplicar».

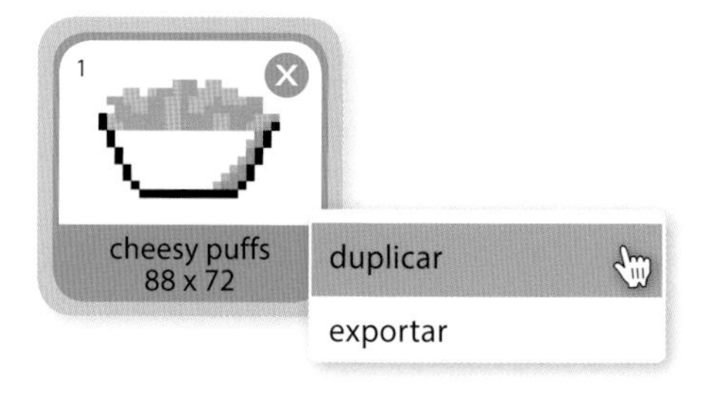

15 Selecciona el disfraz duplicado, «cheesy puffs2». En el editor de imagen, escoge color blanco o crema y usa la herramienta Círculo para dibujar un óvalo sobre los gusanitos. Usa la herramienta Borrar para eliminar cualquier resto.

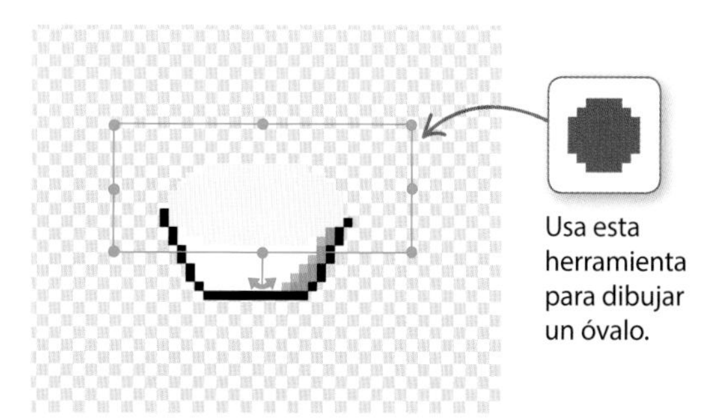

16 Clica en la pestaña Sonidos y carga «Chomp» de la biblioteca. Compón este código para el objeto.

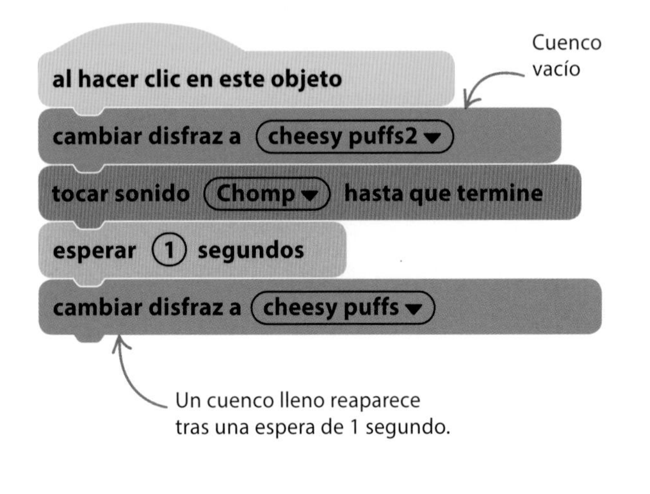

Cuenco vacío

Un cuenco lleno reaparece tras una espera de 1 segundo.

17 Distribuye tus objetos por la pantalla para que queden bien en el escenario. Luego, prueba el proyecto, pero recuerda clicar primero en el símbolo de pantalla completa para que los objetos no se muevan por error al tocarlos. Prueba todos los objetos. Fíjate que para este proyecto no necesitas la bandera verde.

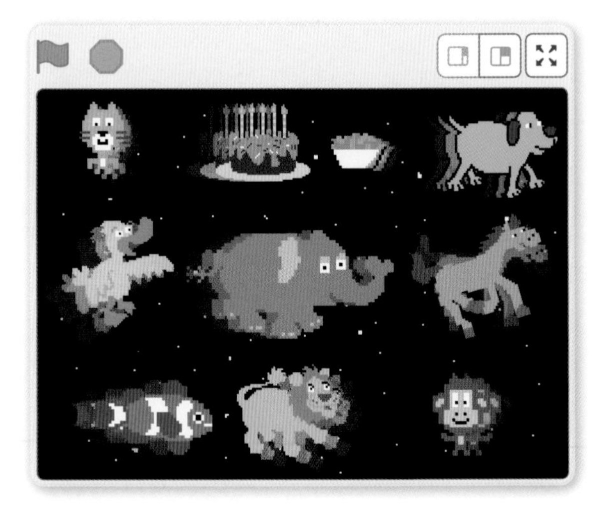

Trucos y mejoras

Este proyecto es una colección de miniproyectos: uno por cada objeto. Por ello es fácil intercambiarlos por nuevos objetos o cambiar animaciones y sonidos. Busca inspiración en las bibliotecas de objetos y de sonidos de Scratch. También puedes dibujar tus propias imágenes y grabar tus propios sonidos.

Cambia el encabezado para activar el código con una tecla en lugar de con un clic.

◁ **Piano animal**

Para los niños más pequeños, podrías cambiar los bloques de código de modo que las animaciones y sonidos se activen al tocar teclas en lugar de clicar el escenario, con el teclado como una especie de piano. Escoge teclas muy separadas para convertir el proyecto en un juego de «buscar la tecla».

▷ Graba tus propios sonidos

Si tu ordenador tiene micrófono, puedes dar un toque personal al proyecto grabando tus sonidos. Selecciona el objeto al que dar un sonido: quizá el león, si quieres darle un rugido mejor. Ve a la pestaña Sonidos y clica el símbolo del micrófono 🎙 en el menú. Para comenzar a grabar, clica en el círculo de color naranja. Para detener la grabación, clica en el cuadrado.

▷ Editar sonidos

Scratch permite editar sonidos que hayas grabado o subido. Abre la pestaña Sonidos y selecciona el sonido en el que quieras trabajar. El patrón de color rosa muestra el volumen conforme se reproduce. Usa la herramienta de recortar (Delete) para subrayar las partes del sonido que quieras quitar o mover, y usa los menús para realizar cambios o añadir efectos.

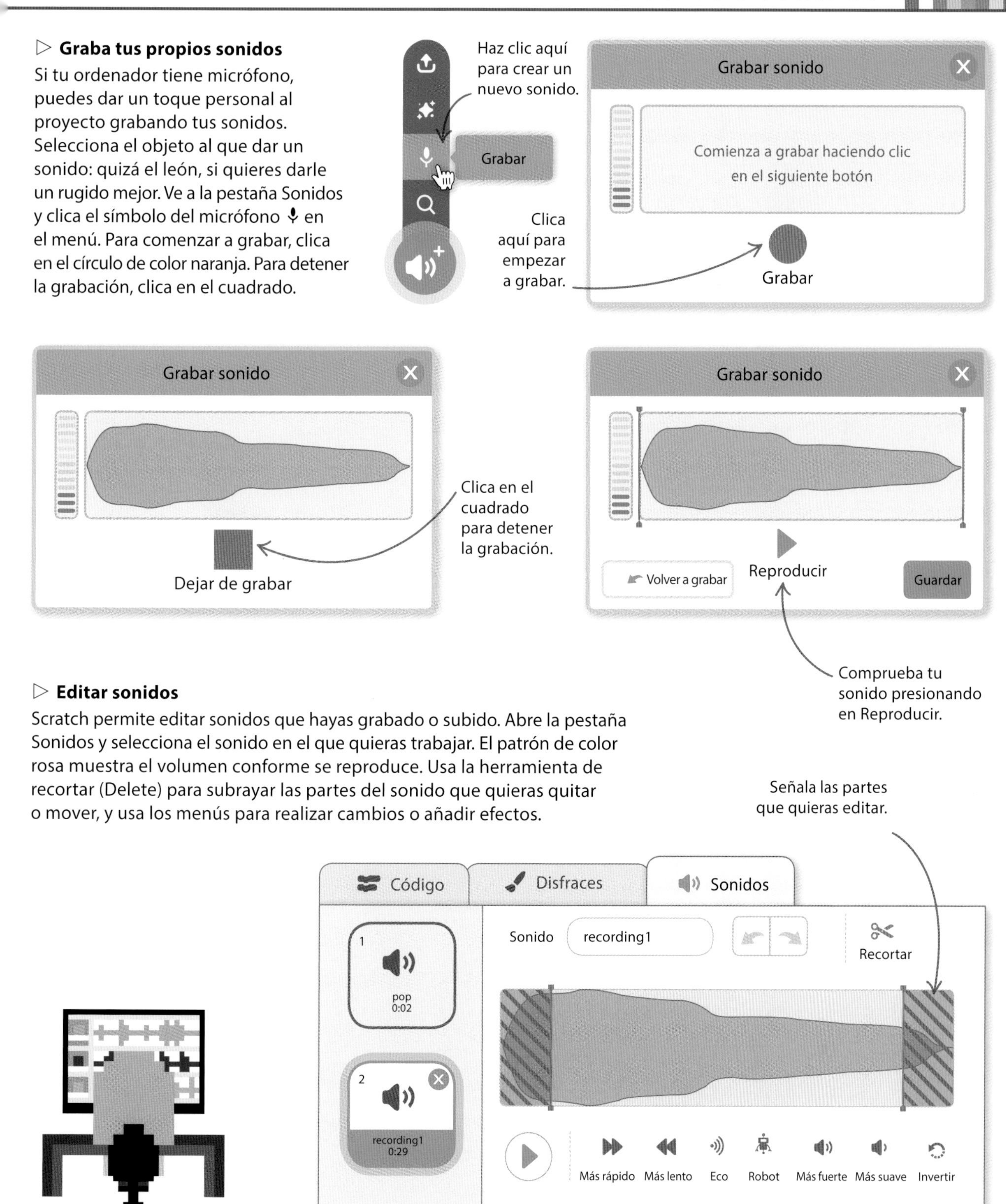

Tambortástico

Este proyecto convierte el teclado de tu ordenador en una batería. Teclea lo que quieras y Scratch convertirá las letras en sonidos de batería de hasta 18 instrumentos distintos, desde platillos y bongos hasta golpes de bombo.

Cómo funciona

Cuando ejecutas el proyecto, el gato de Scratch te pide que teclees algo en la caja. Cuando presiones la tecla «enter», el código convierte cada letra en un sonido distinto, y toca la frase una y otra vez. Conforme van sonando, los tambores de colores del escenario se van iluminando y el gato de Scratch camina con ritmo.

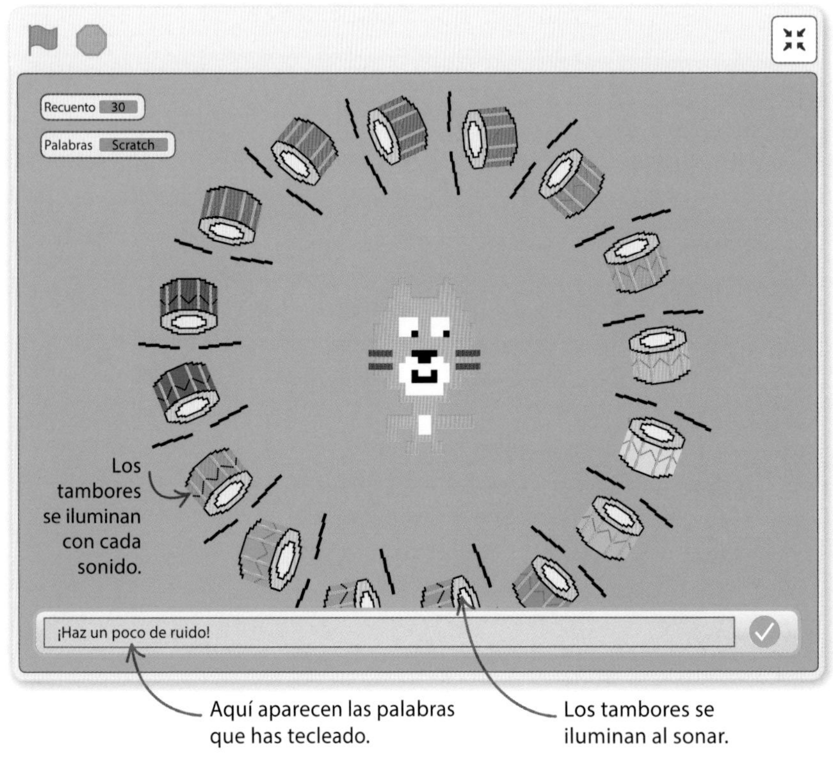

▽ **Batería de Scratch**
El código convierte cada letra en un sonido de batería. Hay 27 letras en el alfabeto (en español), pero Scratch solo posee 18 sonidos de batería: algunos sonidos se usan con dos letras.

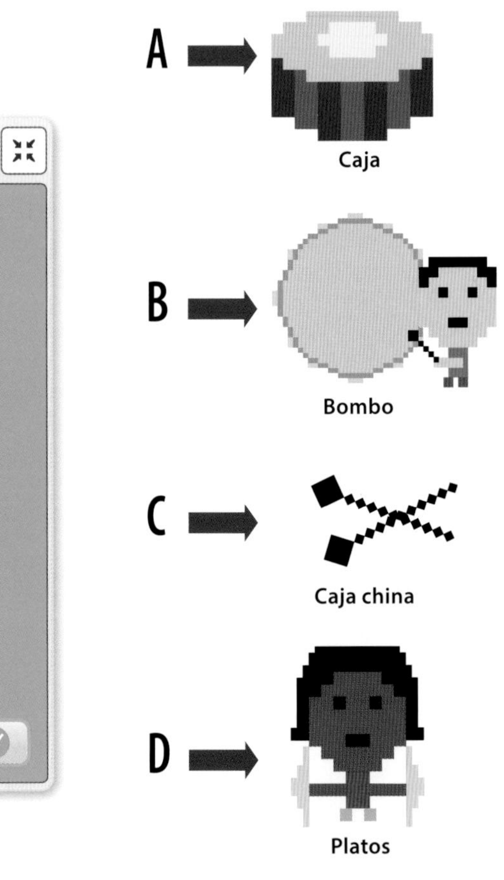

El gato bailarín

Para que el proyecto sea más divertido, el gato bailará y gritará cada letra en una burbuja de diálogo cuando suenen los tambores. Sigue estos pasos para crear un bloque personalizado que toque la batería y anime al gato.

1 Comienza un nuevo proyecto y mantén el objeto del gato. Pon un fondo de color liso: haz clic en el símbolo «Pinta» del menú de fondos, selecciona un color que te guste y usa Rellenar para crear un fondo liso. Asegúrate de seleccionar «Convertir a mapa de bits».

Pinta

Haz clic aquí para abrir el editor de imagen.

2 Selecciona el objeto del gato, haz clic en Variables y añade estas a tu proyecto: «Recuento» y «Palabras». Déjalas marcadas, para que aparezcan en el escenario.

Haz clic aquí para crear las variables.

Crear una variable
Recuento
Mi variable
Palabras

3 Crea un bloque personalizado para el objeto del gato. Escoge Mis bloques, en la paleta, y crea un nuevo bloque llamado «Tocar un tambor». Activará código que toque un tambor y haga que el gato diga la letra del tambor al mismo tiempo. Para que las cosas sean sencillas, la primera versión del código tocará siempre el mismo tambor.

Mis bloques
Crear un bloque
Tocar un tambor

4 El nuevo bloque aparecerá en la paleta. Clica con el botón derecho (o control + mayúsculas y clic) en el bloque, y elige «Editar» para añadir una ventana de entrada para la letra del tambor.

Teclea aquí el nombre de la entrada: «letra».

Crear un bloque
Tocar un tambor letra
Añadir una entrada número o texto
Añadir una entrada lógica
text **Añadir una etiqueta**
Ejecutar al instante
Cancelar Aceptar

Escoge esta opción.

Haz clic en «Aceptar» para completar el bloque.

5 Añade este código al encabezado «definir [tocar un tambor]». De momento el gato solo dice la letra, y el código solo ejecuta un tipo de tambor: una caja. Más tarde, el código se hará más largo, para tocar distintos tambores. Añade la extensión Música; clica en «Añadir extensión», abajo a la izquierda y escoge «Música» para usar los bloques tocar tambor.

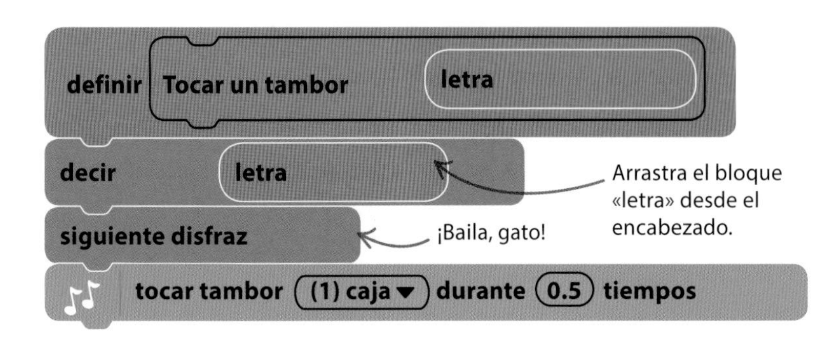

JERGA

Cadenas

Los programadores llaman «cadenas» a las secuencias de letras o palabras. Piensa en las letras como en cuentas de un collar, unidas entre sí.

6 Ahora añade este código para pedir al jugador que teclee algo. Este código envía las letras una por una al gato, y simultáneamente al bloque «Tocar un tambor». Todo lo que se ponga como entrada en el bloque «Tocar un tambor» va en el bloque azul «respuesta».

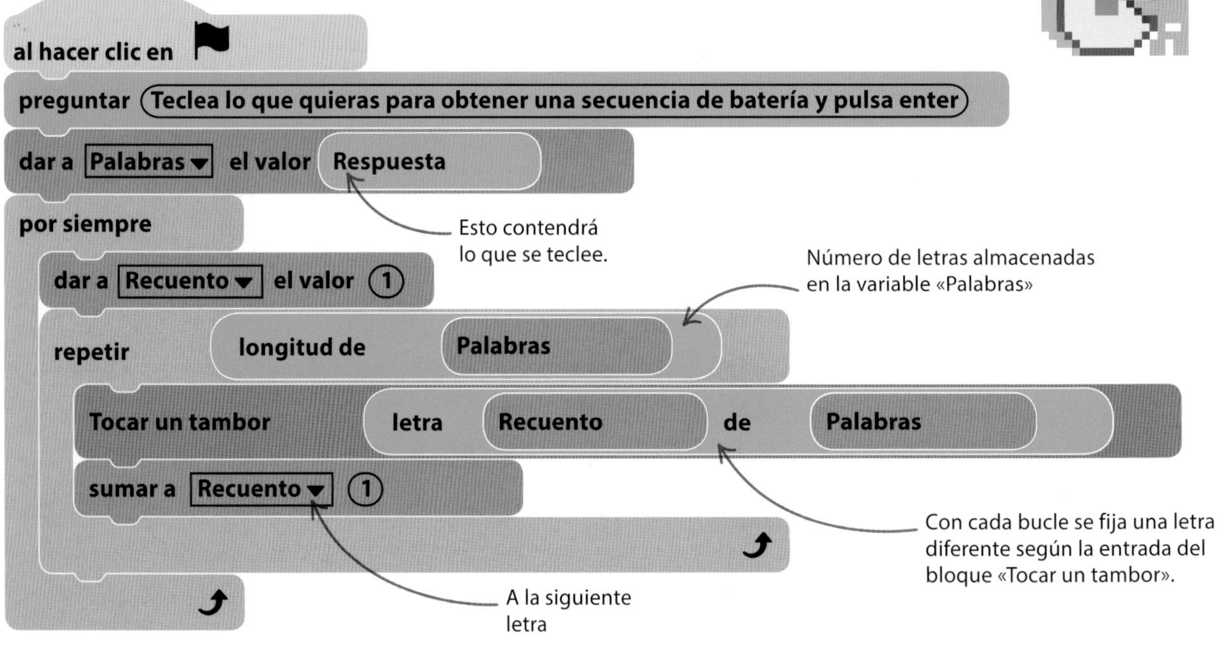

7 Ejecuta el proyecto. Teclea «Scratch» y pulsa la tecla «enter». El gato gritará las letras de Scratch al sonido del tambor.

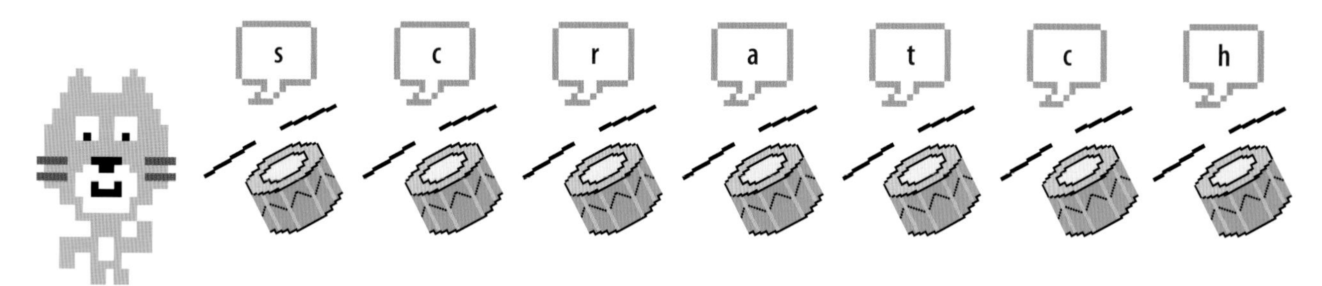

De letras a tambores

Lo siguiente es cambiar el código para que cada letra toque un tambor determinado. Scratch posee 18 sonidos de tambores, así que algunos sonidos estarán activados por más de una letra. Los espacios y la puntuación crearán breves pausas en el patrón de la batería. Scratch ignora si las letras son mayúsculas o no: trata igual «A» y «a».

tocar tambor (1) Caja durante 0.25 tiempos

El bloque «tocar tambor» de Scratch tiene 18 sonidos configurados.

Tambor	Letras
✓ (1) Caja	a, r
(2) Bombo	b, s
(3) Golpe lateral	c, t
(4) Platillo crash	d, u
(5) Charles abierto	e, v
(6) Charles cerrado	f, w
(7) Pandereta	g, x
(8) Palmada	h, y
(9) Claves	i, z
(10) Caja china	j
(11) Cencerro	k
(12) Triángulo	l
(13) Bongo	m
(14) Conga	n
(15) Cabasa	ñ
(16) Güiro	o
(17) Vibraslap	p
(18) Cuica	q

8 Añade cuatro variables nuevas: «Alfabeto», que almacena todo el abecedario en orden; «RecuentoAlfabeto», que guarda la posición numérica de cada letra en el alfabeto, de 1 a 27; «NúmeroBaterías», para el número de distintos sonidos de tambores de Scratch, y «TamborElegido», que guarda el número del sonido de tambor que ha de sonar.

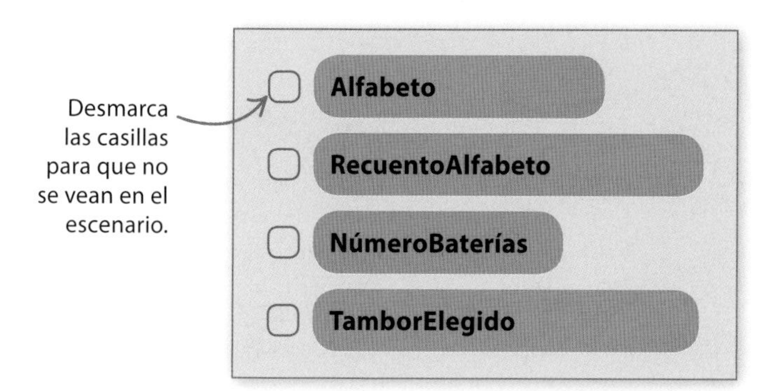

Desmarca las casillas para que no se vean en el escenario.

9 Añade tres nuevos bloques al inicio del código principal para fijar las variables «Alfabeto» y «NúmeroBaterías». El mensaje «DibujaTambor» activará el código que dibuja los tambores, que llegará más tarde.

10 Añade este código a la definición de «Tocar un tambor»: convierte cada letra en un número y lo emplea para tocar el sonido de tambor adecuado. Si no se halla correspondencia, se usa una corta pausa, o «silencio».

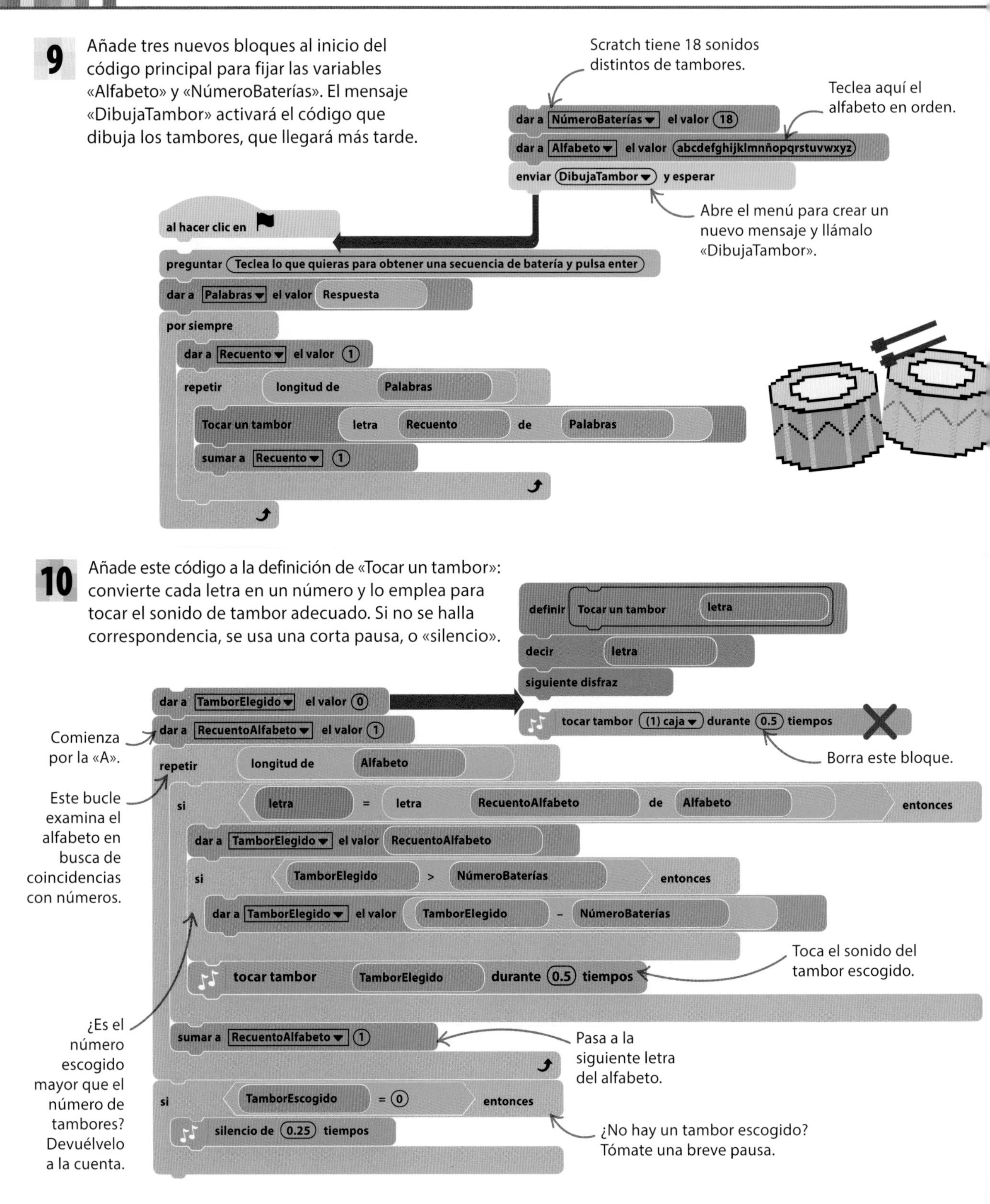

Ahora ejecuta el proyecto y mira si puedes crear algunos ritmos chulos. Prueba «a a a a abababab», por ejemplo. Recuerda que puedes usar espacios o signos de puntuación para crear pausas.

Tambores luminosos

Para que el proyecto se vea más interesante, puedes añadir un círculo de 18 tambores de colores, uno por cada sonido. Cada uno se iluminará cuando suene su sonido.

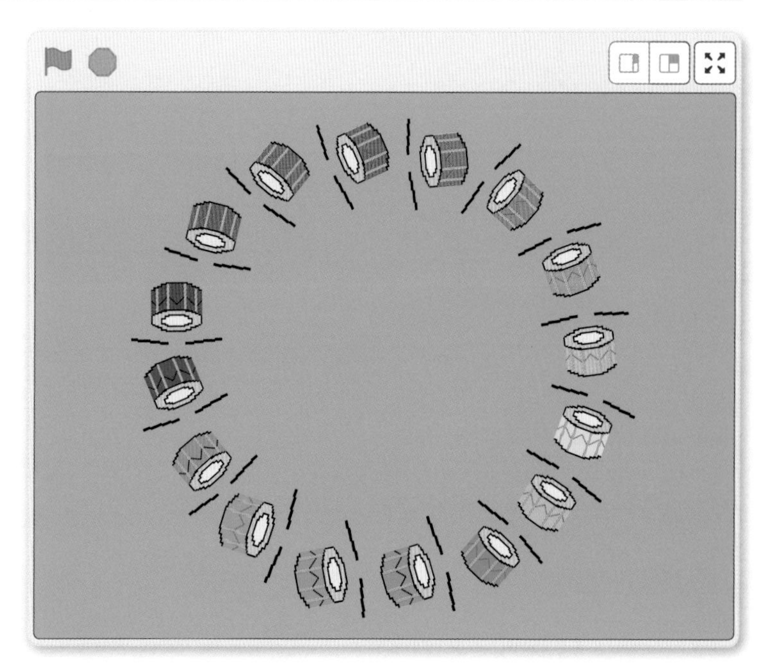

12 Haz clic en el símbolo del gato en la lista de objetos, y añade el objeto Drum (tambor) de la biblioteca.

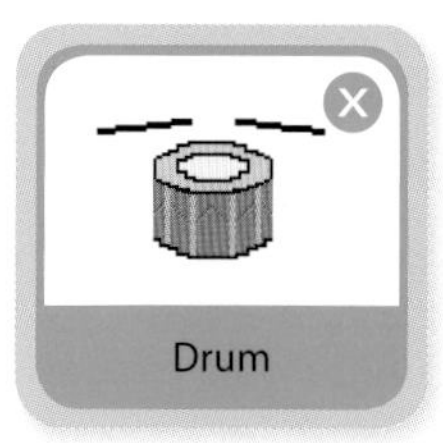

13 Añade una variable llamada «TamborID» y selecciona la opción «solo para este objeto»: permite que cada clon tenga su propia copia de la variable. Esta variable contendrá un identificador único (ID) para cada tambor, que le ayude a iluminarlos en el momento adecuado. Desmarca su casilla para que no se vea en el escenario.

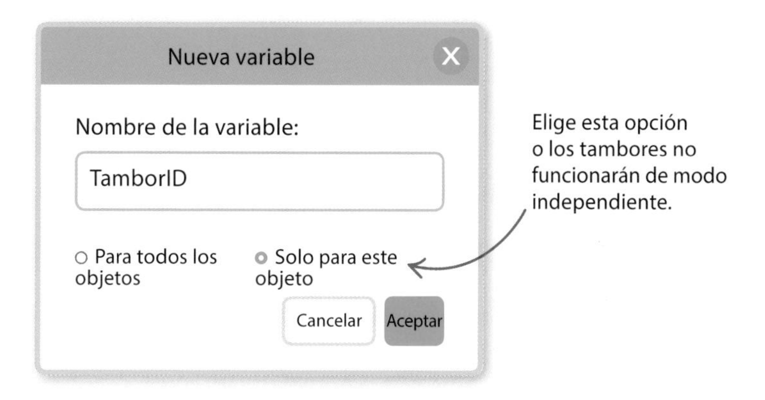

Elige esta opción o los tambores no funcionarán de modo independiente.

14 Añade este código al objeto del tambor. Cuando reciba el mensaje «DibujaTambor», creará en el escenario un círculo de clones de colores del tambor, cada uno con su propio ID.

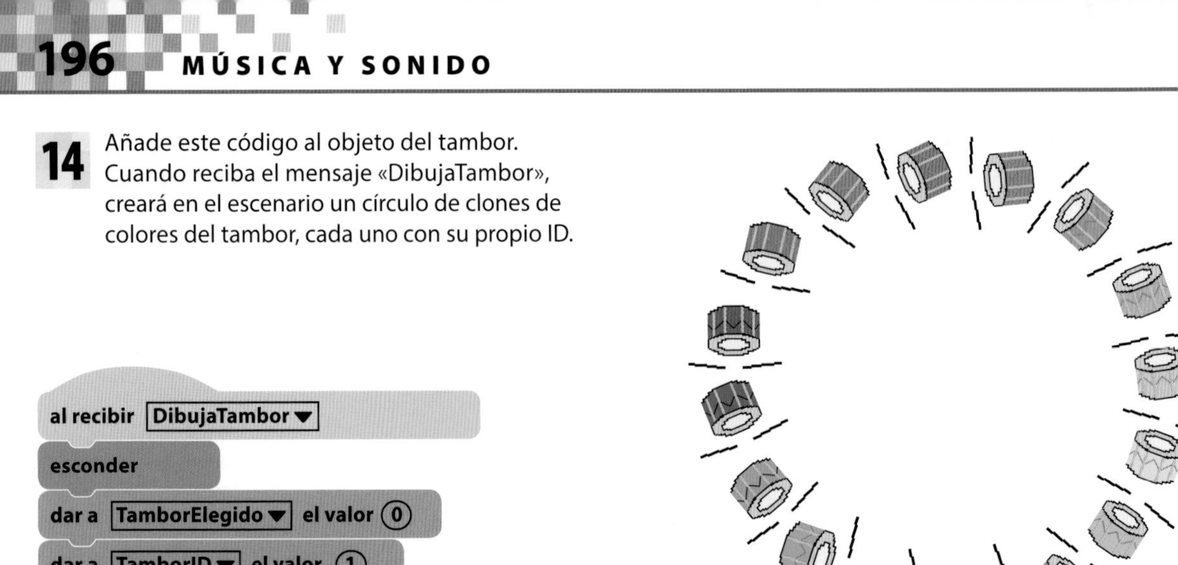

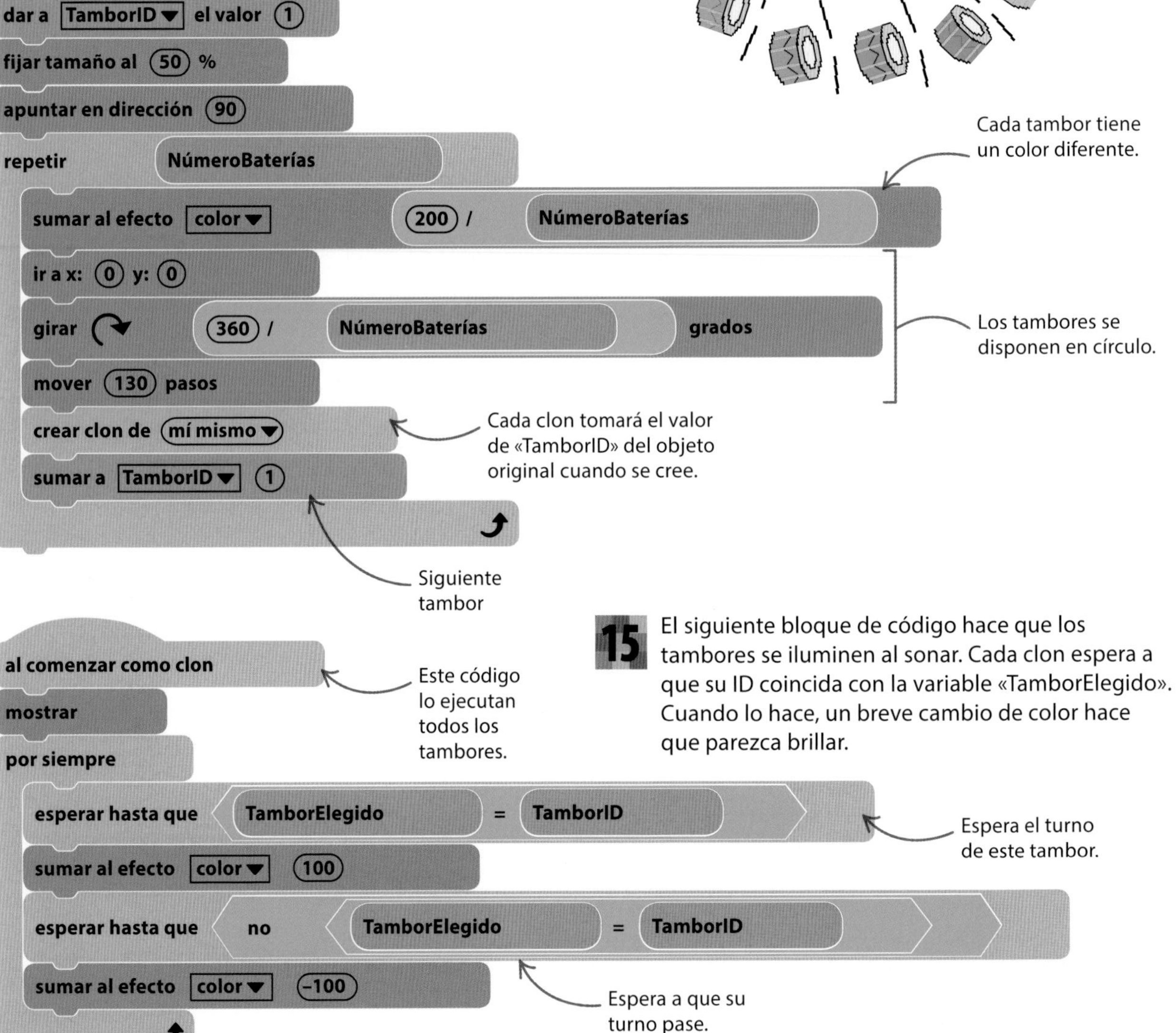

15 El siguiente bloque de código hace que los tambores se iluminen al sonar. Cada clon espera a que su ID coincida con la variable «TamborElegido». Cuando lo hace, un breve cambio de color hace que parezca brillar.

16 Ejecuta el proyecto. Los tambores deben iluminarse simultáneamente al ritmo. Prueba la secuencia «abcdefghijklmnñopqrstuvwxyz» para ver cómo funcionan en orden y cómo se reordenan tras la letra «q».

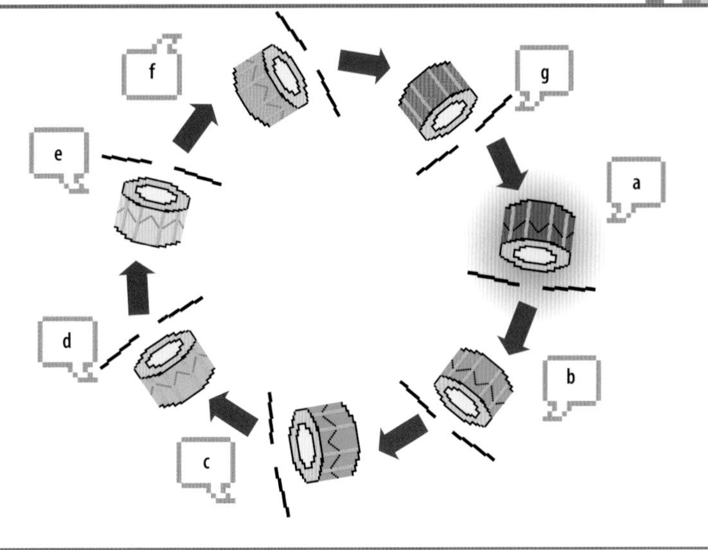

Trucos y mejoras

Crear una secuencia que controla algo es muy útil. Podrías adaptar esta idea a un piano automático, a patos cantantes o a un robot en pantalla que siga un programa en forma de secuencias de letras.

PRUEBA ESTO

Piano de palabras

Si cambias el bloque «tocar tambor» por un bloque «tocar nota» podrías crear un animal que cante. Tendrás que fijar el número total de notas en 27, de modo que todas las letras tengan su propia nota.

▽ **Tempo**

El ritmo al que suena la música se llama tempo. Cuanto más alto es el tempo, más corta es la pulsación y más rápida la música. Scratch posee un útil ajuste para el tempo: lo hallarás en la sección Música de la paleta de bloques. Marca la casilla de Tempo para mostrarlo en la pantalla. Añade este código al objeto del tambor para poder cambiar el tempo con las teclas de flechas. La barra espaciadora devolverá el tempo a 60 pulsos por minuto.

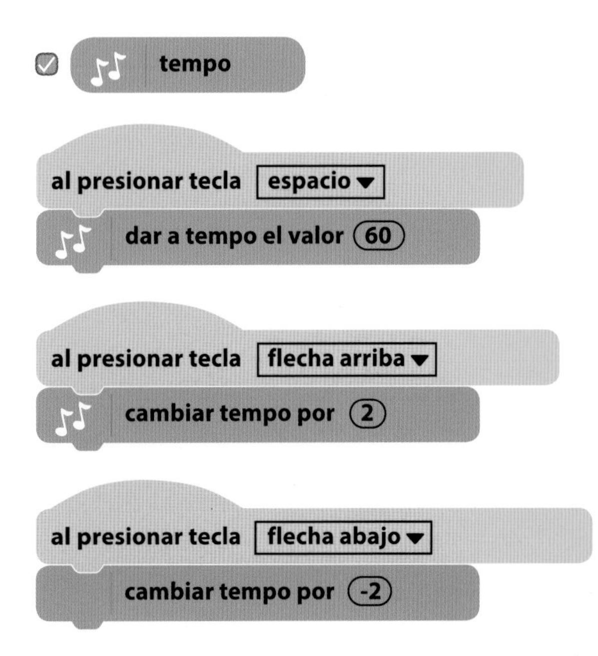

Rompecabezas

El punto mágico

Ejecuta este proyecto y mira fijamente la cruz mientras los puntos rosas que hay a su alrededor se iluminan y apagan. En pocos segundos, un fantasmal punto verde aparecerá entre ellos, pero en realidad no está allí. Scratch se pone misterioso con esta sorprendente ilusión óptica.

Cómo funciona

Los puntos desaparecen y reaparecen por turnos muy rápidamente, lo que causa un hueco en el círculo, que se mueve por el mismo. Esto confunde a tu cerebro, que llena el hueco con un color diferente, creando un punto verde mágico que no existe. Sigue mirando y el punto verde mágico borrará todos los puntos rosas… ¡pero también esto es una ilusión!

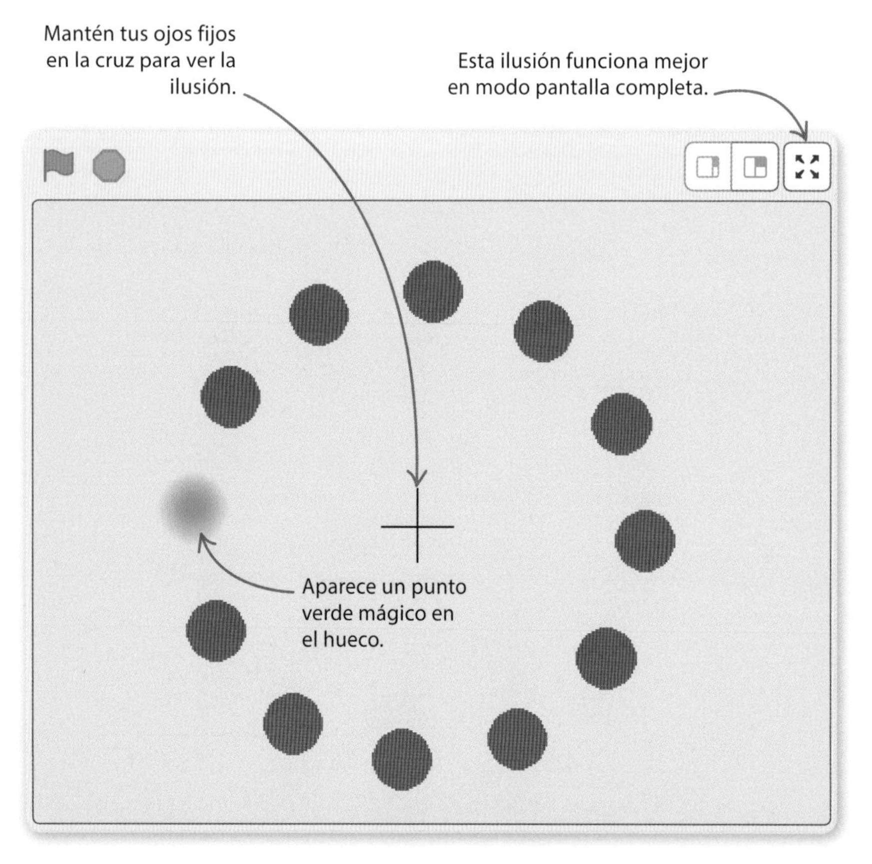

△ **Clones con identidad**
Cada círculo es un clon. En este proyecto, verás que cada clon posee su propia copia de una variable: en este caso, un número de identificación para controlar qué círculo desaparece en cada momento.

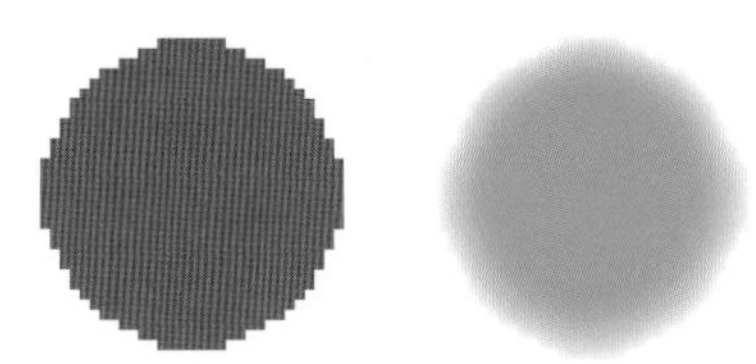

△ **Color en tu cerebro**
Este tipo de ilusión óptica se llama postimagen. Si miras algo fijamente durante mucho tiempo, los receptores de color de tus ojos se cansan y tu cerebro comienza a alterar los colores. De modo que cuando el color desaparece de repente, ves una postimagen en negativo: una especie de «agujero de color».

Traje rosa

Para crear esta ilusión solo necesitas un objeto, pero primero tendrás que dibujar el punto rosa y la cruz como disfraces.

1 Comienza un nuevo proyecto y borra el objeto del gato. Clica en el símbolo «Pinta» del menú de objetos. Selecciona un color rosa brillante en la paleta.

2 Selecciona la herramienta Círculo y asegúrate de que la opción «Relleno» está seleccionada en el área de pintar. Has de estar en modo mapa de bits.

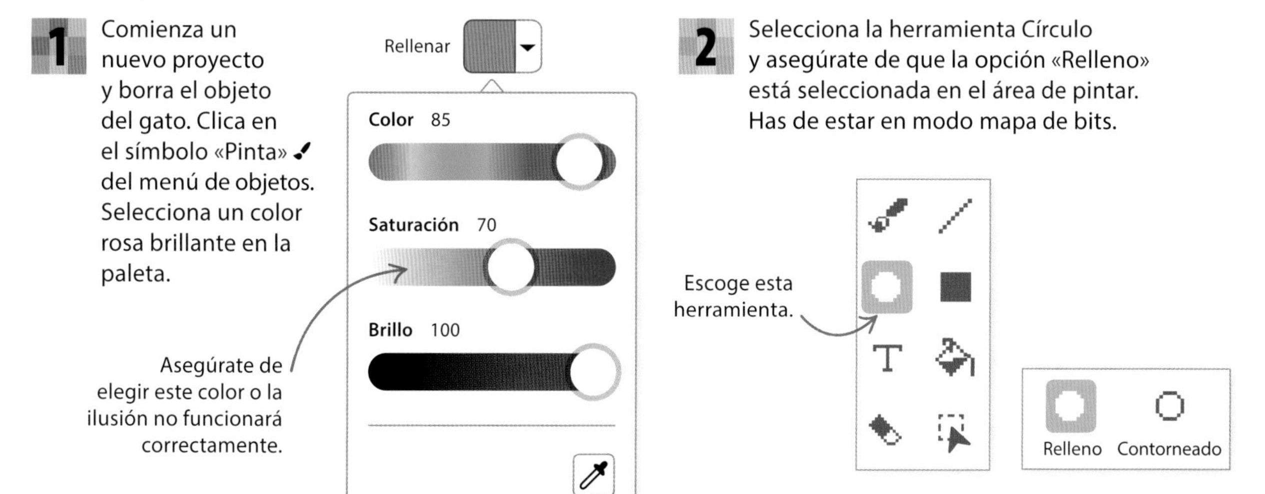

3 Clica cerca del centro del editor y arrastra el ratón mientras pulsas la tecla mayúsculas para obtener un círculo rosa. Asegúrate de centrar el círculo sobre la pequeña cruz en el centro del área de pintar.

4 Tu punto recién pintado aparecerá en la lista de disfraces. Los números bajo su nombre te dirán su tamaño. Necesitas que sea de 35 × 35, pero no te preocupes si te equivocas: el próximo paso te enseña a cambiar su tamaño.

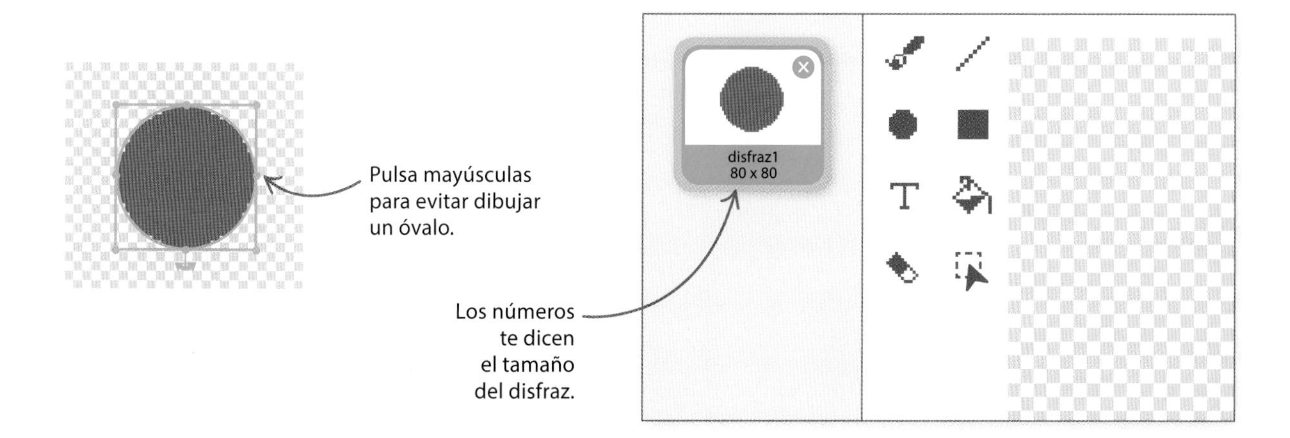

5 Si es muy grande o pequeño, arrastra una esquina de la caja que aparece a su alrededor y dale el tamaño adecuado. Si la caja desaparece, usa Seleccionar para trazarla nuevamente en torno al círculo. Llama a este disfraz «Punto» en la caja superior del editor de imagen.

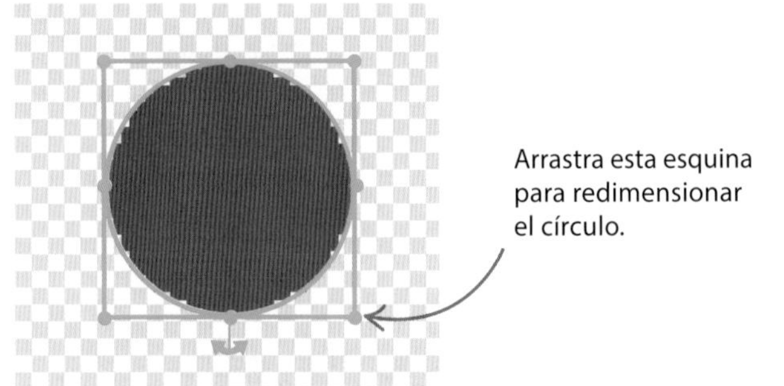

6 El siguiente paso es crear la cruz negra del centro de la ilusión. Haz clic en el símbolo «Pinta» del menú de disfraces para comenzar a dibujar uno nuevo. Usa la herramienta Línea para crear una cruz negra más o menos la mitad de grande que el punto. Para dibujar líneas totalmente verticales y horizontales, mantén pulsada la tecla mayúsculas.

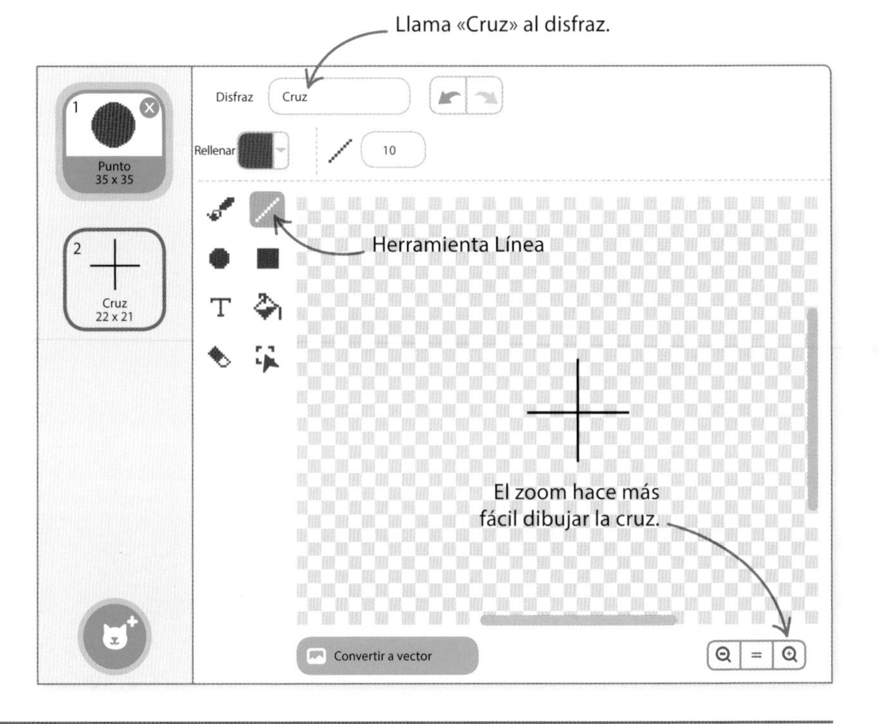

Círculo de clones

Ahora rellena el fondo y crea el círculo de clones. El código dará a cada clon un número identificador único que facilitará su ocultación.

7 Para crear el fondo adecuado para la ilusión, haz clic en el símbolo «Pinta» del menú de fondos, abajo a la derecha.

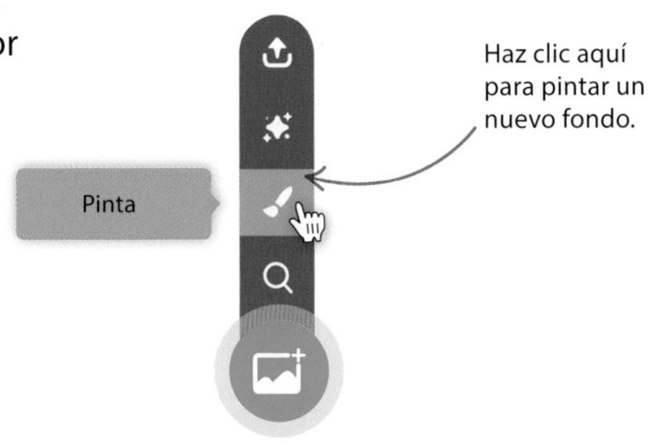

8 Selecciona este color gris. Asegúrate de tener el tono exacto o la ilusión podría fallar. Usa la herramienta Rellenar para crear el fondo gris. Solo clica en cualquier lugar del área de pintado.

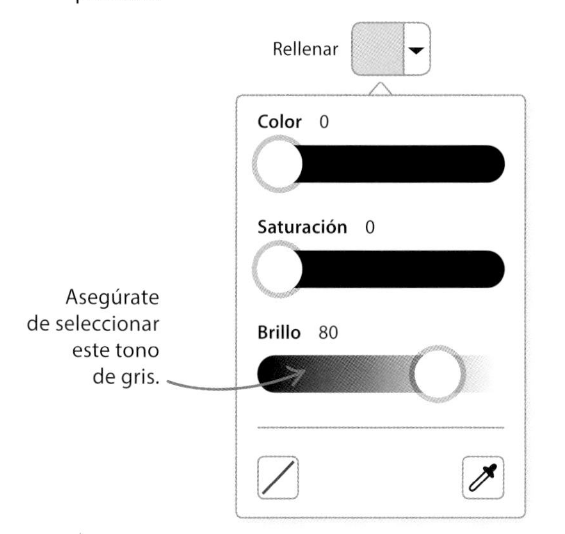

9 Haz clic en el objeto y selecciona la pestaña Código. Escoge Variables, en la paleta de bloques, y clica en «Crear una variable». Crea una llamada «ID», y selecciona la opción «Solo para este objeto». Esto es importante porque permite a cada clon poseer su propia copia con su propio valor. Desmarca la casilla en la paleta de bloques para que la variable no aparezca en el escenario.

Nueva variable

Nombre de la variable:

ID

Para todos los objetos | Solo para este objeto

Cancelar | Aceptar

Teclea «ID» aquí.

Selecciona esta opción.

10 Añade los bloques que ves aquí para crear doce clones del punto de color rosa, dispuestos en círculo. Cuando se crea un clon, obtiene una copia de la variable «ID» del objeto original, por lo que cada clon posee un número único.

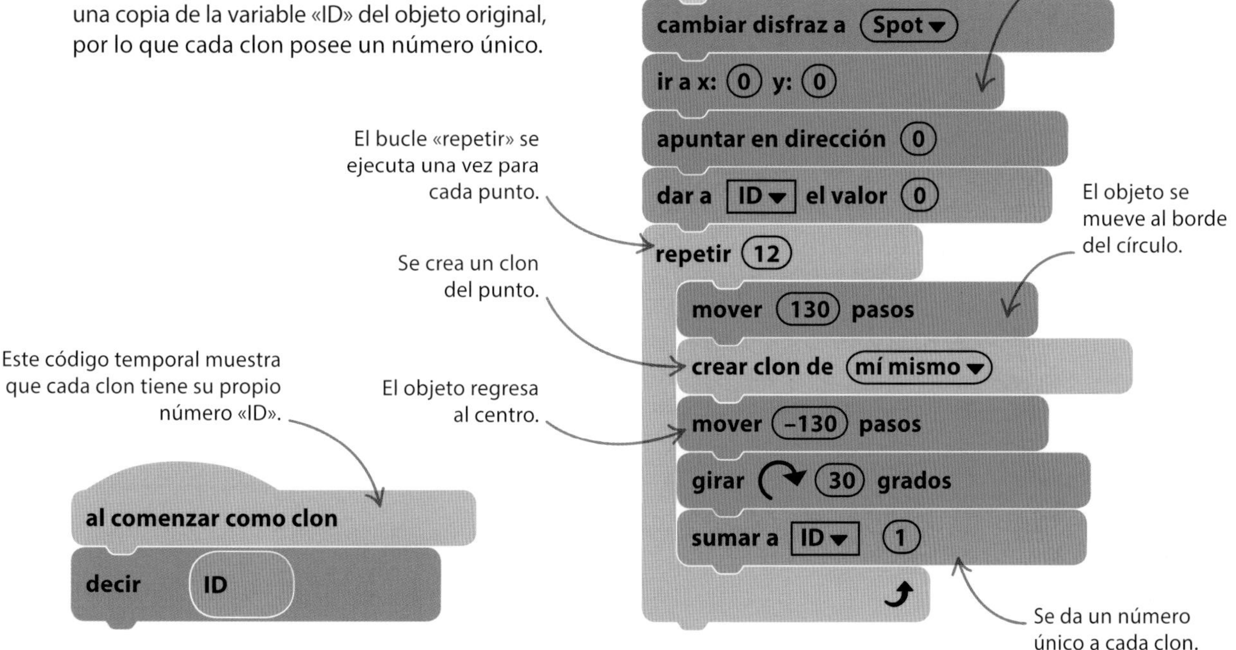

11 Ejecuta el proyecto y cada clon dirá su propio valor «ID». Cada uno será diferente, y contarán de 0 a 11 en círculo.

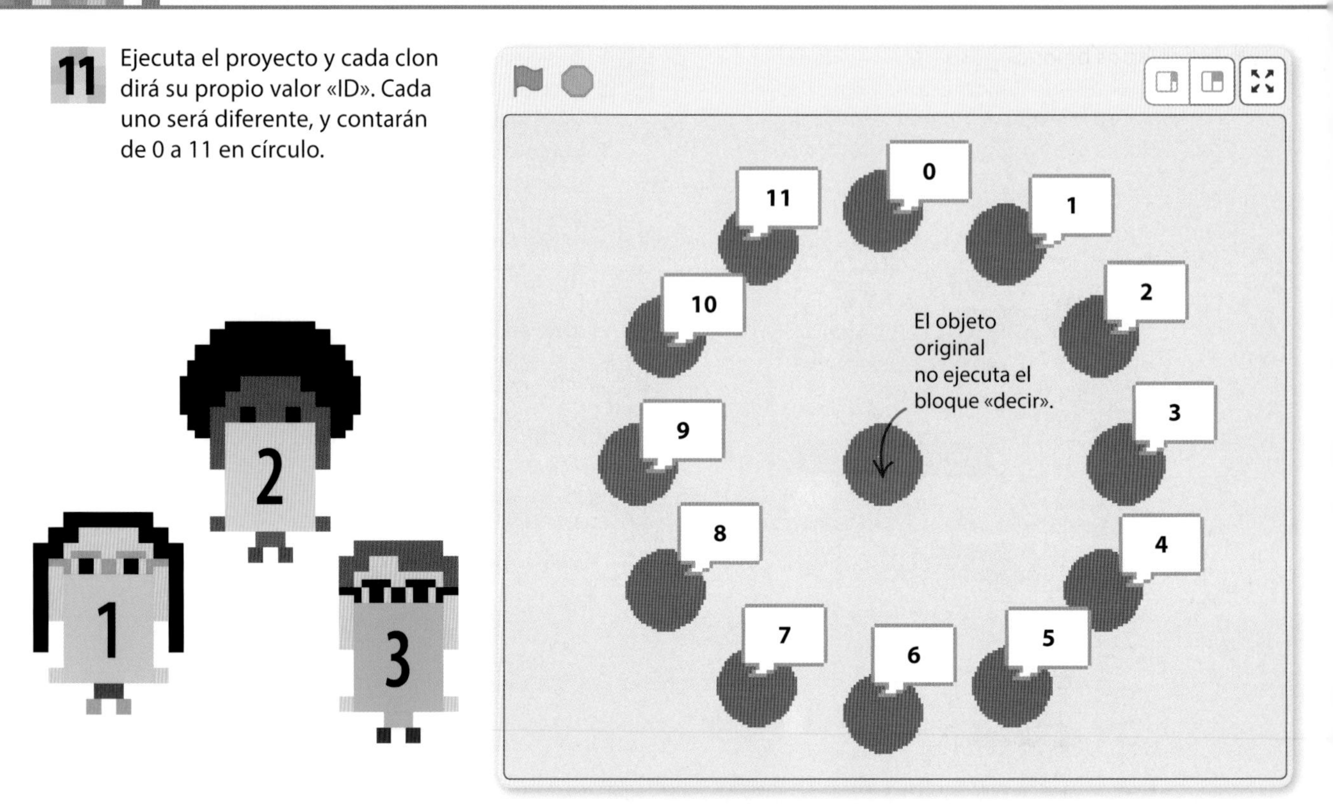

12 Ahora borra el código más corto, pues no necesitas ver esas burbujas de diálogo durante la ilusión.

Crear la ilusión

Ahora, el código hará que cada uno de los puntos se oculte por turnos. Deberás crear una nueva variable, «Oculto», que especificará qué clon ha de ocultarse.

13 Clica en el bloque Variables, de color naranja, y crea una nueva variable. Llámala «Oculto». Desmarca su casilla para que no se vea en el escenario.

Nueva variable

Nombre de la variable:

Oculto

Para todos los objetos

Solo para este objeto

Cancelar

Aceptar

Asegúrate de que está seleccionada esta opción.

14 Añade estos bloques a la parte inferior del código del objeto, pero no ejecutes aún el proyecto.

15 Añade este código aparte al objeto. Todos los clones lo ejecutarán. Solo el clon cuyo «ID» coincida con la variable «Oculto» se ocultará. Como el valor de «Oculto» crece, cada punto se oculta por turnos.

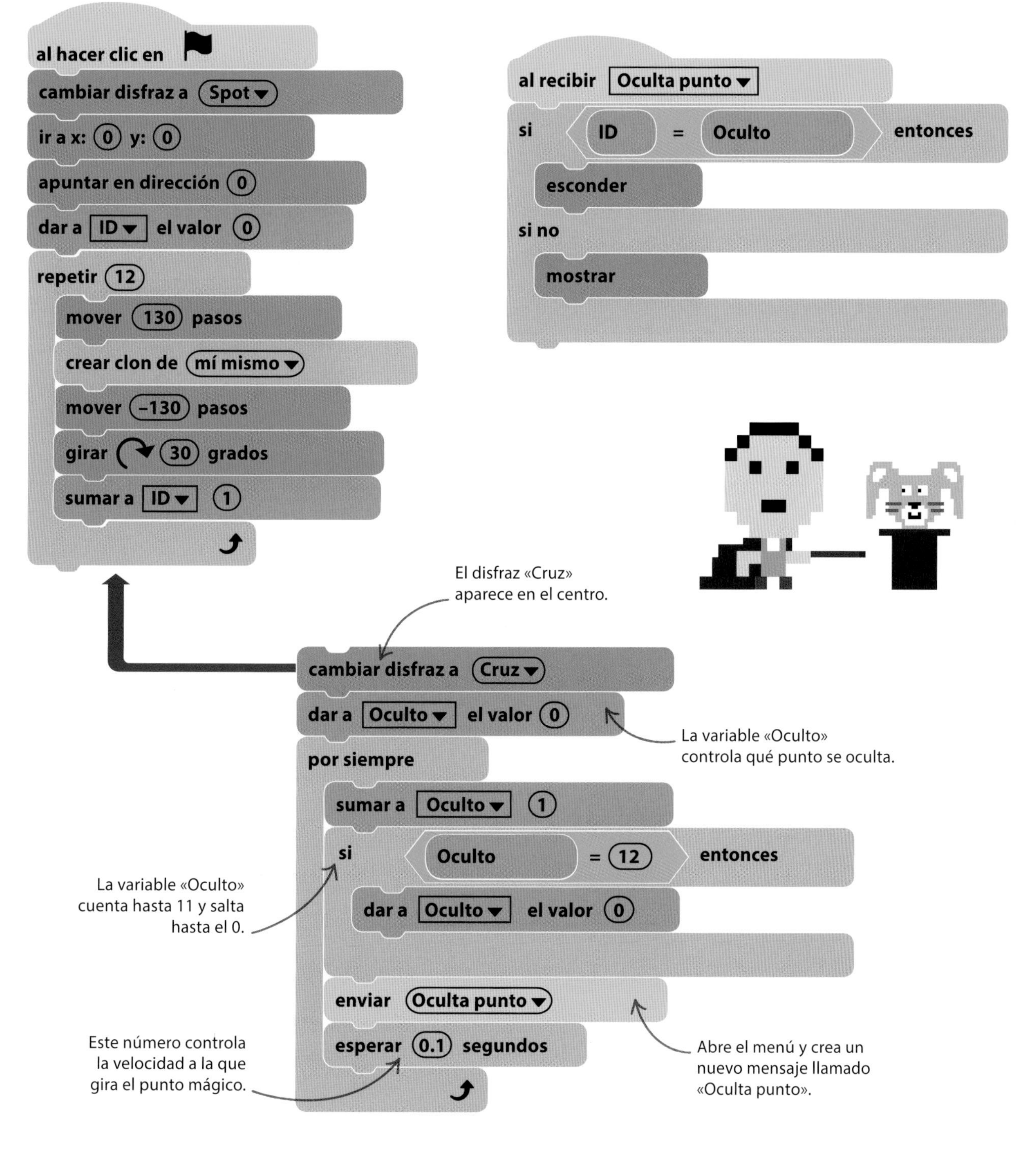

16 Ejecuta el proyecto. Deberías ver el hueco moviéndose por el círculo. Pon el escenario en modo pantalla completa y verás el punto verde mágico. Mira fijamente la cruz y el punto mágico comenzará a saltar de punto rosa en punto rosa. Cuando apartes tu mirada de la cruz solo verás el hueco.

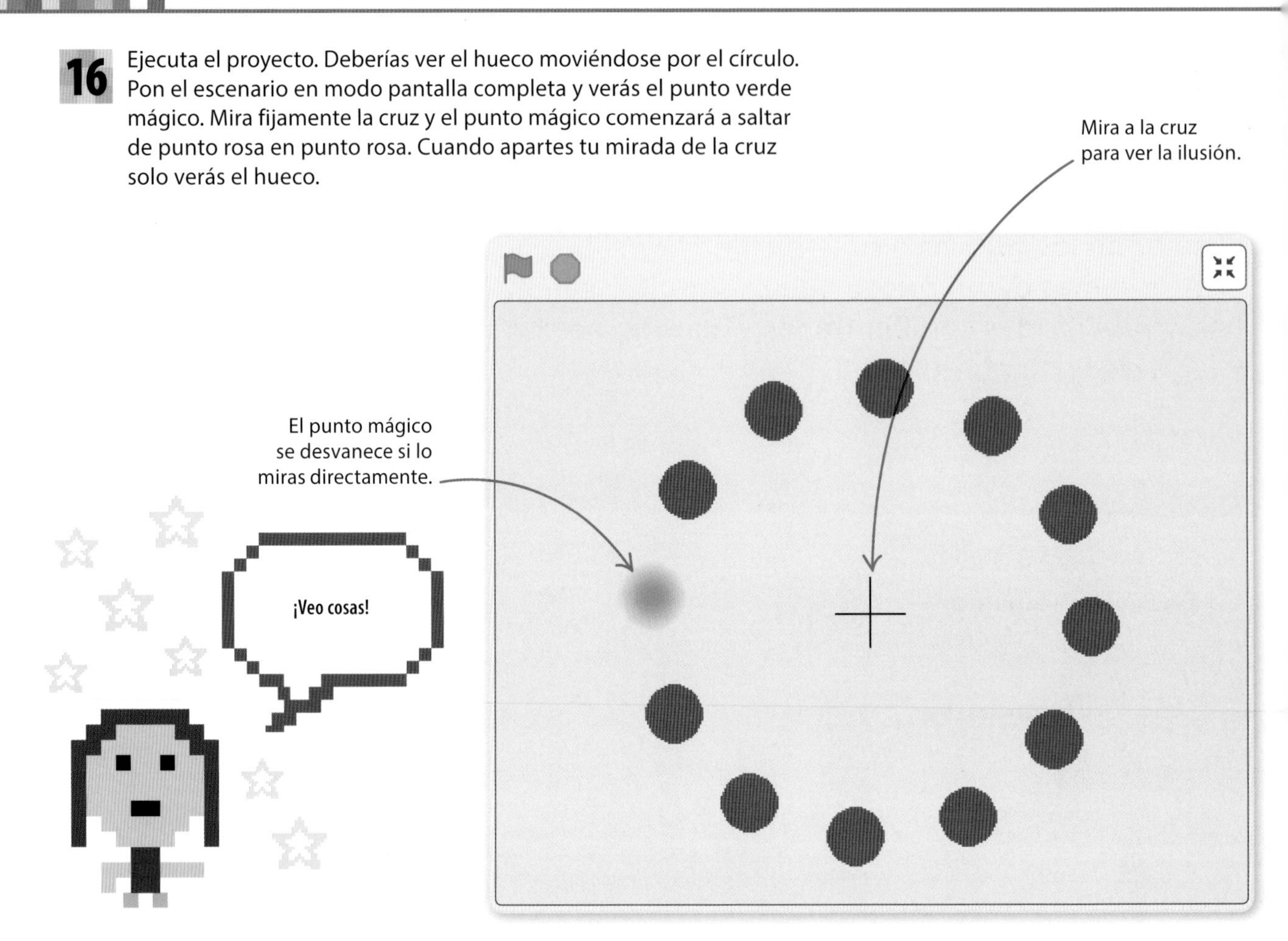

CONSEJO DE EXPERTO

Si-entonces-si no

El bloque «si entonces» es útil para ejecutar o saltarse un grupo de bloques en función de la respuesta a una pregunta. Pero ¿y si quieres hacer una cosa en caso de que sí (verdadero) y otra en caso de que no (falso)? Podrías usar dos bloques «si entonces», pero los programadores se ven tan a menudo ante este problema que han creado otra solución: «si entonces si no». El bloque posee dos mandíbulas para dos conjuntos de bloques. La superior responde al sí; la inferior, al no.

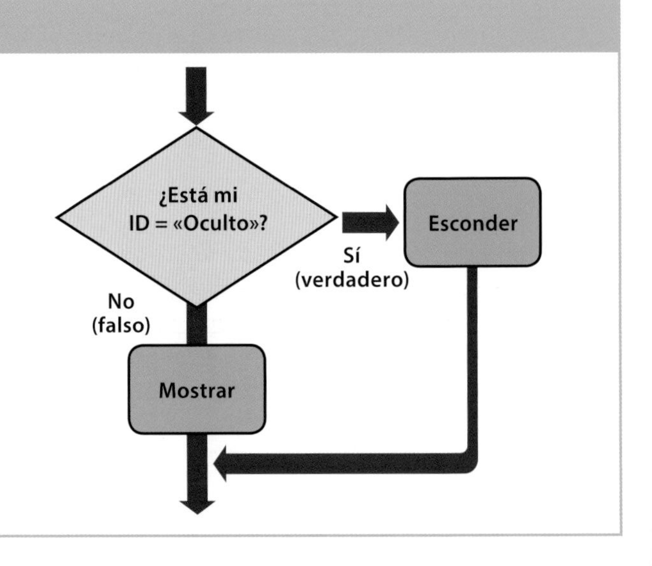

Trucos y mejoras

Puedes usar Scratch para investigar más a fondo esta curiosa ilusión óptica. ¿Funcionará aún si cambias el color de los puntos o su velocidad? ¿Y si hubiera más puntos o más de un punto oculto simultáneamente? Las posibilidades son ilimitadas. Guarda una copia y juguetea con el código.

```
al recibir [Oculta Punto ▾]
dar al efecto [color ▾] el valor (ColorPunto)
si <(ID) = (Oculto)> entonces
    esconder
si no
    mostrar
```

ColorPunto 39

△ **Controles de color**
Para averiguar con qué colores es más potente la ilusión, crea una nueva variable llamada «ColorPunto» y añade un deslizador al escenario. Añade un bloque «dar al efecto color» al código del objeto bajo el bloque «al recibir». Ejecuta el proyecto y prueba distintos colores. ¿Con cuáles funciona mejor? ¿Cambia de color el punto mágico?

PRUEBA ESTO

Aceléralo

Prueba a añadir esta nueva variable, «Demora», para cambiar la velocidad del punto mágico. Necesitarás añadir estos dos bloques al código: a ver si sabes dónde. Haz clic derecho (o control + mayúsculas y clic) en la variable, sobre el escenario, y escoge «deslizador». ¿Sigue teniendo efecto la ilusión si la ralentizas?

```
dar a [Demora ▾] el valor (1)
```

```
esperar ((Demora) / (100)) segundos
```

Espiralotrón

Es fácil usar la función Lápiz de Scratch para crear sorprendentes efectos visuales como esta espiral giratoria multicolor. Si tu ordenador tiene micrófono, puedes adaptar el proyecto para que la espiral reaccione al sonido.

Cómo funciona

Hay muchos tipos de espiral, pero este proyecto pinta una muy sencilla. Tan solo da un paso, gira 10 grados a la derecha, da dos pasos, gira 10 grados a la derecha, da tres pasos, etcétera.

La espiral se dibuja con el lápiz de Scratch.

Construye la espiral

Este proyecto te enseña cómo usar el lápiz de Scratch para crear rápidos efectos interactivos. Sigue estos pasos para, primero, dibujar una sencilla espiral. Tendrás que añadir la extensión Lápiz como en proyectos anteriores.

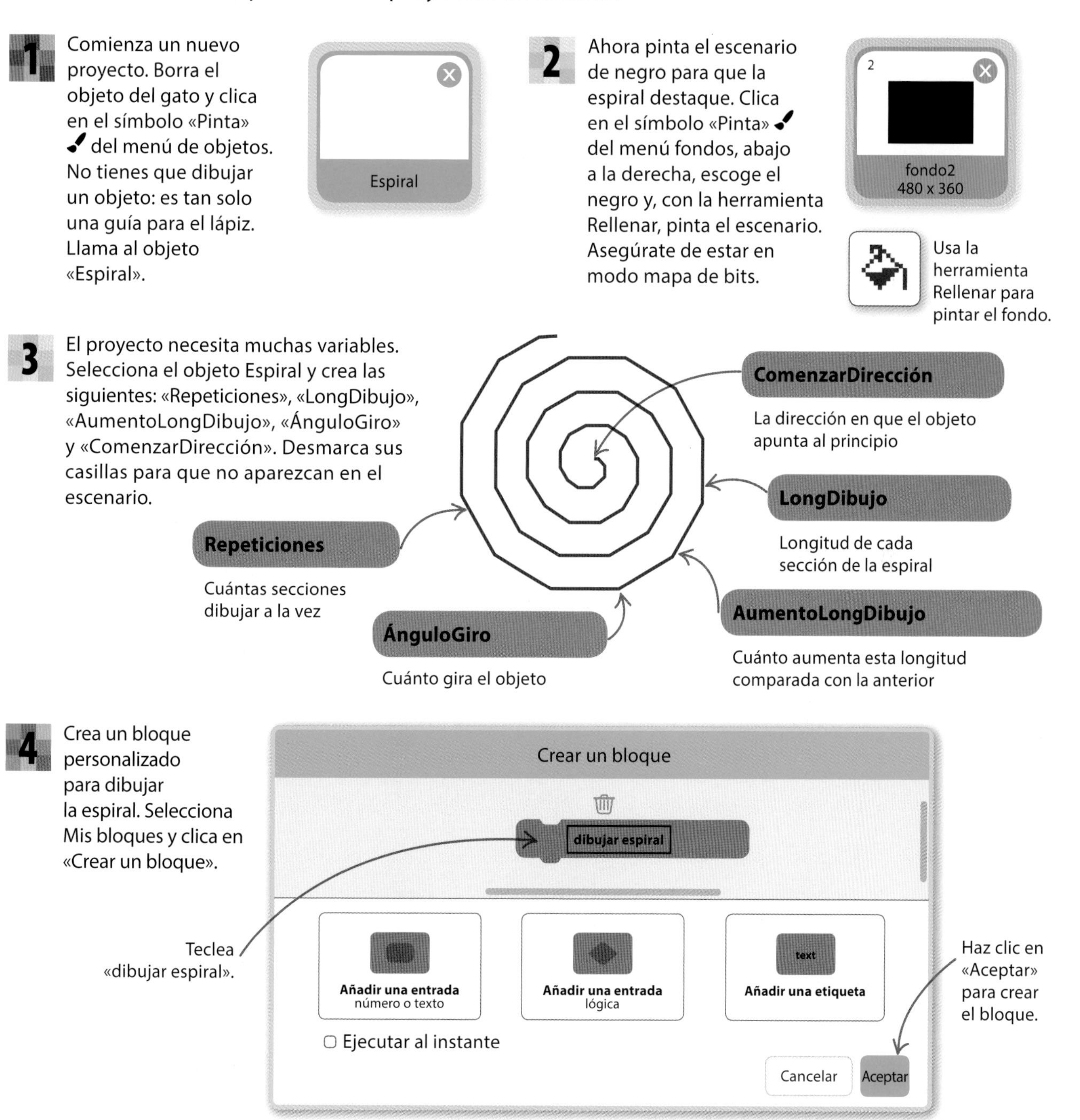

5 Ahora verás el encabezado «definir [dibujar espiral]» en la zona de código. Añádele estos bloques. Lee bien el programa y piensa en los pasos. No ejecutes aún el proyecto, pues no hay código para activar el nuevo bloque.

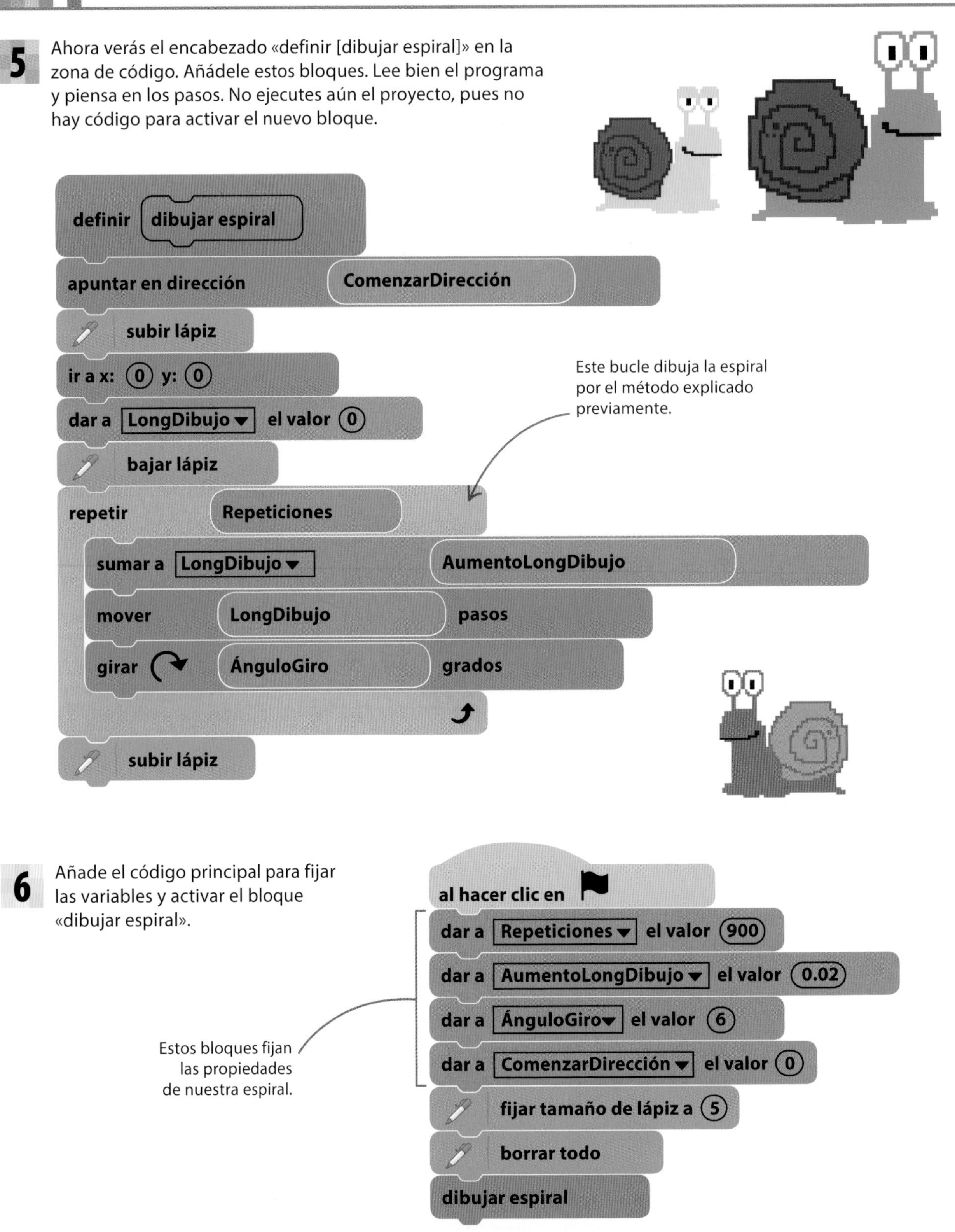

6 Añade el código principal para fijar las variables y activar el bloque «dibujar espiral».

7 Ejecuta el proyecto. Aparecerá una espiral como esta. Tardará unos 30 segundos en dibujarse.

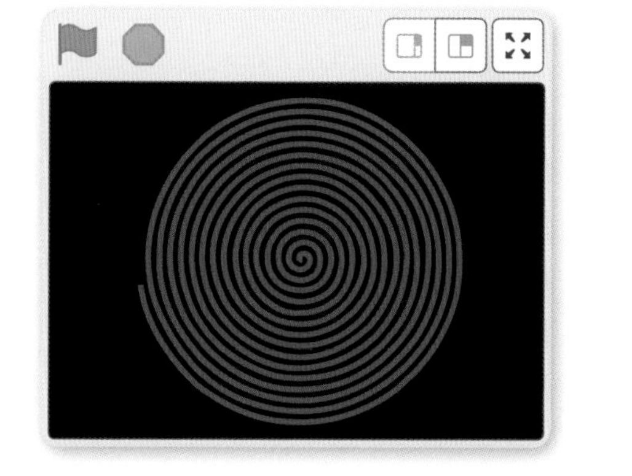

Que gire la espiral

Para que la espiral gire, Scratch la dibujará repetidamente, en una nueva posición cada vez. Para hacerlo con rapidez tendrás que usar un truco que ejecuta los bloques a más velocidad.

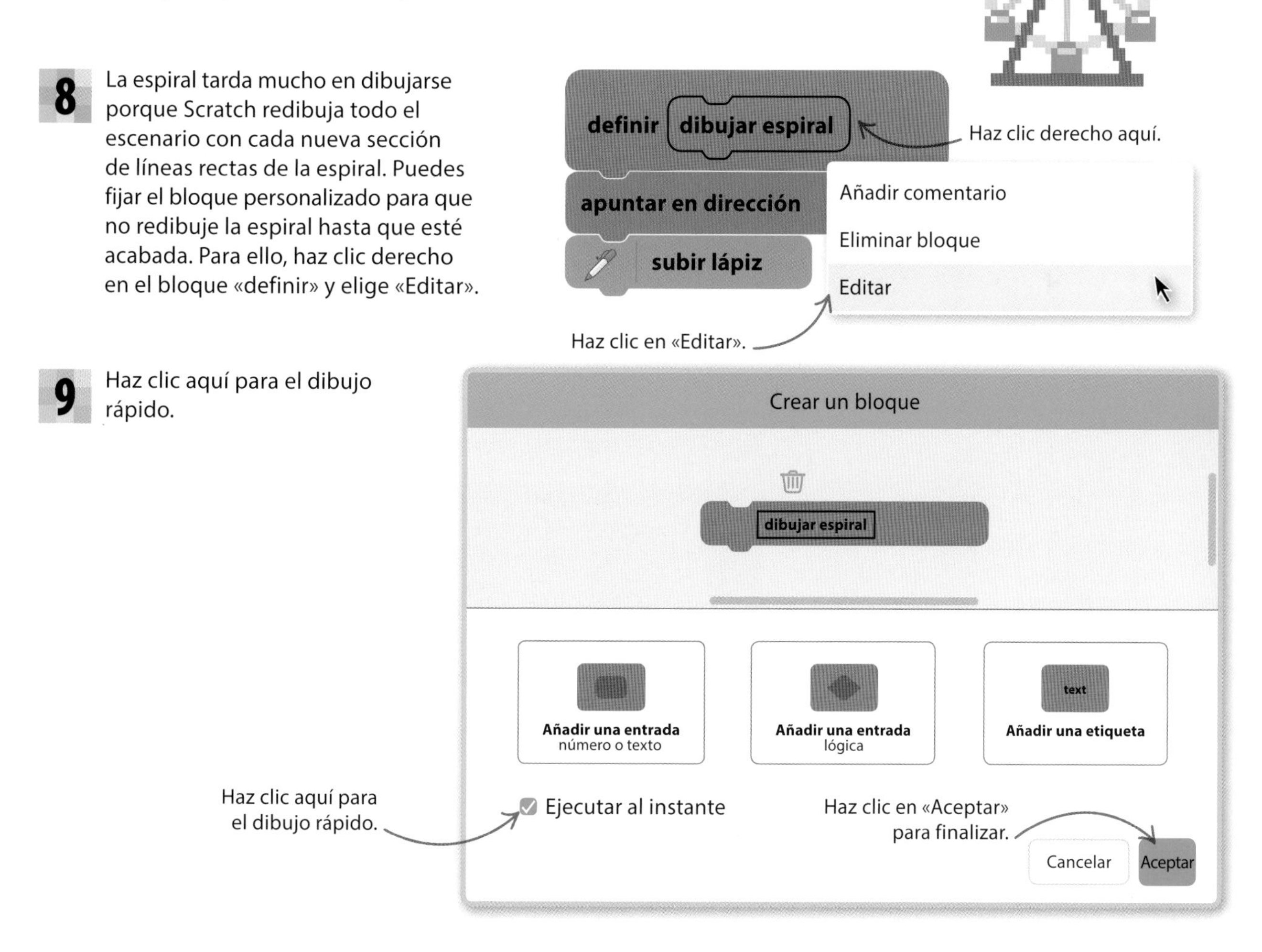

8 La espiral tarda mucho en dibujarse porque Scratch redibuja todo el escenario con cada nueva sección de líneas rectas de la espiral. Puedes fijar el bloque personalizado para que no redibuje la espiral hasta que esté acabada. Para ello, haz clic derecho en el bloque «definir» y elige «Editar».

9 Haz clic aquí para el dibujo rápido.

10 Ejecuta el proyecto, y la espiral aparecerá tan rápidamente que no verás cómo ocurre. El siguiente truco es mantener la espiral redibujándose en distintas posiciones para que parezca girar. Añade la nueva variable «VelocidadGiro»; desmarca su casilla y haz estos cambios en el código principal.

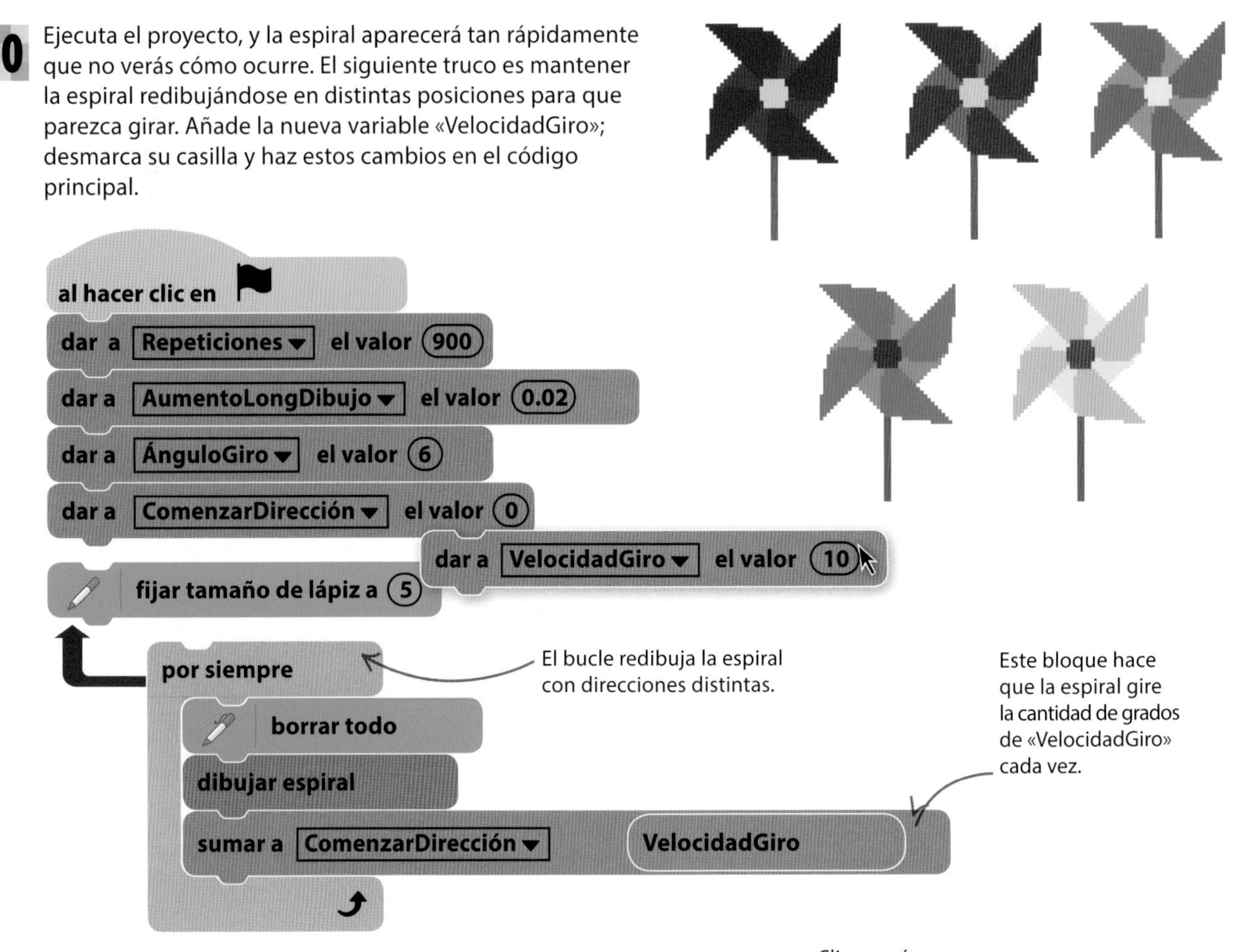

11 Ejecuta el proyecto y mira cómo gira la espiral. Cambia a pantalla completa para un efecto hipnótico. Si miras fijamente el centro y luego desvías la mirada, puedes ver las cosas como con ondas durante un momento: es una ilusión óptica.

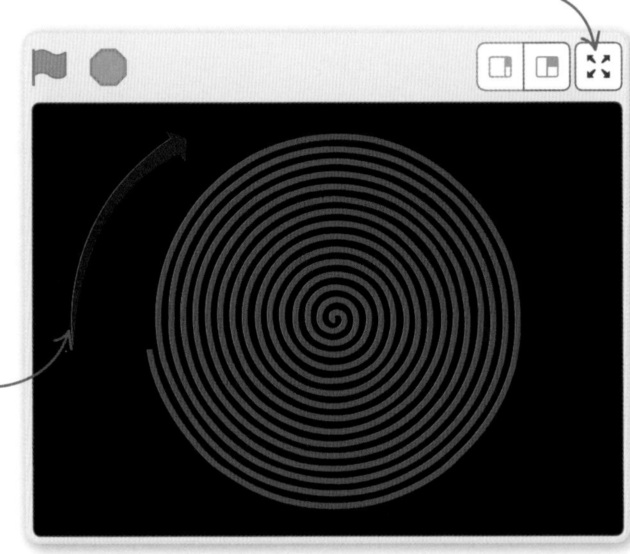

Añade color

El color del lápiz se puede controlar para crear efectos sorprendentes. Cambios sencillos en el código crean patrones como el que ves aquí.

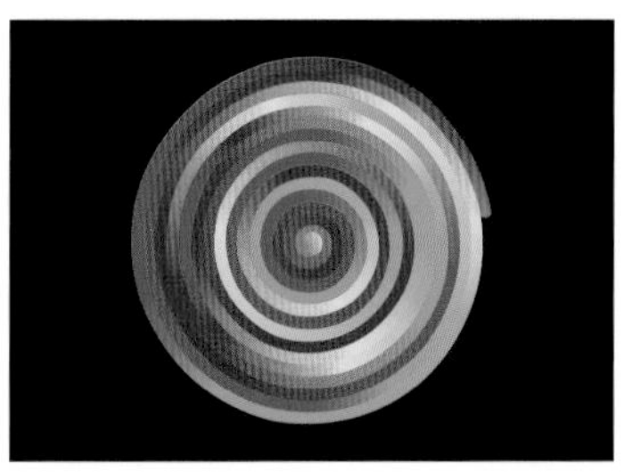

12 Añade una variable más: «CambioColor». Luego, cambia el código como ves aquí y ejecútalo para ver una nueva y colorida espiral.

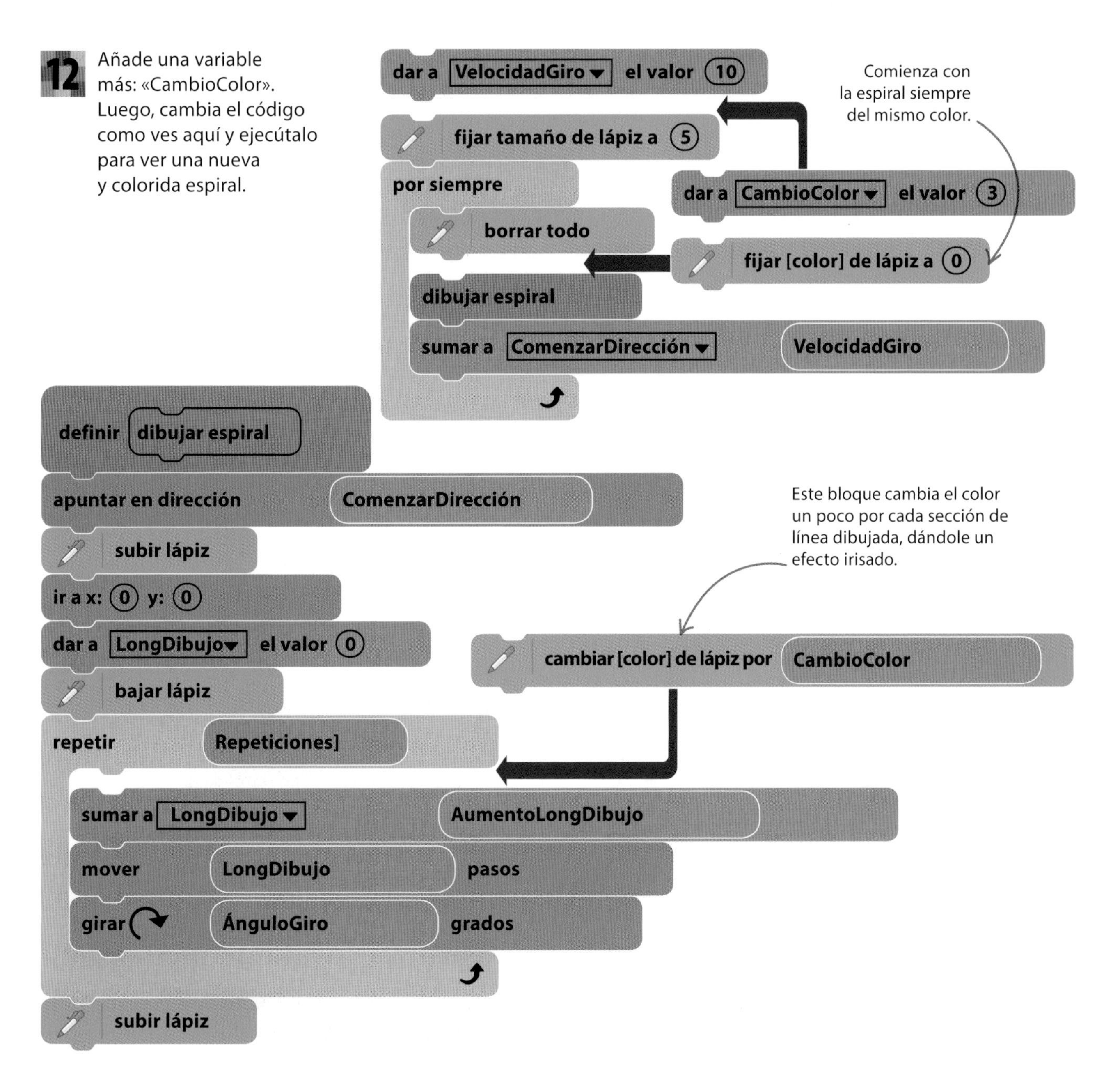

Muévete con la música

Si tu ordenador tiene micrófono puedes hacer que la espiral reaccione a sonidos y música. Usarás bloques especiales que detectan y miden el volumen del sonido.

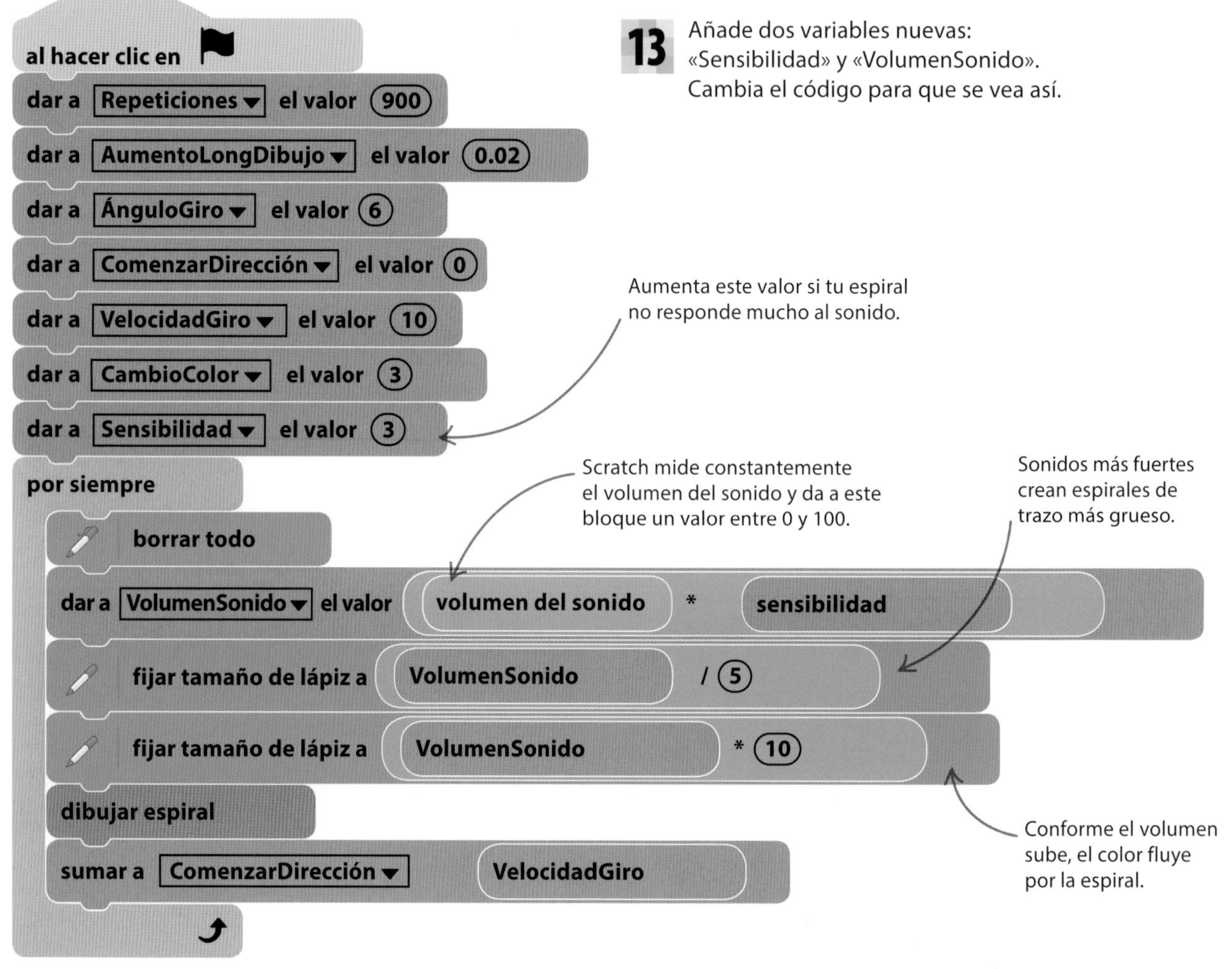

13 Añade dos variables nuevas: «Sensibilidad» y «VolumenSonido». Cambia el código para que se vea así.

14 Ejecuta el proyecto y toca música o canta cerca de tu ordenador. Scratch te pedirá permiso para usar tu micrófono: puedes decirle que sí. ¡La espiral bailará con la música!

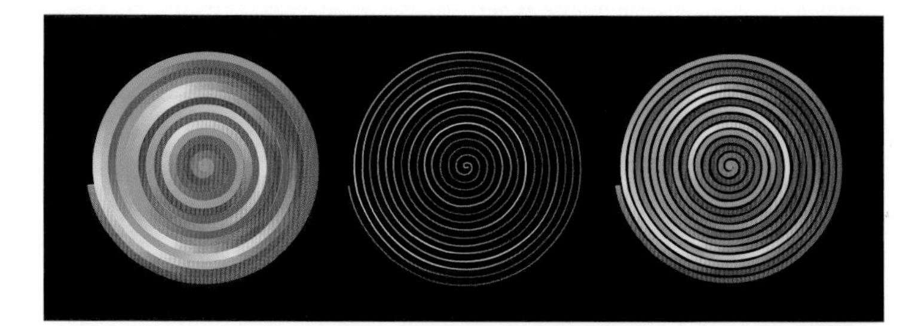

Trucos y mejoras

No temas cambiar las variables u otros números del código para ver qué pasa. También puedes añadir controles deslizadores para experimentar con el aspecto y movimiento de la espiral.

▽ Deslizadores

Si muestras los controles de variables en el escenario, puedes hacer clic derecho y añadirles deslizadores. Te permitirán experimentar con diferentes valores mientras se ejecuta el proyecto.

CambioColor 35

▽ Valores prefijados

Si usas tus deslizadores y creas una espiral que realmente te gusta, anota los valores y crea una espiral «prefijada» para reponer esos valores con solo tocar una tecla.

▽ Ocultadores

Puedes añadir bloques como estos para mostrar y esconder tus deslizadores tocando ciertas teclas. ¡Así no entorpecerán la vista!

```
al presionar tecla h
esconder variable CambioColor
esconder variable Sensibilidad
```

```
al presionar tecla s
mostrar variable CambioColor
mostrar variable Sensibilidad
```

PRUEBA ESTO

Reacción al sonido

Puedes hacer que los objetos de otros proyectos reaccionen al sonido. Marca el casillero del bloque «volumen del sonido» para mostrar el volumen en pantalla. Escribe código como este para algunos objetos o inventa tus propios bloques de código.

```
al hacer clic en bandera
por siempre
    fijar tamaño al volumen del sonido %
    dar al efecto color el valor volumen del sonido
```

☑ volumen del sonido

```
cuando volumen del sonido > 50
decir ¡Silencio! durante 2 segundos
```

¿Y ahora qué?

Próximos pasos

Tras acabar este libro, tu conocimiento de Scratch debería ser suficientemente bueno como para llevarte a nuevos ámbitos. Aquí te damos consejos para llevar tus habilidades al siguiente nivel, así como sugerencias sobre dónde hallar inspiración para tus propios proyectos.

Explorar Scratch

La página web de Scratch (www.scratch.mit.edu) es un gran lugar para ver los trabajos de otras personas y compartir tus proyectos. Haz clic en «Explorar», en la parte superior de la página web, para ver proyectos compartidos por otros *scratchers*.

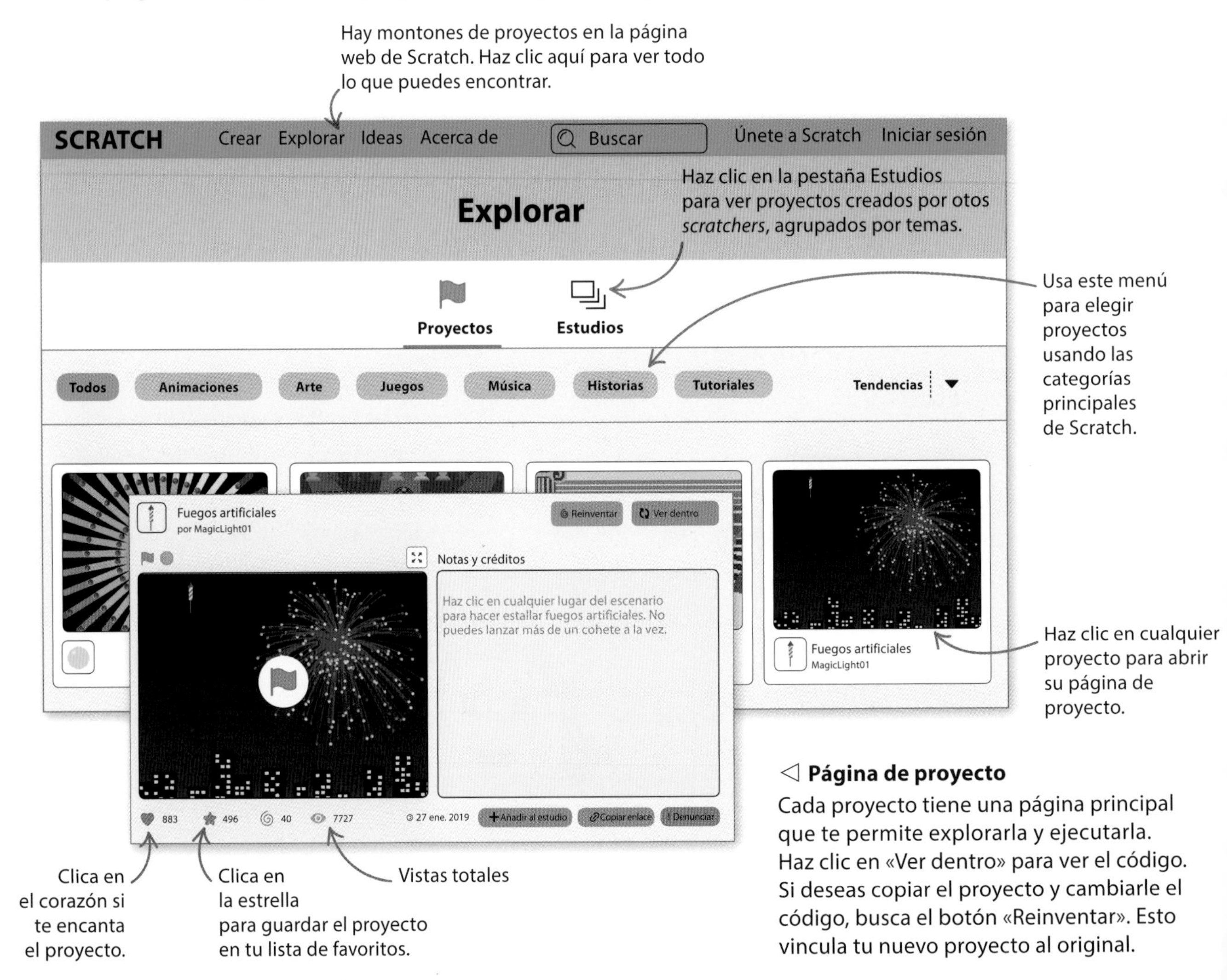

◁ **Página de proyecto**
Cada proyecto tiene una página principal que te permite explorarla y ejecutarla. Haz clic en «Ver dentro» para ver el código. Si deseas copiar el proyecto y cambiarle el código, busca el botón «Reinventar». Esto vincula tu nuevo proyecto al original.

▷ **Compartir**

Para compartir proyectos con otros *scratchers*, abre el proyecto y haz clic en el botón «Compartir» en la parte superior de Scratch. Así cualquiera podrá hallarlo. También podrás ver cuántos *scratchers* han probado tus proyectos y la gente podrá ponerlos entre sus «Favoritos» y darles corazones si les gustan.

Crear tus propios proyectos

Scratch es un gran terreno de juego para probar tus propias ideas de programación. Abre un nuevo proyecto y prueba a ver a dónde te lleva.

▽ **Dibujar**

Scratch está diseñado para que experimentar con él resulte fácil. Añade un objeto que te guste y crea algunos bloques de código divertidos como estos. Puedes usar el lápiz para ver qué patrón lleno de bucles hace tu objeto. Juega con las variables y añade deslizadores para poder ver sus efectos de inmediato.

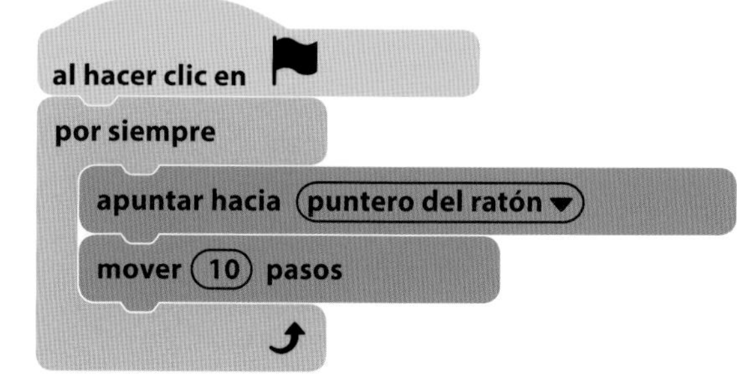

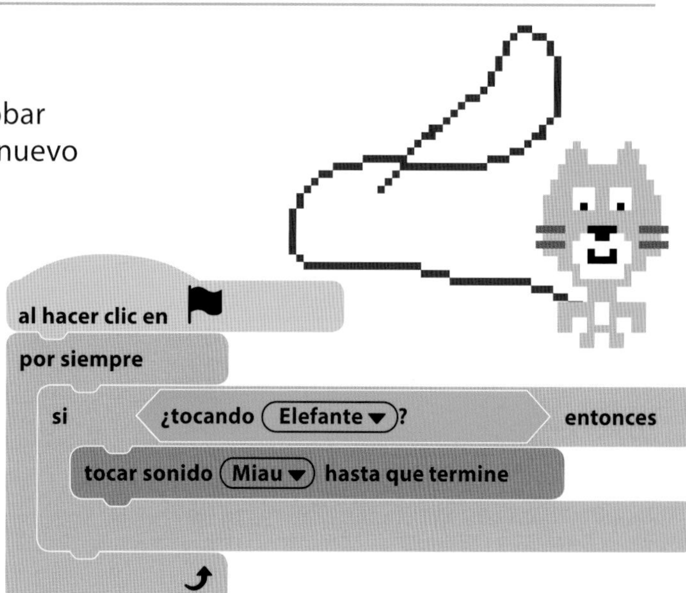

▽ **Aprende otro lenguaje**

¿Por qué no retarte a ti mismo y aprender otro lenguaje de programación? Python es fácil de aprender, y reconocerás en él muchas de las técnicas empleadas en Scratch, como tomar decisiones con «si entonces» y repetir código mediante bucles.

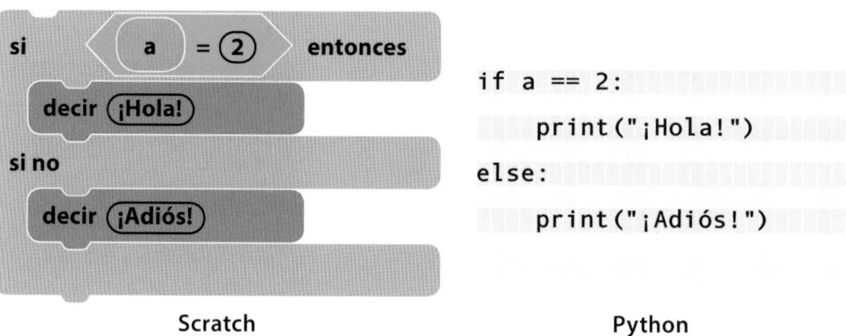

▽ **¡Diviértete!**

Programar puede ser muy divertido. Trabajar con otros y compartir tus proyectos te ayudará a desarrollar tus habilidades. Apúntate a un club de programadores o funda uno en tu escuela o biblioteca local. O monta fiestas de programación con amigos *scratchers* para trabajar juntos en proyectos comunes.

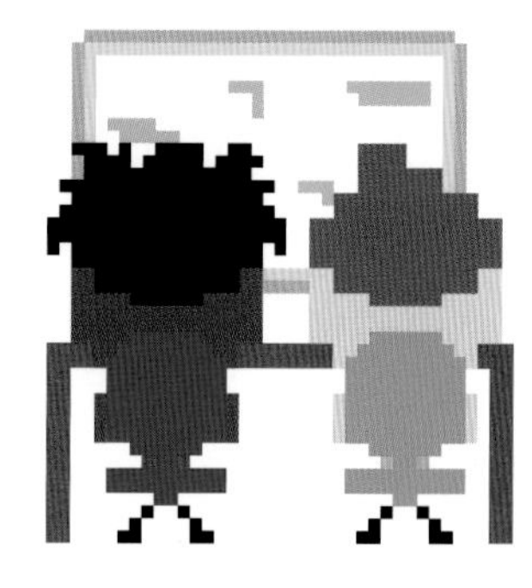

GLOSARIO

aleatorio
En un programa, función que permite resultados impredecibles. Es útil para crear juegos.

algoritmo
Conjunto de instrucciones paso-a-paso para realizar una tarea. Los programas se basan en algoritmos.

animación
Imágenes que cambian muy rápido para crear la ilusión de movimiento.

biblioteca
Colección de objetos, disfraces o sonidos que se pueden usar en los programas de Scratch.

bloque
Instrucción de Scratch que se puede unir a otros bloques para programar.

bloque de encabezado
Bloque de Scratch que da inicio al código, como el bloque «al hacer clic en bandera verde». También llamado bloque sombrero.

bucle
Parte de un programa que se repite a sí misma, eliminando la necesidad de teclear muchas veces la misma sección del programa.

bug
Error de programación que hace que el programa se comporte de un modo inesperado.

cadena (*string*)
Serie de caracteres. Las cadenas pueden contener números, letras o símbolos.

clon
Copia funcional de un objeto, que puede moverse y ejecutar bloques de código por sí misma, separada del objeto original.

código
Pila de bloques de programación bajo un encabezado y que se ejecutan en orden.

condición
Enunciado «verdadero o falso» empleado para tomar una decisión en un programa.

coordenadas
Par de números que ubican la localización de algo en el escenario. Habitualmente se escriben (x, y).

datos
Información, tal como texto, símbolos o números.

degradado (color)
Pasar suavemente de un color a otro, como el cielo en un hermoso atardecer.

depurar
Buscar y corregir errores (o *bugs*) de un programa.

directorio
Lugar para almacenar archivos y mantenerlos organizados.

disfraz
Imagen que muestra un objeto en el escenario. Cambiar rápidamente los disfraces de un objeto puede crear una animación.

ejecutar
Comando para iniciar un programa.

entero
Número completo que no contiene decimales ni se escribe como fracción.

enunciado
Instrucción completa más corta en que se puede descomponer un lenguaje.

escenario
Área en forma de pantalla de la interfaz de Scratch en la que se ejecutan los proyectos.

evento
Algo a lo que un programa reacciona, como pulsar una tecla o hacer clic con el ratón.

exportar
Enviar algo al ordenador desde Scratch, como un objeto o un proyecto entero guardado como archivo.

expresión booleana
Afirmación que es o verdadera o falsa, lo que lleva a dos resultados posibles. Los bloques booleanos de Scratch son hexagonales en lugar de redondeados.

fractal
Patrón o forma que parece el mismo cuando lo aumentas de tamaño, como la forma de una nube, de un árbol o de una coliflor.

función
Código que realiza una función específica, como un programa dentro de un programa. También se lo llama procedimiento, subprograma o subrutina.

gráficos
Elementos visuales de la pantalla que no son texto, como imágenes, iconos y símbolos.

gráficos de mapa de bits
Dibujos informáticos almacenados como una rejilla de píxeles. *Comparar con* gráficos de vector.

gráficos de vector
Dibujos informáticos almacenados como colecciones de formas, lo que las hace más fáciles de cambiar.

GUI
Interfaz gráfica de usuario, nombre que reciben los botones y ventanas que forman la parte del programa que puedes ver y con la que interactúas.

hackear
Cambiar ingeniosamente el código para hacer algo nuevo o para simplificarlo. También: acceder a un ordenador sin permiso.

hardware
Partes físicas de un ordenador, que puedes ver y tocar, como los cables, el teclado o la pantalla.

ilustración con píxeles
Dibujo hecho con píxeles o bloques enormes, imitando la apariencia de los gráficos de los primeros juegos de ordenador.

importar
Traer algo a Scratch (una imagen, un clip de sonido) desde un archivo exterior, del ordenador.

input (entrada)
Datos que se introducen en un ordenador. El teclado, el ratón y los micrófonos sirven para entrar datos.

interfaz
Véase GUI.

lenguaje de programación
Lenguaje usado para dar instrucciones a un ordenador.

lista
Colección de ítems almacenados por orden numérico.

llamada
Usar una función, subprograma o subrutina. Un bloque personalizado de Scratch es una llamada al código «definir» del mismo nombre.

mejoras
Pequeños cambios para que algo funcione mejor o de modo diferente.

memoria
Chip de un ordenador que almacena datos.

mensaje
Modo de enviar información entre objetos.

mochila
Área de almacenamiento en Scratch que te permite copiar y compartir cosas entre proyectos.

modo turbo
Modo de ejecutar proyectos de Scratch que ejecuta el código mucho más rápido de lo normal. Puedes pasar de modo normal a turbo y viceversa presionando mayúsculas y clicando en la bandera verde.

número indicador
Número que se da a un objeto de una lista.

objeto
Imagen en el escenario de Scratch que se puede mover y cambiar gracias a bloques de programación.

operador
Bloque de Scratch que usa datos para extraer resultados, como comprobar si dos valores son iguales o sumar dos números.

output (salida)
Dato producido por un programa informático y visto por el usuario.

píxeles
Puntos de color, en una pantalla, con los que se crean los gráficos.

procedimiento
Código que lleva a cabo una tarea específica, como un programa dentro de un programa. También llamado función, subprograma o subrutina.

programa
Conjunto de instrucciones que sigue un ordenador a fin de llevar a cabo una tarea.

proyecto
Nombre que se da en Scratch a un programa y a todos los objetos, sonidos y fondos que lo componen.

Python
Popular lenguaje de programación creado por Guido Van Rossum. Es un gran lenguaje para aprender tras Scratch.

rama
Punto en un programa en el que hay dos opciones distintas disponibles, como el bloque de Scratch «si entonces si no».

red
Grupo de ordenadores interconectados que intercambian información.

scratcher
Alguien que emplea Scratch.

servidor
Ordenador que almacena archivos accesibles vía red.

simulación
Imitación realista de algo. Un simulador climático podría recrear la acción del viento, de la lluvia y la nieve.

sistema operativo (SO)
Programa que controla todo en un ordenador, como Windows, macOS o Linux.

sistemas de partículas
Efecto visual en el que montones de pequeños patrones se mueven en modo organizado para crear un patrón mayor. Por lo general, en Scratch, los sistemas de partículas usan clones.

software
Programas que se ejecutan en un ordenador y controlan cómo funciona.

sprite
Véase objeto.

subprograma o subrutina
Código que lleva a cabo una tarea específica, como un programa dentro de un programa. También llamada función o procedimiento.

variable
Lugar en el que almacenar datos que pueden cambiar en un programa, como la puntuación del jugador. Una variable tiene nombre y valor.

variable global
Variable que cualquier objeto de un proyecto puede cambiar y utilizar.

variable local
Variable que solo puede cambiar un objeto. Cada copia o clon de un objeto tiene su versión propia de la variable.

Índice

Los números en **negrita** se refieren a entradas principales.

A

B

C

D

E

Agradecimientos

Dorling Kindersley agradece a Caroline Hunt y Steph Lewis la revisión de los textos; a Helen Peters la elaboración del índice; a Sean Ross, su ayuda con Scratch; a Ira Pundeer, su ayuda editorial; a Nishwan Rasool, la búsqueda de imágenes; a Abhijit Dutta, Priyanka Sharma y Mark Silas, probar la programación, y a Vishal Bhatia, su ayuda en preproducción.

Jon Woodcock quiere dar las gracias a sus alumnos de programación por enseñarle a pensar en Scratch; y a Matty y Amy por sus preguntas.

Scratch está desarrollado por el Lifelong Kindergarten Group en el MIT Media Lab. Véase **http://scratch.mit.edu/**.

Los editores agradecen a las siguientes personas e instituciones el permiso para reproducir sus imágenes:

(Clave: a-arriba; b-abajo; c-centro; e-extremo; d-derecha; i-izquierda, s-superior.)

134 123RF.com: Jacek Chabraszewski (b); **Dreamstime,com**: Pavel Losevsky (b/fondo); **163 Corbis**: Trizeps Photography / photocuisine (cda); **NASA**: (cd); **Science Photo Library**: SUSUMU NISHINAGA (cdb); **173 NOAA**: (sd).